国家社会科学基金青年项目 批准号：14CSS019

从过去通向未来

联邦德国的重负与抉择

范丁梁 —— 著

东方出版中心

图书在版编目（CIP）数据

从过去通向未来：联邦德国的重负与抉择 /范丁梁
著. —上海：东方出版中心, 2022.10
ISBN 978-7-5473-2049-5

Ⅰ.①从… Ⅱ.①范… Ⅲ.①德国－历史－研究－近
现代 Ⅳ.①K516.4

中国版本图书馆CIP数据核字（2022）第159705号

从过去通向未来：联邦德国的重负与抉择

著　　者　范丁梁
责任编辑　刘　鑫
装帧设计　钟　颖

出版发行　东方出版中心有限公司
地　　址　上海市仙霞路345号
邮政编码　200336
电　　话　021-62417400
印 刷 者　上海盛通时代印刷有限公司

开　　本　710mm×1000mm　1/16
印　　张　19.5
字　　数　253千字
版　　次　2022年10月第1版
印　　次　2022年10月第1次印刷
定　　价　68.00元

目　录

引　言

过去从未死去。它甚至未曾过去。

——威廉·福克纳:《修女安魂曲》,1951

　　1933年至1945年间,以阿道夫·希特勒为首的德意志民族社会主义工人党(Nationalsozialistische Deutsche Arbeiterpartei,缩写NSDAP,简称纳粹党[1])建立的"第三帝国"推行一系列极权统治,还大规模屠杀犹太人,发动了第二次世界大战,在德国近现代史上留下了最为黑暗的一笔。二战结束后,如何面对纳粹主义这段沉重的过去,成为联邦

---

[1] "Nazi"最初是德国南部和奥地利对拉丁名Ignaz(其变形为Ignatius、Ignatz、Ignace等)的昵称。它也是当地对笨拙迟钝的人常用的绰号。德国魏玛时期重要的政论家库尔特·图霍夫斯基在1922年撰写的《"纳粹"》一文中,用"Nazi"来称呼那些生活在奥地利、波希米亚和摩拉维亚地区的日耳曼人(参见 Kurt Tucholsky, Die „Nazis", in: Die Weltbühne, 8. Juni 1922, S.586–588)。随着德意志民族社会主义工人党的崛起,20世纪20年代晚期,"Nazi"被用来跟指称德国和奥地利的社会主义者(Sozialist)或者社会民主党人的"Sozi"做类比,成为对希特勒的拥护者的称呼。作为希特勒最忠实的追随者之一,约瑟夫·戈培尔在1927年出版的《"纳粹-社粹":民族社会主义者的问题与答案》一书中,也以"Nazi"自称(参见 Joseph Goebbels, „Der Nazi-Sozi"-Fragen und Antworten für den Nationalsozialisten, Elberfeld 1927)。北美学界的一种说法认为,德国社会民主主义作家康拉德·海登(Konrad Heiden)是普及"Nazi"一词的推手。早期的民族社会主义者(Nationalsozialist)因其单词构成被简称为"Naso",然而海登的文章令含有贬义的"Nazi"一词更为流行,从而使得德意志民族社会主义工人党官方认可了"Nazi"的说法,并将其作为一种骄傲的自称。在中国,由于"纳粹"一词的高接受度,德意志民族社会主义工人党被简称为纳粹党,民族社会主义被称为纳粹主义,其统治下的十二年也被称为纳粹时期。而在德语地区,更普遍的说法是民族社会主义及其单词缩写"NS"。

德国无法回避的一个问题。希特勒政权被终结了，纳粹历史却无法因此而轻松地画上句号，"纳粹主义的第二段历史"（die zweite Geschichte des Nationalsozialismus）开始了，这就是迄今为止"连续不断且充满冲突的克服与排挤罪行的过程、政治转变的过程、哀悼纪念的过程、公众回忆与遗忘的过程、历史编纂解释与重新解释的过程以及虚构与叙述的过程"[1]，这就是联邦德国克服纳粹主义过去的历史。

半个多世纪以来，在所有指向当下和未来的诉求中，在所有国家重建、社会变革、代际更替和价值转化的动荡年代中，联邦德国始终不得不"就教"于她最新的历史——纳粹主义的过去。在此期间，她背负着沉重的负担，不止一次受到挑战，经常被这段历史所激怒，为此争论不休甚至两极分化，却也因此刮骨疗伤，克服一系列困难，在痛苦中成长和蜕变。

到了20世纪90年代中期，对待纳粹主义的历史也进入了将自我历史化的层面，历史学家、政治学家、社会学家、心理学家和文化学家们开始关注、总结、分析、批判和反思德国人在各个领域面对纳粹历史的种种行为，并且由此发展出一套较为完备的研究术语和体系。然而回首与纳粹历史交锋的过程，在联邦德国是否成功克服过去的问题上，审视者们却无法达成一致。一方看到的是各种沉默、排挤、否认和顽抗的丑闻，甚至认为德国人要因此背负上"第二重罪责"。[2]另一方则对联邦德国勇敢完成清理过去的任务大加赞赏，因为在其他国度，没有一个继任政权能如此彻底地承认罪行，并对此展开如此深入的研究。[3]

[1] Peter Reichel, Vergangenheitsbewältigung in Deutschland. Die Auseinandersetzung mit der NS-Diktatur in Politik und Justiz, München 2007², S.9. 彼得·赖歇尔在此把"纳粹主义的第二段历史"分成四个彼此区分而又相互关联的领域：第一，政治司法上关于纳粹统治之后果与罪行的争论史；第二，公共领域关于纳粹历史之纪念日、纪念馆、纪念碑和其他纪念活动的记忆文化史；第三，艺术美学中对纳粹历史的主观回忆史；第四，学术界关于纳粹历史之客观描述与阐释的争论史。
[2] Ralph Giordano, Die zweite Schuld oder von der Last Deutscher zu sein, Hamburg 1987.
[3] Alfred Grosser, Ermordung der Menschheit. Der Genozid im Gedächtnis der Völker, München, 1990⁴.

这种对立立场的出现，归根结底在于，"克服过去"并非一个可以简单概括的一次性事件。其错综复杂，难以尽述。因此对它的考察不但要追问德国人如何克服过去，而且要追问克服过去之路发生的结构性变化；不但要审视克服过去作为个别事件之意义，而且要审视它在德国人整体的政治意识和社会文化中的地位变迁；不但要将克服过去视为纳粹历史与时代状况共同作用产生的"果"，而且要将其视为新现象和新变化的"因"。由此，联邦德国克服纳粹主义过去的历史才能被置于一个全新的语境中，并且呈现出一幅清晰的、立体的、动态的多层画卷。在这一研究理念的指导下，本研究围绕1949年至1989年间联邦德国如何对待纳粹历史的问题，从史学的学术研究和政党的历史政策出发，以政治、学术、社会与文化交织的复杂语境为背景，以历史学家和政治人物的言行著述为依据，勾勒其克服纳粹历史的复杂路线，并且辨明各种历史研究的学术价值与现实意义，揭示此消彼长的政治力量博弈对关于纳粹主义的讨论所产生的影响。

在展开具体研究之前，首先需要考察"克服过去"（Vergangenheitsbewältigung）与"历史政策"（Geschichtspolitik）两者从时政性的概念到史学研究对象的发展过程，划分研究阶段，并且介绍研究中运用的场域和代际等分析理论与方法。

一、对象与概念

为了对联邦德国的政治、法律、学术和社会等众多领域对待纳粹历史的方式方法加以审视，德国的学者和知识分子运用了"克服过去""历史政策""过去政策"（Vergangenheitspolitik）、"回忆政策"（Erinnerungspolitik）、"回忆文化"（Erinnerungskultur）和"记忆文化"（Gedächtniskultur）等多个术语和概念。这些概念的兴衰，不但意味着德国人与过去打交道之行为方式的变化，而且暗含着不同行为方式之间的竞争和所得到的评价。

1. 克服过去

在德语中，"Vergangenheitsbewältigung" 是一个广为流行而又充满争议的词，是一个举足轻重而又含糊不清的词，是一个令人不快而又无法回避的词。这是一个典型的德语词，仅凭简单的直译我们无法完全领会其背后饱含的诉求与隐喻。在其他民族的语言中尚无法找到可完全对应的词语。瑞士作家、右翼保守主义的辩护士阿明·莫勒（Armin Mohler）曾言："如果有人要向来自遥远国度的游客解释克服过去为何物，唯有用实例向其讲解此事才是解围的出路。"[1]这一方面是因为，虽然这个词可以直译为"克服过去"，但从逻辑意义上而言，已经发生的过去是无法被克服的，后人能够克服的只是过去所带来的后果。因此，这一概念预设了一个伪命题，势必无法得出可靠的解释。另一方面，人们无法对"克服过去"下一精确定义，是因为：

> 困难……在于，由于事实情况既无明确的目的指向，亦无法结束，既不可以周翔地拟定计划，亦不可以经验性地完全得到掌控，而是……一个始终重复着的、不由自主地产生的过程，所以这一概念避开了一种能够达成一致的定义。[2]

但是，如果我们要尝试对这个词所指称的现象加以分析，首先必须从概念上为其做一梳理。战后初年，面对战争末期的痛苦经历、同盟国的非纳粹化改造和"集体罪责"（Kollektivschuld）的指责，联邦德国迅

---

[1] Armin Mohler, Der Nasenring. Die Vergangenheitsbewältigung vor und nach dem Fall der Mauer, München 1996, S.141.

[2] Peter Dudek, »Vergangenheitsbewältigung«. Zur Problematik eines umstrittenen Begriffs, in: Aus Politik und Zeitgeschichte, B1–2/1992, S.44–53, hier S. 47.

速发展出了一种抵制性的、防御性的社会心态。"我们必须让历史彻底终结"[1]或者要"最终将历史埋葬"[2]，这一类试图给纳粹历史画上句号的语句不断出现在大众媒体上。这种集体心态在20世纪50年代上半期开始发生转变，因为联邦德国进入了一个必须独力面对纳粹历史的时代。这个国家开始围绕纳粹展开激烈争论，虽然争论的焦点并不是纳粹犯下的罪行，而是纳粹留下的后果，但无论如何，这段历史成为政治和社会公共领域需要奋力对抗之物。"克服过去"作为一个政治历史术语，就是在这样的土壤中诞生的。

1955年夏，柏林新教学会（Evangelische Akademie Berlin）举办了题为"我们历史之义务和难题"的会议，在其邀请函上，当时的学会会长埃里希·米勒–冈格洛夫（Erich Müller-Gangloff）提出要与"尚未克服之过去"（unbewältigte Vergangenheit）的污点展开争论，从而"找到那些针对1933年至1945年在德国发生和由德国引发的一切之共同责任和共同罪责的道德问题的答案"。[3]这之后，动宾结构的"克服过去"（Vergangenheit bewältigen）和名词结构的"克服过去"（Bewältigung der Vergangenheit）这些表达逐渐流行开来。有两位人物在其中发挥了重要的推动作用：一位是中世纪史家赫尔曼·海姆佩尔（Hermann Heimpel），另一位是联邦德国的首任总统特奥多尔·豪斯（Theodor Heuss）。

时任哥廷根马克斯·普朗克历史研究所（Max-Planck-Institut für Geschichte）所长的海姆佩尔，在1956年1月1日于北德和西德电台发表的新年致辞中，这样说道："新的一年要求我们的记忆……健忘的排

---

[1] Denazifizierung, in: Die Zeit, 09.05.1946.
[2] Deutschland: unbeliebtes Volk Nr. 1, in: Die Zeit, 13.01.1949.
[3] Grete Klingenstein, Über Herkunft und Verwendung des Wortes »Vergangenheitsbewältigung«, in: Geschichte und Gegenwart. Vierteljahreshefte für Zeitgeschichte, Gesellschaftsanalyse und politische Bildung, Jg.1988, H.4, S. 301–312, hier S.301.

挤让我们的现实处在被残酷阴影笼罩的危险中，我们记忆的成果正在消除这种危险……在对个体和民族之命运与历史加以审视时，只有以一种清醒的而不是用辩解来伪装的方式，才能治愈我们这个时代的疾病，才能克服尚未克服之过去（die unbewältigte Vergangenheit bewältigen）。"[1]1959年夏，仍在总统任上的豪斯将"尚未克服之过去"视为谈论德国当下现实的一个"口号"，他宣称："在这一措辞背后隐藏着一个深刻的困境，如果我们不是怀着热情，而是以前所未有的清醒，懂得要与未来结盟，我们就只有尽力对付这个困境。"[2]同年，海姆佩尔在题为"史学之当下任务"的演讲中这样说道："我们用焦躁和反感的态度来对待历史，或者试图来回避历史，这首先是一种德国现象，是德国的一场厄运——这就是广被引用的'尚未克服之过去'。这一过去向所有人袭来，无论他们知不知道这一点——因为围绕我们之过去的斗争并不是在我们身后，而是在我们面前。"[3]

　　海姆佩尔和豪斯的言论推动了"克服过去"的措辞在史学和政治领域的传播，不过它真正作为一个专有名词在德语中扎下根来，则要到60年代上半期。随着纳粹历史成为公共领域热议的话题，它的使用频率也越来越高。在语言的应用过程中，为了更好地澄清"克服过去"这一术语，人们的理解方式也有了变动。正如精神分析学家亚历山大和玛格丽特·米切利希夫妇（Alexander und Margarete Mitscherlich）在其代表作《无力哀悼》（Die Unfähigkeit zu Trauern）中所言："当然，对数量上翻了百万倍的谋杀，人们无法'克服'。罪犯在这段历史中所犯罪行的数量级导致针对它的诉讼程序软弱无力，这就象征性地、压缩性地证

[1] Hermann Heimpel, Neujahr 1956, in: ders., Kapitulation vor der Geschichte?, Göttingen 1960³, S. 108-113, hier S.113.
[2] Theodor Heuss, Kieler Woche, in: Bulletin des Presse- und Informationsamtes der Bundesregierung 118 (1959), S.1198-1200, hier S.1200.
[3] Hermann Heimpel, Gegenwartsaufgaben der Geschichtswissenschaft, in: ders., Kapitulation vor der Geschichte?, Göttingen 1960³, S. 45-67, hier S.45f.

明了这一事实。但是一种如此严格的法律解释并不符合'尚未克服之过去'这一措辞最初的意义。'克服'其实意味着认知步骤上的一个结果。弗洛伊德称之为'回忆、复述、钻研'。"[1]从字面上看来,"克服过去"是对不可能之事的孜孜以求,实际上,它表达的是德国人的这样一种愿望:让我们整理好过去,从而使对过去的回忆不再成为今日的重负。于是,关于"克服过去"的争论也逐渐从"过去能不能被克服"这种表述问题,转变为"克服纳粹历史的路径是否正确"这种实质问题。

埃克哈德·耶瑟(Eckhard Jesse)曾概括了克服过去的三大先决条件:

> 克服过去的前提,第一是犯下了罪行,第二是罪行的终结,第三是民主化。只有当三方面共同存在时,一种当之无愧的克服过去才能够蔓延开来。[2]

赫尔穆特·柯尼希(Helmut König)更进一步地定义了这一术语:

> 克服过去,可以理解为各个全新的民主政体用来对待其非民主之国家前身的那些行为和知识的总体。在此,首先涉及的是,新建立的民主国家如何与其前身留下的结构的、人事的和精神的遗物打交道,以及它们在其自我定义与政治文化中,对它们各自可作为罪证的历史采取何种态度的问题。[3]

---

[1] Alexander und Margarete Mitscherlich, Die Unfähigkeit zu Trauern. Grundlagen kollektiven Verhaltens, München 1967, S.24.

[2] Eckhard Jesse, Doppelte Vergangenheitsbewältigung in Deutschland. Ein Problem der Vergangenheit, Gegenwart und Zukunft, in: ders./Konrad Löw (Hrsg.): Vergangenheitsbewältigung, Berlin 1997, S.11–26, hier S.23ff.

[3] Helmut König, Von der Diktatur zur Demokratie oder Was ist Vergangenheitsbewältigung, in: ders./Michael Kohlstruck/Andreas Wöll (Hrsg.), Vergangenheitsbewältigung am Ende des zwanzigsten Jahrhunderts, Opladen/Wiesbaden 1998, S.371–392, hier S.375.

在此基础上，柯尼希从目的、任务、层面和行为主体四方面对"克服过去"进一步做了解释。他指出，克服过去之目的在于避免重复历史，并且真正实现政治上的新开端。为了确保过去的重负不会破坏这种新开端，需要完成取缔获罪的组织、惩罚罪犯、取消有罪之人的资格、为受害者平反并给予补偿，以及公开清理过去等五项任务。这些任务分别在三个层面加以实施：第一是政府机构、行政机关、立法和司法机构在政治体系中提出倡议、履行职责和实施行动；第二是学术界、教会、高校、媒体、工会、政党和协会等各类社会团体与组织机构在政治文化中参与讨论和意识塑造；第三是民众在政治心态中明确对克服过去的立场、态度、心态和行为方式。这三个层面并未与特定的行为主体固定相连。对于作为个体的行为人而言，需要追问的是，谁在何处以何种自我认知做出何种言谈举止。[1]

时至今日，倘若我们要对这个概念下个定义的话，可以说：简而言之，"克服过去"是指一个国家或民族在直面其想要回避的历史时，如何克服她在挣扎过程中遇到的所有困难。更具体地来说，在德国的语境中，"克服过去"指的是在德意志联邦共和国内所有针对纳粹主义的立法和行政措施；围绕纳粹主义的历史及其罪行展开的争论；以及以掌握、理解和回忆这段历史为目的的，司法的、学术的、政治的、文化的和社会的各种努力。显然，这种定义方法是问题指向或者说行为指向的，它与"克服过去"这一目的指向且带有完成意义的表达方式之间，存在着无法调和的错位。但是，这一概念本身的棘手之处，也是联邦德国"克服过去"的特点和表现之一。

"克服过去"的言论和举措，从一开始就引发了各种反对。首先，

[1] Helmut König, Von der Diktatur zur Demokratie oder Was ist Vergangenheitsbewältigung, in: ders./Michael Kohlstruck/Andreas Wöll (Hrsg.), Vergangenheitsbewältigung am Ende des zwanzigsten Jahrhunderts, Opladen/Wiesbaden 1998, S.371-392, hier, S.378f.

这种反对势力来自亲历纳粹德国的那一代,对他们而言,忏悔不是那么重要。他们也坚持拒绝同盟国推崇的所谓"集体罪责说"。[1]其次,批判的声音主要集中在这一概念的隐喻上。一种激烈的意见认为,"克服过去"的说法忽略了过去与当下之间的本质区别,人们不能为了着手应对当下与未来的挑战而跟过去做"克服式"的争论,人们只能评价过去而绝对无法克服任何过去。[2]而另一种相对温和的意见则认为,克服过去或许是普遍存在的,但是其对犯下独一无二罪行的纳粹主义而言却并不适用。[3]当然,也有学者认为,克服过去在概念上是可能的,不过对纳粹历史而言,这导致了另一种矛盾:一方面,克服意味着一种

[1] 例如阿明·莫勒指出:"克服过去的行为屈从于国际政治的涨落;只要这种行为是被他国所利用的,德国人就不必克服什么。"(参见 Armin Mohler, Vergangenheitsbewältigung oder wie man den Krieg nochmals verliert, Krefeld 1980, S.11。)

[2] 例如汉斯·温克曾言:"'克服'这个概念应该放在(精神病学、心理疗法和精神分析)这些思想领域中;当病人意识到自己在此之前所排挤的是什么时,他就会克服自己的病情。我认为不应允许历史研究和历史性的指引明确地、有计划地利用这样一种疗程。"(参见 Hans Wenke, „Bewältige Vergangenheit" und „Aufgearbeitete Geschichte". Zwei Schlagworte, kritisch beleuchtet, in: Geschichte in Wissenschaft und Unterricht 2 [1960], S.65-70, hier S.67。)又如彼得·R.霍夫施泰特尔曾言:"我们此时此刻知晓的过去,描绘的是对真实事件的筛选。它的独到之处反映了我们现实的愿望与忧虑。因此,与一个被克服了的过去相关的事物,定然是一个对未来漠不关心的当下。"(参见 Peter R. Hofstätter, Bewältigte Vergangenheit?, in: Die Zeit, 14.6.1963。)再如埃尔温·查加夫曾说:"克服过去是个愚蠢的词。如果这存在的话,那么过去始终驾驭着对自己的克服。"(参见 Erwin Chargaff, Abscheu vor der Weltgeschichte, in: ders., Abscheu vor der Weltgeschichte. Fragmente vom Menschen, Hamburg 1991, S.66-89, hier S.71。)

[3] 例如1959年汉娜·阿伦特在接受汉堡莱辛奖时,曾这样评价德国人对待纳粹历史的方式:"在此要找到一条解决途径有多么困难,这一点或许极为清楚地表现在这句流行语中:过去仍未'被克服',人们必须先要开始'克服'过去。我们或许并不能这么对待过去,至少肯定不能这么对待纳粹的过去。我们能做到的最好之事,是知晓并且经受住过去就是如此而非他物,然后拭目以待这会得出什么结果。"(参见 Hannah Arendt, Von der Menschlichkeit in finsteren Zeiten. Rede über Lessing, München 1960, S.33,或汉娜·阿伦特:《论黑暗时代的人性:思考莱辛》,见[美]汉娜·阿伦特著,王凌云译:《黑暗时代的人们》,江苏教育出版社,2006年版,第16—17页。)

结束，其目标在于终结所有争论并且最终使创伤得到宽恕；可是，另一方面，"克服过去"的鼓吹者同时又宣称这种所谓的"句号"并不会到来。这就使得这一概念内部无法统一。[1]再次，有反对者认为，只要"克服过去"一词在公共领域始终跟纳粹主义和希特勒联系在一起，它就无法摆脱这样一种误导，即德意志历史上的其他所有过去都是毫无意义的，当下的所有前史都紧缩在第三帝国的十二年中。晚近，批评的声音指向"克服过去"的过度化，即那种将德国人的特殊罪责视为一种传承或者是一种德意志民族之民族性的做法。其他的批评则针对"克服过去"所导致的心理的（比如消极的民族主义）、经济的（比如"大屠杀产业"）、政治的（比如自我主张的无能性）不利后果。

诚然，"克服过去"作为一个从心理分析领域借用过来的概念，其本意中对结束和战胜等含义的强调，跟集体回忆的实际功效并不相符。因为对创伤的回忆是不可控的，"过去"本身是无法被有意识地"克服"的，也无法通过"去创伤化"（Enttraumatisierung）而得到最终的隔离。人们曾试图用"清理过去"（Aufarbeitung der Vergangenheit/Geschichtsaufarbeitung）[2]、

---

[1]   例如金特·安德斯认为，不应该倡导让德国人克服过去，不应该让过去完结，而应该促使他们"给自己以创伤或者让人受创。任务并非'治愈'，而是'伤口'"。（参见 Günther Anders, Besuch im Hades. Auschwitz und Breslau 1966. Nach „Holocaust", München 1979, S.179。）

[2]   这一概念最早由特奥多尔·阿多诺于1959年提出，但是他并不是在积极和赞同的意义上使用这一措辞。他曾言："'清理过去意味着什么'这个问题必须得到解释。这个问题的源起是这一表述作为口号在近年来变得极不可靠。在那些语言使用中，清理过去并不意味着人们严肃地处理过去之物，也不意味着人们通过清醒的意识来克服过去的魔力。而是，人们想要为其画上句号，也许还想将其本身从记忆中剔除。"阿多诺认为，纳粹历史在20世纪60年代的联邦德国仍然是"活着"（lebendig）的历史，因此无法被"清理"。（参见 Theodor Adorno, Was bedeutet: Aufarbeitung der Vergangenheit, in: Gerd Kadelbach [Hrsg.], Erziehung zur Mündigkeit. Vorträge und Gespräche mit Hellmut Becker 1959–1969, Frankfurt a. M. 1979, S.10–28。）而《明镜周刊》主编鲁道夫·奥格斯坦则更支持用"清理"来取代"克服"："人们可以处理一些事物，比如说一种罪行。人们也可以清理一些也许至今仍被忽视之物。这是在我们德国人身上发生的事……但是人们怎么能够'克服'过去呢？这是一个含糊不清的概念。过去是不能挽回的。无论是6个人，（转下页）

"回忆文化"[1]和"对待过去"(Umgang mit der Vergangenheit)[2]等概念来取代"克服过去"一词,但是都没有成功。这是因为其他概念在使用的过程中"仅仅涉及了关于过去及其后果之争论的一个维度"[3]。与这些指向性明确的具体概念相比,"克服过去"具有内涵与外延上的天然优势,它涵盖了包括司法、政治、学术、文化、教育、宗教、社会在内的几乎所有与历史有交互作用的领域。因此,尽管被视为"充作权宜之计的总括性概念"[4],它仍然是考量二战后德国人如何面对纳粹历史的标杆

（接上页）还是600万人,都不能起死回生……当人们把'清理'理解为认知意愿和调查询问——不是像宗教裁判所审判异端的那种询问——时,清理就完成了。经受住考验的《基本法》,是成功的清理中的一部分;相反,阿登纳与格罗布克(Hans Globke)、基辛格(Kurt Georg Kiesinger)与勃兰特之间的通力合作则不是。"(参见 Politik der Erinnerung. Rudolf Augstein über Kriegsende und Nachkriegszeit, in: Der Spiegel, 19/1995, S.40-57。)

[1] 彼得·赖歇尔在其1995年出版的《带着回忆的政策——纳粹主义历史之争中的记忆之地》一书中,这样写道:"虽然回忆文化迄今为止不是一个普遍流行的概念,但是,相对于既通俗又成疑的表述'克服过去'而言,它理应享有更多的优先权。它毫不感伤,并且远比那个同样的表述更为精确地指示了对过去进行集体回忆的行动领域、文化子系统、社会进程特点和美学-文化媒体。"(参见 Peter Reichel, Politik mit der Erinnerung. Gedächtnisorte im Streit um die nationalsozialistische Vergangenheit, München/Wien 1995, S.331, Anm.11。)但是之后,他反对"克服过去"一词的立场发生了变化。在2001年出版的《德国克服过去——政治和司法上的纳粹政权争论》一书中,赖歇尔明确使用了这一概念来统摄全文,并且进一步指出:"克服过去首先并非德国特有的现象,虽然这一概念和针对希特勒政权之后果的持续、漫长且独有的研究很有可能促使这种想法产生。此刻这一限制正在逐渐被克服,至少学术界对一种从极权体制向民主政体过渡过程中出现的'克服过去'进行国家比较研究产生了兴趣。"(参见 Peter Reichel, Vergangenheitsbewältigung in Deutschland. Die Auseinandersetzung mit der NS-Diktatur in Politik und Justiz, München 2007², S.23。)

[2] 参见 Eckhard Jesse, Umgang mit Vergangenheit, in: Werner Weidenfeld/Karl-Rudolf Korte (Hrsg.), Handbuch zur deutschen Einheit, Frankfurt a. M. 1993, S.648-655; Jürgen Danyel (Hrsg.), Die geteilte Vergangenheit. Zum Umgang mit Nationalsozialismus und Widerstand in beiden deutschen Staaten, Berlin 1995。

[3] Helmut König/Michael Kohlstruck/Andreas Wöll, Einleitung, in: dies. (Hrsg.), Vergangenheitsbewältigung am Ende des zwanzigsten Jahrhunderts, Opladen/Wiesbaden 1998, S.7-14, hier S.9.

[4] Torben Fischer/Matthias N. Lorenz (Hrsg.), Lexikon der „Vergangenheitsbewältigung" in Deutschland. Debatten- und Diskursgeschichte des Nationalsozialismus nach 1945, Bielefeld 2009², S.13.

性术语，至今无法被取代。

　　20世纪90年代中期以来，"克服过去"的话语出现了两个特点：一方面是围绕着概念本身展开的争论逐渐偃旗息鼓，它在与纳粹历史相关的政治和学术领域获得了无法撼动的中心位置；另一方面是以这一概念为指针，一个正规的、成熟的、多元的研究领域逐渐建立起来。这一领域主要包括四个板块：第一，德国人如何对待纳粹历史成了当代史和史学史研究中重要且严肃的课题[1]；第二，从纳粹历史的视角出发，形成了一股对回忆、记忆和遗忘的文化与社会意义加以研究的新浪潮[2]；第三，将联邦德国和民主德国视为一个整体的所谓"双重克服过去"（Doppelte Vergangenheitsbewältigung）被置于欧洲的大背景下，并且与其他国家进行比较；第四，从20世纪70年代中期开始，德国人认为"克服过去"不再是纳粹历史的专有名词，它也可以用来概括其他国家在面对自身历史重负时的争议性作为。

2. 历史政策

　　任何一个系统化的政治体系——无论它是集权的还是民主的——

---

[1]　德国学界的研究参见 Ulrich Brochhagen, Nach Nürnberg. Vergangenheitsbewältigung und Westintegration in der Ära Adenauer, Hamburg 1994; Nobert Frei, Vergangenheitspolitik. Die Anfänge der Bundesrepublik und die NS-Vergangenheit, München 1996; Wilfried Loth/Bernd-A. Rusinek, Verwandlungspolitik. NS-Eliten in der westdeutschen Nachkriegsgesellschaft, Frankfurt a.M./New York 1998; Sabine Moller, Die Entkonkretisierung der NS-Herrschaft in der Ära Kohl, Hannover 1998; Peter Reichel, Vergangenheitsbewältigung in Deutschland. Die Auseinandersetzung mit der NS-Diktatur in Politik und Justiz, München 2007²; Nicolas Berg, Der Holocaust und die westdeutschen Historiker. Erforschung und Erinnerung, Göttingen 2003。国内学界的研究参见景德祥：《战后德国史学的发展》，载陈启能主编：《二战后欧美史学的新发展》，山东大学出版社2005年版；孙立新、孟钟捷、范丁梁：《联邦德国史学研究：以关于纳粹问题的史学争论为中心》，社会科学文献出版社2018年版；徐建：《纳粹史叙事与民族认同——战后七十年联邦德国史学对纳粹历史的思考》，《史学集刊》2015年第4期。

[2]　参见 Jan Assmann, Das kulturelle Gedächtnis, München 1992; Aleida Assmann, Der lange Schatten der Vergangenheit. Erinnerungskultur und Geschichtspolitik, München 2006。

都无法避免与某些历史紧密相连或者与某些历史划清界限。人们日益清晰地意识到,对政治而言,历史的基本功能不仅在于为一种自我认同提供知识储备,也不仅在于为解决当下的现实问题提供一种回避或者说逃离的途径。事实上,在政治空间中,它会成为一种在更广泛的意义上参与政治活动和政治历史意识塑造的"被使用的历史"(Gebrauchsgeschichte)[1],并且因此成为不同政治主体之间彼此争夺的"武器"(Waffe)[2]。由此,"历史政策"作为"民主社会的基本任务"[3],获得了越来越多的重视。

简而言之,历史政策[4]就是指统治者出于党派或时政的原因,对历史作出的阐释。其目的可以是认知世界、发现自我、证明统治合法性、启蒙社会、培育多元视角等等。就此而言,纳粹战犯审判、纳粹人员安排、战争赔款等具体的司法和行政措施,尽管其中当然也蕴含着统治者的历史意识和历史政治教育理念,但它们在严格意义上并不属于历史政策的范畴。倘若对"历史政策"这一概念作一学术史的考察,可以发现,该词在德语区的流行,首先得益于联邦德国在20世纪70年代经历的一次大规模政治文化转型,人们越来越认识到历史和历史意识在

[1] Guy P. Marchal, Schweizer Gebrauchsgeschichte. Geschichtsbilder, Mythenbildung und nationale Identität, Basel 2006.

[2] Edgar Wolfrum, Geschichte als Waffe. Vom Kaiserreich bis zur Wiedervereinigung, Göttingen 2002.

[3] Dieter Dowe, Geschichtspolitik als wesentliche Aufgabe in der demokratischen Gesellschaft-einige Schlussbemerkungen, in: Beatrix Bouvier/Michael Schneider (Hrsg.), Geschichtspolitik und demokratische Kultur. Bilanz und Perspektiven, Bonn 2008, S.185-187.

[4] Geschichtspolitik同样是一个非常典型的德语词语,我们在汉语中很难找到与之在语义和结构上都完全相称的表述。因为德语的Politik包含英语的politics和policy两种含义,它既指政治活动的过程层面,也指政治活动的理念层面,当然必然还暗含着政治活动的主体层面。所以,Geschichtspolitik这个概念除了具备"政治中的历史"(Geschichte in Politik)或者"与历史打交道的政治"(Politik mit Geschichte)这样的基本含义外,还暗示着这种事物应该是整体的、系统的,并且常常有类型化的表现。故本文以"历史政策"译之,而不采用"历史的政治"这一类的说法。

政治公共领域和社会生活中的重要性。[1]稍后，伴随着执政党与反对党关于历史图景（Geschichtsbild）和历史意识的激烈争论，越来越多的人——包括政治人物、政治学家、政治评论家和历史学家——将目光投向了历史与政治之间千丝万缕的联系。80年代的政治文化史表明，对历史的争论就是对历史图景统治权的争夺，就是对集体意识塑造权的争夺，无论是左翼还是右翼都在感知、经历、讨论、推动或阻挠各种不同的历史政策。1986年至1987年的"历史学家之争"（Historikerstreit），将"历史政策"作为一个专业术语正式带入了政治和当代史话语中。历史学家克里斯蒂安·迈亚（Christian Meier）和海因里希·奥古斯特·温克勒（Heinrich August Winkler）在各自的文章中明确使用了"历史政策"一词，来区分非政治化的科学研究和有政治意图的学术工作。[2]此后，"历史政策"作为一个贬义的批判性概念开始被左翼知识分子广泛用来批判右翼的"历史纠正主义"（Geschichtsrevisionismus）。政治学家艾克·亨尼希（Eike Hennig）多次对"新保守主义的历史政策"（neokonservative Geschichtspolitik）展开批评，其针对的是知识分子间的争论和政府的举措。[3]赫尔穆特·多纳特（Helmut Donat）则更多将矛头对准学者尤其是历史学家，认为他们"雇用历史"并为了政治目

[1] Harald Schmid, Vom publizistischen Kampfbegriff zum Forschungskonzept. Zur Historisierung der Kategorie „Geschichtspolitik", in: ders. (Hrsg.), Geschichtspolitik und kollektives Gedächtnis. Erinnerungskulturen in Theorie und Praxis, Göttingen 2009, S.53-75, hier S.56-61.

[2] 参见Christian Meier, Gesucht: Ein modus vivendi mit uns selbst. Wie „singulär" waren die Untaten der Nazis? Ein notwendiger Beitrag zu einer notwendigen Debatte, in: Rheinischer Merkur/Christ und Welt, 10.10.1986; Heinrich August Winkler, Auf ewig in Hitlers Schatten? Zum Streit über das Geschichtsbild der Deutschen, in: Frankfurter Rundschau, 14.11.1986。

[3] Eike Hennig, Raus „aus der politischen Kraft der Mitte"!-Bemerkungen zur Kritik der neokonservativen Geschichtspolitik, in: Gewerkschaftliche Monatshefte 38 (1987), S.160-170; ders., Die „nationale Identität" einer „Versöhnungsgesellschaft". Gedankensplitter zu einem Aspekt neokonservativer Geschichtspolitik, in: Neue Gesellschaft 7 (1988), S.682-686.

的而使其工具化。[1]

自20世纪70年代中期开始,关于历史之政治意义的研究在联邦德国迈出了系统化的第一步。尤其是历史学家亚历山大·德曼特(Alexander Demandt)、特奥多尔·席德尔(Theodor Schieder)、卡尔-格奥尔格·法贝尔(Karl-Georg Faber)和政治学家沃尔夫冈·巴赫(Wolfgang Bach)撰写了奠基性的作品。[2]虽然当时尚未有关于"历史政策"这一概念的精确定义,但是已经有研究者意识到了开拓相关研究领域的重要性,卡尔-格奥尔格·法贝尔就明确指出:

> 如果历史与政治之间的这种应用上的关系是一种固定的关系,那么反映学科立场的历史学家就不能满足于要么抱怨它在一般或者特殊情况下是滥用的,要么就是当它与评价者的历史哲学前提或者政治优先权一致时,赞赏它是恰当的。更确切地说,他应该使这种关联——虽然是在政治实践的地方——成为历史性以及理论性研究的一种对象。只有如此,才有可能获得关于历史陈述结构中的前提条件及其适用性之有效范围和界限的启示,此外还有可能就如何使这些前提条件部分地免于滥用提出建议。[3]

[1] Helmut Donat, Vorbemerkung. Die Indienstnahme der Geschichte, in: ders./Lothar Wieland (Hrsg.), „Auschwitz erst möglich gemacht?" Überlegungen zur jüngsten konservativen Geschichtsbewältigung, Bremen 1991, S.7–15.

[2] Alexander Demandt, Geschichte als Argument. Drei Formen politischen Zukunftsdenkens im Altertum, Konstanz 1972; Theodor Schieder, Politisches Handeln aus historischen Bewusstsein, in: Historische Zeitschrift 200 (1975), S.4–25; Karl-Georg Faber, Zur Instrumentalisierung historischen Wissens in der politischen Diskussion, in: Reinhart Koselleck/Wolfgang J. Mommsen/Jörn Rüssen (Hrsg.), Objektivität und Parteilichkeit in der Geschichtswissenschaft, München 1977, S.270–317; Wolfgang Bach, Geschichte als politisches Argument. Eine Untersuchung an ausgewählten Debatten des Deutschen Bundestages, Stuttgart 1977.

[3] Karl-Georg Faber, Zum Einsatz historischer Aussagen als politisches Argument, in: Historische Zeitschrift 221 (1975), S.265–303, hier S.268.

然而，除了他的学生沃尔夫冈·巴赫外，法贝尔的这种倡议并没有找到更多的追随者。正如历史教育学家卡尔-恩斯特·耶斯曼（Karl-Ernst Jeismann）所总结的那样，直至80年代中期，"涉及历史意义之制造、传播、批判及转变的研究为数众多——但是在历史学内部仍然没有一项研究能够将这些工作置于一个学术分支中，置于一个理智的，通过经验性、规范性和实证主义的方式得到确证的层面上"[1]。

从80年代后期开始，确切地说，从历史学家之争以后，越来越多的学者开始对"历史政策"进行了详尽的定义。历史学家米夏埃尔·沃尔夫索恩（Michael Wolffsohn）是最早将"历史政策"作为一个理论概念而非时政概念来分析的研究者之一，他通过将"历史政策"与"时事政策"（Tagespolitik）作对比来定义前者，他认为时事政策毫无遮掩地以现实为导向，而历史政策则是有意图地指向历史经验的政治活动：

> 根据与自身历史的关系，国家政策也有不同：它可以对自身历史不加重视，而以自身当下的利益为导向——我们……称之为时事政策；但是它也可以将其历史经验作为自己行动的前提，在这一行动中援引自己的历史——那么我们谈论的是历史政策。[2]

这种对历史政策的理解来源于对纳粹历史之现实意义的政治讨论，用来区分政治性的与学术性的行为。其最大特点在于，将历史政策视为国家行为中一个正规的、惯常的类型，而不是一种由知识分子和科学家参与甚至是主导的事务。稍后，彼得·施泰因巴赫（Peter

---

[1] Karl-Ernst Jeismann, Geschichte als Horizont der Gegenwart, Hrsg. von Wolfgang Jacobmeyer/Erich Kosthorst, Paderborn 1985, S.38.

[2] Michael Wolffsohn, Ewige Schuld? 40 Jahre deutsch-jüdisch-israelische Beziehungen, München 1988, S.21; 也可参见同作者的 Deutscher Patriotismus nach Auschwitz? Die Frage nach dem Lebenswerten bietet den richtigen Ansatz, in: Beiträge zur Konfliktforschung 4 (1987), S.21–36, hier S.32.

Steinbach）在分析当代史与政治学这两个学科之间的关系时，将历史政策定义为"一个全新的'政治领域'"，这一领域为政治学的研究理念向当代史研究渗透提供了机会。[1]沃尔夫索恩和施泰因巴赫引导"历史政策"这一概念从历史学家之争划定的讨论模式中走出来，让它作为一种严肃的分析范畴在学术研究尤其是在当代史领域站稳了脚跟。人们不再把历史政策单纯视为政治对历史进行"利用"甚至是"操纵"的表现，而是将其视为政治领域中一种带有强烈的选择性，具有浓郁的情感色彩，且喜欢对过去下判断之历史图景的设想、阐释和建构。

　　自20世纪90年代中期开始，政治学家和历史学家们开始对历史政策展开全面细致的研究，并正式将其纳入专业体系中。[2]在与"过去政策"[3]、"回忆政策"和"记忆政策"这一同类概念的竞争中，它以量取胜，获得了更为广泛的影响力和话语权。根据网络检索（表0-1），可以发现，无论是在专业话语还是在公共领域中，"历史政策"一词的使用量要远远多于其他三个亲缘词语。

[1] Peter Steinbach, Zeitgeschichte und Politikwissenschaft, in: Stephan von Bandemer/ Göttrik Wewer (Hrsg.), Regierungssystem und Regierungslehre. Fragestellungen, Analysekonzepte und Forschungsstand eines Kernbereichs der Politikwissenschaft, Opladen 1989, S. 25–32.
[2] 证据之一是大量的专业辞典将历史政策或相关概念收作词条。参见Jörg Calließ, Geschichte als Argument, in: Klaus Bergmann u.a. (Hrsg.), Handbuch der Geschichtsdidaktik, Düsseldorf 1985³, S.55–59; Detlef Junker, Art. Geschichte und Politik, in: Dieter Nohlen (Hrsg.), Wörterbuch Staat und Politik, Bonn 1995³, S.200–202; Manfred G. Schmidt, Art. Vergangenheitspolitik, in: ders., Wörterbuch zur Politik, Stuttgart 2004², S.744。证据之二是众多学术刊物纷纷出版了以历史政策为主题的专刊或副刊。参见Heftthema „Geschichtsbilder und Geschichtspolitik", in: Geschichte und Gesellschaft 24 (1998); Schwerpunktthema „Geschichtspolitik", in: Politische Report der Deutschen Vereinigung für Politische Bildung, 2005 (2)。
[3] 虽然从构词法上来看，过去政策（Vergangenheitspolitik）可以与历史政策（Geschichtspolitik）等概念归为一类，但是实际上，在很长一段时间内，它往往被很多研究者作为与"克服过去"（Vergangenheitsbewältigung）内涵一致的术语加以使用。

表0-1："历史政策"与相关概念的词条数目比较[1]

检索源 检索项	德意志国家图书馆（DNB）	巴伐利亚图书馆联合集团数据库（BVB-Datenbanken）	Google.de	《时代周报》（Die Zeit）
Geschichtspolitik （历史政策）	153	606	125 000	1 058
Vergangenheitspolitik （过去政策）	59	259	37 500	188
Erinnerungspolitik （回忆政策）	67	227	57 900	111
Gedächtnispolitik （记忆政策）	9	21	5 330	20

　　根据"克服过去"与"历史政策"这两个概念的基本含义，本研究之对象——联邦德国关于纳粹主义的历史研究和历史政策——彼此之间的关系是：纳粹史研究属于"克服过去"的一部分，涉及纳粹主义的历史政策也属于"克服过去"的一部分（参见图0-1）。这两者因为有

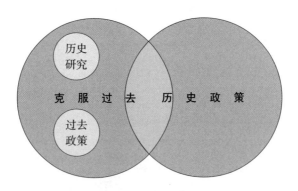

图0-1：研究对象图

[1]　数据来源：网络检索，2013年10月2日。

共同的处理对象而产生交集，并且可以在一定程度上加以比较。

二、研究维度

在对联邦德国史学和政治领域如何对待纳粹历史的审视中，主要问题有：第一，专业史家如何剖析纳粹主义；第二，政党与政治人物如何对纳粹历史进行阐释；第三，史学界与政界各自的主导话语如何发生变化；第四，历史学家与政治人物之间如何交流与争论。对这些问题的考察可以从横向和纵向两个视角切入。

1. 横坐标：政治和史学

在联邦德国克服纳粹主义过去的历史中，只有两个领域是从一开始就投身其中的，那就是政治和史学。战争一结束，一方面，无论是左翼、右翼还是中间党派，都必须就日耳曼民族的历史进程和纳粹主义表明各自的立场与态度——哪怕是回避和排挤的态度；另一方面，无论是在自由主义一方，还是在保守主义一方，都有历史学家立刻尝试对纳粹主义进行解释。这种迅速介入，与这两个领域自身的性质和传统密切相关。

1.1　联邦德国政党的历史立场

任何一个系统化的政治体系都无法避免对历史的观照。在联邦德国，纳粹历史的阴影使得政治与历史之间的张力比其他国家都更为迅猛直接，同时也更为错综复杂。从联邦德国成立之日起，对于纳粹主义的罪行，其政治领袖几乎都表示承认和忏悔。但在言语的忏悔之后，如何背负这段历史继续前行，才是他们需要直面和解决的难题。联邦德国的不同政党将"克服纳粹历史"视为政治活动和政治文化的一个核心要素，并以不同的历史阐释和历史政策彼此竞争。

在德意志，政党的诞生要比英法美等国晚得多。1848至1849年的法兰克福国民议会是德意志政党建立的巨大推力。19世纪60和70年代，德意志形成了以自由主义、保守主义、政治天主教主义和社会主义为核心的四大政党谱系。在德意志帝国、魏玛共和国和纳粹德国的近百年动荡中，这一光谱下取向各异的政治势力有的分化整合，有的蜕变崛起，有的则衰落消亡。至1949年东西德分裂时，德意志联邦共和国的政治舞台上有"两大一小"三股主导势力，它们分别是：右翼中间的基督教民主联盟（Christlich Demokratische Union Deutschlands，以下简称基民盟）和基督教社会联盟（Christlich-Soziale Union in Bayern，以下简称基社盟）组成的德国联盟党[1]，温和左翼的德国社会民主党（Sozialdemokratische Partei Deutschlands，以下简称社民党），以及中间偏右的德国自由民主党（Freie Demokratische Partei，以下简称自民党）。这三大政党从各自不同的立场出发，以各自不同的态度对待德意志民族尤其是纳粹主义的过去，最终推动联邦德国在克服历史的道路上曲折向前。

1.1.1　联盟党：以认同求发展

1949年，联盟党上台执政后，康拉德·阿登纳（Konrad Adenauer）、欧根·格斯登迈亚（Eugen Gerstenmaier）、奥托·伦茨（Otto Lenz）

---

[1]　纳粹政权崩溃后，一方面因为反对恢复固守天主教信仰的德国中央党（Deutsche Zentrumspartei），另一方面为了与德国社会民主党和德国共产党相抗衡，基督教政治人物建立起了一系列相互独立的基督教民主主义性质的地方组织。1950年10月，除了苏占区和巴伐利亚州外，其余各地的基民盟组织结合成了全国性质的统一政党——"基督教民主联盟"，康拉德·阿登纳当选为首任主席。基民盟最初的成员主要来自德国中央党、德意志民族人民党、德国人民党和德国民主党等。与其他基督教地方政党不同，1946年成立的"巴伐利亚州基督教社会联盟"不愿接受一个以阿登纳为首的全国性基督教政党的领导，拒绝加入德国"基督教民主联盟"。不过，鉴于双方在党员成分、选民利益和政治主张等方面具有高度一致性，基社盟与基民盟决定以"姐妹党"的形式活动。在地方层面，基社盟仅在巴伐利亚州活动，不在其他联邦州建立组织；基民盟则不以任何形式在巴伐利亚州活动。基社盟在巴伐利亚州的政治声望没有其他政党能够与其匹敌。在联邦层面，两党结成"联盟党"，在联邦议会组成一个议会党团，共同进退。

等曾经的反纳粹主义者从国内外的政治形势出发,试图通过对纳粹历史的清理来强化其执政根基和联邦德国的国家认同。对外,凭借在野的社民党人的支持,阿登纳推动联邦议院于1956年通过了《联邦 赔 偿 法》(德 文 全 称 Bundesgesetz zur Entschädigung für Opfer der nationalsozialistischen Verfolgung, 简 称 Bundesentschädigungsgesetz),以调整与犹太人的关系,重塑联邦德国的国际信誉。对内,联盟党人实施以宽恕和遗忘为主基调的历史政策,以增强国家凝聚力。党内外有不少人对此并不满意。但是,从政治现实主义的角度出发,为了自我统治的稳固,他们仍然主张给"屈从"于希特勒或者受其"引诱"的德国人一个以观后效的机会。于是,在50年代,联盟党主导结束了"非纳粹化",颁布了一系列赦免法,并且重新起用了1945年以来被免职的大量公职人员。

从20世纪50年代末开始,联邦德国的政治历史文化进入了一个自我批判性反思的时期。对反犹主义的重现,纳粹罪行审判的推进,在纳粹人员之社会整合中日益暴露出来的问题等,迫使德国人追问:联邦德国是否已真正从过去解脱出来?它未来究竟应该如何行事?在这种氛围中,联盟党也开始改变自己对待纳粹历史的态度。1960年时,只有社民党独力呼吁延长对纳粹罪行的追诉时效。到了1965年,年轻一代的基民盟政治人物也转而支持此举,联邦议院最终决定延长追诉时效,而当时有60%的西德民众对此持反对意见。从60年代后半期起,纳粹历史逐渐从个人的罪责反思对象,变为公开的政治争论议题。面对极右民族主义的德国国家民主党(即新纳粹党)的势力扩张、经济危机的到来,以及学生运动和"议会外反对派"的风起云涌,联盟党显得束手无策,最终将主导权拱手让给社民党。由于在纳粹时期的不光彩经历,1968年11月7日,基民盟总理库尔特·格奥尔格·基辛格(Kurt Georg Kiesinger)被当众扇耳光;1969年6月30日,基民盟总统海因里希·吕贝克(Heinrich Lübke)引咎辞职,此二者令基民盟的党派声誉折损甚巨。直至70年代中期，它在关于纳粹历史的争论中都未占据上风。

1974年，联盟党从保守主义的复苏中获利，提出了"倾向转折"的口号，反对社民党的进步和改革话语，要求以"认同"取代"解放"来重塑联邦德国社会发展的核心理念。1982年，赫尔穆特·科尔（Helmut Kohl）领导联盟党与自民党联合组阁，开始大力推进以德国历史"正常化"为导向，以摆脱纳粹阴影、重建德意志民族认同为目标的"精神与道德转折"。这一历史政策虽然迎合了代群更替导致的德国人集体经验和诉求的改变，却延缓甚至阻碍了联邦德国深化历史反思的进程。直至80年代末，究竟要如何理智地纪念想要回避的历史，如何严肃地界定加害者和受害者的身份及权利，仍然是政治讨论中悬而未决的问题。

因为两德统一的突然降临，关于纳粹历史的讨论在一段时间内沉寂了下去。直至20世纪90年代中期，联盟党与社民党之间关于"战争与暴政牺牲者纪念岗亭""基督教民主主义者反抗运动展览"和"国防军展览"的争论，重新开启了德国克服纳粹历史的过程。联盟党一方面意在重塑基督教民主主义的历史合法性，从而与社会民主主义竞争；另一方面试图回避以经验性研究为基础的事实讨论将对纳粹历史的反思固定在抽象的政治意义层面上。这之后，纪念话语之争，即谁有资格被称为受害者并且以怎样的方式得到纪念，成为执政党与在野党讨论的中心议题。通过这一讨论，不但以犹太人为代表的、传统意义上的纳粹政权受害者的地位被仪式化地固定下来，而且德国人的受害者形象也被有争议地传播开来。迄今为止，关于后者的争论仍未停止。

1.1.2　社民党：以批判求变革

二战甫一结束，那些在第三帝国遭到迫害的社会民主主义人士，就聚焦于自己在社会、政治、经济和文化等各领域的重新出发。当时的整个社会民主主义集团，其实是极为破碎的，尤其是在从集中营和监狱中解放出来的社民党人与从海外流亡归来的社民党人之间，充斥着一种疏离和冷淡的气氛。把他们集结在一起的，是一个共同的目标：重建德国社会民主党并令其在新体系中发挥决定性作用。因此，20世纪50年代，社民党人克服纳粹历史的进攻路线，首先从揭露纳粹主义者与德国传统右翼之间的关系出发。作为在1933年对授予希特勒政府合法独裁统治的《授权法案》投出反对票的唯一政党（德国共产党议员已无法参加投票），它试图尽可能广泛地为"德国的浩劫"挖掘社会根源和思想根源，并证明保守主义者为纳粹党的上台铺平了道路，保守主义者对希特勒和第三帝国的支持已令其失去了政治信誉；而社民党在纳粹时期却未曾偏离民主和人道的路线，其曾为德意志的发展道路提供了另一种更好的选择，因此，他们也反对"集体罪责说"。受到纳粹主义更严酷迫害的社民党人，比其他党派人士更加坚持：联邦德国必须刮骨疗伤，坦露伤口，时时警惕，以免重蹈覆辙。但是，一方面，由于绝大部分德国人都与纳粹政权有瓜葛，所以，即便是埃里希·奥伦豪尔（Erich Ollenhauer）、弗里茨·海涅（Fritz Heine）和维利·勃兰特（Willy Brandt）等曾领导反抗运动反对希特勒、未曾参与纳粹罪行、在1945年后重新成为政党首脑的社民党人，在50年代也往往不得不对德国历史上最黑暗的一页保持沉默；另一方面，出于政治联盟的需要，社民党不得不在很多州议会中与"全德流亡与权利被剥夺者集团/联盟"（Gesamtdeutsche Block/Bund der Heimatvertriebenen und Entrechteten）合作，后者作为吸纳了众多前纳粹党党员的极右政党，在"非纳粹化"的终止和纳粹主义者的赦免上发挥了重要作用。

伴随着20世纪60年代后半期联邦德国政治局势的起伏，尤其是受"六八"学运的影响，社会民主主义迎来了前所未有的繁荣。1966年，社民党作为联盟党的执政伙伴登上执政舞台。三年后，古斯塔夫·W.海涅曼和勃兰特分别当选为联邦德国史上第一位来自社民党的总统和总理，他们开始大力推行以"批判"为核心的历史反思策略，即批判联盟党的历史回避政策，批判德意志历史发展的"特殊道路"，批判俾斯麦及其建立的德意志帝国，认为这是纳粹主义和两德分裂的根源；强调德国史上的民主传统和自由运动，为其画出一条从农民战争、工人运动到社民党-自民党联盟的连接线，并由此大力推进联邦德国民主化的进程。1970年5月7日，正值纳粹德国无条件投降25周年到来之际，当基民盟/基社盟提出"我们不庆祝失败"的口号时，由社民党主持，各党在联邦议院第一次就二战结束展开了公开讨论。这次讨论给了各党代表从不同立场出发回忆纳粹主义和战争结束的机会。1970年12月7日勃兰特在华沙犹太隔离区起义纪念碑前的下跪、1972年12月21日《两德关系基础条约》的签订、1979年7月3日纳粹罪行追诉时效的彻底废除，不但意味着联邦德国以一种更积极务实的态度对待纳粹遗留问题，而且意味着对纳粹历史的思考越来越与当下的政治现实紧密联系在一起。

1974年，赫尔穆特·施密特（Helmut Schmidt）取代勃兰特成为总理，联邦德国的时代精神又开始发生大变动。福利国家、能源、生态等各方面的危机，使得社民党的经济和社会政策难以为继。1983年，社民党重新成为反对党。它在比特堡事件、战争纪念、博物馆计划等问题上强烈抵制联盟党保守倒退的历史政策，与其展开激烈辩驳。正是由于社民党的对峙抗衡，联盟党的历史政策成了整个社会公共领域大讨论的对象，并在一定程度上促进了纳粹历史争论的公开化和普遍化。1998年，通过与迅速崛起的联盟90/绿党（Bundnis 90/Die Grünen）结盟，社民党组建了联邦德国历史上第一个在政治图谱中完全居于左侧的政府，但它并未掀起新一轮纳粹反思的热潮。进入21世纪，关于纳粹历史的政治讨论逐渐进入了一个收缩期，无论是联盟党还是社民党，都认为德国人已经基本完成了清理过去的任务，可以大踏步向前了。

1.1.3 自民党：以转向求进步

与基民盟和社民党相比，自民党实力较弱，却是德国政坛上的重要砝码。直至20世纪90年代，往往是自民党与谁结盟，谁就能上台组阁，因此它长期处于执政地位。20世纪50年代，为了争取更多的党员和选民，联邦德国几乎所有的政党都乐于宽恕普通民众在纳粹时期的"误入歧途"。只是，与其他政党相比，自民党更坚持不要揪住历史不放。因为，与基民盟和社民党相比，在自民党的活跃分子中，前纳粹党人和希特勒青年团领导者的数目要大得多。特奥多尔·豪斯、赖因霍尔德·迈亚（Reinhold Maier）等党派领袖虽然没有与希特勒交好，但是他们在1933年帮助纳粹党实现合法独裁的《授权法案》上都投了赞同票，这是他们无法抹去的污点。因此，一方面，出于民主政治和国家统一的需要，自民党人要求德国人记住历史的重负和阴影；而另一方面，他们也支持放弃对个人纳粹经历的深究。只不过，20世纪50年代日益下跌的选民支持率促使自民党逐渐放弃右翼保守主义的历史态度，转而进行自我革新。

20世纪60年代，随着瓦尔特·谢尔（Walter Scheel）和汉斯-迪特里希·根舍（Hans-Dietrich Genscher）等自由主义者接过党派领导权，自民党开始摆脱其不光彩的"纳粹老根"，向中间派靠拢。1965年，曾经主张释放和赦免全部"所谓的战犯"与纳粹主义者的自民党，开始支持延长纳粹罪行的追诉时效。1966年，自民党与联盟党分道扬镳，转而与社民党结盟。1969年，两党联合执政。在拉尔夫·达伦多夫（Ralf Dahrendorf）和卡尔-赫尔曼·弗拉赫（Karl-Hermann Flach）等人的重新定向下，自民党追随社民党的脚步，同样批判性地追溯纳粹灾祸的根源。

而从20世纪70年代中期开始，自民党又开始赞同联盟党的"倾向转折"和"道德与精神转折"。80年代，它在联邦议院中对联盟党的支持，是科尔政府建立历史博物馆等历史政策虽面临在野党的强烈反对最终仍得以施行的重要保障。两德统一后，随着联盟90/绿党和左翼党在联邦议院中实力的增强，自民党的地位受到了冲击。在日益显现的政治困境中，它对历史问题也逐渐失去了兴趣。

统而观之，在联邦德国克服纳粹历史的道路上，难以断言究竟是右翼还是左翼的推力更强。联盟党保守的审时度势、社民党批判的反躬自省和自民党机警的亦步亦趋，这三者合力将联邦德国的历史态度拉至今天的高度。我们必须承认，联邦德国政府在反思历史罪行时付出了巨大的努力。但与此同时，我们也不应忽视，纳粹反思作为政治认同和党派斗争的武器，也常常在德国政治中被工具化和抽象化，并不止一次在与现实的博弈中败下阵来。

1.2 德国的史学与政治的关系

全球范围内的历史学发展史，尤其是历史研究专业化的历史，早已经证明，各国的史学凭借各自不同的政治文化特色和社会历史意识互相区分，并且只有在各自独特的国内政治框架下才能得到解释。纳粹主义可以说是20世纪下半叶联邦德国史学领域最重要同时也是最棘手的议题。对德国史学家而言，这种棘手并不仅仅因为对这种现象进行探查和分析需要极高的智识水平，更因为研究者与研究对象之间的关系冲击着德国史学自19世纪以来在学科定位和自我认知上占据统治地位的传统话语。

19世纪末确立的德国现代史学场域，其核心要素包括：第一，历史学与国家权力的关系，即历史学服从于一套以民族国家历史书写为核心而建立起来的历史知识等级制度，历史学家服务于国家统一、国家权威和同质性的身份认同。第二，历史学与大学权力的关系，即历史学作为一门专业学科要承受大学对学术资源的分配和对历史学家职业心态的塑造。第三，历史知识的专业领域与社会领域的关系，即专业史学以"探究历史真相"为第一要旨。在求真的过程中，历史学家自身要承担起获得社会信任的责任，即历史学家有责任向一个广阔的读者群体（包括专业和非专业读者）展示自我之历史研究和历史写作的严密逻辑和充足证据；在此基础上，历史知识的社会价值首先在于它能帮助主体——

无论是个体还是集体——历史性地定位现在,从而更好地面向未来,这就确保了历史学的权威。因此,至20世纪中叶,德国的历史学不仅是一门自律的学科,而且是德意志政治文化中一个核心因素。它的一个重要特点是,在把客观性视为崇高目标的同时,赋予民族和国家积极且重要的历史意义:一方面是拒绝历史研究的任何形式的派别捆绑,另一方面则是接受与认可其作为民族守卫者的职责。绝大多数德国历史学家是国家公职人员,他们关注官方档案,受主管当局的领导。德国史学家要求自己在对待史实和史料时克制、精确、谨慎和勤勉,但与此同时,他们也要求自己对国家和民族怀有强烈的责任感与热切的忧虑之心。这种双重性的塑造,是与德意志的历史经验密切相关的。

在16世纪的德意志大学中,几乎没有一所拥有专门的历史学(Historie)教席。到了17和18世纪,历史学逐渐发展成一门隶属于神学、法学和哲学这些"高级系科"的预备课程和辅助学科。高级历史研讨课程出现了,但它仍未拥有任何独立地位与学科自治权。神学家、法学家甚至是数学家,都有可能同时也是历史学家并承担历史教学任务。即便是在当时最具有现代色彩的哥廷根大学中亦是如此。[1]1807年拿破仑战争失败后,普鲁士要用"精神上的力量"来弥补"物质上的损失"。以1809年建校、1810年开始教学活动的柏林大学为代表,一大批新型大学在德意志各邦国涌现出来。[2]新体制带来的最大变化是,研究被职业化了。历史学也在这场运动中获益,它成功地确立起了自身作为一门学术学科和专业职业的"自为目的性"(Selbtzweckhaftigkeit)。一方面,它反对历史学要主动为政治伦理说教提供教诲之词的实用

[1]　Josef Engel, Die deutschen Universitäten und die Geschichtswissenschaft, in: Theodor Schieder (Hrsg.), Hundert Jahre Historische Zeitschrift 1859–1959. Beiträge zur Geschichte der Historiographie in den deutschsprachigen Ländern (=Historische Zeitschrift, 189), München, 1959, S.223–378, insb. S.232–276.

[2]　李工真:《德意志道路——现代化进程研究》,武汉大学出版社2005年版,第53—63页。

主义；另一方面，它摆脱了历史学要为理性之哲学精神提供实例的知识从属地位。在此基础上，它发展起了一套以史料考证和批判精神为基础的史学方法论程序，这后来成了现代历史学专业共识的核心。1825年来到柏林大学担任普通教授，1834年晋升为历史学教席教授（ordentlicher Professor der Geschichte）的利奥波德·冯·兰克（Leopold von Ranke），就是因其对史料批判的推崇和实践而登上史学圣坛的。这是历史学学术化进程结出的果实，但它本身或许并不在普鲁士当权者的计划之内。事实上，在统一德意志的进程中，普鲁士并不曾明确地将强化民族历史认同作为必要策略。要求史学跟民族和国家之间缔结合约，根本上是该时期德意志历史学家群体的诉求。

　　1815年的维也纳会议维持了德意志的政治分裂，但是时代却呼唤一个统一的德意志民族国家。那些在前三月时期（Vormärz）被社会化的历史学家（大多在19世纪10和20年代出生），接受了民族主义思潮的洗礼，无论是秉持民族自由主义还是民族保守主义的立场，都满怀政治热情。他们迫切地想要冲破学术的牢笼，在生活世界中为德意志民族振臂高呼，为它热血沸腾。1841年年初，海德堡学派历史学家、自由主义政治家路德维希·霍伊瑟尔（Ludwig Häusser）在当时的主流政治杂志上撰文，将历史学家分为三个类型：第一种是"书房里的历史学家"，他们作为学术专家专注于档案与考据；第二种是与此相反的"沙龙里的历史学家"，他们是不食人间烟火的文艺爱好者，或是为自由主义、保守主义或者宗教势力服务的理论家；第三种是"生活中的历史学家"，他们既带着专家的批判与考证精神进行历史书写，又以知识分子的身份向公共领域阐释历史对于现实的意义。霍伊瑟尔呼吁德意志的历史学家们都做第三种人。[1]

---

[1]　Ludwig Häusser, Die historische Literatur und das deutsche Publikum, in: ders., Gesammelte Schriften, Bd.1, Berlin 1869, S.4–17.

1848年革命终于为德意志历史学家提供了一个介入政治的更广阔舞台。伴随着革命火焰的蔓延，德国民众要求君主立宪、新闻和结社自由。5月18日，第一次经由直接普选产生的573位代表齐聚法兰克福，参加德意志有史以来的第一次国民议会。在法兰克福议会上，根据对宪法、对议会权力和对中央与地方之间关系的态度，议员们可以基本上分为三个派别：第一，民主主义左派，包括从极左到温和左派的几乎所有成员，他们内部又有很多分歧，有的支持通过普遍、直接选举建立民主共和国，有的支持通过革命建立民主政体，有的则支持单一制的议会制；第二，自由主义中间派，包括右翼自由主义和左翼自由主义，支持君主立宪；第三，保守主义右派，包括新教徒和保守主义人士，主张建立君主掌权的邦联制国家。在这些议员中，包括一大批"政治型教授"（politischer Professor）。1845—1850年间，德国一共约有675位教席教授。而在法兰克福国民议会上，799名国民代表中，有82位高校教师，包括57位正教授。也就是说，当时大约有10%的学者在政治上十分积极。所谓"政治型教授"，与仅仅只是谈论政治或者对政治有兴趣的学者不同。那些只是想要通过其学术活动对政治有所影响的学者，还不足以拥有这一头衔。"政治型教授"不仅仅想要参与政治，而且想要引领政治，他们想要在民族公共领域的形成过程中获得该领域的"独家代理权"。与之相应，德意志民族也尊重它的学术领头人，相信这些人可以实现民族的愿望和想法。对于历史学的"政治型教授"而言，史学与政治这两个领域不仅在一定程度上互相触碰，而且在某些点相交相切，因此他们可以同时拥有历史学家和政治活动家的双重身份。在学界内部——无论是在认识论层面，还是在实践层面——还没有人比他们更紧密地与政治领域交往。

1848年是德意志历史科学与政治文化对话的第一个高潮。历史学家们以自己的亲身参与，践行着其作为"政治型历史学家"的职业目标。许多这一类型的历史学家作为议员参加了法兰克福国民议会，他们或是代表忠于君主政体的保守派，或是代表追求自由主义的反对派。但无论属于哪方，他们都相信，建立一个民族国家可以满足德意志人长期以来追求的目标。他们对历史学的政治定位，也是在这种信仰下建立起来的。其中，代表右翼自由主义或者说保守自由主义的历史学家队伍最为庞大。德国史学专业化的理论先驱约翰·古斯塔夫·德罗伊森（Johann Gustav Droysen）就认为史学是国家时事政治的任务之一。他在1848年时是基尔临时政府在法兰克福联邦议院的代表，之后成了法兰克福国民议会的议员，并负责制订拟议的宪法。德罗伊森是右翼自由主义的卡西诺派（Casino-Fraktion）成员。卡西诺派是国民议会中人数最多、影响最大的派别之一，它代表着自由主义或民族自由主义中主张君主立宪的一支。除了德罗伊森外，"哥廷根七君子"之一的历史学家弗里德里希·克里斯多夫·达尔曼（Friedrich Christoph Dahlmann）、德意志历史文献研究所所长格奥尔格·魏茨（Georg Waitz）和普鲁士国家档案馆馆长马克斯·敦克尔（Max Duncker）也是该党团的成员。这些历史学家都是普鲁士霸权的明确支持者，看到德国统一是唯一可行的途径。

然而，这些德意志精英想要通过政治革命重塑德国的尝试又失败了。这次失败不仅冲击了他们的自由主义理想，而且冲击了他们历史思维中关于"过去、现在与未来之间关系的普遍想象"[1]。更具体地说，民族要变成国家，"一个"民族要变成"一个"国家，历史发展是在现代民主国家框架下扩展自由的权利与权力：历史学家对历史的这种意义赋予失去了立足之地。随之而来的是，他们越来越将建立现代德意志民族国家的责任从市民阶层（Bürgertum）转交到普鲁士王国之手，这一派历史学家也因此被后世称为"普鲁士学派"或"小德意志学派"。正

---

[1] Friedrich Jaeger, Jörn Rüsen, Geschichte des Historismus. Eine Einführung, München 1992, S.87.

是在他们的推动下，德国史学一度否定了兰克式的客观主义思想，"自为目的性"在现代民族国家理想面前让出了地盘，它要把自己塑造并建设成为一门具有政治导向力、意义创设力和社会教化力的学科。为此，在理论上，他们强调解释在史学方法论中的关键地位，强调历史知识的主体勾连与诠释特征。德罗伊森在反对"不怒不苦"（sine ira et studio）的历史工作标准时这样宣称："我想要自己看上去就呈现为我自身立场中的相对真理——比如我的祖国、我的宗教信仰、我的政治信仰、我的时代——允许我保有的样子，不多也不少……客观的不偏不倚，是不近人情的。人性其实就是必有偏向的。"[1]1856年，海因里希·冯·聚贝尔（Heinrich von Sybel）在审视历史学学科状况时这样描述："在我们的文献中有些地位的所有历史学家，都有自己的色调：有人笃信宗教，有人是无神论者，有人是新教徒，有人是天主教徒，有人是自由主义者，有人是保守主义者，有来自各个党派的历史写作者，也就是不再有客观的、无倾向性的、没有血肉的历史学家了。这是极其显著的一个进步！"[2]在实践上，这一群历史学家要全力推动历史与政治结盟，从而帮助德意志的民族意识加速成熟。聚贝尔作为温和自由主义，或者说保守自由主义的支持者，也是1848年预备国民议会的成员。他认为自己"4/7是教授，3/7是政治家"[3]。为了给史学谋求比其他所有人文社会科学更高的现实地位，他在德国史学专业化进程上竭尽

---

[1] Johann Gustav Droysen, "Historik. Rekonstruktion der ersten vollständigen Fassung der Vorlesungen", in ders., Historik. Historische-kritische Ausgabe von Peter Leyh. Bd.1, Stuttgart-Bad Cannstatt 1977, S.236.

[2] Heinrich von Sybel, Über den Stand der neueren deutschen Geschichtsschreibung, Marburg 1856, S.7.

[3] 引自Thomas Brechenmacher, Wieviel Gegenwart verträgt historisches Urteilen? Die Kontroverse zwischen Heinrich von Sybel und Julius Ficker über die Bewertung der Kaiserpolitik des Mittelalters (1859–1862), in: Ulrich Muhlack (Hrsg.), Historisierung und gesellschaftlicher Wandel in Deutschland im 19. Jahrhundert, Berlin 2003, S.87–112, hier S.87。

心力。1857年，他在慕尼黑大学组建了历史系。1858年，他与兰克合作在巴伐利亚科学院创设了历史委员会（Historische Kommission bei der Bayerischen Akademie der Wissenschaften）。1859年，他主导创办了德语区最重要，并且时至今日仍然最权威的史学专业期刊《历史杂志》（*Historische Zeitschrift*）。1861年，他离开慕尼黑转战波恩，在波恩大学组建了历史系。显然，德国史学在19世纪的繁荣，首先要在其与民族国家的这种紧密联盟中得到解释。

除了这些代表民族/保守自由主义的历史学家外，左翼自由主义也在德国历史学界找到了自己的代言人。后者最著名的有两位，一位是格奥尔格·哥特弗里德·盖维努斯（Georg Gottfried Gervinus），另一位就是特奥多尔·蒙森（Theodor Mommsen）。盖维努斯坚持把史学的政治批判功能置于他历史和政治思想的中心位置，并且认为客观与偏颇是息息相关的。他的理想是做一个"命运的党员"，只写与当下相关的历史，并且在历史的基础上系统地讲授政治。[1]从1848年革命的准备阶段直至1849年革命结束，盖维努斯始终发挥着重要作用。他不但承担了把自由主义精英集结起来的组织工作，而且撰写了大约120篇文章来参与德意志统一之指导路线和具体问题的讨论，他是普鲁士自由主义反对派的领袖。凭借皇皇巨著《罗马史》于1902年夺得第二届诺贝尔文学奖的蒙森，"直至生命的最后时日始终是好战的政治型教授，献身于1848年革命以来市民阶层的美好德行"[2]。他也坚持史学的政治功能。在1885年5月7日写给聚贝尔的信中，他这样写道："撰写历史尤其是当代史的人，有为政治教育服务的义务。他应该为他的读

---

[1] Jörn Rüsen, Der Historiker als "Parteimann des Schicksals". Georg Gottfried Gervinus und das Konzept der objektiven Parteilichkeit im deutschen Historismus, in: Reinhart Koselleck (Hrsg.), Theorie der Geschichte, München 1977, S.77-124.

[2] Stefan Rebenich, Theodor Mommsen und Adolf Harnack. Wissenschaft und Politik im Berlin des ausgehenden 19. Jahrhunderts, Berlin/New York 1997, S.571.

者指明并且帮助其确定其以后对国家的立场。"[1]蒙森的位置介于为客观知识服务的"历史研究者"和作为政治人参与当下争论的"历史书写者"之间，他毕生的事业就是在学术导向和政治秩序之间斡旋调解。在他身上，尤其是从他作为一个学术权威对德意志帝国政治秩序的基本问题的干预中，19世纪占据统治地位的"政治型历史学家"的形象得到了鲜明的展示。

　　在"历史与政治结盟"的大趋势下，历史学家也积极与政党交往。其中，自由主义是当时最受欢迎的政治思潮。许多历史学家与民族自由党交好，尤其值得一提的是海因里希·冯·特赖奇克（Heinrich von Treitschke）。1871至1884年间，特赖奇克是德意志帝国议会议员。至1879年，他是民族自由党党员，之后成为无党派人士。特赖奇克的政治取向在他那一代历史学家中十分典型：年轻时的他持自由主义的立场，但是之后他变得越来越保守。他既攻击社会主义者、社会民主主义者和犹太人，又反对支持议会制的自由主义者和提倡自由思想的人士。也有历史学家倾向于德意志进步党，它在1861年创立之际就得到了来自特奥多尔·蒙森的支持。与大多数历史学家持民族自由主义，少数持左翼自由主义这种情况相比，几乎没有什么历史学家亲近社会主义。这一趋势将一直持续到20世纪60年代。虽然蒙森在20世纪初时曾呼吁左翼自由主义者与社会民主主义者彼此结盟，但是历史学界的主流观念仍是对社会民主主义表示怀疑。

　　史学与政治之间过深的纠葛，其实在19世纪中叶就引发了争议。不过，最初的批判者来自政治异见者。无论是在围绕如何评价中世纪时德意志帝国的意大利政策而爆发的聚贝尔-菲克尔争论中（Sybel-Ficker-Streit，1859—1862），还是在围绕如何评价自由主义与德

[1]　引自Lothar Wickert, Theodor Mommsen. Eine Biographie. Bd.4: Größe und Grenzen, Frankfurt a. M. 1980, S.239。

国统一之间的关系而爆发的特赖奇克—鲍姆加藤争论中（Treitschke-Baumgarten-Kontroverse，1882—1883），虽然争论的焦点是现实旨趣是否应该主宰对历史的评价，历史书写到底在多大程度上可以具有意图性和倾向性；但是归根结底，其驱动力不是为了深化对历史学特性的认知，不是为了系统地探讨史学与政治的关系，而是为了在政治斗争和身份认同中打击对手。站在聚贝尔和特赖奇克这样的普鲁士学派对面的，是信奉天主教、支持用大德意志方案解决德意志问题的尤利乌斯·菲克尔（Julius Ficker）和始终忠于自由主义的赫尔曼·鲍姆加藤（Hermann Baumgarten）。

从19世纪80年代开始，新生代的历史学家开始在俾斯麦帝国成长起来，这批人包括马克斯·莱曼（Max Lehmann）、汉斯·德尔布吕克（Hans Delbrück）、马克斯·伦茨（Max Lenz）、埃里希·马尔克斯（Erich Marcks）、费利克斯·拉赫法尔（Felix Rachfahl）、赫尔曼·翁肯（Hermann Oncken）和卡尔·汉普（Karl Hampe）等等。他们都出生在19世纪中叶，对他们产生决定性影响的集体经验，不是1848年革命的失败，而是德意志统一后俾斯麦的政策、帝国社会经济问题的爆发和民族自由主义思想的复归。在这种新形势下，他们要求改变学科的政治和学术取向，重新与兰克式的客观主义紧贴在一起，这一思潮被称为新兰克主义（Neorankeanismus）或者兰克复兴浪潮（Rankerenaissance）。1848年革命后，因保守主义和普鲁士邦国主义立场而遭受冷落的兰克，重新成为德国史学的精神领袖。专业历史书写被要求回归客观求真、"如实直书"（兰克语："只想呈现，过去本为何 [bloß zeigen, wie es eigentlich gewesen ist]"）的理想。这当然与时代精神的转变息息相关。威廉德国时期，君主立宪政治体制的稳固、工业化时代市民阶层的碎裂和大学作为大型学术工场的发展，在许多教授那里形塑了一种"非政治"的职业惯习。秉持着这种惯习，他们认为自己超脱于政党，是民族的良知、公共意见的教育者、"通识修养"（Bildung）的典范力量和统治者的政策咨询顾问。[1]这种认知已经与之前的"政治型教授"将自己视为"代表'这个'社会之公共意见的先锋部队"的定位明显区分了开来。[2]这种转型的一个重要原因在于,统一的民族国家建立之后,对于专家知识分子而言,与参与政治决策过程相比,民族文化的教育工作占据了优先地位。在大学的人文科系和其他文教机构中,逐渐流行开来的是"完善自我个性"[3]的新人文主义理念,而不是早期的教育启蒙理念。所以,包括历史学家在内,原本公共领域的意见领袖逐渐远离对政治的直接干预,而将自己的作用范围框定在文化生活领域。[4]在大学中被社会化的德意志专家知识分子的这种心智创设传统,直至魏玛共和国时期仍然在发挥着重要作用。

当然,需要强调的是,德国史学的这种克制与内倾化并不意味着与政治截然划清界限。史学与民族国家的联盟已经缔结,新兰克主义者也无意斩断这种联结。在他们看来:"帝国必须建立,这之后才能重新唤醒实在性的意义,唤醒对现实包括对过去的正确审度。这方面的功绩,俾斯麦比兰克要大。只要民族还在为它最崇高的财富而斗争,客观的史学就必须后退避让;当赢得胜利时,它才走上前来。激情平复后,

---

[1] Gustav Schmidt, Gelehrtenpolitik und politische Kultur in Deutschland. Zur Einführung, in: ders./Jörn Rüsen (Hrsg.), Gelehrtenpolitik und politische Kultur in Deutschland 1830—1930, Bochum 1985, S.5—35, hier S.17 f.

[2] Rüdiger vom Bruch, Wissenschaft, Politik und öffentliche Meinung. Gelehrtenpolitik im Wilhelminischen Deutschland, Husum 1980, S.415.

[3] Georg Bollenbeck, Bildung und Kultur. Glanz und Elend eines deutschen Deutungsmusters, Frankfurt am Main 1994, S.146.

[4] 弗里茨·林格(Fritz Ringer, 1934—2006)在1969年出版的书《德国士大夫阶级的衰落:1890—1933年德国的学术共同体》中专门研究了德国的学者群体在其近现代历史中的作用。他指出,在普鲁士,学问意味着精神"修养",学问能够作为高贵出身的"值得尊敬的替代品",具有"通识修养"变成了智识精英阶层的独特标签。为此,德国士大夫传统中最重要的信条就是"教化",其大学教育旨在"于精神上变得高贵而不是发挥狭隘的功利主义作用"。参见Fritz Ringer, The Decline of the German Mandarins: The German Academic Germany, 1890—1933, Cambridge 1969。

我们才能重新公正行事。"[1]史学代言人跟民族和国家利益的亲和性，已经在建立统一民族国家的进程中被固化为德意志现代史学的基本传统特质。

通观整个19世纪，首先，德国历史学家们——无论是左翼，还是右翼——都支持在国家、民族与史学之间缔结合作条约。职业历史学家们动用他们手头的各种资源，来维护国家秩序和证明政权的合法性。相应地，历史学成功地晋级成了一门主导学科，在19世纪获得了比其他人文社会科学更高一级的理智导向力、社会话语权和公共威望。其次，在1848年革命爆发之时，历史学界的政治取向仍可以说是多元化的，自由主义与保守主义之间虽然存在着一定程度的人员多寡和力量差距，但是左翼尚未被边缘化。而随着革命的失败，传统势力日益增强，保守主义人多势众，开始牢牢把持学界的统治地位。这种趋势在接下来的半个世纪中走到了极端。

从某种意义上来说，第一次世界大战比第二次世界大战更大幅度地改变了德意志民族国家与历史学之间的关系。1914年一战爆发，德国的各个政治派别，从泛日耳曼分子到社会民主党人士，暂时摒弃争议，达成一致。德国的绝大多数历史学家再次搁置了兰克式的客观主义理想，纷纷离开学术研究和课堂教学的安全之地，与政府一起参与到支持战争的宣传中来，在时代的政治和文化之争中为德意志摇旗呐喊。于是，历史学家重新强调历史书写的政治与社会职责，并且把国家命运当作伦理政治运动和历史编纂的中心。1918年以后，德国的精神状况可以用这样一句话来概括——"艺术向左，科学向右"。[2]在魏玛共和国，19世纪至20世纪初历史学的政治传统仍然得到了传承。当时的历

---

[1] Max Lenz, Die großen Mächte: Ein Rückblick auf unser Jahrhundert, Berlin, 1900, S.26.

[2] Otto Westphal, Feinde Bismarcks. Geistige Grundlagen der deutschen Opposition 1848-1918, München-Berlin 1930, S.233.

史学家群体将自己视为"尤其是本民族历史宝库的守护者"和"历史圣坛上圣火的守护者"。[1]在这种观念的指引下,魏玛时代的专业史学仍然是高度保守主义和民族主义化的,认为历史书写有为政治和社会服务的职责,并且明显倾向于右翼民族主义。不过,史学内部民族保守派别的优势绝不意味着历史学家们达成了一致。相反,一种左右对峙的局面在历史学界逐渐产生了。那些在一战中信奉以战争求和平、认为自己要为国效力的历史学家们,在1918年以后大多站到了魏玛政府的对立面;而那些信奉以谅解求和平、自居为忠于宪法的"理智共和党人"(Vernunftrepublikanner)的历史学家则支持魏玛政府。

纳粹主义与历史学之间的关系极为复杂。[2]一方面,希特勒的极权统治并没有彻底改变德国史学的专业运作,德国史学并没有完全被"纳粹主义化",也不存在一套完整且系统的纳粹主义历史理论或者历史阐释话语。[3]但另一方面,历史学的确曾屈服于专制措施,一批持异见的历史学家——主要是历史学界的犹太裔、自由民主派、社会主义者与共产主义者——在第三帝国受到了排挤和迫害,流亡海外。只不过因为他们当中的大部分人是德国史学界的边缘人物或者年轻一代,所以纳粹政权并没有伤害到德国史学的根基。据统计,在希特勒上台的1933年1月,德国各大学历史系89名正教授中尚无人是纳粹党党员。[4]在此之后,加入纳粹党的专业历史学家逐渐增多。1933年11月11日,近900名德国高校教员共同签署了《德国高校教授关于阿道

[1] Justus Hashagen, Historikerpflichten im neuen Deutschland, in: Eiserne Blätter 1, 1920, S. 706-710, hier S. 708 f., 转引自Bernd Faulenbach, Ideologie des deutschen Weges. Die deutsche Geschichte in der Historiographie zwischen Kaiserreich und Nationalsozialismus, München 1980, S. 437 f.。

[2] 关于纳粹时期德国史学的发展情况,参见景德祥:《纳粹时期的德国史学》,《山东社会科学》2008年第8期。

[3] Karen Schönwälder, Historiker und Politik. Geschichtswissenschaft im Nationalsozialismus, Frankfurt a. M. 1992, S.79-82.

[4] Winfried Schulze, Deutsche Geschichtswissenschaft nach 1945, München 1989, S.34.

夫·希特勒和民族社会主义国家的声明》(Bekenntnis der Professoren
an den deutschen Universitäten und Hochschulen zu Adolf Hitler und dem
nationalsozialistischen Staat)。不少历史学家拥护声明，表态接受希特
勒带来的这场变革。特奥多尔·蒙森的孙子、曾经属于自由主义阵
营的威廉·蒙森(Wilhelm Mommsen)，也在声明上签字，并且在1940
年加入纳粹党。[1]一些年轻的历史学家同样追随这一普遍趋势：20
世纪60年代对传统民族主义史学发起冲击的弗里茨·费舍尔(Fritz
Fischer)也在1937年加入纳粹党[2]；二战后联邦德国史学界的领军人
物特奥多尔·席德尔和维尔纳·康策(Werner Conze)，甚至被严厉的
批评者认为是希勒特针对犹太人之"灭绝的策划者"(Vordenker der
Vernichtung)[3]。就连身为左翼领袖的弗里德里希·迈内克(Friedrich
Meinecke)都曾对纳粹军队在战争中的胜利感到喜悦。第三帝国时期
历史学家与纳粹政权的这种"合意"，很大程度上与德国史学自19世
纪建立起来的自我认知和学科定位之政治亲和性密切相关。

　　二战结束了，德意志帝国被摧毁，一同被摧毁的还有德国人的自
我历史图景。所有创设认同的历史传统、民族意识和精神文化传承都
被全盘否定，所有历史解释都失去了可信性，没有一个阐释框架可以容
纳下对刚刚过去的那段历史的评价。1945年的失败就像是德意志历
史上所有污水汇聚在一起冲泻而下的崩溃口。对民族和国家的爱与忠
诚，这些德意志历史书写原本的基石，轰然倒塌。历史学家们不再被允
许用脉脉温情去对待德意志的历史，他们站在废墟上茫然失措。但与

---

[1] 参见 Anne Christine Nagel, Von der Schwierigkeit, in Krisenzeiten liberal zu sein.
Der Fall Wilhelm Mommsen, in: Ewald Grothe, Ulrich Sieg (Hrsg.): Liberalismus als
Feindbild, Göttingen 2014, S. 229–251。

[2] Ernst Klee, Das Personenlexikon zum Dritten Reich. Wer war was vor und nach 1945,
Frankfurt a. M. 2005, S. 152.

[3] Götz Aly/Heim Susanne, Vordenker der Vernichtung. Auschwitz und die deutschen
Pläne für eine neue europäische Ordnung, Hamburg 1991.

此同时，倘若德国史学不想放弃它自19世纪开始就追求的与政治之间的紧密联系、以史学之学科独立为基础对现实的强势介入以及在社会意义创设和价值取向上的导向作用，它就必须对纳粹主义的性质、根源、表现和后果给出有说服力的回答。

2. 纵坐标：历史分期

联邦德国对待纳粹主义的历史不是一个直线的、连续性的进步过程，其中充满了争论、反复，甚至倒退。"克服过去"也不是单一的力作用的结果，它受到了各种因素直接或间接的影响。这就导致对这段历史进行分期是一件困难的事情。1945年至今，联邦德国克服纳粹主义过去的历史，在各种研究中被划分为不同的阶段。

托尔本·费舍尔（Torben Fischer）和马蒂亚斯·洛伦茨（Matthias N. Lorenz）在其主编的《德国"克服过去"大辞典——1945年后纳粹主义的争论史与话语史》[1]中，在对政治、社会和文化方面进行综合考量的基础上，将二战后联邦德国对待纳粹主义的历史划分为六个阶段，分别是1945—1949年、1949—1961年、1961—1968年、1968—1979年、1979—1995年和1995—2002年。

赫尔穆特·柯尼希将联邦德国克服过去的历史划分为四个阶段。从二战结束至联邦德国建立为第一阶段，标志性的特点是在道德和抽象意义上围绕纳粹主义、战争和灭绝等问题展开罪责之争。50年代为第二阶段，这是所谓"阿登纳时期"（1949—1963）的主体，这一阶段的主要特点是"双重策略"，即一方面是纳粹政权的追随者试图融入新的联邦德国，另一方面是新的联邦德国要在各方面与纳粹主义划清界限。1960年至1990年为第三阶段，在这"漫长的高潮"期，对纳粹历史尤其

---

[1] Torben Fischer/Matthias N. Lorenz (Hrsg.), Lexikon der „Vergangenheitsbewältigung" in Deutschland. Debatten- und Diskursgeschichte des Nationalsozialismus nach 1945, Bielefeld 2009.

是对犹太人大屠杀的援引，成了联邦德国政治文化的核心阐释模式。第四阶段是从两德统一至今，虽然对纳粹历史的回忆继续在德国人的政治、文化和社会生活中占据着广阔的空间，但是回忆的坐标却发生了根本性的改变，"纳粹主义正在逐渐从一种当代史现象变成一个历史事件"。[1]

德国著名的文化理论家阿莱达·阿斯曼（Aleida Assmann）将联邦德国的回忆史划分为三个阶段：第一阶段从1945年至1957年，当时德国社会的主导趋势是对纳粹历史保持集体沉默，讨论的主要议题是战争赔款问题和纳粹人员的"内部整合"问题；第二阶段从1958年至1984年，在此期间，德国在各方因素的刺激下经历了对克服过去之方式方法的大批判；第三阶段自1985年起，讨论的中心词语变成了"记忆"，官方和大众媒体在其中的地位日益上升。[2]

诺贝特·弗赖（Norbert Frei）将联邦德国对待纳粹过去的历史分为四个阶段：第一阶段是1945—1949年由盟军主导的"政治净化期"；第二阶段是20世纪50年代的"过去政策期"，在此他与柯尼希意见一致，认为这一时期解决的主要是纳粹人员的整合问题；第三阶段是20世纪60至70年代的"克服过去期"，在此期间，德国人对纳粹历史提出了全面的质疑与反思；第四阶段是自20世纪80年代开始的"保护过去期"，自那时起，被高度政治化的纳粹历史之争不再占据核心地位，各种不同的审视立场与阐释方式彼此共存，并且围绕"对这段过去的哪些记忆应该在将来被保存下来"这一问题展开讨论。[3]

而在史学史领域，克里斯多夫·科内利森（Christoph Cornelißen）这

[1] Helmut König, Die Zukunft der Vergangenheit. Der Nationalsozialismus im politischen Bewusstsein der Bundesrepublik, Frankfurt a. M. 2003, S.17f.

[2] Aleida Assmann/Ute Frevert, Geschichtsvergessenheit–Geschichtsversessenheit. Vom Umgang mit deutschen Vergangenheiten nach 1945, Stuttgart 1999, S.143–146.

[3] Norbert Frei, 1945 und wir. Das Dritte Reich im Bewußtsein der Deutschen, München 2005, S.26–39.

样归纳纳粹历史研究的发展史：20世纪50年代，在冷战背景下，纳粹史研究首先围绕着20世纪上半叶专制政体之极权特征展开；60年代，争论主要涉及欧洲法西斯政权之可比性；70至80年代，这一争论被迅速蔓延开来的关于纳粹统治结构和作用机制的讨论所扩展，或者说所取代；90年代，显著的变化是"受害者研究"（Opferforschung）受到了重视。[1]

显然，由于"纳粹主义的第二段历史"之广袤复杂，由于着眼点和衡量的坐标不同，更重要的是由于对于"克服过去"这一概念尚无公认的精确定义，因此，学者们在联邦德国对待纳粹问题的历史分期上并未达成完全统一的意见。但是，倘若我们摒弃细节上的分歧且综合大多数的意见，就可以从这些不同的观点中发现：大致上，从1949年至1989年，每隔十年，联邦德国对待纳粹历史的态度总有较为明显的变动。1949年联邦德国的建立、1959年反犹主义讨论的进行和费舍尔争论的肇始、1968年学生运动高潮的到来、1982年的政府更替和1989年柏林墙的倒塌，是在联邦德国克服纳粹主义的历史上具有重要意义的5个年份。概而言之，以上述几个时间点为标杆，历史学家和政治人物克服纳粹历史的过程经历了以下四个阶段：

第一阶段（1949—1958年）：沉默、排斥与新尝试。这一时期，对纳粹主义的历史研究在辩护与回避的大氛围中开始起步，而政治"零点"的表象下，占据主导地位的则是与纳粹德国划清界限、拒绝集体罪责说和将德国人自我塑造成纳粹统治的真正受害者。

第二阶段（1959—1968年）：转折、推进与新力量。这一时期，历史学界认为关于纳粹主义的描述性研究已经基本完成，转而开始寻求针对它的多种理论阐释模式，历史政策上的转型期也开始到来，不过此时

[1] Christoph Cornelißen, Erforschung und Erinnerung–Historiker und die zweite Geschichte, in: Peter Reichel/Harald Schmid/Peter Steinbach (Hrsg.), Der Nationalsozialismus–Die zweite Geschichte. Überwindung–Deutung–Erinnerung, Bonn 2009, S.217–242, hier S.217f.

历史学家们关于纳粹主义的新观点尚无法撼动政界主流思潮的地位。

第三阶段（1969—1982年）：深化、突破与新对立。这一时期，历史研究在围绕纳粹起源和"犹太人大屠杀"等具体问题的争论中得到深化，而政治人物终于开始跳出行政和立法的框架，直接地围绕纳粹主义展开争论。社民党–自民党联合政府与历史学界的新思潮合作，大力地推进了联邦德国正视和反思历史的进程，同时也加深了与基民盟/基社盟之间的对立。

第四阶段（1983—1989年）：争论、反复与新趋势。在这一时期，学界出现对纳粹研究之"客观性"与"历史化"的新呼声，而民族保守主义的历史政策则试图将德意志民族从纳粹主义的阴影中"解放"出来。不同阵营中的历史学家和政治人物各自加强了同盟，史学界与政治界的对话达到了空前频繁的程度。

三、理论与方法

德国历史学家延斯·努达尔姆（Jens Nordalm）认为，历史书写作为一种"反实证主义"的阐释，要以研究性的理解取代特定"方法"的优先性，要确保对研究对象进行解释性的理解时路径的多元性。[1]这

---

[1] 他这样评价自己对1900年前后历史主义的研究："我未曾'运用'任何'方法'。我从关于这种历史书写的特点这一普通但迄今为止答案都存疑的问题出发，试图理解历史学家和他们的文本，并且就此踏上若干极其不同的路径，因为用摆脱了方法论之确定性的眼光看来，影响历史思想的力量和语境的多样性变得明显了：个人特征……；大学老师和各种教材的影响；文学叙述方式的习得与时代的某种特定感知风格的共同贯彻……；对心理的、文化史的、国民经济的、社会政策的和俾斯麦国家社会主义的'话语'的从属；共享作为'代群性'而感知到的经历；卷入学术的群体对抗；科学性在政治时期中始终危险的定位。" Jens Nordalm, „Generationen" der Historiographiegeschichte im 19. und 20. Jahrhundert? Einige Zweifel am Methodendiskurs in den Geschichtswissenschaften, in: Jan Eckel/Thomas Erzemüller (Hrsg.), Neue Zugänge zur Geschichte der Geschichtswissenschaft, Göttingen 2007, S.284–309, hier S.288.

种看法当然是有一定道理的。当下的历史学家越来越成为"博采家"，大多不会是某个单一理论或方法的坚定支持者。研究者也很少认为只要凭借某些理论或方法就可以得出"更好"的历史研究成果。但这并不是说，理论与方法就变得无关紧要了，它们仍然是拓展研究对象之阐释维度的重要手段。就此而言，为了对历史学家和政治人物面对纳粹历史的所作所为进行更细致的分析，除了对史学和政治领域克服过去的主导话语做阶段性总结外，还可以使用以下方法：运用场域理论审视史学界与政治界对待纳粹历史的异同及其各自内部的竞争与冲突；从代群着眼来归纳并区分历史学家和政治人物中的不同群体，并且解读历史学家和政治人物在历史政治争论中的合作与对立。

1. 场域

"场域"（field）这个概念来自法国社会学家皮埃尔·布尔迪厄（Pierre Bourdieu）。根据他的定义，场域可被视为特定资本运作与流转的结构化空间，行动者为了占有资本而展开竞争，从而保证或改善他们在场域中的位置。这些资本包括经济资本（金钱和物质基础）、社会资本（人际关系网络）、文化资本（一个人的生活方式、修养、受教育水平、各种资格证书等）。后来，布尔迪厄还加了一种符号资本（也译作象征资本），即用符号把对上述三种资本的占有合法化，也就是说，这些资本的获得是"被承认"的，比如说崇高的社会声望。学校系统、国家、教会及政党等都不是机器，而是各种场域。所以，社会场域是充斥着各种竞争力量的领域，永远处于相互争夺与制衡的状态。通过围绕着资本的斗争，行动者不断改变着场域内不同位置之间的社会关系和力量对比，进而也不断塑造着场域的结构。场域概念最基本的要素，是多面向的社会关系网络。场域一方面是力量的场域，另一方面是斗争的场域。在由各种关系网络形成的场域结构中，"所有的行动者相互遭遇"，并且依据他们在其中"所占据的不同地位而使用不同的斗争手段并具有不同的斗争目的"。决定着一个场域的，除了其他因素以外，是每一个场域中特有的、不可化约的、只在场域内有效也不可被场域外的人们所感知的游戏规则和专门利益。每个场域都有一个自主化的过程，即摆脱其他场域之限制和影响，在发展中体现出自己固有本质的过程。一个场域越是自主，这个场域的消费群体就越是狭窄。[1]

　　场域理论可以帮助我们更好地区分史学与政治。这是两个遵循完全不同的游戏规则和专门利益的场域，因此，历史学和政治人物对待纳粹主义的行为和后果，不能超然于他们的职业身份而得到褒奖或贬低。相比较而言，政治是一个自主性较低的场域，它是依靠特定的社会空间中表现出来的人与人之间的权力关系网络来维持的。而专业史学"不偏不倚，如实直书"的职业理想，则决定了它是一个追求高度自主的场域。所以，对很多历史学家而言，将场域分析的方法用于史学史研究是一种挑衅。布尔迪厄的视角——把史学的研究实践视为一种社会竞争，历史学家们在其中遵循着那些他们自己都不完全理解的规范，为了各种"权力""资本"和"位置"而争夺不休——让传统且自律的史学工作者们大为反感。因为一旦历史学家的个人兴趣、职业雄心和现实这些原本秘而不宣之物都变成了学科史独特且不可或缺的主题时，历史知识之形成以及与此相关的关于学术观点和研究意义的争论，是否就会软化为关于学术影响、学术权力和学术认同的泛泛之谈？但事实上，场域理论志不在颠覆或者解构。布尔迪厄以此对科学加以分析，是为了将原本我们认识中的盲点主题化，是为了"历史化进行历史化的主体，客观化进行客观化的主体"[2]。他曾言：

[1]　参见[法]皮埃尔·布尔迪厄著，高振华、李思宇译：《实践理论大纲》，中国人民大学出版社，2017年版；[美]戴维·斯沃茨著，陶东风译：《文化与权力——布尔迪厄的社会学》，上海译文出版社2006年版。

[2]　[法]皮埃尔·布尔迪厄著，陈圣生、涂释文、梁亚红等译：《科学之科学与反观性——法兰西学院专题讲座（2000—2001学年）》，广西师范大学出版社2006年版，第145页。

以我看来,现在特别需要对科学进行历史学和社会学的分析,这不是要将科学认识与其历史条件简单地挂钩,使其限定于具体的时空环境之中,从而使这种认识相对化,而是相反地要让从事科学工作的人们更好地理解社会运作机制对科学实践的导向作用,从而使自己不仅成为"自然"的"主人和拥有者"……而且还要成为从中产生自然知识的社会世界的"主人和拥有者"。[1]

对于历史学而言,场域理论之关键目的在于"揭示社会条件并且以此向驾驭史学知识生产的控制与变化开放"[2]。因此,审视的目光从对历史学家相关著述做单纯的观点总结和方法分析,转向对历史学家研究意图、审美取向、创作过程和写作手法等的深描;从仅仅关注历史研究的"产品",转向关注这些产品"生产""传播"和"接受"的整个过程;从描述引人注目的研究活动,转向探讨隐匿其后的交往关系和意义体系。

2. 代群

作为一种独特的社会现象,"代"已经是近现代政治史、社会史和心态史研究中不可或缺的元素。与生物学意义上以确切周期为基础的"代"不同,历史学中的"代"是一个富有弹性的理想型概念。因为同样的时代经验会在不同出身、不同性情的人身上留下不同的烙印,所以在生活经验中总是可以找到与事后总结的代群特征有所偏差甚至截然

---

[1] [法] 皮埃尔·布尔迪厄著,陈圣生、涂释文、梁亚红等译:《科学之科学与反观性——法兰西学院专题讲座(2000—2001学年)》,广西师范大学出版社2006年版,第3页。

[2] Olaf Blachke/Lutz Raphael, Im Kampf um Position. Änderungen im Feld der französischen und deutschen Geschichtswissenschaft nach 1945, in: Jan Eckel/Thomas Etzemüller (Hrsg.), Neue Zugänge zur Geschichte der Geschichtswissenschaft, Göttingen 2007, S.69–109, hier S.69.

不同的个体。但是，当我们抛开个体时间而聚焦社会时间时，我们还是
可以确定："代"是衡量社会变化的最重要标准之一。不同年龄群体在
社会结构中所占据的位置不同，他们感受到的刺激源不同，做出的思想
和社会反应亦不同。当一代人以共同的经历和记忆结构为基础，并且
由此表达出一种共同的期待视域时，代群就成了集体记忆和集体命运
的承载者。汉斯-乌尔里希·韦勒（Hans-Ulrich Wehler）曾言，代群是
历史研究中的一个"关键概念"，它不仅仅具有"启发性"的辅助意义，
就"阐释力和说服力"而言，它甚至"难逢敌手"。[1]虽然史学界围绕代
群概念曾展开不小的争论[2]，人们至今也无法断言它是不是一把能够
解决近现代甚至当代政治史、社会史和心态史问题的万能钥匙，但显而
易见，代群史已经成为史学研究中不可或缺的一部分。随之而来的是，
代群性在个人传记和集体传记中占据越来越醒目的地位。对当代史研
究者而言，用代群的节奏去撰写近百年来的历史，是对"短暂的20世纪
独特个性的迎合"。[3]尤其是在德国，20世纪上半叶的三次政治体制大
转变令其社会和文化具有一种与英美等国截然不同的动荡氛围，这一
方面有助于德国社会中代群关联与代群集体感情的形成，另一方面也

---

[1] Hans-Ulrich Wehler, Deutsche Gesellschaftsgeschichte, Bd.5: Bundesrepublik und
DDR 1949–1990, München 2008, S.185f. 关于代际概念的发展及其在学术研究中
的运用史可参见：Sigrid Weigel, Generation, Genealogie, Geschlecht. Zur Geschichte
des Generationskonzepts und seiner wissenschaftlichen Konzeptionalisierung seit Ende
des 18. Jahrhunderts, in: Lutz Musner/Gotthart Wunberg (Hrsg.), Kulturwissenschaften.
Forschung–Praxis–Positionen, Wien 2002, S. 161–190。

[2] 德国史学界关于代际理论的争论可参见：Hans Jaeger, Generation in der Geschichte.
Überlegung zu einer umstritten Konzeption, in: Geschichte und Gesellschaft 3 (1977),
S.429–452; Lutz Niethammer, Sind Generationen identisch?, in: Jürgen Reulecke/
Elisabeth Müller-Luckner (Hrsg.), Generationalität und Lebensgeschichte im 20.
Jahrhundert, München 2003, S.1–16; Andreas Schulz/Gundula Grebner, Generation und
Geschichte. Zur Renaissance eines umstritten Forschungskonzepts, in: dies. (Hrsg.),
Generationswechsel und historischer Wandel, München 2003, S.1–23。

[3] Anne Christine Nagel, Im Schatten des Dritten Reichs. Mittelalterforschung in der
Bundesrepublik Deutschland 1945–1970, Göttingen 2005, S.16.

滋生了一种助长激烈代际冲突的庞大推力。这一百年的急剧变化在所有社会群体身上都刻下了记号。

代群学说在其形成发展的过程中，产生了三种不同的流派：第一，实证主义者以明确的、可测量的生命期限来计算规律性的代群更替，他们以人类有限的生命周期和新旧世代交替的生物法则为基础，试图确定在公共生活中代群更替产生的平均时间段，以便找到计算新阶段的自然历史起点。第二，浪漫历史主义认为"代"是在同样的时代背景和时代精神影响下成长起来的，具有相似的人生经历、思维方式、价值取向和表达方式的一群个体，因此代群是一种精神体验，它不能被测量。第三，社会学的观念认为，代群本质上应该被看作一种独特的社会现象，而不是生物现象或精神现象。它首先应被理解为一种特殊类型的社会位置，其本质在于出生于同一时期的一群人在社会整体中占有类似的位置。这一学派的代表卡尔·曼海姆（Karl Mannheim）于20世纪20年代末进一步区分了三个代群范畴：（1）代群定位（Generationslagerung），它指某一年龄群体在社会结构中所占据的位置；（2）代群关联（Generationszusammenhang），指不同个体对相同社会-历史命运的共享性，社会同质性越高，代群关联就越紧密，个体行为处事的策略就越相似；（3）代群单元（Generationseinheit），指在某个代群群体内部形成的不同的亚群体，他们属于同一个代群，但他们代表了同一历史经验中的人对于历史刺激源所做出的不同的思想和社会反应形式。

曼海姆的这一学说不仅为代群概念在一般性历史研究中的实践奠定了理论基础，而且为其在学术史中的运用提供了有力支持。首先，代群定位明确了学术群体同样可以根据个体的社会性加以标记、归纳与区分。其次，基于社会同质性的代群关联使得集体传记的撰写成为可能。代群关联同时也是一种回忆关联。构成代群的要素首先凸显在传记性的回忆中，叙述主体可以与同一年龄层的人一起共享某种回忆，尤其是共享一种对所谓"奠基事件"（événements fondateurs）的回忆。所以，一个由共同经历与体验塑造的，或者说从属于同一代群关联的群体，会作为一个回忆共同体而发挥作用。当代群的认同体系以共同的经历和记忆结构为基础，并且由此表达出一种共同的期待视野时[1]，代群也就成为集体记忆和集体命运的承载者。就此而言，代群概念具有了回忆创设和认同构建的意义。这也就是说，我们无法超越民族国家来撰写代群史。也因此，代群史的研究有助于本国历史学家内部和各国历史学家之间在意见分歧、互不理解之处就彼此的工作达成谅解。再次，代群单元避免了学术代群分析的片面化。如果说代群关联是一种"求同"的诉求，那么代群单元就是一种"存异"的保障。历史研究就像是一个庞大的化学式，社会、学科和历史学家个人身上的各种因素杂糅成推导式的左侧，史学著述是推导式的右侧，而社会同质性则只是左侧的一种反应原料，我们既不确定究竟有多少原料参与反应，也不确定其他原料如何与之配平。因此，当属于同一代群的不同个体拥有相异的史学思想时，代群单元可以帮助我们将同一代历史学家细化，从而更好地判别其他因素在史学研究中发挥的作用。

此外，还需要注意的是，所有的代群研究，都以这一代群与其他代群的共性为基础。这种共性可能来自共同的普遍时代经验，可能来自共同的职业从属，也有可能来自共同的社会环境。在此，出生于1923年的历史学家赖因哈特·科泽勒克（Reinhart Koselleck）对于代群性的看法或许可以给我们一点启示：

> 关于代群关系，我支持这一论点，即它与手风琴相似：有时几个代群紧贴在一起，有时它们则远远地分离。比如说，作为战时一

---

[1] Reinhart Koselleck, „Erfahrungsraum" und „Erwartungshorizont"-zwei historische Kategorien, in: ders., Vergangene Zukunft. Zur Semantik geschichtlicher Zeiten, S.349-375.

代的成员，我与1910年出生的维尔纳·康策紧密联系在一起。这种关系的作用就像黏合剂，它是代群所特有的，而且以类似的经历为基础。然而当学生革命，同时还有对纳粹时代的彻底清查开始时，我渡过了难关。因为与康策不同……我从来没有在"第三帝国"中承担职责。而在那时，代群裂缝突然变大了。对我而言，13年的间隔分开得十分远。[1]

对于历史学而言，毋庸置疑的是，历史与生活之间、时代性与专业性之间，有着千丝万缕的联系。但是，并非每位历史学家都愿意承认这种联系并且将其坦然示人。弗里茨·斯特恩（Fritz Stern）就曾在自传中说："作为一名历史学者，在战后的工作中，我只是间歇性地意识到我的生活和研究之间的关系。……数十年来，我一直回避去写我的个人经历：我想在我的专业和个人之间保持恰当的距离。"[2]或许也是因此，在斯特恩的自传中，叙事的要素要远远多于自白。而在德国，由于深受整个人文社会科学中研究者自我隐退之传统的影响，历史学家们比其他欧美国家的同人更加让"自己"缄默不语。正如历史教育家博多·冯·伯里斯（Bodo von Borries）所言："我的同事们在初级研讨班上就教学生，历史学家永远不应该说'我'。我认为这是德国特有的一个怪癖，它在国际上是可笑的并且在理智上毫无根据。"[3]因为，恰恰就是在德国，从德意志第二帝国开始，那些惊天动地的当代大事就以一种前所未有的力量强烈地改变了历史学的面貌。历史学家们置身于时代的洪流中，他们既是时代的证人，同时又是时代的一分子，他们必须看

[1] Manfred Hettling/Bernd Ulrich, Formen der Bürgerlichkeit. Ein Gespräch mit Reinhart Koselleck, in: dies. (Hrsg.), Bürgertum nach 1945, Hamburg 2005, S.40–60, hier S.58.
[2] [美] 弗里茨·斯特恩著，季大方译：《我的五个德国：历史与回忆》，社会科学文献出版社2020年版，第2—3页。
[3] Barbara Stambolis, Leben mit und in der Geschichte. Deutsche Historiker Jahrgang 1943, Essen 2010, CD: Die autorisierten Interviews, S.25.

到自己是如何受制于所处时代的。他们曾被卷入无法摆脱的时代巨轮，也曾可能偶然或必然地听任各种力量的摆布，之后，他们又要对此作出阐释。因此，他们必须问自己，历史研究的"客观性"，历史专业的严肃性，历史学家对远距离的、批判性的历史审视的追求，究竟面貌如何。在此基础上，历史学家们必须进一步思考，个人的历史经历是否对其从事历史学术研究的方式方法具有明显的影响。

从20世纪末开始，德国的历史学家们一改以往对自己避而不谈的态度，主张"对自我经历之局限性有更为坦诚的自白"[1]，开始向专业公共领域或社会公共领域坦承个人的出身背景、求学经历和职业生涯。因为他们意识到，比起传统的、以客观性为风向标的科学性试图抹去研究者一切个人痕迹的做法，承认个人反应的刺激作用并且意识到其必然导致的研究行为，可能更加具有建设意义。通过这种以个人体验为基础的自我历史化，越来越多的历史学家承认时代对其职业选择、研究兴趣和研究视野的影响[2]，开始将个人经历置于群体经历的大背景下，追问自己与同一年龄层的其他同事的共性，为自己划分代群归属[3]。

---

[1] Konrad H. Jarausch, Zeitgeschichte und Erinnerung. Deutungskonkurenz oder Interdependenz?, in: ders./Martin Sabrow (Hrsg.), Verletztes Gedächtnis. Erinnerungskultur und Zeitgeschichte im Konflikt, Frankfurt a.M. 2002, S.9–38, hier S.34.

[2] 例如可参见 Werner Conze, Das Kaiserreich von 1871 als gegenwärtige Vergangenheit im Generationswechsel der deutschen Geschichtsschreibung, in: Werner Pöls/Walter Bussmann (Hrsg.), Staat und Gesellschaft im politischen Wandel. Beiträge zur Geschichte der modernen Welt, Stuttgart 1979, S.385–405; Frank Rexroth, Geschichte erforschen oder Geschichte schreiben. Die deutschen Historiker und ihr Spätmittelalter 1859–2009, in: Historische Zeitschrift 289 (2009), S.109–147。

[3] 参见 Helga Grebing, Die vom Jahrgang 1929/30 oder „Die Last der späten Geburt", in: Text & Kritik. Zeitschrift für Literatur 46 (1994), S.3–8; Karl Ferdinand Werner, Ein Historiker der „Generation 1945" zwischen „deutscher Historie", „Fach" und Geschichte, in: Hartmut Lehmann/Otto G. Oexle (Hrsg.), Erinnerungsstücke. Weg in die Vergangenheit. Rudolf Vierhaus zum 75. Geburtstag gewidmet, Wien/Köln/Weimar 1997, S.237–248; Lutz Niethammer, Ego-Histoire? Und andere Erinnerungsversuche, Wien/Köln/Weimar 2002; Dieter Langewiesche, Meine Universität und die Universität der Zukunft, in: Martin Huber/Gerhard Lauer (Hrsg.), Wissenschaft und Universität.（转下页）

对于学科史的书写而言,第一,代群概念超越了流派、研究领域等学科内部的划分方法,将不同分支学科、不同理论和方法取向甚至不同观点的历史学家聚集起来,形成了新的异同分析模式。第二,代群研究超越了"英雄人物"的学科史,在某种程度上,它甚至更加关注聚光灯之外的历史学家们。第三,通过对"中间或桥接代群"的研究,可以填补学科史撰写中跳跃式发展的空隙,使学科史更为丰满和立体。概而言之,与伟大史家的个人史和史学流派史相比,代群概念为全方位、多面向地审视学科状况提供了更好的分析单位。那么,代群史与学术史究竟如何结合在一起? 答案或许是: 通过对受限于生活史的研究取向的洞察,去思考史学与生活之间的关联,思考史家群体中的"传承性"与"代群性"。然而,问题在于,对于这种研究方法的基本前提——研究者各自的社会出身和文化身份必然体现在他们的研究取向中——历史学家们仍然无法达成一致。[1]

联邦德国的历史学在20世纪下半叶经历了若干平稳的代群过渡和激烈的代群更替。当纳粹主义的历史重负不断向联邦德国的政治和社会现实、向联邦德国的历史学提出挑战时,不同的历史学家做了不同的应对。若是撇开研究方法和研究观点的差异而专注于研究内容和研究目的,可以发现,同一代的、学术认同或者政治认同差异巨大的历史学家对待纳粹历史的方式有着显著的共性; 换言之,共享某种"时代基因"的历史学家有着共同或者相仿的态度与作为。把联邦德国克服过去的历史视为一段代群交往史,目的在于将目光聚焦于不同代群之间

（接上页）Selbstportrait einer Generation. Wolfgang Frühwald zum 70. Geburtstag, Köln 2005, S.429-444; Jürgen Reulecke, Jahrgang 1943-männlich. Ein Einleitungsessay-Christof Dipper gewidmet, in: Lutz Raphael/Ute Schneider (Hrsg.), Dimensionen der Moderne. Festschrift für Christof Dipper, Frankfurt a.M. 2008, S.13-30; „Die Aufgabe meiner Historikergeneration war naheliegend." Hans Mommsen im Gespräch mit Barbara Stambolis, in: Neue Politische Literatur 55 (2010), S.185-196。

[1] 参见Ute Daniel, Kompendium Kulturgeschichte. Theorien, Praxis, Schlüsselwörter, Frankfurt a.M. 2001, S.463。

的态势，聚焦于他们在记忆生产上的关系，聚焦于他们各自的作用力在点上或叠加、或聚合、或制衡的结果。正如艾瑞克·霍布斯鲍姆（Eric Hobsbawm）所言：“历史学家完全有意识地不撰写自我。但是对于历史学家而言，重要的是要知道，他在何种程度上是其时代的孩子并且如何被其时代所影响。除此之外，还能如何！”[1]

---

[1] Eric Hobsbawm, »Ich bin ein Reiseführer in die Geschichte«. Gespräch mit einestages am 29.11.2007, http://www.spiegel.de/einestages/jahrhundert-zeuge-hobsbawm-a-950118.html, 2019-4-24.

第一章 1949—1958：沉默、排斥与新尝试

　　1945年后，德国的社会、政治和文化的框架条件都发生了根本性变化。这个国家的历史遗产折损甚巨，人们与历史的关系被打破，没有人会再从历史或传统中使自己合法化，没有人会再提及历史使命。历史在19世纪的能量消失殆尽，即使没有历史，人们似乎也可以通过社会科学来实现对现在的定位和未来的选择。战后初年，主导西占区的德国人"克服过去"之行为的是西占区的盟军。他们为德国西部从极权向民主的政体转变和"非纳粹化"（Entnazifizierung）的推行定下了基调。当1949年联邦德国成立时，这个国度的人们并没有清晰地意识到，"这个共和国的意义、目标和意图"[1]应该或者说能够是什么。

　　要澄清这些问题，首先必须回答：联邦德国应该并且能够接受哪些历史传统？然而，当时，继承了第三帝国各种遗产的联邦德国还没有准备好正视那段刚刚过去的历史。联邦德国对历史的思考很大程度上与对"非纳粹化"的批判结合在一起，其关注的是1945年以后的政治社会现实，而非1945年前的纳粹罪行，所以绝大部分联邦德国人对纳粹历史和罪责问题的态度是避而不谈。当时历史政策和社会舆论的核心是拒绝占领国的集体罪责指控。赫尔曼·吕伯（Hermann Lübbe）承

---

[1] Edgar Wolfrum, Geschichtspolitik in der Bundesrepublik Deutschland. Der Weg zur bundesrepublikanischen Erinnerung 1948–1990, Darmstadt 1999, S.60.

认在20世纪50年代的西德社会存在"某种程度上的静谧"[1]，这是它与纳粹过去打交道所需要的。这一时期，纳粹主义及其产生的前提条件、统治形式，尤其是其罪行，都不是政治公共讨论的重点。这种抛弃历史包袱，无视历史责任的做法，让新生政权错过了对历史罪责的进一步清理，并为日后的社会发展埋下了重重危机。与这种社会氛围相应，从战争结束到50年代末，联邦德国的历史学家中也明显存在着为德意志民族和文化辩护的倾向。所幸，这并不是史学工作的全部。虽然当时的社会氛围客观上大大地阻碍了对纳粹主义展开批判研究，但是，在专业史学内部，历史学家们已经开始行动起来，对纳粹历史进行严肃认真的学术分析，并且为如何以史料为基础向大众呈现纳粹主义历史真实做了最初的探索。

一、战后史学的整体面貌与人员结构

二战后德国史学界的学科领袖之一格哈德·黎特（Gerhard Ritter）在1950年回首战争结束以来西占区历史学的发展状况时，这样写道：

> 直至1949年夏天……四年来，德国史学的学术成果几乎完全枯竭。只是随着自1948年夏天重大的货币改革和马歇尔计划发挥作用以来德国人生命力的复苏，它才重新开始缓慢地运作。到那时为止，几篇有水平的文章和学术论文、几本对德意志历史图景进行修正的文集、一些旧书的新版和若干匆忙刊印的讲座小册子，几乎是证明还存在着活着的德国历史书写的仅存标志。[2]

---

[1] Hermann Lübbe, Der Nationalsozialismus im deutschen Nachkriegsbewußtsein, in: Historische Zeitschrift 236 (1983), S. 579-599, S.585.

[2] Gerhard Ritter, Deutsche Geschichtswissenschaft im 20. Jahrhundert (Teil IV-V), in: Geschichte in Wissenschaft und Unterricht 1 (1950), S.129-137, hier S.135.

黎特的看法当然有一定道理。新的历史学家协会没有在战后马上建立更是佐证了这一点。不过，倘若要说德国史学就此经历了彻底的断裂或者有了一个完全的新起点，是不合实情的。虽然当时有很多大学、档案馆和图书馆在盟军的轰炸中破坏严重，甚至无法正常使用[1]，但是从1945年9月开始，不少高校都恢复了正常的教学活动。与很多中小学要到1948年才恢复历史课相比，大学历史系的日常活动只有暂时的中断。这在很大程度上要归因于德国高校令人惊讶的自治权。比如，弗莱堡大学早在1945年4月25日——仅仅在被法军占领四天后——就在全体教授会议上一致通过，废除纳粹时期的大学章程，恢复魏玛共和国时期的大学章程。[2]又比如，哥廷根大学的中世纪史家卡尔·勃兰迪（Karl Brandi）在1944至1945学年的冬季学期教授了《中世纪I》，在1945至1946学年的冬季学期继续顺利地开设了《中世纪II》。[3]可是，从另一方面看，历史学的学科危机已经显露预兆。在同盟国以"再教育"和"民主化"为核心的学术政策中，历史学并不居于核心地位。尤其是美国人的兴趣主要在被视为"民主科学"（Demokratiewissenschaften）的政治学和社会学上。[4]历史学接下来要面对的，一是彻底崩溃的德意志历史图景，一是岌岌可危的学科地位。

与其他社会领域不同，二战后德国科学界的"非纳粹化"主要是由高校自主完成的，其中也包括了历史学。在德国和奥地利一共110个

[1] Sylvia Paletschek, Die deutsche Universität in und nach dem Krieg. Die Wiederentdeckung des Abendlandes, in: Bernd Martin (Hrsg.), Der Zweite Weltkrieg und seine Folgen. Ereignisse–Auswirkungen–Reflexionen, Freiburg 2006, S. 231–249, hier S. 239.

[2] 同上，S.238 f。

[3] Winfried Schulze, Deutsche Geschichtswissenschaft nach 1945, München 1993, S. 113.

[4] Hermann-Josef Rupieper, Die Wurzeln der westdeutschen Nachkriegsdemokratie. Der amerikanische Beitrag 1945–1952, Opladen 1993, S. 137 f., 145; Wilhelm Bleeck, Geschichte der Politikwissenschaft in Deutschland, München 2001, S. 265 ff.; Stefan Paulus, Vorbild USA? Amerikanisierung von Universität und Wissenschaft in Westdeutschland 1945–1976, München 2010, S. 204–234.

历史学教席执掌者中，只有20多位被免职。[1]其余很多与纳粹政权有所牵连的历史学家未遭到任何清算，他们中的一批人成了之后近二十年联邦德国历史学的领军人物和代言人。而被免职者中的不少人，在20世纪50年代也被重新起用。与此同时，到50年代末，134位流亡史家中只有21位返回了东西德。[2]汉斯·罗特费尔斯（Hans Rothfels）和迪特里希·格哈德（Dietrich Gerhard）是仅有的两位在联邦德国重新成为教席教授，并且再次与他们的德国同人互相靠近的历史学家。这种人事上的微小变动，保障了联邦德国历史学内部最大限度的学科自治权和学科观念的连续性。当时支撑起整个德国史学的主要是在1880—1899年出生的"一战前线一代"和在1900—1910年出生的"一战青年一代"[3]，在学科中占据主导地位的大人物是那些早在魏玛共和国时期就当道的人。

出生于1880—1899年的"一战前线一代"（Frontgeneration）历史学家最大的共同点，是大都曾在第一次世界大战的前线阵地为帝国浴血奋战过。他们是最后一群在第二帝国，而不是在战争或者魏玛共和国时期被社会化的历史学家，因此深深根植于第二帝国晚期政治文化的价值体系中。他们的童年和青年在帝国的繁荣稳定时期度过，成年后却经历了战争、社会剧变、政治动荡和通货膨胀；他们

---

[1]　具体数据在不同的统计中略有不同，但基本上在22—24人之间。参见 Wolfgang Weber, Priester der Klio. Historisch-sozialwissenschaftliche Untersuchungen zur Herkunft und Karriere deutscher Historiker und zur Geschichte der Geschichtswissenschaft 1800-1970, Frankfurt a. M. 1984, S. 429f., Anm.343; Dieter Hein, »Geschichtswissenschaft in den Westzonen und in der Bundesrepublik 1945-1950«, in: Christoph Cobet (Hrsg.), Einführung in Fragen an die Geschichtswissenschaft in Deutschland nach Hitler 1945-1950, Frankfurt 1986, S. 30-40, hier S.31; Winfried Schulze, Deutsche Geschichtswissenschaft nach 1945, München 1993, S.127。

[2]　Winfried Schulze, Deutsche Geschichtswissenschaft nach 1945, München 1993, S.135.

[3]　历史学家代群的年龄划分和命名，与其说是一种精确的限定，毋宁说是一种模糊的边界。因为历史学家代群与社会政治代群的更替速率虽然基本一致，但是并不完全从属于后者。它还受到个人职业生涯发展道路的制约。所以也有部分历史学家的年龄归属与代群归属并不一致，并且用以称呼他们的代群名也不排斥个体差异。

看到了成熟工业社会第一个十年中的大规模生产技术，也随之看到了第一场工业社会战争中的大规模毁灭技术。[1]这二十年间出生的历史学教授在政治上大多持保守主义，小部分持自由主义。但无论政治倾向如何，他们对帝国主义的扩张都持支持态度，因此绝大部分都自愿上了一战战场。这份参战名单包括卡尔·亚历山大·冯·米勒（Karl Alexander von Müller, 1882—1964）、弗里茨·哈通（Fritz Hartung, 1883—1967）、维利·安德烈亚斯（Willy Andreas, 1884—1967）、赫尔曼·奥宾（Hermann Aubin, 1885—1969）、西格弗里德·A. 凯勒尔（Siegfried A. Kaehler, 1885—1963）、弗朗茨·施纳贝尔（Franz Schnabel, 1887—1966）、格哈德·黎特（1888—1967）、奥托·韦斯特法尔（Otto Westphal, 1891—1950）、汉斯·罗特费尔斯（1891—1976）、汉斯·赫茨费尔德（Hans Herzfeld, 1892—1982）、埃格蒙特·策希林（Egmont Zechlin, 1896—1992）、奥托·布鲁讷（Otto Brunner, 1898—1982）等等。[2]

"一战前线一代"由于在第三帝国的不同立场而在联邦德国境遇各异。紧密跟随纳粹政权的米勒、安德烈亚斯、策希林等人在二战后失去了教职；受纳粹迫害的施纳贝尔、罗特费尔斯、赫茨费尔德等人重新进入了学界核心；在纳粹时期参与东方研究和族民研究（Volksforschung）[3]的奥宾和布鲁讷、只对纳粹主义表示部分赞同的凯

---

[1] Richard Bessel, The "front generation" and the politics of Weimar Germany, in: Mark Roseman (ed.), Generations in Conflict: Youth Revolt and Generation Formation in Germany 1770–1968, Cambridge 1995, p.122.

[2] 更为详尽的名单参见 Christoph Cornelißen, Die Frontgeneration deutscher Historiker und der Erste Weltkrieg, in: Jost Dülffer und Gerd Krumeich (Hrsg.), Der verlorene Frieden. Politik und Kriegskultur nach 1918, Essen 2002, S.316f.

[3] 族民史是20世纪上半叶在以德国为主的部分欧洲国家流行的一种历史研究领域，从文化、历史、政治、宗教、生物、领土等领域对"族民"加以研究。"族民"（Volk）与"民族"（nation）是两个互相纠缠的概念。它们在语义内涵上都构想一个团结一致、休戚与共的行为集体，用来区隔自我与他者。但"民族"概念在全球范围内得到了传播，而"族民"概念则仅在部分文化中使用，尤其在德语中影响最（转下页）

勒尔以及始终与纳粹政权保持距离的黎特等人，则或顺利或曲折地通过了战后的政治审查，得以继续历史研究工作。这些历史学家把第二帝国传承下来的研究方法、研究对象、政治意识等各方面都带入了联邦德国。除了极个别历史学家在公开场合反思个人在纳粹时期的所作所为外[1]，这一代历史学家的主流是向前看。他们追求的是对德国史的

（接上页）大。法国大革命后，"民族"被视为个体在法律和政治情感上的联结，成为领土型国家的集合人格；民族是前国家性的，一个民族企图建立一个大国。与之相对，"族民"则变成了一种补偿概念，它包含一个共同体在政治、社会和生物学上的各要素。1918—1945年，"族民"成为德国社会和史学话语中的关键概念。第一次世界大战的失败和《凡尔赛条约》的签订，标志着德意志民族国家的溃败，并且让德国在东部和西部都有领土损失。抵制《凡尔赛条约》，捍卫原德国领土，保护边境与境外德意志居民的"德意志性"成为全德性的运动。学者们随之将"德意志性"实体化。他们以族民研究为载体，使用"族民性"（Volkstum）、"族民地域"（Volksboden）、"文化地域"（Kulturboden）等概念，研究某些地区的文化、习俗、人种特点和人口分布等，说明其具有的德意志族民性，从而一方面证明德国人对这些地区的领土权利，以便为将来修改《凡尔赛条约》提供科学证据；另一方面在这些地区形塑一种历史性的故乡理念，以维护其德意志身份认同。从对象上来看，族民史有两个主要研究分支：一是反对波兰的东部研究，一是反对法国的西部研究。从分布来看，莱比锡、波恩和因斯布鲁克是主要研究中心。从成果来看，《边境与境外德意志性简明词典》（Handwörterbuch des Grenz- und Auslandsdcutschtums）和《德意志族民学图集》（Atlas der deutschen Volkskunde）是最大的两项研究成果。从20世纪30年代初开始，随着纳粹主义思潮的兴起和希特勒的上台，族民史研究有了新的变化。第一，它与第三帝国的东方政策之间有了交接点。第二，族民史研究加强了与社会学的合作，尤其是大量运用社会学的空间研究方法。第三，柯尼斯堡、波恩、布雷斯劳、布拉格和但泽等地也成为新的研究重镇。尤其是在柯尼斯堡大学，以罗特费尔斯、席德尔和康策为中心的历史学家在族民史领域发展起了一种社会史书写。总体而言，无论是在研究活动的组织，还是研究成果的出版上，族民史都是一股独立于传统史学之外的潮流，但两者间并没有形成一种对立竞争的局面。二战后，族民史研究失去了生存土壤，不过受到过这一研究潮流影响的不少德国史家从50年代起转向社会史和结构史领域，为德国史学注入了新要素。关于族民史的详细研究，可参见 Willi Oberkrome, Volksgeschichte. Methodische Innovation und völkische Ideologisierung in der deutschen Geschichtswissenschaft 1918-1945, Göttingen 1993。

[1] 比如洪堡大学的中世纪史家弗里茨·勒里希（Fritz Rörig, 1882—1952）在每次授课前都当众为他曾是纳粹分子而道歉。参见 Helga Grebing, » Neubeginn und Entwicklung der deutschen Geschichtswissenschaft in den 1950/60er Jahren«, in: Rüdiger Hohls/Konrad H. Jarausch (Hrsg.), Versäumte Fragen. Deutsche Historiker im Schatten des Nationalsozialismus, Stuttgart/München 2000, S.148f。

研究传统做温和修正，避免动摇研究和教学的根基。因此，一方面，他们中的绝大多数人试图将第三帝国从德意志历史之连续脉络中排挤出去。另一方面，作为战后德国史学的两大巨匠，黎特和罗特费尔斯则开始研究纳粹时期人们对希特勒政权的反抗[1]，试图以此发现一个"更好的德国"，并进一步拯救他们从20世纪20年代进入学术圈开始就秉持的、以民族国家和民族主义为核心的政治和文化理想。

与"一战前线一代"相比，出生于1900—1910年的"一战青年一代"（Kriegsjugendgeneration）以孩童或者青少年的身份经历了一战，但是由于年幼，他们并没有上战场，他们对于战争的观感主要来源于二手途径。这种间接体验，包括由战争导致的艰苦的生活条件、父辈的早逝、母亲感情生活的缺失等，都对其之后的社会化产生了重要影响。他们对一个强有力领袖的渴望，对在一个封闭集体中安全感的追求，都与此相关。他们成了之后纳粹主义精英分子的核心。[2]这一代历史学家带着对《凡尔赛条约》的反抗、对魏玛共和国的失望和对彻底变革现状的渴望走上了学术之路。在第三帝国，他们要么因政治异见或者种族身份而被迫流亡海外（大多前往美国），比如哈约·霍尔博恩（Hajo Holborn, 1902—1969）、汉斯·罗森贝格（Hans Rosenberg, 1904—1988）、费利克斯·吉尔伯特（Felix Gilbert, 1905—1991）等；要么主动或被动地向纳粹政权靠拢，比如在为证明纳粹政权合法性而建立的"新德国历史国家研究所"（Reichsinstitut für Geschichte des neuen Deutschlands）担任所长的瓦尔特·福兰克（Walter Frank, 1905—

---

[1]　参见 Hans Rothfels, Die deutsche Opposition gegen Hitler. Eine Würdigung, Krefeld 1949; Gerhard Ritter, Carl Goerdeler und die deutsche Widerstandsbewegung, Stuttgart 1954。

[2]　Ernst Günther Gründel, Die Sendung der jungen Generation. Versuch einer umfassenden revolutionären Sinndeutung der Krise, München 1932; Ulrich Herbert, »Generation der Sachlichkeit«. Die völkische Studentenbewegung der frühen 20er Jahre in Deutschland, in: Frank Bajohr u. a. (Hrsg.): Zivilisation und Barbarei. Die widersprüchlichen Potentiale der Moderne, Hamburg 1991, S. 115–144.

1945)，为纳粹在东欧的驱逐政策提供学术支持的特奥多尔·席德尔
(1908—1984)和维尔纳·康策(1910—1986)，在历史教科书的编写中
有为纳粹主义的意识形态歌功颂德之嫌的卡尔·迪特里希·埃尔德
曼(1910—1990)，以及支持希特勒上台的赫尔曼·海姆佩尔和弗里
茨·费舍尔(1908—1999)。[1]

　　在"一战青年一代"中，那些或多或少利用个人的学术能力为纳粹
政权增添助力的历史学家，除了极个别首犯外，大多数人的职业生涯并
未受到损害。他们在战后逐渐成了学科的中流砥柱，这很大程度上可
以归因于他们在纳粹时期尚不突出的学界地位。这段鲜为人知的灰色
历史，直到20世纪90年代才开始随着他们的辞世而被挖掘出来，成为
学界争论的议题。[2]这种典型的学术生涯使得这一代历史学家对待纳
粹历史的态度主要有三个特点：第一，在很长一段时间内，他们比"前
线一代"更加回避第三帝国史研究。为了遮掩纳粹时期的不光彩经
历，维护个人声誉，他们不得不放弃对纳粹主义的审视。第二，从60年
代初起，以康策和席德尔为代表的这一代历史学家开始强调对纳粹历
史的研究，以打破逝去时代加诸他们身上的束缚。[3]第三，这一代历史
学家在评价纳粹历史的观点上与前辈别无二致。在纳粹史研究领域，
"一战青年一代"与"一战前线一代"站在同一层台阶上。他们对纳粹
史研究的贡献并不在于内容上的深入，而更多的是在方法上的革新。
由于对结构史和社会史的倡导，他们为其学生找到纳粹史研究的新视
野和新路径做出了贡献。

---

[1]　关于"战争青年一代"历史学家的更多名单，参见 Ernst Schulin, Weltkriegserfahrung
　　und Historikerreaktion, in: Wolfgang Küttler u.a. (Hrsg.), Geschichtsdiskurs. Band 4,
　　Frankfurt a.M. 1997, S.165-199。

[2]　景德祥:《关于联邦德国第一代史学家的争论》,《史学理论研究》2004年第1期。

[3]　参见 Werner Conze, Die deutsche Nation. Ergebnis der Geschichte, Göttingen 1963; Theodor
　　Schieder, Zum Problem der historischen Wurzeln des Nationalsozialismus, in: Aus Politik
　　und Geschichte, 30.Januar 1963。

    总体而言，经历过两次世界大战的保守主义历史学家从来没有改变过他们强化史学、民族与国家之间联盟的目标。格哈德·黎特、汉斯·罗特费尔斯、特奥多尔·席德尔和维尔纳·康策等人，在政治上仍然秉持着保守主义、新保守主义或者族民保守主义（volkskonservativ）的态度。[1]作为联邦德国早期历史学领袖之一的黎特，二战一结束，他就号召同人们成为"政治型历史学家"：史学家首先要为理解政治现状做出贡献，并根据这一标准来选择研究主题；历史要重新成为一股"通人教化之力"（Bildungsmacht），承担起比以往更重的政治责任。[2]1949年，在二战后联邦德国第一次历史学家大会（总第二十届）上，黎特再次要求他的同事们以政治型历史学家的身份"用全新的、深刻的眼光去审视社会和现代国家之本质"，因为"澄清和净化民族之自我意识是科学史学的政治任务之一"，"我们的政治责任从来没有如此重要过"。[3]在60年代的费舍尔争论中，黎特又写道："政治型历史学家不应该动摇自己对历史真相冷酷无情的探究，因为绝对真诚的信条也适用于这一类型的历史学家。但是他们始终要清醒地意识到自身工作所承担的重大责任：通过自己勾勒的历史图景去参与民族国家之政治自我意识的塑造。"[4]很显然，黎特在此继承和强调的是德国史学传承自19

[1] 参见 Hohls, Rüdiger /Konrad H. Jarausch (Hrsg.): Versäumte Fragen. Deutsche Historiker im Schatten des Nationalsozialismus, Stuttgart/München 2000.; Ingo Haar, Historiker im Nationalsozialismus. Deutsche Geschichtswissenschaft und der »Volkstumskampf« im Osten, Göttingen 2000; Thomas Etzemüller, Sozialgeschichte als politische Geschichte. Werner Conze und die Neuorientierung der westdeutschen Geschichtswissenschaft nach 1945, München 2001。

[2] Gerhard Ritter, Geschichte als Bildungsmacht. Ein Beitrag zur historisch-politischen Neubesinnung, Stuttgart 1946.

[3] Gerhard Ritter, Gegenwärtige Lage und Zukunftsaufgaben deutscher Geschichtswissenschaft. Eröffnungsvortrag des 20. Deutschen Historikertages in München am 12. September 1949, in: Historische Zeitschrift 170 (1950), S.1–22, hier S.7, 16f..

[4] Gerhard Ritter, Der Erste Weltkrieg. Studien zum deutschen Geschichtsbild, Bonn 1964, S.11.

世纪的风格：真相信念与政治责任可以也应该在史学中被统一。

这种对史学的认知在理论上当然值得肯定。但如果将其放在战后初期联邦德国的政治与社会语境中，可以发现，没有经历过彻底批判与自我批判的德国史学，此时既无法全面捕捉历史真相，也无力真正承担起自己的社会责任。当然，这些史学界的领军人物们也察觉到，有必要对传统立场进行检视。弗里德里希·迈内克在1946年6月写给汉斯·罗特费尔斯的信中，这样说道："为了把我们历史中的价值和无价值清晰地区分开来，现在需要对让我们变得伟大的传统历史图景进行彻底的修正。"[1]汉斯·赫茨费尔德也说："在一个让德国历史之全部内容都成问题的处境下，对我们的历史图景进行检查的任务，总体而言必不可少。"[2]黎特则追问："在卑鄙的滥用后……还有什么历史-政治信念可以坚持？还有什么德国历史流传之价值可以坚守？"[3]可是在个人具体的史学研究实践中，他们并没有就此交出令时代和后人满意的答卷。

二、浩劫叙事的主导话语

战后初期，德国的许多历史学家感受到了一种深深的沮丧，一种"历史之败北"，一种"过去之断送"。[4]正如格哈德·黎特在1946年所言："我们仍然昏昏沉沉地站在废墟之前，内心拒绝承认在过去十二年中发生的所有恐怖之事是真的，拒绝承认它们给我们和这个世界带

[1] Friedrich Meinecke an Hans Rothfels, 3.6.1946, in: Friedrich Meinecke, Ausgewählter Briefwechsel, Hrsg. und eingel. von Ludwig Dehio und Peter Classen, Stuttgart 1962, S. 251.

[2] Hans Herzfeld, Grundfragen der neueren deutschen Geschichte, in: Schola 1 (1946), S. 147-156, hier S. 148.

[3] Gerhard Ritter, Geschichte als Bildungsmacht. Ein Beitrag zur historisch-politischen Neubesinnung, Stuttgart 1946, S.7.

[4] 同上。

来的残酷结果无法被挽回。"[1] 在这样的心情下，大多数历史学家试图将第三帝国解释为一个偶然事件，一个强加给德意志民族的专制政权导致的结果，并将其归罪于希特勒恶魔般迷惑人心的技艺和对大众的成功操控。[2] 这一时期在学界占据主导地位的是 "浩劫"（Katastrophe）和 "危机"（Krise）的话语体系。所谓的 "浩劫" 不但是指纳粹主义，而且包括战败和投降，并因此把 "1945" 与 "1918" 作为德国历史上的两场 "浩劫" 联系在一起。[3] 这种话语的核心基调是由弗里德里希·迈内克所定下的。1946 年，战争刚刚过去，时年 84 岁的迈内克就出版了《德国的浩劫——思考与回忆》（Die deutsche Katastrophe. Betrachtung und Erinnerung）一书，认为民族主义和社会主义这两大浪潮中的消极力量与军国主义聚合在一起，最终背弃了德国的历史文化传统，这是一个偶然。他在书中追问，是否还能将 "德意志精神" 从这场危机中拯救出来。[4]

以 "浩劫" "危机" 和 "偶然" 为关键词的历史解释，是德国传统史学对当时流行起来的 "德意志特殊道路" 叙事的一种抵制。战争甫一结束，德国许多政治评论家就提出了德意志通往纳粹极权之道路的问题，并且聚焦于：是否存在一条最终历史性地导致了纳粹主义的特殊的德意志发展主线。这条德意志 "民族的歧路"、这条 "德国历史的浩劫之路"，甚至说这种 "德意志的存在过错" 的开端，往往被追溯至中

---

[1] Gerhard Ritter, Geschichte als Bildungsmacht. Ein Beitrag zur historisch-politischen Neubesinnung, Stuttgart 1946, S.7.

[2] 参见 Gerhard Ritter, Europa und die deutsche Frage. Betrachtungen über die geschichtliche Eigenart des deutschen Staatsdenkens, München 1948。

[3] Hans Herzfeld, Deutschland und Europa im Zeitalter beider Weltkriege, Stuttgart 1959, S. 191.

[4] Friedrich Meinecke, Die deutsche Katastrophe. Betrachtung und Erinnerung, Wiesbaden 1946, 或参见梅尼克著，何兆武译：《德国的浩劫》，生活·读书·新知三联书店 2002 年版。

世纪的宗教改革尤其是普鲁士的崛起。[1]这种对德意志历史发展道路的描绘，透露出一种深刻的自我批判意识，在当时是较为罕见的。这很大程度上要归因于分区占领时期政治学在德国社会"再教育"上介入较深，政治学者较多地讨论民主化的议题。这些政治评论家对德国历史的判断，与当时英美史学界的评价相吻合。英国历史学家泰勒（A. J. P. Taylor）在1945年这样评价德国历史：

> 德国历史是一段极端的历史。它包含一切，除了适度；它在千年的进程中获得了所有体验，除了常态。……在德国历史中没有什么是惯常的，在那里惯常的只有强权的反复摇摆。……与其他民族不同，德国人不是先巩固他们的民族国家，然后再以此为基础提出统治的要求：他们从一开始就想要一下子完成所有。[2]

然而，与政治学者不同，德国历史学家却被泰勒的这种观点所激怒。格哈德·黎特向英国历史学家古奇（G. P. Gooch）抱怨：

> 倘若这本书呈现的是当前英国舆论中的普遍看法，那么我们不得不放弃所有期待未来会有所改善的希望。倘若一位卓有声望的、至少曾细致地研究过德国史的牛津学者都能做出这样的评判，那么我们还能对普通民众和政治人物有什么期待呢？他们可没有时间像这位历史学家一样如此细致地思考德国问题。[3]

---

[1] Alexander Abusch, Der Irrweg einer Nation. Ein Beitrag zum Verständnis deutscher Geschichte, Mexiko 1945; Fritz Helling, Der Katastrophenweg deutscher Geschichte, Frankfurt a. M. 1947; Ernst Niekisch, Deutsche Daseinsverfehlung, Berlin 1946.

[2] A. J. P. Taylor, The Course of German History, London 1945, pp.1–2.

[3] Ritter an G.P. Gooch, 17. 2. 1948, in: Gerhard Ritter, Ein politischer Historiker in seinen Briefen, Hrsg. von Klaus Schwabe, Boppard 1984, S. 445 f.

显然，当时的联邦德国历史学家无法接受向德意志历史的深处去追寻纳粹根源的做法。他们仍然要求一种本国史学界的自我主张（Selbstbehauptung），要求对德国历史的自主阐释权，这种权力不应该因为希特勒"偷走"了德国人的过去和未来而被剥夺。[1]无论如何，他们不放弃对德国历史的自主阐释诉求。正如西格弗里德·A.凯勒尔所言：

> 如果大学还要继续存在，那么我们就有义务，保护一个真正的、真实的德国传承下去，并且针对民主者和犹太人的宣传中已经在进行的诽谤，针对盎格鲁-撒克逊的自以为是，作出辩护。……正如我曾在纳粹主义统治下尽力靠向路德、唯心主义和俾斯麦的那个真正德国一样，我也会一如既往地阐明，普鲁士和德意志勇武精神被纳粹主义摧毁前以其真正形式取得的历史成就。[2]

于是，一方面是受到学科传统的桎梏与个人情感的束缚，另一方面是出于对历史解释话语权的争夺，联邦德国的历史学家们既反对英美的历史学同人，也反对本国的政治学家和社会学家。他们此时并不把纳粹主义视为德意志特有的一种现象。迈内克认为在别国的独裁体制中可以找到类似之物或者是其初级阶段的表现。黎特拒绝承认从弗里德里希二世到希特勒之间、从普鲁士军队到希特勒的战争计划之间，有一条传承线。他把"希特勒主义"（Hitlerismus）视为一种"来自奥地利和巴伐利亚的输入品"。[3]他认为纳粹主义不是片面的德国现象；"不是

---

[1] Siegfried A. Kaehler an Martin Kaehler, 19. Mai 1945, in: Siegfried A. Kaehler, Briefe 1900–1963, Hrsg. von Walter Bußmann, Boppard am Rhein 1993, S. 298–300, hier S. 299.

[2] 同上，S.300。

[3] Gerhard Ritter, Geschichte als Bildungsmacht. Ein Beitrag zur historisch-politischen Neubesinnung, Stuttgart 1946, S.29.

德国历史上的哪件大事，而是伟大的法国大革命决定性地撬动了欧洲政治传统的牢固基石"，是卢梭的思想和罗伯斯庇尔的恐怖政治催生了现代意义上第一个"集体主义、平均主义的人民国家"。[1]黎特还很早就将纳粹主义与斯大林主义联系在一起，为此，他把自己对希勒特主义的解释聚焦在"极权国家"上，并就此遮蔽了平民大屠杀等纳粹罪行。[2]

对于德国史学而言，1945年虽然意味着变革，但同时也意味着连续。不单是人事的连续，更是历史书写和历史解释中基本立场的连续。1945年后，虽然没有人质疑战败和战争罪责问题，也没有人把当代史书写当作一项修正工作，但是历史学家们扮演的是一种双重角色：有时他们是前进一步的反思者，更多时候他们是止步不前的防御者。他们主张将浩劫叙事作为解释纳粹历史的核心观点，以此将希特勒与德意志历史传统割裂开来。不但如此，他们还可以借此蜷缩在自己的小天地中。在他们的历史论述中，几乎没有对域外历史学家的援引，也完全不提及其他学科的作品。这种保守的、很大程度上甚至是狭隘的史学视角，极大地阻碍了联邦德国的历史学科在二战后的重新出发，也阻碍了历史学家履行自己应有的社会职责。

三、防御性的受害者意识

战争一结束，就即刻出现了两种很大程度上对立的受害者话语，或者说两类受害者群体：一方是出于种族、政治或宗教理由而受纳粹政

---

[1] Gerhard Ritter, Das deutsche Problem. Grundfragen deutschen Staatslebens gestern und heute, München 1966², S. 51, 47.

[2] 参 见 Gerhard Ritter an Roland Bainton, 15.6.1947, in: Gerhard Ritter, Ein politischer Historiker in seinen Briefen, Hrsg. von Klaus Schwabe, Boppard 1984, S.428; Gerhard Ritter an Leonhard von Muralt, 1.8.1947, in: ebd., S.440。

权各种手段直接迫害的受迫害者（Verfolgte）[1]，其中包括犹太人、波兰人、吉卜赛人等，也包括反抗运动中的德意志斗士；另一方则是这个民族另外的大多数，他们曾经在昏昏沉沉和麻木不仁中给希特勒提供了广泛的支持，如今则自视为受害者（Opfer）[2]。因为 1945 年 5 月 8 日德国人无条件投降后，他们首先感受到的，不是 "被解放" 的欢愉，而是 "被战胜" 的痛苦。战争末期的经历让他们迅速地将自己摆到了纳粹主义受害者的位置。尤其是盟军对汉堡、德累斯顿、卡塞尔等德国城市的空中轰炸战（Bombenkrieg），战争结束前苏联红军战线的逼近导致的东普鲁士居民大逃亡（Flucht），1945 年前后东欧国家尤其是波兰和捷克斯洛伐克对德国居民的驱逐（Vertreibung）[3]，以及盟军占领德国全境时对普通德国民众实施的枪杀、强暴等暴行，都对德国人的身心造成了巨大的创伤。之后艰难的生活条件更是让他们认为自己成了希特勒及其帮凶的 "替罪羔羊"。因此，战后初年，虽然德国人已经意识到纳粹主义导致了数百万人成为受害者，但是他们自身的受害者身份却最为重要。普通德国人这种复杂的受害者情绪中交织有悲伤、痛苦、不满、恐惧、屈辱、愤慨等等，最终形成了一种基本的社会共识与政治认同："纳粹体制" 与 "德意志民族" 要区分开，只有罪恶的体制，没有罪恶的民族，德

---

[1]　1956 年生效的《联邦赔偿法》明确指出："纳粹主义迫害之受害者是指，由于反纳粹的政治立场或者由于种族、信仰和世界观的原因而受到纳粹主义暴力手段迫害，并因此在生命、肉体、健康、自由、财产、能力、职业前途或者经济前景上遭受损失之人（受迫害者）。"虽然该法律在名称中使用了 "受害者"（Opfer）一词，但在具体条文中均采用 "受迫害者"（Verfolgte）一词。该法条的全文可参见：http://www.gesetze-im-internet.de/beg/BJNR013870953.html#BJNR013870953BJNG000200328，2017-7-25。

[2]　"受害者"（Opfer）一词在德语中有两种不同的内涵：它可以指无辜遭受不幸之人（相当于英语中的 "victim"），也可以指在狂热实践中献身的牺牲品（相当于英语中的 "sacrifice"）。这种在其他语言中很少见的双义性，使得德国人的受害者意识在最初有着非常模糊的指向。

[3]　这项政策在《波茨坦协议》等政治文件中被称为 "迁移"（Aussiedlung），不过现在普遍使用 "驱逐"（Vertreibung）的说法。

意志民族不是罪犯和帮凶；整个德意志民族都是受害者。在德国人的受害者名单上，第一位是战争阵亡士兵的遗孀和遗孤，第二位是空中轰炸战的伤残者，第三位是东部的被驱逐者，第四位是反抗运动人士，然后才是犹太人。

这种受害者意识是战后初期西占区和之后新生的联邦德国的社会共识与政治认同。《南德意志报》(*Süddeutsche Zeitung*) 1945 年 10 月 16 日的头条就是《750 万德国人是战争的受害者》。[1]《时代周报》同样立场鲜明："无数人经历了最为艰难的时日。怎么重复都不为过的是，德国人是恐怖统治最早的囚徒，而且直至痛苦的终点，德国人始终是强权的牺牲者。"[2] 1945 年至 1946 年讨论对纳粹受迫害者的赔偿计划时，西占区的民调显示，仅有 60% 的受访者同意归还受迫害者的个人财产，几乎所有人都反对采取进一步的补偿措施，因为他们认为，毕竟所有的德国人都曾受希特勒之苦。[3] 1949 年 9 月 7 日，在联邦议院第一次会议上，曾任魏玛共和国国民议会总统的社民党政要保罗·罗贝 (Paul Löbe) 仅仅对德国受害者表达了纪念之情："我们面对的是从奥德河－尼斯河边界的另一边被驱逐的百万德国人，是因战争致残或丧亲之人，他们当然是纳粹主义的一类受害者；那些在轰炸战争中失去家产之人，是纳粹主义和多次货币政策的另一类受害者。"[4] 直到 9 月 21 日，在联邦议院的第七次会议上，才由社民党主席库尔特·舒马赫 (Kurt Schumacher) 第一次提及了犹太受害者。[5]

战争带来的伤痛尚未平息，同盟国的非纳粹化政策，尤其是初期对纳粹分子的"逮捕运动" (Internierung) 和大规模的"审查问卷"

[1] 7½ Millionen Deutsche als Opfer des Krieges, in: Süddeutsche Zeitung, 16.10.1945.

[2] Zum 20. Juli: Helden und Dulder, in: Die Zeit, 17.7.1947.

[3] Constantin Goschler, Schuld und Schulden. Die Politik der Wiedergutmachung für NS-Verfolgte seit 1945, Göttingen 2005, S.63.

[4] Protokoll des Deutschen Bundestages, 7.9.1949, S.1.

[5] Protokoll des Deutschen Bundestages, 21.9.1949, S.36.

（Fragebogen），令德国人既感到恐惧，又觉得受辱。为了清除纳粹党成员，1945年7月7日，美占区下令，要求所有相关人员必须填写一份由131个问题组成的关于其在纳粹时期所作所为的审查问卷，被调查者因此被分为五类：第I类必须解除公职，第II类和第III类被劝退，第IV类可以无异议复职，第V类则被推荐任职。至1946年3月，一共收回约140万份问卷，其中有一半得到了处理。因为耗费的时间和人力成本太过巨大，美国人最终决定将这个任务交给德国人自己来完成。1946年3月5日，《清除纳粹主义和军国主义法》（Gesetz zur Befreiung vom Nationalsozialismus und Militarismus）颁布，该法令规定所有18岁以上的德国成年人都必须填写一份登记表，然后交由当地专门的非纳粹化审判庭（Spruchkammer）审查，从而对其身份进行归类：主犯、罪犯、从犯、追随者，或者无罪者。因为这种身份界定跟生活物资的分配和就业机会紧密相连，所以仅在美占区就马上收到1 300万份登记表。在非纳粹化庭审过程（Spruchkammerverfahren）中，举证责任被倒置了，被审判者需要自己寻找证人为其做无罪证明。这种做法最后导致了朋友、同事、邻居之间互相作证。他们把这类为自己"洗白"的证词嘲讽性地以德国知名的洗衣粉品牌帕西尔（Persil）命名，称之为"帕西尔证明"（Persilschein）。

　　非纳粹化的这些举措，在当时自认清白的德国人看来，是基于一种"集体罪责"的假设，因而它们"造成了许多不幸和伤害"。[1]在纽伦堡审判时，美国首席检察官罗伯特·H.杰克逊（Robert H. Jackson）尚把大多数德国民众与少数纳粹战犯区分开来："我们想要明确澄清，我们并未打算控告整个德意志民族。我们知道，纳粹党在选举时并不是凭借多数票而夺权的。……纳粹时代的梦魇给德国人在全世界的名声赋予了一种新的、阴暗的含义，这会让德国倒退一百年。的确，德国人——

―――――――
[1]　Protokoll des Deutschen Bundestages, 20.9.1949, S.27.

他们的人数不比外部世界少——得与被告做一清算。"[1]但之后的非纳粹化放弃了这种立场。为了更为彻底地清除纳粹残余,重塑德国社会,同盟国转而推行严厉的政治肃清政策。可是在当时的西占区,上至政治领袖,下至普通民众,对此不但无法接受,而且心生抵触。于是,随着非纳粹化的逐渐推进,大批德国人"急遽地将自己视为'受害者'"[2]。

　　德国人在战后初期的这种受害者意识,最大的特点就是"防御性",或者说是"辩护性"。正如罗贝所言:"我们……何时都不否认罪责的巨大程度,这种程度是罪恶的体制加诸我们民族肩头的。不过外部的批评者不要忽视一件事:德意志民族遭受了双重的苦难。它曾在自己暴君的脚下呜咽低诉,也曾在外国势力击败纳粹统治的战争和复仇举措下痛苦呻吟。"[3]这种表态避重就轻。他们只关注自身的遭遇,却完全无视纳粹主义给其他民族带去的灾难和痛苦。他们只强调当下处境的苦,但不想反思制造这个苦果的因。显然,德国人在与纳粹历史做彻底切割时,把"纳粹体制"与"德意志民族"割裂开来。由此,罪犯和帮凶逐渐转变为受害者。直至20世纪50年代早期,将自己视为受害者以对抗集体罪责论是这一时期联邦德国纳粹记忆的主基调。对当时的德国人而言,创伤性的纳粹历史只有在这种防御性的受害者意识中才能被谈论。在这一语境下,"受害者"身份被一般化了。整个德意志民族都是受害者,直接受迫害者、反对希特勒的抵抗者以及"被引诱"的民众与战士之间有一种"命运的共性"。[4]这种受害者意识的出现固然源于很多普通德国人直接的生活体验,但它在战后初年能够成为一

---

[1]　Nürnberger Prozeß. Der Prozeß gegen die Hauptkriegsverbrecher vor dem Internationalen Gerichtshof Nürnberg 14. November 1945–1. Oktober 1946. Amtlicher Wortlaut in deutscher Sprache, Nürnberg 1947, S.120f.

[2]　Norbert Frei, 1945 und wir. Das Dritte Reich im Bewußtsein der Deutschen, München: dtv, 2009, S.83.

[3]　Protokoll des Deutschen Bundestages, 7.9.1949, S.2.

[4]　Protokoll des Deutschen Bundestages, 16.3.1950, S.1611.

种政治共识，更根本的原因还在于政治人物和公共舆论的引导。这种社会话语给了当时的联邦德国逃避罪责的借口。一个将自己的身份从"加害者"转变为"受害者"的民族，是不愿也不能承担起历史责任的。

四、反抗纳粹史的叙述策略

在这种防御态势中，德国史学为了争夺纳粹史叙述的主导权，采取了特定的策略。迈内克所著《德国的浩劫》在史学史上的意义，并不仅仅在于它是德国史学的核心人物对纳粹主义做出的最早的批判性反思，而且在于它回应了纳粹主题在方法论层面对历史写作提出的挑战。它的副标题"思考和回忆"不但表明了迈内克的写作策略，而且预示着之后整整一代德国历史学家书写纳粹历史时会遭遇的困境，即在历史学家的思考中，对个人经历的回忆如何恰当地转化为对历史的认知。正如迈内克在前言中所写："在写作时，我在很多方面受到目疾的困扰，而且除了一些由人诵读的笔记而外，我几乎全部都要靠自己的记忆。但愿人们原谅这种结果所导致的缺陷。"[1] 显然，这不是一部以原始文献为支撑的严谨的学术著作，而是一部通过历史的"自我传记化"（Autobiographisierung）[2] 而写就的个人沉思录，其目的是"提供某些仅仅根据书面材料所不能提供的东西"，"叙述或论及一些目前还缺乏考据证实的东西"，从而有助于开始"一种确实是屈辱的但又是精神上更为纯洁的新生活"。[3] 迈内克的写作方式赢得了各方认同。对于同

---

[1] 梅尼克著，何兆武译：《德国的浩劫》，生活·读书·新知三联书店2002年版，前言第3—4页。

[2] Nicolas Berg, Der Holocaust und die westdeutschen Historiker. Erforschung und Erinnerung, Göttingen: Wallstein, 2003, S.84.《德国的浩劫》一书在《迈内克全集》中被收录在第8卷《自传文集》，参见：Friedrich Meinecke, Autobiographische Schriften, Stuttgart: K. F. Koehler, 1969, S.321-445。

[3] 梅尼克著，何兆武译：《德国的浩劫》，生活·读书·新知三联书店2002年版，前言第2—4页。

盟国和纳粹政权的受害者而言，他对军国主义的谴责让他们看到了德国人反思的诚意。对于纳粹政权曾经的支持者和追随者而言，他避免用激烈的批判激怒沮丧和抗拒的同胞，而是以一种"温和的智慧"[1]为其疗伤，从而试图构建一种新的德国历史共识。正如黎特所言："世界目前尚未能经受住关于纳粹主义的真相，而如今虚弱的民主政权为了它们的政治效力，在一段时间里还需要对漆黑一片的纳粹主义盖上一层暗幕。"[2]迈内克无疑深谙应对之道。面对背负沉重纳粹罪责的德国人，他从个人的生活体验中提炼出的对亲历之过去的思考，是一部当代史著作在当时所能达到的最完备形式。他为纳粹史书写提供了一个将经验与研究相融合的成功策略，这种策略在"反抗纳粹史"（Widerstand gegen den Nationalsozialismus）的书写中发挥得更出色。

"反抗纳粹史"是为了描述一段德国人的苦难史，为建立一个德意志民族的受害形象应运而生的。作为联邦德国战后二十年社会重新建构和重新定向时期的重要主题，它的阐释视角与其社会前提紧密交织在一起：当时，一种以深刻自我批判为基础的历史审视尚是不切实际的苛求，历史的非具体化和道德伦理化是流行的阐释模式，同时需要一条能够把断裂的前后两个生活时代——纳粹德国和联邦德国——连接在一起的主线。正如黎特在《卡尔·格德勒与德国反抗运动》中所言："浩劫后紧接着的一段时间，显得分外急迫的是，迎击满腔仇恨和复仇情绪的国外公共舆论，用证据证明，并非整个德意志民族都应该遭受这种仇恨……相反，我们要区分希特勒的盲目追随者和一个不同的、更好的德国。"[3]为此，"亲身经历"被定义为从事反抗史研究的唯一合法

[1]　Brief von Eduard Spranger an Meinecke vom 25.9.1946, in: Friedrich Meinecke, Ausgewählter Briefwechsel, Stuttgart 1962, S.597–599.
[2]　1951年11月27日格哈德·黎特致政治学家米夏埃尔·弗洛伊德（Michael Freund）的信。转引自Christoph Cornelißen, Gerhard Ritter. Geschichtswissenschaft und Politik im 20. Jahrhundert, Düsseldorf 2001, S.533。
[3]　Gerhard Ritter, Carl Goerdeler und die deutsche Widerstandsbewegung, Stuttgart 1954, S.12.

基础。

　　保守的民族主义者，曾经亲近过纳粹党但后来向反对派靠拢的记者鲁道夫·佩歇尔（Rudolf Pechel）在其《德国的反抗》（*Deutscher Widerstand*）中明确指出，"没有被迫在第三帝国尤其是在战争期间生活过的人，是不可能清晰地想象出纳粹政权之恐怖统治意味着什么的"，其他民族，尤其是德国流亡者应该"在对德意志民族犯下的不光彩错误加以评判时持保留态度"，因为"他们遭受的不公，不能成为他们对经历了整个磨难的人进行不公正评判的理由"。[1] 汉斯·罗特费尔斯 1948 年在美国出版、1949 年在德国出版的《希特勒的德国反对派》（*Die deutsche Opposition gegen Hitler*）是第一部全面描述纳粹时期反抗运动的历史著作。作者在开篇就声明：

　　　　我尤其认为，任何一个本身没有完全经历过这种考验的人，都无权对良心冲突和无条件立场的可能性作出判断。在原版里，针对一些人的观点，我已经强调过这一点。他们仍然想要将流亡者单独视为反对派，并且不了解在一个极权国家里反抗的特殊问题，因为他们缺少在这样一个政权下生活的经验。[2]

接下来，罗特费尔斯以各种形式援引个人经历来支持其论证。譬如他描写到，1938 年年末时，反抗团体曾相信，倘若希特勒发动战争，他们就能在民众中获得颠覆其政权的广泛支持，为此他这样解释："毫无疑问，他们的分析符合公众舆论。每个有机会在《慕尼黑协定》前危急的几周观察德意志民族的人，都能证实这一点。"[3] 在《卡尔·格德勒与

---

[1]　Rudolf Pechel, Deutscher Widerstand, Zürich 1947, S.25f.

[2]　Hans Rothfels, Die deutsche Opposition gegen Hitler. Eine Würdigung, Krefeld 1949, S.11.

[3]　同上，S.73。

德国反抗运动》(*Carl Goerdeler und die deutsche Widerstandsbewegung*)中，格哈德·黎特把教会组织反抗运动的开端视为对1938年11月"水晶之夜"的应对时，也这样写道："任何一个没有作为德国人共同经历这黑暗的十一月的人，都不能完全判断出它们在无数德国人内心所唤起的愤怒和无能为力的绝望有多深。"[1]

显然，德国历史学家在此强调纳粹历史之内部观察视角的权威性，将"亲身经历"作为论证支柱和评价前提，这同时也意味着一种资格排除策略，即没有亲身经历之人——非德国人和德国流亡者——无权评价。凭借该策略，首先，历史学家本人与研究对象（即反抗运动战士）之间建立起了一种特殊的关系。他们可以在"共同经历"的名义下，采用心理叙事的手法，通过对人物内在思想活动的描述，提供其意识过程。他们还可以把自己的感情、世界观和政治立场投射在研究对象上，从而明确自己在纳粹历史中的地位——希特勒的反对者。其次，反抗史把德意志民族从"集体罪责"的指责中解脱出来，转而强调其受害者的身份。最后，也是最为重要的是，德国历史学家凭借该策略构建了自身作为纳粹史研究者的合法身份。一方面，他们赋予且只赋予经历过纳粹统治的德国人对自我行为进行评判的权力，坚持对纳粹历史的研究权绝对不能移交给其他国家，因为这是"一项德国人的任务"[2]，只有德国人才能将经验、回忆和历史研究结合在一起。另一方面，他们拒绝对其进行学术性的、主体间可理解性的审视，学术客观性不再是要遵循的首要准则，由此，关于纳粹时期的论述就可以对抗外部的指责和反对意见。这种在"亲身经历"的名义下让当代史著作具有传记色彩的策

---

[1] Gerhard Ritter, Carl Goerdeler und die deutsche Widerstandsbewegung, Stuttgart 1954, S.200.

[2] Hellmut Becker, Das Arbeitsprogramm vor 25 Jahren, in: Institut für Zeitgeschichte (Hrsg.), 25 Jahre Institut für Zeitgeschichte. Statt einer Festschrift, München 1975, S.27.

略具有鲜明的辩护意味，被历史学家扬·埃克尔（Jan Eckel）称为"自传体的确证策略"（autobiographische Verifizierungsstrategien）[1]。这种策略的最终指向，是为了给个人的纳粹经验在研究中开辟生存空间，是为了赋予个人体验等同于、甚至高于档案资料的阐释力，是为了通过对研究者身份的区分而把德国人那种辩护性的反思构建成一门"科学"。

从20世纪50年代后期开始，这种阐释模式逐渐回落了。60年代，个人体验在纳粹史书写中越来越退居次要和背景性的地位，罪责问题日益成为书写的核心要素。而反抗运动的广度和深度问题也遭到批判性的审视。1965年7月20日，暗杀希特勒的"七二〇密谋"（1944年7月20日）纪念日，时任联邦总理的路德维希·艾尔哈德（Ludwig Erhard）在电视讲话中说："我们不要掩饰了：即使我们试图说服世界相信，希特勒不是德国，德意志民族不是'合作者'的民族，我们也必须承认，对独裁的反抗不是第三帝国的十二年里德国人普遍具有的特征。"[2]这说明，虽然反抗史的研究还在继续，但是作为纳粹史的一种阐释模式，它已经失去了有效性。

以黎特和罗特费尔斯为代表的民族辩护士型史家，创造了一种德意志民族的免责史学和认同史学，将"德国人"和"纳粹主义者"区分开来，将纳粹主义"去民族化"。正如前文所言，黎特和罗特费尔斯是在第二帝国被社会化，并且历经一战、魏玛共和国和第三帝国的历史学家，对他们而言，他们自身的体验是真实的，他们的记忆就是认同的来源，因此，记忆自然而然就进入了纳粹史的书写当中。从研究活动的主体性来看，这些德国史家们的做法是可以理解的。但从历史书写的基本特征来看，他们强调亲历者之权威性的策略却是反历史的。因为从

---

[1] Jan Eckel, Intellektuelle Transformationen im Spiegel der Widerstandsdeutungen, in: Ulrich Herbert (Hrsg.), Wandlungsprozesse in Westdeutschland. Belastung, Integration, Liberalisierung 1945–1980, Göttingen 2002, S.140–176, hier S.145.

[2] 同上，S.158。

历史书写作为一种对过去的探究活动而诞生开始,它就必然要处理史家没有耳闻目睹之事,即便是书写当代史,也不例外。而且,他们的这种自我赋权和对其他研究者的身份排挤,与现代史学的职业认同和认知美德背道而驰。倘若历史学家只能蜷缩在自己的独特体验和个体认同中,那么史学就无法践行它求真的理想。

五、纳粹史研究的专业化

在20世纪70年代中期之前,纳粹历史毫无疑问属于当代史的范畴。当代史书写的存在史与历史编纂一样久远。古典时代的历史编纂本质上就是当代史书写。利奥波德·冯·兰克和古斯塔夫·德罗伊森等19世纪德国史学专业化的创建者和推动者们,并不排斥当代史的主题。尤其是在他们的大学讲坛上,当代政治史是一门重要的科目。但是,为了证明历史研究具有与自然科学相媲美的严谨科学性,为了使自己的作品更具有学术说服力,在专业出版上,专业史家们更偏爱早期的时代,而不轻易触碰这一更容易引发争议的领域。一战的失败和俾斯麦帝国的崩溃深刻地改变了德国的历史文化,同时也导致了专业史学对当代史书写的重新定位。1919年后,出于为一战辩护的目的,德国的专业史学界积极参与了当代史的官方编撰活动,其中最重要的就是德国外交部策划的40卷本丛书计划《1871—1914年欧洲各内阁的重大政策》(*Die große Politik der europäischen Kabinette 1871–1914*)。

二战结束后,当民主德国将自己视为反法西斯主义运动的继承者,视为"另一个德国"的延续,而无须背负希特勒带来的历史重负时,联邦德国却因其政权的继承性和人员的连续性而必须面对错综复杂的历史遗留问题,从而明确未来导向。为此,联邦德国当代史研究经历了前所未有的概念化、机构化和专业化,尤其是1949年慕尼黑当代史研究所(Institut für Zeitgeschichte)的创建,为当代史——在当时主要就是纳粹历史——书写的全新发展提供了组织基础。其理念和方法首先应该在其形成和表达的社会政治语境中被解读。其最独特之处就在于，在这个迫切需要对刚刚过去之历史作出解释的国度里，当代史不是一个以尽可能接近真相为目标的中立学科。它首先是历史学面对政治挑战所给出的回答，具体而言，是历史学家在20世纪50年代针对如何阐释纳粹历史作出的应对。当东柏林在1946年3月成立"当代史德国研究所"（Deutsches Institut für Zeitgeschichte）时，在西占区建立一个类似机构的需求就显得更为迫切。

早在1945年，西占区就有人提出要专门保存晚近的历史资料，以便一方面作为对纳粹历史进行学术研究的基础，另一方面作为政治教育的工具。1947年2月，美占区管制委员会提出了以特殊方式促进纳粹历史研究的建议："出于政治和文化的原因，对希特勒时期的仔细审查……是新民主的紧迫任务。国家政策对人民的再教育，必须以对我们时代历史之透彻认知为基础。在此，对希特勒时期之描述尤其具有特殊意义。"[1]于是，对纳粹主义进行历史研究和历史反思的任务，几乎是强制性地落在了要么由于种族或政治原因而受到希特勒政权迫害，要么与其保持距离的近现代史专家们头上。

但是当时，包括彼得·拉索（Peter Rassow）和卡尔·迪特里希·埃尔德曼在内的不少历史学家对于将晚近历史研究即刻提上日程持拒绝态度，他们主张历史事件与历史研究之间至少需要相隔50年的时间。[2]弗里茨·瓦格纳（Fritz Wagner）强调当代史的"无距离性"不仅是一种力量源泉，更是一种弱点，其无法通过历史研究的严谨性而被

[1] Hellmuth Auerbach, Die Gründung des Instituts für Zeitgeschichte, in: Vierteljahrshefte für Zeitgeschichte, Vol.18, H.4, 1970, S.529–554, hier S.530.

[2] Peter Rassow, Schlieffen und Holstein, in: Historische Zeitschrift, Vol.173, H.2, 1952, S.297–313, hier S.297; Karl Dietrich Erdmann, Die Geschichte der Weimarer Republik als Problem der Wissenschaft, in: Vierteljahrshefte für Zeitgeschichte, Vol.3, H.1, 1955, S.1–19, hier S.1.

轻易克服。[1]甚至迈内克都警惕对纳粹历史的仓促分析，认为只有伴随着距离才能理解和领会历史全景。[2]历史学家尚无法超越自我情绪和个人经验去构建一个能够对晚近历史进行客观阐释的"阿基米德支点"，这是反对者们的主要论据。

与上述历史学家相反，格哈德·黎特则呼吁建立一个学术性的研究所或者档案馆来对纳粹历史展开研究，从而把德国从其最晚近历史的梦魇中解救出来。1949年9月12日，黎特作为德国历史学家协会的主席，在慕尼黑召开的战后第一次德国历史学家大会上致了题为《德国历史学的现状和未来任务》的开幕词。首先，他向历史学家们呼吁，"不应该停留在对学界进行事后的自我责备或者自我辩护这种费力艰难且无实用价值的尝试上"，而是要理智地反省自我，坦诚地审视传统，冷静地考量现状，明确地认清任务。[3]然后，关于纳粹史研究，他进一步指出：

> 我们需要……所有德国大学，所有历史学、政治学和经济学的研究所与研讨班的通力合作。我们还需要一个中心研究所，其首先负责建立起一个史料概览，负责根据一个整体计划分配史料的处理以避免重复劳动，负责进行登记、编目和系统化的整理。没有这些工作，在任何时刻都不可能有严肃的评价。它还要更进一步建立一所国内外专题文献的中心图书馆，努力获得域外史料的复印件，组织对幸存证人的咨询，最后（并且特别是）亲自进行时政评论。总而言之：它必须成为一个很大型的、十分现代化的、备

[1] Fritz Wagner, Geschichte und Zeitgeschichte. Pearl Harbor im Kreuzfeuer der Forschung, in: Historische Zeitschrift, Vol.183, H.2, 1957, S.303–326, hier S.322.

[2] Hans Georg Fernis, Die neueste Zeit im Geschichtsunterricht (1918–1945), in: Geschichte in Wissenschaft und Unterricht, Vol.2, H.3, 1951, S.590–601, hier S.596.

[3] Gerhard Ritter, Gegenwärtige Lage und Zukunftsaufgaben deutscher Geschichtswissenschaft, in: Historische Zeitschrift Vol.170, 1950, S.1–22, hier S.2.

有充裕资金，并挣脱与从前的研究所之间的紧密框架的科研机构。那里必须满是历史学和政治学中较为年轻且才华横溢的人员。以往的时代在披露当代史史料之前，曾为此等待了数十年。它们想要避免草率行事，想要首先让日常斗争的愤怒消退，从而使心平气和的判断变得简单一些。对我们而言，出于政治原因，不容许这样一种等待。倘若专业学界打算缄默不语，那么擅权之人就会夸夸其谈——他们已经不知羞愧且任意妄为地谈论很久了。但是一个这样的机构必须多么小心谨慎、多么深思熟虑地组织起来，由此它不会变成政治的诽谤总部！没有一个懂得区分主次、懂得把所有力量都对准中心问题，并且得到被选专家全体支持的、有经验的专业史家的指导是不行的。迄今为止，德国的联邦州政府为了建立一个这样的科研机构所做之事（很遗憾没有任何一位专业历史学家参与其中），仍然没有经济保障。因此在此需要一个全新的开始。在这一要求背后，站着整个德国史学界。[1]

在长达三年的时间里，政治人物和历史学家围绕研究所之性质、任务和管理，尤其是围绕究竟由哪方主导研究所的工作，经历了长久的痛苦争论。[2]在研究所创立之准备工作中出力甚多的基社盟成员、研究所的首任所长格哈德·克罗尔（Gerhard Kroll），设想建立一个由政治人物掌控的、通过出版大量通俗读物来启迪民智的、政治性或者说时政性的机构，克罗尔等人认为当时距离纳粹时期还太近，历史学家们尚无力对其展开学术性的研究。而专业史家们则强调这样一个研究机构必须由专业人士主掌领导权，否则相关研究完全有可能像纳粹史学那样，

---

[1] Gerhard Ritter, Gegenwärtige Lage und Zukunftsaufgaben deutscher Geschichtswissenschaft, in: Historische Zeitschrift Vol.170, 1950, S.1–22, hier, S.19.

[2] 关于当代史研究所之创建的争论参见 Winfried Schulze, Deutsche Geschichtswissenschaft nach 1945, München 1989, S.229–241。

再次陷入与政治过从甚密的危险境地。这种对"纯学术"的竭力争取，属于"德国战后早期历史编纂学最引人注目的伴生现象"。[1]

直至1949年，联邦政府和各个联邦州之间终于达成共识，在慕尼黑建立了一个研究纳粹历史的机构，这就是"德国纳粹时期历史研究 所"（Deutsches Institut für die Geschichte der nationalsozialistischen Zeit），1952年改名为"当代史研究所"（Institut für Zeitgeschichte）。这一研究所的创建，是德国当代史研究专业化的重要标志。[2]它的工作从整理纽伦堡审判的史料开始。可以说，如果没有来自盟国管制委员会和以巴伐利亚为首的联邦州政府的压力，联邦德国的当代史研究绝对无法如此早地实现组织化和机构化。

除此之外，当代史作为一个相对而言较为年轻的专业成员，能够在联邦德国的历史学科内部站稳脚跟并且获得机构保障，还得益于汉斯·罗特费尔斯的推动。这位流亡美国的犹太裔历史学家于1950年接受了图宾根大学的聘任，1952年回到了联邦德国。1953年，当代史研究所主办的、他和政治学家特奥多尔·埃申堡（Theodor Eschenburg）共同主编的《当代史季刊》（Vielteljahrshefte für Zeitgeschichte）问世。从那时起直至1976年去世，他对联邦德国当代史研究的理念和方法产生了决定性的影响。虽然在20世纪末爆发的关于联邦德国第一代历史学家之纳粹经历的争论中，罗特费尔斯因其曾经对纳粹政权的支持

---

[1] Christoph Cornelißen, Erforschung und Erinnerung-Historiker und die zweite Geschichte, in: Peter Reichel/Harald Schmid/Peter Steinbach (Hrsg.), Der Nationalsozialismus-Die zweite Geschichte. Überwindung-Deutung-Erinnerung, Bonn 2009, S.217-242, hier S.222.

[2] Hellmuth Auerbach, Die Gründung des Instituts für Zeitgeschichte, in: Vierteljahrshefte für Zeitgeschichte, Vol.18, H.4, 1970, S.529-554; Winfried Schulze, Deutsche Geschichtswissenschaft nach 1945, München 1993, S.229-242; Horst Möller, Das Institut für Zeitgeschichte und die Entwicklung der Zeitgeschichtsschreibung in Deutschland, in: ders./Udo Wengst (Hrsg.), 50 Jahre Institut für Zeitgeschichte. Eine Bilanz, München 1999, S.1-68.

而成了备受争议的人物[1]，但是他作为当代史领域奠基人之一的地位并未因此受到动摇。

想要建立一个当代史研究所的最初目的，一方面当然是对纳粹主义的背景、表现和后果进行解释，从而能够帮助德国建立一种更好的政治秩序；另一方面也是向战胜国证明，德国历史根本上仍然是一段"好"历史，纳粹主义仅仅是它在正向发展过程中的一次背离。[2]不过，随着美国从1947年开始逐渐改变它的对德政策，以便在美德之间建立一个紧密而稳固的反共产主义同盟，德国人需要证明自己拥有一段"好"历史的诉求不再那么急迫了。因此研究所的目标根本上聚焦在剖析纳粹主义并以此巩固民主精神上。当研究所在外部政治力量援助下于1950年正式开始工作时，政治教育是其功能的核心。当时它的工作宗旨是将纳粹历史从德国历史的连续整体中分割开来，并将其视为德国历史中自成一体的独特现象。这直接导致，在很长一段时期内，针对纳粹主义产生之长期结构性原因的追问，在研究所的工作中不见踪影。

当代史研究所的建立是一种将当代史书写"孤岛化"的行为。当时联邦德国高校的专业史学正被19世纪史占据大片江山，因此德国人将不得不从事的纳粹史研究授权给一所高校外的研究机构，从而可以为此付出较少的心力。[3]但是，比起为了研究所周年庆而写的赞词，研

---

[1] 参见景德祥：《关于联邦德国第一代史学家的争论》，《史学理论研究》2004年第1期，第111—116页；Ingo Haar, Historiker im Nationalsozialismus. Deutsche Geschichtswissenschaft und der „Volkstumkampf" im Osten, Göttingen 2000, insb. Kapitel II. „Revisionistische" Historiker und Jugendbewegung. Hans Rothfels und seine Schüler; Johannes Hürter/Hans Woller (Hrsg.), Hans Rothfels und die deutsche Zeitgeschichte, München 2005; Jan Eckel, Hans Rothfels. Eine intellektuelle Biographie im 20. Jahrhundert, Göttingen 2005, S.300-307, 322-324。

[2] John Gimbel, The Origins of the Institut für Zeitgeschichte: Scholarship, Politics, and the American Occupation, 1945-1949, in: American Historical Review Vol.70, 1965, S. 714-731, hier S.720-724.

[3] 无论这种将当代史编纂的管理职责移交给一个高校外部研究机构的做法有多少弊端，人们都无法抹杀其在当代史研究专业化过程中发挥的巨大作用。(转下页)

究所的档案资料更多地证明了其自身工作的界限。1951年至1952年间担任所长的赫尔曼·马奥（Hermann Mau）曾清醒地认识到，在没有德国史学和德国高校更为积极、更为广泛参与的情况下，研究所无法长久地完成其研究任务，人们必须避免产生研究所能够"独力完成对纳粹主义过去的精神上的克服，并且可以说代表着德国学术界"这样的误解。[1]

　　对慕尼黑当代史研究所的评价，让历史学家们分立两地：批判的

（接上页）1953年时，罗特费尔斯还需要为当代史作为一个专业史学分支的存在权而辩护。而25年后，联邦德国历史学家已经可以肯定地说："当代史在历史学中完全建立起来了。"（Karl Dietrich Bracher/Hans-Peter Schwarz, Zur Einführung, in: Vierteljahrshefte für Zeitgeschichte, Vol.26, H.1, 1978, S.1-8.）当然，当代史研究所的设立并不意味着高校内的专业史学完全放弃了对一战以来历史的研究。虽然当代史要到20世纪60年代才开始在联邦德国的高校中获得稳定位置，但是早在1954年，第一个当代史教席就已经设立。1957年夏季学期，在联邦德国的16所大学中，一共有39门课程以当代史为主题，其中有9门课程涉及第三帝国史。在传统史学占据上风的海德堡、波恩等大部分联邦德国大学中，当代史并非历史系的宠儿。在这一领域耗费心力最多的是柏林和图宾根的历史学家。50年代，在柏林自由大学，汉斯·赫茨费尔德、瓦尔特·霍费尔（Walther Hofer）、汉斯·罗森贝格和弗里茨·施特恩等历史学家开设了大量关于魏玛和纳粹德国历史的课程。在图宾根大学，在汉斯·罗特费尔斯的努力下，有1/4的历史系课程以当代史为主题。除了这两地外，在哥廷根的国际法研究所中，汉斯-君特·塞拉菲姆（Hans-Günther Seraphim）领导的当代史部门也对战后史研究做出了不小的贡献。虽然当代史在大学课堂上并未遭受绝对的冷落，但是在专业研究中，当代史却并未获得足够的认可。从1949年至1960年，在德国最权威的史学专业期刊《历史研究》中，只有3篇论文涉及纳粹主义，其中2篇还是针对格哈德·黎特和弗里德里希·迈内克的书评。长期在当代史研究所任职的汉斯·布赫海姆（Hans Buchheim）就明确支持当代史研究的非高校化，他指出："在我看来，对于学习历史的高年级大学生而言，当代史作为一种方法论的变体是有趣且重要的。但是作为博士论文的研究对象它其实并不合适。因为一本博士论文的意义在于，其作者证明他已经学到了自己的手艺并且掌握了方法。但是，（在当代史中）这只是有条件地有其可能……这就是说，一本当代史的博士论文只能在极少数的情况下被学院式地完成，并且因此并不十分有意义。"（Hans Buchheim, Die nationalsozialistische Zeit im Geschichtsbewußtsein der Gegenwart, in: Karl Forster [Hrsg.], Gibt es ein deutsches Geschichtsbild?, Würzburg 1961, S.37-63, hier S.62.）

[1]　Nicolas Berg, Der Holocaust und die westdeutschen Historiker. Erforschung und Erinnerung, Göttingen 2003, S.271.

一方认为，这种将当代史编纂的管理职责移交给一个高校外部研究机构的做法，间接地使得纳粹历史被从德国历史的连续整体中排除出去，并且避免了对纳粹主义之历史根源的追问；而支持的一方——他们大多都曾在或正在研究所工作——则为该所的历史画出了一幅灿烂的画卷。[1]但是，我们必须承认，从史学史的视角来看，无论是在人事方面还是出版物方面，慕尼黑研究所在50年代的工作存在很多不足和失衡。霍斯特·莫勒（Horst Möller）曾在当代史研究所成立50周年的庆祝文集中提出，犹太人的命运问题早在1951年就已经被写入了研究所的研究计划。[2]这一说法如今不但遭到对研究所早期活动一贯持批判态度的历史学家的抵制[3]，而且遭到了史料的反驳。这也证明了，在这一时期，针对纳粹时期的研究仍然深受政治遗留问题之害。

在此，还有一个关键问题：联邦德国当代史研究之建制是否与其他欧美国家迥然不同？在当代史领域，是否也存在一条德意志的"特殊道路"？当人们对这个国度围绕当代史之研究方法和自我认知展开的讨论加以审视时，答案是肯定的。与英语学界的当代史（contemporary history）相比，德国当代史研究的特殊之处在于，这一分支学科建立在纳粹阴影之下，以围绕纳粹历史展开的讨论为基础。正如对纳粹历史的审视深刻地影响了联邦德国的政治文化那

---

[1] 批判的意见参见Sebastian Conrad, Auf der Suche nach der verlorenen Nation. Geschichtsschreibung in Westdeutland und Japan 1949–1960, Göttingen 1999。肯定的意见参见Horst Möller, Das Institut für Zeitgeschichte und die Entwicklung der Zeitgeschichtsschreibung in Deutschland, in: ders. (Hrsg.), 50 Jahre Institut für Zeitgeschichte. Eine Bilanz, München 1999, S.1–68。

[2] 同上，S.31。关于当代史研究所的前史和初期发展史，还可参见Winfried Schulze, Deutsche Geschichtswissenschaft nach 1945, München 1989, S.229–242; Helmuth Auerbach, Die Gründung des Instituts für Zeitgeschichte, in: Vielteljahreshefte für Zeitgeschichte Vol.18, H.4, 1970, S.529–554。

[3] Sebastian Conrad, Auf der Suche nach der verlorenen Nation. Geschichtsschreibung in Westdeutland und Japan 1949–1960, Göttingen 1999, S.229–232.

样，它也决定性地左右了历史研究的兴趣。就此而言，德国的当代史远不仅仅是针对当代的历史。在60年代早期，联邦德国的当代史书写出现了一个新的模式，它不再指向1945年的失败，而是指向1933年民主体系的失败。之后直至80年代，在当代史研究的鼎盛期，它的目标不仅在于利用各种个体和集体的记忆将最近的过去历史化，而且在于凭此赢得一个崭新的未来。换言之，它试图建构一种通过有意识地面对过去从而指向未来的历史书写。虽然这种取向有很多更早的样板，但是，从知识表述、价值判断和历史分期等角度看来，联邦德国的当代史研究创造了一种与传统历史编纂相异的方式方法。

研究所为了开展工作，首先需要获得利用纳粹档案的权限。但这个问题直至20世纪50年代后半期仍然在困扰着德国人。这不仅仅是一个外交问题，更重要的是，这涉及"谁有权并且有能力研究和书写德国历史"的冲突与争夺。战争结束后，1945年前的大量档案文件被同盟国没收。有大约400吨德国——包括威廉帝国和纳粹德国——外交部和总理府的档案被运送到英国白金汉郡瓦登大厅（Whaddon Hall），另有800吨档案——主要是军事档案、来自纳粹党部和其他纳粹组织的档案——被运往华盛顿。联邦德国从一开始就渴望收回这些档案。50年代中期，随着《巴黎协定》的签署，德国逐渐融入西方，这一请求日益有实现的可能。1955年，美国历史学家成立了"战时文献研究委员会"（Committee for the Study of War Documents）。该委员会建议，在将所有文献送回德国之前要将其做成微缩胶卷。虽然这一建议并不是针对德国历史学家，但它的确暗含着美国历史学家对德国人的不信任，他们不相信这些档案回到德国后还会对国际学者开放。另一方面，该计划也唤起了德国人的敌对情绪，认为这是美国人故意拖延交还档案的时间。德国联邦档案馆（Bundesarchiv）的首任馆长格奥尔格·温特（Georg Winter）甚至发出"我们是同盟国的合作者，还是一个被殖民的民族？”这样的质问。[1]

慕尼黑当代史研究所的第一本出版物是1951年出版的资料汇编《1941—1942年希特勒之元首总部席间闲谈》（*Hitlers Tischgespräche im Führerhauptquartier 1941-1942*）。[2]这本书引发了一场激烈的争论，当代史研究所因此一度陷入存在危机，国际学者也因此愈发怀疑德国当代史研究的走向。事情的起因在于，《快》（*Quick*）画报在未经出版社允许的情况下，提前刊登了该书的若干章节，从而使得众多政治人物批评该书的编辑非常不充分。时任总理的阿登纳对此大为震怒，联邦内政部甚至因此对当代史研究所的工作进行了审查。[3]黎特在该书引言中说，对于希特勒，他“既不想控诉，也不想辩护，既不想咒骂，也不想颂扬”，他只是想要——用兰克的话来说——“呈现过去本为何”（zeigen, wie es eigentlich gewesen ist）而已。[4]这种绝对客观性的立场遭到了犹太裔思想家汉娜·阿伦特的严厉指责，因为她认为历史-政治性史料的内容是由“在某个时刻向特定听众群讲述特定内容”这一原则所决定的，而当时德国人面对的是“日益增长的新纳粹主义”和关于刚刚过去之历史“显而易见的未开化”，那就不应该以客观性为目标，所以这本由黎特主导的书是一项“错置的历史编撰”（verschobene

[1]　Josef Henke, Das Schicksal deutscher zeitgeschichtlicher Quellen in Kriegs- und Nachkriegszeit. Beschlagnahme-Rückrührung-Verbleib, in: Vielteljahrshefte für Zeitgeschichte, Vol.30, H.4, 1982, S.557-620; Astrid M. Eckert, Kampf um die Akten. Die Westalliierten und die Rückgabe von deutschem Archivgut nach dem Zeiten Weltkrieg, Stuttgart 2004.
[2]　Henry Picker, Hitlers Tischgespräche im Führerhauptquartier 1941-1942, Bonn 1951.
[3]　相关争论可参见Horst Möller, Das Institut für Zeitgeschichte und die Entwicklung der Zeitgeschichtsschreibung in Deutschland, in: ders./Udo Wengst (Hrsg.), 50 Jahre Institut für Zeitgeschichte. Eine Bilanz, München 1999, S.1-68, hier 35-41; Nicolas Berg, Der Holocaust und die westdeutschen Historiker. Erforschung und Erinnerung, Göttingen 2003, S.330-334。
[4]　Gerhard Ritter, Zur Einführung, in: Henry Picker, Hitlers Tischgespräche im Führerhauptquartier 1941-1942, Bonn 1951, S.11-29, hier S.11.

Historiographie）。[1]面对阿伦特的批评，黎特则坚持辩称："即使是对一个'被证实的大屠杀凶手'，也使用历史客观性之不言而喻的基本准则——我将这视为我的责任。"[2]显然，对于阿伦特来说，"文献资料"首先应该是"正确"的；而对于黎特和当代史研究所中的其他历史学家而言，"文献资料"首先应该是"学术"的、"客观"的。因此，纳粹史的资料工作，从来也不是简单的文献搜集、整理和汇编工作，它背后首先反映出历史学家对史学工作之性质和功能的认识，随之更进一步反映出历史学家对纳粹史研究话语权的争夺。

不过，这个方向的讨论并没有深入下去。随着冷战氛围日益浓厚，对纳粹主义的研究出现了新的方向。当人们回顾联邦德国早期的纳粹史研究时，很容易就会发现，它跟社会生活的其他方方面面一样，总体上都受到"冷战之骚动的过度威胁"。[3]冷战的爆发与推进，对于联邦德国纳粹史研究的发展既有阻碍，亦有推动。一方面，当德国分裂的事实变得无法逆转时——有些人在1949年就已经看到了这种势头，有些人则要在1961年柏林墙竖起后才承认这一点——历史学不得不为其历史思考寻找新的坐标和定位，这当然给学科带来了新的难题。但另一方面，当冷战思维把纳粹主义纳入"极权主义"模式中去，并且以此为巩固新生的民主政体发挥作用时，对纳粹的阐释也由此变得相对容易些了。因为随着冷战中两极格局的形成，联邦德国史学界的主流兴趣从一种以利用档案资料为主的基础性研究，转变为关注纳粹政权的极权特点的问题。

[1] Hannah Arendt, Bei Hitler zu Tisch, in: Der Monat, 4 (1951/52), Nr.37, S.85–90, hier S.88.

[2] Gerhard Ritter, Ein politischer Historiker in seinen Briefen, Hrsg. von Klaus Schwabe, Boppard 1984, S.454.

[3] Ulrich Herbert, Zweierlei Bewältigung, in: ders., Olaf Groehler, Zweierlei Bewältigung. Vier Beiträge über den Umgang mit der NS-Vergangenheit in den beiden deutschen Staaten, Hamburg 1992, S. 7–27, hier S.13.

六、阿登纳政府的双重策略

　　二战后初期，德国政治人物对待纳粹主义的立场无法用一个两极分化的、纯粹对立的模型来概括。他们的矛盾绝不仅仅是奥托·恩斯特·雷默（Otto Ernst Remer）那样反对清理过去的纳粹政权的执行者、认同者和同情者，与弗里茨·鲍尔（Fritz Bauer）那样致力于对纳粹历史下一评判的抵抗者、流亡者和受害者之间的冲突。在他们之外，情况更为复杂：阿登纳那样从未向纳粹政权靠近的保守派民主主义者，深信德国政治民主化的过程与面对纳粹历史的过程无法取得统一；他们推行整合政策，为曾经的战犯、执行者和追随者无差别地提供重新融入全新的"民主社会"的机会。欧根·科贡（Eugen Kogen）和瓦尔特·迪克斯（Walter Dirks）[1]那样的左翼民主主义者提出了对相关人员加以严肃对待的想法，却未得到推行的机会。纳粹政权曾经的受害者们为了不再被置于社会的边缘，则完全不想提及这段历史。然而，随着1949年基民盟/基社盟以微弱优势战胜社民党，组建第一任联邦政府，康拉德·阿登纳当选为联邦德国第一任总理，联邦德国主导的历史政策被确定下来。

　　1950年5月8日，德国战败投降五周年之际，《法兰克福汇报》（*Frankfurter Allgemeine Zeitung*）的创始人之一奥托·克勒佩尔（Otto Klepper）撰文指出："人民的意识不应该还由于对胜利和失败的、有罪

---

[1] 瓦尔特·迪克斯（1901—1991），天主教政治家、作家、记者。第三帝国期间，迪克斯虽然没有积极参与反纳粹的反抗运动，但是对纳粹主义持反对态度并因此收到了出版禁令。二战后，他参与了法兰克福的城市重建和当地基民盟的创立。但是，由于他所坚持的基督教与社会主义的融合观念在基民盟内部长期得不到认同，他于不久后退党。1946年，他与欧根·科贡共同创办了亲民主社会主义和左翼天主教的杂志《法兰克福手册》（*Frankfurter Hefte*）。作为联邦德国天主教批判少数派的代表，迪克斯被古斯塔夫·W.海涅曼称为"一个团体道德良知的代言人"。

和无罪的、优秀和邪恶的、自由和不自由的民族加以区分而困惑迷惘。旧账单必须被撕碎和丢弃。只有能够遗忘必须被遗忘之物的人，才是自信的。"[1]1952年9月，自民党议员埃里希·门德（Erich Mende）在联邦议院发言称："如今，（战争结束）七年后，看来是时候画上最后一笔了。我们不想按照'你亦如是'（tu quoque）的原则来清算。我们想要向前看。"[2]克勒佩尔代表了当时绝大部分德国人的态度——对纳粹历史和罪责问题避而不谈。不过，这种避而不谈，并非指这个国度没有人提及纳粹主义和二战。无论在私人领域还是政治公共领域，这段历史从来没有被抹杀和禁忌化。所谓的沉默和排斥，主要是指对个人罪行的沉默和对集体罪责的排斥，是指德国人政治意识中负罪感、羞耻感和内疚感的基本缺失。从国防军士兵、纳粹官员到纳粹党员，大家都认为自己是清白的，都希望得到理解和安抚。但是，联邦德国人的此类说辞，他们自视无辜而不愿背负罪责的倾向，他们迫切想要摆脱历史重负从而轻装走向未来的想法，无论在道德上还是在实践中，都站不住脚。尚未得到完全清算的纳粹罪行，不会因为暂时的隐匿就被世界遗忘。

　　面对这种社会氛围，外界原本可以期待联邦政府强力发声，扭转舆论。然而阿登纳政府却向现实投降。基于自身保守主义的立场，尤其是出于巩固执政地位的需要，这一时期阿登纳政府面对纳粹历史奉行一种拒绝与接受并行的双重策略。一方面，联邦德国年轻的政权试图在自我形象的塑造上与纳粹主义彻底划清界限。它将自己的政治状态视为对纳粹主义的否定，并且就此使自己在各个方面都与纳粹历史保持距离。为了重新塑造自我认同，联邦德国拒绝集体罪责说，并且将德国人视为纳粹政权的牺牲品。在这一点上，联邦德国的政治界达成了

---

[1]　Otto Klepper, Der Geist der Furcht, in: Frankfurter Allgemeine Zeitung, 8.5.1950.

[2]　Plenarprotokoll des Deutschen Bundestages, Nr. 01/230 vom 17.09.1952, S.10502.

共识。[1]除此之外,联邦政府无意在反思历史和批判自我上有所作为。

另一方面,"非纳粹化"的完成、一系列赦免法的颁布和1945年以来被免职的公职人员大规模的重获任命[2],使得纳粹政权曾经的执行者和拥护者融入了联邦德国。保守派民主主义者深信,联邦德国如果要走向未来,就要放下过去,在一定程度上不再让纳粹德国的人事关系束缚住当下行动的手脚,用"既往不咎"的做法将破裂的社会重新整合。这一举措的顺利施行,主要由于冷战的爆发。对西方国家来说,1948年的柏林危机一夕之间就让这个帝国旧都从法西斯主义的中心变成了新的战场,长期以来的敌人也随之变成了必不可少的盟友。重新建立一个强大的联邦德国,而不是让它因为纠缠于纳粹遗留问题而消耗实力,变成了英美法的共识。可以说,没有东西方的激烈冲突,纳粹人员的融合政策绝对无法如此迅速地得到战胜国的允许。整个50年代,对纳粹罪犯追究刑事责任的诉讼几乎完全陷入停顿状态,因为战胜国的审判而身陷囹圄的纳粹分子们都逐渐得到了开释,纳粹帝国的精英分子几乎都重新回到了各自的岗位上。在冷战面前,非纳粹化步步退却,最终失去了意义。左翼社会民主主义反对派曾提出对相关人员加以严肃对待的想法,却始终未得到推行。在针对共产主义的"新战斗"面前,对纳粹历史的清理与讨论搁浅了。最好的证明就是:从20世纪60年代开始直至1991年,美国人把许多知名德国政治人物的纳粹党党员卡挑选出来,锁进了柏林档案中心的保险柜,从而确保这个欧洲盟友在冷战期间的政治稳定性。与此同时,将民众个人的历史与联邦德国的现实割裂开来,重要的不是一个人在纳粹时期做了什么或者他如何看待这段历史,重要的是他能够为新秩序做什么:这就是联

---

[1] Helmut Dubiel, Niemand ist frei von der Geschichte. Die nationalsozialistische Herrschaft in den Debatten des Deutschen Bundestages, München/Wien 1999,S.70-74.

[2] Nobert Frei, Vergangenheitspolitik. Die Anfänge der Bundesrepublik und die NS-Vergangenheit, München 1996, S.25-131.

邦政府在50年代解决第三帝国遗留下来的人事问题的准则。

在我们今天看来，这种拒绝与接受并行的双重策略在50年代能够成功推行，令人难以置信。这种解决纳粹遗留问题的方法无疑是错漏百出且徒劳无功的。我们当然承认战后初年与纳粹历史交锋的艰难之处。至少，我们无法苛求在人数上完全处于劣势的纳粹政权的反对者和受害者，能够在社会的各个领域与那些昨天还在镇压和迫害他们的人对抗。在某种程度上，普通德国人通过在公共领域对纳粹罪责保持沉默——既不赞扬纳粹德国的反对者，也不指责它的支持者——来维持自己平静的生活，也有其理由。但是，阿登纳政府沉默和整合的做法，无法基于"巩固年轻民主政权的需要"[1]而得到认可。以逃避历史、回避责任来获取面对未来的空间，最终只会摧毁未来。事实上，在50年代，联邦德国仍然未能真正与纳粹历史脱离关系，因为德国人完全没有理解和从感情上接受第三帝国的崩溃。他们不是讨论和研究德国人对纳粹罪行的责任，而是试图去否认和虚化它。这种方式使得联邦德国始终无法真正摆脱历史的魔咒。

七、国家纪念日的选择

西蒙·维森塔尔（Simon Wiesenthal）曾言，对于犹太民族而言，从1933年1月30日希特勒夺权起，至1945年5月8日纳粹政权无条件投降为止，这十二年间的每一天都是纪念日。[2]但是，对于二战后的联邦德国而言，几乎没有什么重要事件的象征意义能够对公众产生足够

---

[1] Hermann Lübbe, Der Nationalsozialismus im politischen Bewusstsein der Gegenwart, in: Martin Broszat u.a. (Hg), Deutschlands Weg in die Diktatur. Internationale Konferenz zur nationalsozialistischen Machtübernahme. Referate und Diskussionen. Ein Protokoll, Berlin 1983, S.329–349.

[2] Simon Wiesenthal, Jeder Tag ein Gedenktag. Chronik jüdischen Leidens, Gerlingen 1988.

大的影响，从而发展成一个政治纪念日的核心。[1]有一些事件要直到
20世纪80年代才在公共领域获得足够多的认知和关注，有一些事件
的意义局限在特定的区域或者群体中，还有一些事件则无法发挥持续
的作用。比如那些因为身体、精神的缺陷或疾病而被纳粹实施安乐死
的"劣等人"，无论在联邦德国还是民主德国，都没有成为政治纪念的
对象。[2]

二战结束直至两个德国成立，在德国的政治纪念中占据核心地位
的是针对受纳粹政权迫害者和参与反希特勒运动的反抗者的"法西斯
主义受害者纪念日"（Tag der Opfer des Faschismus，简称OdF-Tag）。这
一天被设在9月份的第二个周日。1945年9月9日，约有9万人在柏林
参加了第一年的纪念活动。[3]很快，它就被视为战后反法西斯主义浪

---

[1]　政治纪念日不同于纪念馆和纪念碑，它不受场地和媒介的束缚，而且比其他纪念形
　　式都更体现出一种在处理历史过程中的"交往"和"商谈"特质。当然，随着纪念
　　日的固化，回忆也有可能在纪念中消亡。政治纪念日虽然基于政治事件而设立，但
　　它不仅是一项就事件本身单纯进行"纪念"的政治活动。第一，从记忆文化的视角
　　来看，纪念日是一个集体记忆的概念。个人的回忆与纪念并非一定要与特定的时
　　间、场合或者事件相关联，而国家作为记忆共同体，则通过确定纪念日来策划、组织
　　和推动集体记忆的形成与发展。纪念日是国家引领社会成员共同澄清和回忆历史
　　事件或历史人物的指向标。第二，从政治文化的视角来看，纪念日是国家作为一种
　　政治共同体，展现其基本观念与核心准则的表述工具和象征元素。因此，究竟是哪
　　些历史对象被挑选出来用于社会的政治自洽，它们以何种形式、通过何人被公开描
　　述，它们被指派的意义内涵何时、如何、为何发生改变：所有这些问题的答案都有
　　重要的政治文化暗示。第三，从功能视角来看，政治纪念日既是历史政治文化的指
　　针，也是一种浓缩且复杂的政治象征。一方面，通过纪念日，社会群体达成对历史
　　的共识，表述对现实的理解，勾勒面向未来的视角；另一方面，政治纪念日还承载着
　　展示国家形象、证明政权合法性、保障社会稳定的任务。

[2]　参见 Eckart Conze/Thomas Nicklas (Hrsg.), Tage deutscher Geschichte. Von der
　　Reformation bis zur Wiedervereinigung, Darmstadt 2004; Peter Reichel, Schwarz-
　　Rot-Gold. Kleine Geschichte deutscher Nationalsymbole nach 1945, München 2005,
　　S.49–97; Hans Hattenhauer, Deutsche Nationalsymbole. Geschichte und Bedeutung,
　　München 2006[4], S.157ff.

[3]　参见 Hans Coppi/Nicole Warmhold (Hrsg.), Der zweite Sonntag im September.
　　Zur Geschichte des OdF-Tages, Berlin 2006; Harald Schmid, Erinnern an
　　den »Tag der Schuld«. Das Novemberprogramm von 1938 in der deutschen（转下页）

潮的一个重要表现。它填补了战后德国在纪念文化上的空白。当时，德国历史上几乎所有的政治纪念日都在一定程度上受到了玷污，社会迫切需要在这一领域进行重建。"法西斯主义受害者纪念日"就是在这种背景下脱颖而出，它是德国战后初年政治上几乎完全去结构化的产物。一方面，它超越党派和宗教信仰，意在面向所有的集中营受害者和各个派别的反对者，并且不强调其中任何一个群体的特殊地位。另一方面，它的时间点——9月份第二个周日——没有与任何特定的人物或事件挂钩。纪念日最初的一个理由是：恩斯特·台尔曼（Ernst Thälmann）、鲁道夫·布莱特夏德（Rudolf Breitscheid）等反抗人士和"七二〇密谋"事件的参与者在1944年8月和9月被纳粹杀害，应该在牺牲一周年的时候为他们组织一场纪念活动，所以纪念日之目的是"纪念我们死去的英雄"。但后来，当纪念从单次的、即兴的活动，转变为重复的、固化的仪式时，这种人事关联已经被淡化了。

　　1947年3月，全国性的"纳粹政权受迫害者联盟"（Vereinigung der Verfolgten des Naziregimes）成立，它接过了"法西斯主义受害者纪念日"的组织权。[1]1947年9月13日，《世界报》（Die Welt）发文称："整个德国纪念……法西斯主义的受害者：庆祝活动中的纪念讲话、纪念碑揭幕、中小学庆典、墓园中的纪念会，第一次在所有的占领区中统一举行。"[2]因为这些活动受到地方州政府的支持，所以这个"法

　　（接上页）Geschichtspolitik, Hamburg 2001, S.89ff.; Peter Monteath, A Day to Remember: East Germany's Day of Remembrance for the Victims of Fascism, in: German History, 26 (2008), S.195-218。

[1]　参见 Elke Reuter/Detlef Hansel, Das kurze Leben der VVN von 1947 bis 1953. Die Geschichte der Vereinigung der Verfolgten des Naziregimes in der sowjetischen Besatzungszone und in der DDR, Berlin 1997。

[2]　Harald Schmid, Deutungsmacht und kalendarisches Gedächtnis–die politischen Gedenktage, in: Peter Reichel/ders./Peter Steinbach (Hrsg.), Der Nationalsozialismus–Die zweite Geschichte. Überwindung–Deutung–Erinnerung, Bonn 2009, S.175-216, hier S.180.

西斯主义受害者纪念日"具有了民族性和官方性。不过，随着东西方冷战氛围的日益浓厚，尤其是随着德国共产党（Kommunistische Partei Deutschlands）对"纳粹政权受迫害者联盟"的影响越来越大，"法西斯主义受害者纪念日"逐渐被边缘化了。联邦德国成立后，这个纪念日完全淡出了公众的视线，这也标志着战后初年一种超党派、超宗教的全德性反法西斯主义表达终止了。民主德国和联邦德国变成了所谓的"日耳曼双生子"：在历史研究对象选择、历史回忆活动组织、历史整体图景构建等方方面面，都出现了显而易见的对立与竞争关系。

　　新国家的建立，需要新的政治纪念日。一开始，联邦德国和民主德国都选择了5月1日作为国庆日，魏玛共和国和第三帝国都曾将这一天定为国庆日。但后来因为社民党一方日益强调它作为"劳动节"的意义，这一天也就并没有在联邦德国获得更多"赋值"。在这种情况下，联邦政府创设了"德意志人民民族纪念日"（Nationaler Gedenktag des deutschen Volkes）。该纪念日一共存在了三年，分别在1950年9月7日、1951年9月12日和1953年9月7日。它可以被视为联邦德国进行政治纪念的权宜之计，以便能够暂时取代"法西斯主义受害者纪念日"和"5月1日"。但是，一个"民族纪念日"无法满足联邦德国充满矛盾的诉求：既能够指向对德国历史上第二个"民主政体"的庆祝，同时又能够将战争受害者和纳粹战犯整合在内。在这种情况下，国家纪念日的功能被细化了：一方面，1953年6月17日，民主德国爆发了针对政府的大规模民众抗议活动，史称"六一七"事件。这一事件在之后联邦德国历史政策的发展中具有不可忽视的作用。同年7月3日，在社民党人的倡议下，联邦议院通过决议，规定6月17日为法定的"德国统一日"（Tag der deutschen Einheit），以纪念分裂的德意志民族国家。"6月17日"显然更加符合联邦德国重新追求大国地位和在道德层面上压倒东德的政治需求；而且通过谈论这一天，联邦德国人可以在小心翼翼地回避纳粹主义的情况下谈论民族主义。在这种情况下，6月17日在与其他政治纪念日的竞争中胜出了。另一方面，对牺牲者的纪念被转交给了"全民哀悼日"（Volkstrauertag）。这是一个基督教的宗教节日，在魏玛共和国时设立，以纪念在第一次世界大战中丧生的德国人，最初的日期定在四旬节第一个主日（Sonntag Invocavit），后来改为四旬节第二个主日（Sonntag Reminiscere）。二战后，在英法美占区就开始讨论要全面引入"全民哀悼日"并且举办了一些零星的活动。1952年，各联邦州达成统一意见，通过立法，规定基督降临节开始前的第二个主日（zwei Sonntage vor dem ersten Adventssonntag）为"全民哀悼日"，以纪念战争牺牲者。这个纪念日的特殊之处在于，它是完全宗教性和非政治的。战犯和战争罪责不是它所考量的主题，因此它早期的目的是为"和解"和"和平"提供助力，而不是发挥任何批判的作用。就此而言，它抚慰了德国人的集体心灵。直到20世纪70年代，随着联邦德国政治纪念文化的变革，它才逐渐将德国罪行之牺牲者也纳入了悼念范围。

　　与此同时，战败投降日5月8日却一直身份尴尬，无法成为官方的

表1-1：联邦德国的政治纪念日

年　　份	纪念日名称	日　　期
1945—1949	法西斯主义受害者纪念日	9月份第二个周日
1949	国庆日	5月1日
1950—1951、1953	德意志人民民族纪念日	9月份上旬至中旬
1953—1990	德国统一日	6月17日
1952—	全民哀悼日	基督降临节开始前的第二个主日

正式政治纪念日。毫无疑问，1945年是当下能够体察和感知到的最深刻转折点，是德国集体认知中一个最基本的行动导向支点。但是，德国人对于这个支点的感知难以统一。1945年5月8日，10岁以上的德国人中，有大约40%的人生活在一种相对稳定的状态下（没有背井离乡），有18%成了战俘，13%在亲戚处避难，10%正在撤退，8%在逃亡，还各有4%在野战医院、难民营和收容所。[1]所以，在个体的体验和遭遇中，1945年的图景是如此多样，各不相同。在5月8日前后，有成千上万的普通德国民众在第三帝国走到末路之时，选择结束自己的生命，甚至有父母杀死小孩后自杀。[2]当盟军占领德国全境时，战胜国的军人对数百万德国妇女施加的暴行，也给她们带去了死亡和难以磨灭的痛苦。因而，这一天对一部分人而言是绝望的血和泪。不过，对于更多的德国人来说，倘若1945年5月8日没有被赋予世界史的转折意义，它就是完全平凡无奇的一天。很多德国人的回忆都表明，"战争结束了"这种体验并没有与特定的日期相关联。[3]所以，1945年5月8日在民族

---

[1] Bernd Weisbrod, Der 8. Mai in der deutschen Erinnerung, in: WerkstattGeschichte, 13 (1996), S.73.

[2] 相关研究可参见Florian Huber, Kind, versprich mir, dass du dich erschießt: Der Untergang der kleinen Leute 1945, Berlin 2015。

[3] 在回忆关于战争结束的个人感受时，德国社会民主党政治家、曾任柏林市市长的海因里希·阿尔贝茨（Heinrich Albertz）这样写道："不，我几乎没有被德意志帝国的投降所触动。"作家尤塔·吉尔施（Jutta Giersch）指出："1945年5月8日本身作为日历上的一个日子，在我的回忆中没有任何特殊的重要意义。对我而言，'此前'和'此后'不可分割地彼此相属。也可以说，我的5月8日持续了超过半年。"参见Werner Filmer/Heribert Schwan (Hrsg.), Menschen, der Krieg ist aus! Zeitzeugen erinnern sich an den 8. Mai 1945, Düsseldorf 1985, S.13, 119。历史学家鲁道夫·冯·塔登（Rudolf von Thadden）亦曾言："我自己完全平凡无奇地经历了这一天，这个在我们今天的历史书和工具书中用粗体印刷的日子。"参见Werner Filmer/Heribert Schwan (Hrsg.), Besiegt, befreit ... Zeitzeugen erinnern sich an das Kriegsende 1945, München 1995, S.336。作家迪特尔·韦勒斯霍夫（Dieter Wellershoff）同样认为："作为孩子，我并没有感到零点是一个实实在在可以确定的事件。……战争结束对于我并不轰动。对许多孩子来说，我的体验或许很典型。"参见Gustav Trampe (Hrsg.), Die Stunde Null. Erinnerungen an Kriegsende und Neuanfange, Stuttgart 1995, S.210。

国家史中的象征意义，永远无法与它在亲历者个人生活史中的体验意义完全一致。"在德国人的经历中，存在着若干个5月8日。"[1]而作为政治纪念日的5月8日，则需要有超个体的阐释力。个体记忆的这种复杂多样性使得集体记忆的整合变得困难重重。因此，1945年5月8日在联邦德国的整部接受史，始终与这样一个问题紧密联系在一起：各不相同甚至互相矛盾的个体记忆如何恰当地向被普遍认可的国家集体记忆转化？就此展开的争论首先最直接地表现为术语之争，即用何种概念对1945年5月8日定性。当然，无论是在个体记忆还是国家记忆的层面上，这一天都无法被简化为一个可以用某个术语概括的标记点。

在用来定义5月8日的各种概念中，"投降""崩溃""零点""浩劫""失败"和"解放"是六个最具有阐释力的术语，它们有着不同的立场和含义。具体地说，第一，"投降"（Kapitulation）是其中最为军事化的术语。它承认纳粹军事系统的终结，但是无法涵盖政治和国家政权的全面溃败。通过单纯强调战争的结束，它淡化了纳粹政权的特殊性。第二，"崩溃"（Zusammenbruch）是普通德国民众的个人记忆，也是二战后德国社会和个人生活最明显的特征之一。纳粹政权的彻底"崩溃"是1945年以后全新开始的前提条件，通过对德国人战后初期的社会困境的描述，它更强调德国人作为受害人遭受的苦难。第三，"零点"（Stunde Null）是当时德国人的普遍心态，它表达了德国人希望重新开始的迫切性、可能性和必然性。它在过去和当下之间架设起一道保护性的屏障。但是，因为（过分）强调这一时间点的历史性和政治性的转折意义，它忽视了历史的连续性。第四，"浩劫"（Katastrophe）是最模糊的术语，它没有指明究竟是纳粹主义"导致"的德国人的浩劫，还是德国人因为战争失败而"遭受"的浩劫。它绕过了行为人/受害者的身

---

[1] Hartmut Kaelble, Die zeitgenössische Erfahrung des 8. Mai 1945, in: Rainer Schröder (Hrsg.), 8. Mai 1945: Befreiung oder Kapitulation?, Berlin/Baden-Baden 1997, S.115–136, hier S.116.

份划分，回避对这一事件做明确的政治和道德评价，进而弱化了1945年5月8日的转折意味。第五，"失败"（Niederlage）既是对政治军事局面的全盘描述，也是大多数德国人的个人体验。它比其他的概念都更加中性化，似乎是对结果的"客观"描述。但是，它无法体现这一事件更深层的政治和道德意义，无法纳入联邦德国民主政体所涵盖的规范话语体系。第六，"解放"（Befreiung）是从人权角度出发的术语，具体地说，是文明、人权、公民的自由权利被盟军从纳粹的极权统治下解放了出来。这个术语包含着对纳粹历史的负罪感，对联邦德国民主政体的认同，对德国历史中自由民主传统的强调。但是，这种由外力实施的抽象的解放无法在个人体验中找到有力的共鸣。

通过这些概念的解释，可以发现，从不同视角出发对1945年5月8日进行的概括都各有其合理性和不足之处，没有一个概念可以承担起总揽一切的职责。但是，一个政治纪念日则必须有一个明确的、在某种程度上可以说是单一的象征意义。因此，5月8日将自己整合到联邦德国的历史回忆文化中去的历程，或者说，联邦德国为5月8日"赋值"的这个过程，延续了四十年。从1945年到1985年，对5月8日的纪念，基本上是与联邦德国对纳粹主义的历史审视同步发展的。在此期间，联邦德国经历了政治体系和政治文化的彻底变革、回忆文化的重要转型以及人口代群的全面更替，纳粹历史从禁忌话题变为政治领域和公共领域的热门话题，5月8日也从国家政治纪念日中的边缘位置逐渐向中心位置靠拢。

在战后初期，德国人根本不想让无条件投降的日子附着任何从日历本中突显出来的色彩。当时联邦德国的主流媒体认为：战争是希特勒强加给德意志民族的，战胜国想要让德意志民族背上集体罪责的重负，是为了永远排斥它，因此，5月8日是"黑暗的最深屈辱日"；1945年的无条件投降是"不幸的"，是"德意志民族由其'元首和帝国总理'责令之荒唐冒险的恐怖终点"；5月8日是"崩溃的零点"，德国千年的根基就此摧毁，尚未得以重建；德国人需要对希特勒政权这样的"民族浩劫"进行反省，但绝没有理由对 5 月 8 日加以"悼念或者庆祝"。[1] 在这样的大环境下，5 月 8 日就只能是日历本上一个面目模糊的数字。

1955 年 5 月，二战结束十周年，联邦政府没有安排任何官方活动。人们的注意力集中在 5 月 5 日正式生效的《巴黎条约》上。这组协议的实施标志着《占领法规》（Besatzungsstatus）的失效，联邦德国自此获得了完全独立主权。1955 年 5 月 7 日和 9 日，联邦德国先后加入了西欧联盟（WEU）和北约组织（NATO），重新回归国际舞台。在此背景下，1945 年更多是被视为十年战后期的开端，而非一个有独立意义的时间点。1955 年 4 月中旬，波恩政府发表声明，明确否认要将 1955 年 5 月 8 日作为"独立日"来加以庆祝。[2] 在政府看来，作为无条件投降日，5 月 8 日已经无法附着任何其他庆典意义。对这一天的回忆不是与纳粹政权及其受害者联系在一起，而是与当时两德分裂和东西方冷战的政治格局联系在一起，因为"在这一天，德国开始了分裂并且由此在欧洲的心脏中形成了动荡的策源地"。[3] 显然，当时，在国家层面，1945 年 5 月 8 日被视为一个消极且不具备纪念资格的日子，除了意味着"投降"，别无他意。政治人物尚未准备好就其展开讨论，也不具备一种全新的历史意识去理解它。"崩溃""零点"和"浩劫"是当时对 5 月 8 日的主流认知，他们回避对这一转折点作透视性的阐释并赋予其决定性的历史意义。

---

[1] Erich Dombrowski, 8. Mai 1945, in: Frankfurter Allgemeine Zeitung, 7.5.1955; Paul Wilhelm Wenger, Souveränität–wozu?, in: Rheinischer Merkur, 13.5.1955; Joachim Bölke, 8. Mai 1945–8. Mai 1955. Der Irrtum der bedingungslosen Kapitulation, in: Der Tagesspiegel, 8.5.1955; Michael Freund, Die Wochen, die ein Jahrtausend zerstörten. Eine Chronik des deutschen Zusammenbruchs im Jahre 1945, in: Die Zeit, 6.5.1955; Karl Gerold, Kleine Bilanz eines Jahrzehnts, in: Frankfurter Rundschau, 7.5.1955.

[2] 参见 Parlamentarischer Politischer Pressedienst Bonn, 13.4.1955。

[3] Konrad Adenauer, Geleitwort zu „Deutschland Heute", in: Bulletin des Presse- und Informationsamtes der Bundesregierung, 5.5.1955.

八、史学与政治：路线的相应相合

回顾联邦德国战后初期的整体面貌，情况正如赫尔穆特·杜比尔（Helmut Dubiel）所言：

> 对历史进程中之"断裂""非连续性"甚至"零点"的提及都是误解。历史之流的一种真正中断既不存在于历史学家针对集体性的总体形象之审视中，亦不存在于个体体验的微小视野中。谁要谈论"断裂"，他就只能援引经历的现实与阐释模式之间的关系。凭借这些阐释模式，人们按照自己的想法解释这些经历。[1]

但是，在连续之中，也蕴含着重新出发的姿态。当时的史学希望重建公众的信任。黎特曾言："我们必须希愿的，一如既往，是我们的声音确实直抵民族的耳中，是它不被束缚于纯学术的科研工作中。"[2] 它仍然将第三帝国视为民族遗产的一个重要组成部分。这一视角导致，首先不是根据对罪行和责任的追问，而是基于民族历史的连续性和关联性，去研究刚刚过去的历史。所以，更进一步地来看，断言战后初年联邦德国政权存在对纳粹历史的"排挤"，并不是指存在普遍意义上的忽视，而是指在面对刚刚过去的历史时，存在一种挑选性的问题意识。因为对绝大多数联邦德国的历史学家来说，狭隘的民族国家立场仍然是他们研究纳粹历史的重要目的之一。当分区占领和分裂的政治现状将德意志民族国家置于一个被质疑的境地时，确保民族之完整性成为纳粹

---

[1] Helmut Dubiel, Niemand ist frei von der Geschichte. Die nationalsozialistische Herrschaft in den Debatten des Deutschen Bundestages, München/Wien 1999, S.67.

[2] Gerhard Ritter, Gegenwärtige Lage und Zukunftsaufgaben deutscher Geschichtswissenschaft, in: Historische Zeitschrift, 1950 (170), S.1–22, hier S.1.

主义研究的一个重要部分。以今天的眼光来看，20世纪50年代的许多（当然不是全部）纳粹历史研究都是不充分的。当人们试图重构50年代的历史编纂话语时，往往会持一种批判的态度。那些作为学术研究成果被呈现出来的东西，也能够被称为政治立场的表达。所以值得注意的，并不是过去被"错误"地或者片面地呈现出来，而是时人试图用具体的历史分析来引导未来的政治和社会发展。虽然这一时期的历史学家声称要"冷静"地研究纳粹历史，但是所有的冷静是为了促进联邦德国内政外交的巩固，而不是为了更深刻地推进对纳粹历史本身的认知，不是为了与其他国家的学界同人之间达成理解与共识。联邦德国政权在面对纳粹历史发展自我认同时，并非通过对作为的直接定位，而是通过与作为划清界限来立足。当联盟党在1957年的联邦议会选举中为阿登纳打出"没有试验！"（Keine Experimente！）的口号并大获全胜时，联邦德国的纳粹史研究也以同样的立场相合。历史证明，这种蜷缩的姿态非但没有解决纳粹主义的遗留问题，反而埋下了重重隐患，在下一个十年中引发了极大的震荡。

第二章　1959—1968：转折、推进与新力量

　　20世纪60年代是联邦德国历史上的"活力年代"（dynamische
Zeiten）[1]，是"共和国改组"（Umgründung der Republik）[2]的年代。当
时，可以这样说，政治、社会、经济、文化，几乎没有一个领域不是在经历
深刻变革。新生政权获得基本的稳固后，想要在政治上进行更现代化
的变革；艰难困苦的战后时代过去，"经济奇迹"（20世纪50年代后期
至80年代后期）正在迎面走来；全球去殖民化的浪潮和越南战争，也
改变着国内的氛围。伴随着60年代后半期联邦德国政治局势的起伏，
长期以来被视为"天生反对党"[3]的社民党成了德国政坛上的一股决定
性力量。1966年，社民党与基民盟/基社盟组建大联合政府，首次登上
执政舞台。在这种形势下，人们对待纳粹历史的态度也发生了变化。
如果说50年代的联邦德国处在战后重建的疗伤期，以扭曲与遮掩的姿
态对待纳粹历史，那么60年代的它则迈入了转型期，面对纳粹历史，开
始变得态度强硬。不同政治力量的博弈使得联邦德国在短短十年内三
易总理。执政者的频繁更替使得它无法推行系统的历史政策。但国内
外的政治形势又促使它不断突破原有界限，将纳粹历史剖解于人前。

---

[1]　Axel Schildt/Detlef Siegfried/Karl Christian Lammers (Hrsg.), Dynamische Zeiten. Die
　　　60er Jahre in den beiden deutschen Gesellschaften, Hamburg 2000.

[2]　Manfred Görtemaker, Geschichte der Bundesrepublik Deutschland. Von der Gründung
　　　bis zur Gegenwart, München 1999, S.475 ff.

[3]　Heinrich August Winkler, Weimar 1918-1933. Die Geschichte der ersten deutschen
　　　Demokratie, München 2005[4], S.256.

在二战结束十五年后，纳粹历史的感知视角发生了变动。关注的焦点不再是纳粹政权在政治和道德层面上的消亡，而是纳粹相关人员的人事连续性和社会整合性是否正确。国内外要求重启非纳粹行动的呼声越来越强。那些要求在公共领域围绕纳粹历史及其后果展开讨论的观点，第一次占据了上风。德国人开始明确意识到，只有大规模的、持续深入的公开讨论，才是对待纳粹历史的正确方式。这一时期，历史学界认为关于纳粹主义的描述性研究已经基本完成，转而开始寻求针对其的多种理论阐释模式，不过此时历史学家们关于纳粹主义的新观点尚无法撼动政界主流思潮的地位。

一、变革年代中沉寂的历史政策

1959年至1960年，反犹主义浪潮席卷联邦德国全境，让德国人无法再回避纳粹历史。1957年，身为奥芬堡（Offenburg）教育参议的路德维希·辛德（Ludwig Zind）公开发表反犹言论，声称纳粹主义对待犹太人的方式是正确的。1958年，曾在集中营担任医生的汉斯·艾泽勒（Hans Eisele）在受审阶段因检察机关的疏忽，顺利逃亡国外。1959年平安夜，科隆的一座犹太教堂遭到破坏，反犹主义者在外墙上大肆涂写纳粹十字标志和"德国人要犹太人滚出去"的标语。[1]这是50和60年代之交反犹浪潮的开端。这股浪潮标记了战后初年德国人面对过去的模式的结束。它就像是扇在德国人脸上的一记响亮耳光，使得联邦德国曾经的行事方法备受指责。联邦德国的掌舵者们开始意识到，德国人在1945年错过了一个真正重新开始的机会。[2]国内外要求重启非纳

---

[1] Peter Reichel, Vergangenheitsbewältigung in Deutschland. Die Auseinandersetzung mit der NS-Diktatur in Politik und Justiz, München 2007², S.138–152.

[2] 参见Bernd-A. Rusinek, Von der Entdeckung der NS-Vergangenheit zum generellen Faschismusverdacht–akademische Diskurse in der Bundesrepublik der 60er Jahre,（转下页）

粹化行动的呼声越来越强。就这些反犹主义事件公开发表看法的几乎所有政治人物，都强调在面对纳粹遗留问题时，在思想和教育领域采取新措施的必要性。

联邦政府在1960年2月17日就此颁布了白皮书，据其统计从1959年圣诞节到1960年1月底，联邦德国全境仅仅是登记在册的反犹主义和新纳粹主义事件就高达近700起，其中有近1/3是由少年儿童犯下的。[1]在1960年2月8日的联邦议会上，政治人物就反犹主义的死灰复燃展开了大讨论。[2]这场讨论可以被认为是联邦德国政治领域对待纳粹历史的态度的转折点。无论是左翼自由主义者还是右翼民主主义者，甚至更激进的保守主义-民族主义者，都认识到，倘若没有对纳粹历史的坦诚讨论，那么既无法把它"排除"出去，也无法将其"克服"。

但是，这场浪潮在基民盟/基社盟与社民党之间引发了不同反应。时任内政部长的基民盟政要格哈德·施罗德（Gerhard Schröder）在会议上宣读这份白皮书时，将这些事件定性为"个别固执的狂热分子所为之令人厌恶的不法行为"和"游手好闲之年轻人的思想"（Gassenjungengesinnung）表现，所以首先要关注的是"德国青少年课堂教育"的疏忽。施罗德因此抱怨缺少"一个普遍的德意志历史图景"和"一个有普遍约束力的教育榜样"，为此他呼吁设立一个专家委员会为政治教育提供助力。他还支持公共领域继续就德国人对犹太人大屠杀之责任保持缄默，因为：

目前，我们距离1933年1月30日有27年了，距离崩溃的时

（接上页）in: Axel Schildt/Detlef Siegfried/Karl Christian Lammers (Hrsg.), Dynamische Zeiten, a.a.O., S.114-147。

[1] Die antisemitischen und nazistischen Vorfälle. Weißbuch und Erklärung vom 16.2.1960, in: Hölscher, SPD-Fraktion 1957-1961, S.394.

[2] Plenarprotokoll des Deutschen Bundestages, Nr. 03/103 vom 18.02.1960, S.5575-5617.

间点（指1945年5月8日德国无条件投降）有差不多15年了。15年，这已经比所谓的千年帝国的整个存续时间还要多3年。在我看来，我们现在是时候与我们的过去之间形成一种平和的关系了。[1]

与基民盟/基社盟的政治人物相反，社民党人在此时表现出了前所未有的批判态度。可以说，20世纪50年代末标记了社民党在各方面，也包括在历史问题上的立场与行事的转型。战后初期，库尔特·舒马赫是社民党当之无愧的领袖。但是他对社民党在新形势下的自我革新没有多大兴趣，他认为社会民主主义的理念与目标是毫无疑义的。他政策的重心一直是如何与基民盟/基社盟的执政政策竞争，从而证明社民党的领导能力，因此他始终拒绝开启关于新党纲的讨论。直至50年代早期，关于一个新纲领的讨论才在小范围内展开。1952年，舒马赫离世，埃里希·奥伦豪尔（Erich Ollenhauer）接任党主席。在他和威利·艾希勒（Willi Eichler）的领导下，新纲领的起草正式提上了议程。1959年9月13日至15日，社民党在巴特哥德斯堡（Bad Godesberg）召开党代会，通过了新的党纲《哥德斯堡纲领》。[2] 在新纲领中，社民党声称社会民主主义根植于西欧的基督教伦理，承认社会市场经济，宣布支持国防。由此开始，社民党革新了内部的组织结构和权力关系（比如联邦议会党团成了党派的权力中心），改变了传统象征（比如红旗、社会主义战斗歌曲甚至是"同志"的称呼，到了60年代早期都逐渐被舍弃），同时了也更新了它与德国历史的关系。从1959年至1968年，社民

---

[1] Protokolle des Deutschen Bundestages, 18.2.1960, S.5575–5579.

[2] Grundsatzprogramm der Sozialdemokratischen Partei Deutschlands. Beschlossen vom Außerordentlichen Parteitag der SPD in Bad Godesberg vom 13.–15. November 1959 [gekürzt], in: Heinrich Potthoff/Susanne Miller, Kleine Geschichte der SPD 1848–2002, Bonn 2002[8], S.492–503, S.493.

党面临着双重挑战：一方面，它要谋求自身之现代转型和执政权力；另一方面，它要在纳粹历史引发的各种争论中恰当站位，既旗帜鲜明地表明自身立场，又不影响向"全民党"转变的顺利进行。这一时期它对待德国历史的态度都可以在这种背景下得到解释。

当时，担任社民党联邦议院党团副主席和联邦议院副主席的卡洛·施密特（Carlo Schmid）对执政党的保守主义思维展开了猛烈的抨击。他认为反犹主义在德国不能被当作一般意义上的恶劣事件来对待，这种恶在德国需要得到"特别强调"。[1] 在此他主张对纳粹历史之批判审视的必要性：

> 我们所有人于此都有使命，如果我们不完成这项使命，我们的民族就不会痊愈。只要我们中还有人会说"第三帝国对犹太人的所作所为是一件糟糕的蠢事，却让我们与全世界为敌"这样的话，而不必害怕遭人背弃；只要我们还会为了蓄意开脱而讨论究竟是六百万还是"只有"三百万犹太人被杀害；只要我们中间不是每个孩子都受此教导并且明白，问题不在于究竟是六百万还是三百万人被杀害了，问题在于究竟有没有人被杀害了；只要我们——即便是我们人民中那些在那个邪恶年代洁身自好的人——做不到这一点，我们的民族就不会痊愈。[2]

出于这种立场，施密特拒绝施罗德的观点，并且敦促议会和公众就第三帝国的历史展开基本的、广泛的争论。社民党人的这种态度，其实背后还指向对阿登纳政府历史政策的整体清算。社民党政要格哈德·雅

---

[1] 参见 »Die Stimme der Opposition«, Die Gemeinschaft NRW, März 1960, AdsD, SPD-Parteivorstand, Bestand 56, Aktengruppe AvS, 2/PVCI000037/02112。

[2] Wortlaut der Carlo Schmids Erklärung vor dem Bundestag am 20.1.1960: Das die Gespenster weichen ..., in: Die Zeit, 22.1.1960.

恩（Gerhard Jahn）就认为50和60年代之交的局面恰好给了人们全面审视政府作为的机会。人员整合政策、对纳粹罪行保持沉默、阿登纳担任总理十年后才第一次决定去造访集中营等做法，这时都成为指责对象。[1] 无论是施密特还是雅恩，都认为政府要清除联邦高层中的前纳粹分子，比如时任"被驱逐者、流亡者和战争受害者联邦事务部"（Bundesministerium für Vertriebene, Flüchtlinge und Kriegsgeschädigte）部长的特奥多尔·奥伯兰德（Theodor Oberländer），因为这些人的任职会让反犹主义者和纳粹主义者找到为自己辩解的说辞。在这一点上，社民党获得了一定的胜利。奥伯兰德在1960年5月引咎辞职。

联邦德国的政治人物就是在这种转向的时代氛围中，转变了对纳粹历史和德国历史的立场与态度。基民盟政要、德国历史上在任时间最长的联邦议会主席（1954—1969年在任）欧根·格斯登迈亚，在1956年还言之凿凿："我重申，一种类似联邦德国历史意识之物现在绝对不可能也不被允许存在。人们也绝对没有为此耗费心力。"[2] 到了1961年基民盟第十次党代会上，他已经公开宣称："现代国家必须……不只是各方利益的平衡。其中必然居住着一个灵魂。倘若没有一种清晰的历史意识，国家意识又为何物？"[3]

自此以后，联邦德国围绕纳粹历史展开了激烈的批判与辩论。尤其是围绕纳粹罪犯之审讯与追诉而展开的大讨论，第一次将纳粹罪行的骇人规模和精英分子在其中的深入纠葛清晰地展现在公众面前，唤醒了德国人对战后历史意识的深刻质疑和痛苦拷问。1961年在耶路撒冷举行的艾希曼审判，第一次将"受害者"与"罪犯"的形象鲜明地

---

[1] Protokolle des Deutschen Bundestages, 18.2.1960, S.5606–5611.

[2] Rede des Bundestagspräsidenten Eugen Gerstenmaier zum 80. Geburtstag von Konrad Adenauer am 12.1.1956, in: Das Parlament, 18.1.1956.

[3] Norbert Lammert, Zwischen Demut und Selbstbewusstsein–Gerstenmaier als Bundestagspräsident, in: Günter Buchstab (Hrsg.), Eugen Gerstenmaier (1906–1986). Kirche–Widerstand–Politik, Sankt Augustin 2006, S.45–59, hier S.57.

呈现在公众面前，并且将两者完全置于对立的境地。1963年至1965年在法兰克福举行的第一轮奥斯威辛审判，则史无前例地将纳粹罪行全面而细节化地揭露出来。尤其是奥斯威辛幸存者的叙述，更是让大屠杀和纳粹灭绝政策以一种前所未有的强度成为德国社会舆论的焦点。1961年、1965年、1969年和1979年联邦议院关于纳粹罪行追诉时效的四次辩论，一次次冲击着政治公共领域的政治历史意识。

但仔细审视可以发现，争论的焦点其实在于如何解决纳粹遗留问题，而不是审视和分析纳粹历史本身；是想要通过"处理"来尽快向未来逃离，而不是再次去触碰过去。1965年，全世界似乎都在为二战胜利20周年举行盛大的庆祝仪式，一股反德浪潮向着联邦德国人扑来。这一年的5月8日，波恩是这个世界上最孤独的城市。除了在英国没有举行任何官方的庆祝活动外，从布雷斯劳、布拉格、莫斯科、东柏林到巴黎，到处是庆祝阅兵式、烟花表演、烛光悼念活动，各地的学校甚至为此专门停课一天。在这之前，波恩政府曾派出其所有的外交力量，试图劝说美英法三国在5月8日发表一个联合声明，来表扬联邦德国人已经变成了正直且可靠的民主人士，他们已经克服了其历史。但是这一提议遭到了法国的强硬拒绝。代表德法全面和解的《爱丽舍条约》刚刚签署两年，法国就热烈庆祝对第三帝国的胜利，这让联邦德国人感到十分不安。这次外交失利也给他们当头一棒，他们本来期待在社会氛围已经有所变化的1965年迎来一场关于战争结束的激烈讨论。

在5月7日的全德广播电视讲话中，时任总理的路德维希·艾尔哈德声称联邦德国人不要被东方阵营的宣传攻势迷惑，不要丧失对自我的信心。他明确指出，德国在1945年5月8日被"失败且耻辱地打倒在地"。他对这一天的政治评价与战后历史的发展暗含在一起。他认为，"倘若凭借击败希特勒德国在全世界消灭了不公和暴政"，那么全人类有足够的理由"把5月8日作为一个解放的纪念日加以庆祝"。而现实显然并非如此。因此，不应把这一天视为解放日。[1]与艾尔哈德相比，一份匿名的联邦政府声明则更为激进。其中写道，"没有一个善良的德国人"曾盼望纳粹主义的胜利，但现在无辜的德国人也必须面对"由政权罪行所激发的所有仇恨"。虽然当"一个正直但轻信的民族把自己交到一个投机者手上"时，德国的失败就注定了；但是，对这一民族的"冷静审查"必须宣告它没有任何"犯罪意图"。[2]因此，这份声明对1945年5月8日的积极意义完全避而不谈。就连时任西柏林市长的社民党主席维利·勃兰特也认为要保护一个"改过自新的民族"不受诽谤，为此他指出："二十年足够了——分裂足够了，死心足够了，单纯回忆往事也足够了。"[3]显然，在这一时期，外部世界的敌视非但没有成为促使联邦德国对5月8日进行反思的压力，反而成为令其在这一问题上保守退缩以进行自我保护的助力。当联邦德国的整个历史回忆文化在20世纪60年代进入从保守转向批判的转型期时，对5月8日的纪念却受国际局势的影响相对滞后于这个发展速率。

到了60年代后半期，席卷西方各国的大学生抗议运动也在联邦德国大学校园内蓬勃兴起。1945年以后出生、在议会民主制度和多元化社会里成长起来的"抗议的一代"不仅把矛头指向陈旧的教育制度，也指向了联邦德国的整个政治和社会制度以及所有"在社会上有影响的阶层"。提出抗议的大学生们试图推翻家庭、学校、大学和国家中的一切权威，提出了反战、反核和推翻现存资本主义制度等主张。不仅如此，他们还对上一辈的历史提出了质疑，对他们规避和掩饰在纳粹统治时代所作所为的做法表示出极大的不满和愤慨。自此开始，联邦德国

[1]　Ludwig Erhard, Ein fester Wille zur Versöhnung. Erklärung des Bundeskanzlers über Rundfunk und Fernsehen zum 20. Jahrestag des Kriegsendes vom 7. Mai 1965, in: Bulletin des Presse–und Informationsamtes der Bundesregierung,11.5.1965.

[2]　8.Mai–Rückschau und Ausblick, in: Bulletin des Presse–und Informationsamtes der Bundesregierung, 7.5.1965.

[3]　Willy Brandt, Zwanzig Jahre sind genug, in: Frankfurter Allgemeine Zeitung, 3.5.1965.

对纳粹历史的清算进入了一个加速向前的时代。个人在纳粹时期的作为问题被政治化和现实化了，个人生活史被赋予了强烈的政治意义并且被置于政治评判的标准下。这在联邦德国不同世代之间生成了难以逾越的鸿沟。与此同时，想要将第三帝国的历史封存起来并且从联邦德国的前史中排除出去的尝试，遭到了彻底批判。德国人发现了联邦德国与纳粹主义之间的连续性，发现二战后的德国历史根本不存在任何零点、断裂或者完全意义上的重生。由此，"六八"学运指出，联邦共和国无法避免滋生新的纳粹主义的危险，因为法西斯主义的前提——现代德国社会的经济结构——还没有得到改变。所以他们的口号是：资本主义导致了法西斯主义，资本主义必须被消灭。

坦而言之，学生运动这一代人与纳粹历史的交锋，更多是改变了联邦德国的历史政治意识，而非具体的历史图景。学生运动继承了法兰克福学派创始人马克斯·霍克海默（Max Horkheimer）的思想——"谁要是不愿谈论资本主义，就会对法西斯主义保持沉默"[1]。资本主义与法西斯主义之间存在密切联系，法西斯主义是独裁主义的极端形式，而资本主义进入国家垄断阶段后就有建立独裁主义的趋势，就此而言，资本主义导致了法西斯主义——这就是法兰克福学派新马克思主义的法西斯主义理论的核心观点，而学生运动只是再次表达了这种看法。他们并未就这段历史做任何具象的叙述，也未就深化对其的认识提供任何行之有效的方法。事实上，他们并不愿意倾听父辈们究竟要说什么，而只愿意对其加以审问和判决。当他们决定要从历史中吸取教训时，却不愿被卷入亲历者回忆的漩涡中。他们更倾向于用愤怒和谴责铸就的长矛，去刺穿第一代联邦德国人在纳粹主义面前搭起的屏障。年轻一代的诉求迫使联邦德国与其纳粹主义的前史正面交锋。可是，问题

---

[1] Max Horkheimer, Die Juden in Europa, in: Zeitschrift für Sozialforschung 8 (1939), S.115-137, hier S.115.

在于,这一代德国人深陷一种历史清算的狂热中,而无法将这种情绪化的乱流导向对历史的进一步认知和洞察。整个社会因此笼罩在愤怒、震惊、沮丧、抱怨和控诉的氛围下。在之后的时代氛围转变中,我们才能深刻感受到学生运动对"克服历史"的积极影响。它促使了一种新共识的形成,那就是:纳粹主义还不属于历史,它还没有消失,不是德国历史上已经被翻过去的一页;相反,它是联邦德国社会与生俱来的危险要素,纳粹主义不是一个历史问题,而是一个现实问题。在此基础上,人们更加迫切地要求真正的民主。

二、从辩护到问责的历史学家

在战后很长一段时间,"罪责"(Schuld)是一个被历史学家回避和拒绝的词语,它被认为是一个道德或者伦理概念,而不是历史学概念。罪责问题不是历史学家的问题,它不应该与探讨因果的历史问题混淆在一起。这种主流观点,一直到20世纪50年代晚期才发生了动摇。

1958年,哥廷根的历史学家赖因哈德·维特拉姆(Reinhard Wittram)号召历史学家关注历史与现实之间的关系,以应对社会日益对历史丧失兴趣的危机。[1]维特拉姆曾在纳粹于波兰占领区组建的波兹南帝国大学(Reichsuniversität Posen)担任哲学院院长和历史系系主任,是纳粹精神的积极支持者。1945年后,他坦承自己在纳粹时期的作为并将其视为个人要为之负责的一种"罪责"。不过,维特拉姆虽然没有对大屠杀保持沉默,但他首先是从一种"新教徒忏悔"的心态来行事,在他那里,对人类世界的"恶"的强调,取代了对罪犯和罪行的具体分析。

---

[1] Reinhard Wittram, Das Interesse an der Geschichte. Zwölf Vorlesungen über Fragen des zeitgenössischen Geschichtsverständnisses, Göttingen 1958.

弗里茨·恩斯特（Fritz Ernst）曾在1933年加入冲锋队，但是他拒绝成为纳粹党党员，这帮助他顺利通过了战后的非纳粹化审核。1961—1962年冬季学期，他在海德堡大学开设了一门讲授课，课程的讲稿最后以《德国人及其晚近历史》（*Die Deutschen und ihre jüngste Vergangenheit*）为题结集出版。[1]这本小册子可以被视为德国史学家从纯粹为民族辩护的立场向新考量转变的有力证明。沃尔夫冈·J.蒙森（Wolfgang J. Mommsen）从中看到了一种"问责"的态度，虽然这种问责更多的是以一位"亲历一切的同代人"而不是"批判的历史学家"的身份进行的。[2]所以恩斯特要叙述"德意志民族的一段'经历史'"，因为"不但对历史真实的需求，而且对教育年轻一代的努力，要求我们像其被经的那样（wie sie erlebt wurde）来展示历史"。这种以主体为中心的叙述策略，导致恩斯特的关注点更多的不是在事实本身："谁如果不试着设想时代氛围，那么对他来说，一切都是肤浅而苍白的，仅仅是一个犯罪的时代而已。"[3]但是无论如何，恩斯特强调要直面纳粹历史，这是任何德国人都无法摆脱之事，因此他对那些坐在台下听他讲课的人说：

> 你们在其中长大——你们承担了一笔无法摆脱的遗产，你们虽然不是这笔遗产的始作俑者，但是在你们能够塑造它的范围内，你们的确要为此负责。一段过去总是只有通过为未来的工作才能被"克服"。过去之物归根结底只有通过未来之物才能获得其意义。[4]

---

[1] Fritz Ernst, Die Deutschen und ihre jüngste Vergangenheit. Beobachtungen und Bemerkungen zum deutschen Schicksal der letzten fünfzig Jahre (1911−1961), Stuttgart 1963.

[2] Wolfgang J. Mommsen, Die Deutschen und ihre jüngste Vergangenheit, in: Neue Politische Literatur, 11 (1966), S.94f.

[3] Fritz Ernst, Die Deutschen und ihre jüngste Vergangenheit. Beobachtungen und Bemerkungen zum deutschen Schicksal der letzten fünfzig Jahre (1911−1961), Stuttgart 1963, S.159.

[4] 同上，S.137。

在此，恩斯特明确提出了"克服过去"这件事的内涵，也是至此为止在各方讨论中都承认的共识。当他提出"负责"这个概念时，也就提出了面对纳粹史的新立场。不过，在一份更为私人的、其在世时未曾公开发表的文章里，恩斯特坦言自己对犹太人的遭遇一清二楚，但是他并没有特别的兴趣，至多只是将之作为其精神负担中的一小部分：

因为我本人没有任何朋友属于纳粹主义最初的牺牲者，所以自身的处境大概比犹太人的普遍命运令我印象深刻得多。再说，当外交部的一个女学生，一个热情的纳粹追随者，在战争开始时给我寄来1939年11月1日的《时代周刊》中的几页内容时——其中摘录了对受迫害之犹太人进行第一次调查的英文白皮书——我才第一次了解到犹太人命运的细节。……我唯一的犹太同学，我从1927年开始与他失去了联系，1935年时我在斯图加特偶然遇见了他。我们在他的公寓里促膝长谈。当时我们都相对乐观，因为当时政权显露出了内在虚弱的征兆。后来我听说，他成功移民去了美国。我们在1945年后重新有了联系。当时人们关于犹太人的遭遇有普遍的所知所感，但仅此而已，没有一个德国人可以说，他当时对此一无所知……之后，我在战争期间通过BBC听到的事越来越多，越来越惨无人道。我所了解的比一个小小的装甲掷弹兵要多得多，但是这些认知只是让我本人和我夫人心情沉重。我无法将这些认知传达给别人。[1]

比起犹太人的命运，恩斯特更关心教会，因为他"有许多神学的朋友，并且与天主教神学有往来"[2]。或许没有其他哪位德国历史学家的"自

[1] Fritz Ernst, Im Schatten des Diktators. Rückblick eines Heidelberger Historikers auf die NS-Zeit, Heidelberg 1996, S.40f.
[2] 同上，S.41。

白书"比恩斯特的更加坦诚。尽管他所提出的"负责"仍然是一般意义上匿名化的,但这预示着行事方法和审视视角的变化。

三、费舍尔争论中的历史与政治

20世纪50和60年代之交,在近十五年的沉寂后,联邦德国终于爆发了第一场大规模的史学争论,即围绕德意志帝国在一战前后的政治策略及其一战罪责展开的"费舍尔争论"。[1]这场争论由弗里茨·费舍尔[2]于1959年发表在《历史杂志》上的论文《德国的战争目标》(Deutsche Kriegsziele)[3]和1961年出版的专著《争雄世界》(*Griff nach der Weltmacht*)[4]引发,之后迅速发展为一场专业领域的大论战,并且在公共领域引起了不小的反响。从今天的眼光来看,费舍尔长篇大论、学究式考证、绝不通俗的专业著作,并不容易引发超学科的尖锐争论。它之所以在20世纪60年代初触动时代的神经线,是因为向禁忌话题发起了攻击。正是因此,一方面,这场争论极大地促进了当代史研究的模式

---

[1]　对这场争论的具体分析,可参见景德祥:《战后德国史学的发展·费舍尔争论》,载陈启能主编:《二战后欧美史学的新发展》,山东大学出版社,2005年版,第479—483页。

[2]　费舍尔曾于1933年加入纳粹冲锋队,1937年加入纳粹党,1938年加入国防军,参加了德军占领苏台德地区等军事活动,1939年成为史学界的纳粹代言人瓦尔特·福兰克的奖学金生。这些经历导致他在二战结束后遭短暂拘禁。虽然他曾与纳粹主义有较为密切的交往,但他并非纳粹主义的忠实追随者。1948年费舍尔重返汉堡大学担任近现代史教授,直至1973年退休。20世纪40和50年代的众多因素,包括对"德国的浩劫"的反思、对历史学家之政治责任的思考、与英美等国史学思潮的碰撞、学界和政界对一战罪责的定论等,促使费舍尔将从宗教改革到第二次世界大战的德国史作为研究重点,致力于探讨路德新教对德国政治发展的影响、普鲁士-德国强权国家思想和德国在帝国主义时代的地位等问题。

[3]　Fritz Fischer, Deutsche Kriegsziele. Revolutionierung und Separatfrieden im Osten 1914–1918, in: Historische Zeitschrift 188 (1959), S.249–310.

[4]　Fritz Fischer, Griff nach der Weltmacht. Die Kriegszielpolitik des kaiserlichen Deutschland 1914/1918, Düsseldorf 1961.

转变。无论是费舍尔对政治外交行为之内政和社会条件的重视，还是他将1933年置于德国历史长期的连续性中加以系统化的审视，都对当代史研究的视角造成了猛烈冲击。另一方面，这场争论大大促进了联邦德国政治文化的转变和公共领域历史政治意识的发展。

直至20世纪50年代末，在联邦德国历史学内部占据统治地位的是一种带有浓烈"辩护"意味的[1]、与历史编纂的保守主义的普鲁士传统密切相连的历史图景[2]。与此相应，公共领域的主导观点是为一战期间的德国政策辩护，并且认为其跟希特勒和二战并无关联。费舍尔及其支持者打破了这种一致性，向公共领域展现了一种面对过去的新途径。他们的观点是：第一，德意志帝国政府对于一战的全面爆发负有重要的、主要的历史责任；第二，大规模的以兼并为目的的战争目标得到了从右翼到左翼、从政客到民众的普遍支持；第三，第一次世界大战和第二次世界大战之间具有历史的连续性。与此同时，费舍尔认为，路德教会传统主张国家统治者占据着神圣的权力，民众必须服从；这一传统塑造了德国中上层阶级的政治意识，扼杀了德国走上议会民主制的现代化政治道路。费舍尔的观点在专业史学界和政治公共领域引发了震动。他在面对1945年前的德国历史书写时以连续取代断裂、以整合取代排挤、以批判取代置辩的做法，对当时学界关于19至20世纪德意志历史进程的辩护性解释构成了猛烈冲击，因而遭到汉斯·赫茨费尔德、格哈德·里特尔、路德维希·德约（Ludwig Dehio）和卡尔·迪特里希·埃尔德曼等联邦德国保守主义史家的激烈驳斥。

---

[1]　Wolfgang Jäger, Historische Forschung und politische Kultur in Deutschland. Die Debatte 1914–1980 über den Ausbruch des Ersten Weltkrieges, Göttingen 1984, S.132–157.

[2]　Winfred Schulze, Deutsche Geschichtswissenschaft nach 1945, München 1993, S.203ff.; Werner Berthold/Gerhard Lozek/Helmut Meier, Entwicklungstendenzen im historisch-politischen Denken in Westdeutschland, in: Zeitschrift für Geschichtswissenschaft 12 (1964), S.585–602.

费舍尔争论可以分为两个阶段。第一阶段是1959—1961年,历史学家在专业内部围绕费舍尔的文章展开争论。主要是费舍尔和汉斯·赫茨费尔德围绕若干争议点展开讨论,他们互有分歧,但也有意见一致之处。尤其在关于德意志"歧路的连续性"这一命题上,双方都试图向中间靠拢,最有可能达成一致。这时,这场争论只是一场学术论争。第二阶段是1961—1964年,历史学家和记者在公共领域围绕费舍尔的《争雄世界》一书展开争论。这时争论在学术论争与公共论战中来回摇摆,并最终以公共论战的形象落下帷幕。1961年10月,该书出版后,迅速得到了以日报和周报为主的德国各大主流平面媒体的追捧。而在历史学家一方,受制于专业期刊较长的出版周期,他们的反应则要迟缓得多。[1]直到1962年2月、4月和5月,路德维希·德约、戈洛·曼(Golo Mann)和格哈德·黎特才开始代表专业史家在大众媒体上发表批判意见。[2]

在第二阶段,当时保守派历史学家的领袖格哈德·黎特决定性地影响了争论推进的路径。如果说二战后逐渐改变自己的保守主义立场,以批判的眼光去看待德国历史发展的赫茨费尔德[3]虽然对费舍尔展开批评,但其主基调还是学术同人之间就事论事的专业之争的话,那么黎特作为费舍尔最激烈的批评者,他的做法就代表着保守主义史家对这场争论的定性:这是一场德国人历史意识的争夺战。首先,黎特指出,虽然对于未受过专业史学训练的非专业人士而言,要对费舍尔的

---

[1] Klaus Große Kracht, Die zankende Zunft. Historische Kontroversen in Deutschland nach 1945, Göttingen 2005, S.51.

[2] Ludwig Dehio, Deutschlands Griff nach der Weltmacht. Zu Fritz Fischers Buch über den Ersten Weltkrieg, in: Der Monat 14, H. 161 (Feb. 1962), S.65-69; Golo Mann, Der Griff nach der Weltmacht, in: Neue Zürcher Zeitung, 28.4.1962; Gerhard Ritter, Griff Deutschland nach der Weltmacht? Zu Fritz Fischers umstrittenem Werk über den Ersten Weltkrieg, in: Hannoversche Allgemeine Zeitung, 19./20.5.1962.

[3] 赫茨费尔德在纳粹运动早期曾是冲锋队成员,但后来出于"种族原因"被剔除。之后他本人与纳粹意识形态逐渐疏远,并且因此在战后非纳粹化中被认定为"无罪者"。他在柏林自由大学的学术生涯极为成功,在弗里德里希-迈内克研究所、柏林历史委员会等机构中出力良多。

观点进行反击几乎是不可能的，但是对所有就费舍尔的主题努力进行思考的人而言，无须通过逐字逐句的考证，只要援引历史学界早已确定的基本论点，马上就会发现《争雄世界》一书基本上是不妥的。[1]在这里，黎特利用他的专家权威来对抗大众媒体上的非专业人士。他的策略是通过设置学术屏障来质疑大众媒体观点的合法性。这种通过贬低对手的学术水平来质疑其参与争论的资格的方法，在二战后围绕当代史展开的争论中发展成了最常见、最重要同时也是最有效的争论策略。其次，由于放弃了对受众的专业要求，黎特转而呼吁他们在道德上要有更多的民族自我意识。当黎特看到德国社会回顾历史的潮流发生了彻底的反转，人们以万般愧疚之心悲观地将一切描绘得一片漆黑时，他"只能惊恐地看着费舍尔的著作所引发的……德国人历史意识的混乱"。[2]显然，他不是想通过史料批判和理论方法辨析来对费舍尔的论点进行学术性的检验，而是想将这项研究成果导入政治与道德的维度。在6月发表于《历史杂志》的论文上，他进一步指出，《争雄世界》一书登上了联邦德国当时政治历史潮流的"第一高峰"，这股"德国人历史意识自我黑化"的潮流，将1945年以来的"自我神化"排挤出去，其"产生的致命影响不会比从前的过度爱国主义小"；带着对下一代的"悲伤与忧虑"，他要放下这本书。[3]

　　从1962年下半年起，联邦德国近现代史研究领域的核心人物几乎都表达了自己对费舍尔的反对意见。尤其是埃格蒙特·策希林、卡尔·迪特里希·埃尔德曼和汉斯·赫茨费尔德等人的批判，再次引发了费舍尔及其支持者的反驳。这些文章再次吸引了公众的注意力，并

---

[1]　Gerhard Ritter, Griff Deutschland nach der Weltmacht? Zu Fritz Fischers umstrittenem Werk über den Ersten Weltkrieg, in: Hannoversche Allgemeine Zeitung, 19./20.5.1962.

[2]　同上。

[3]　Gerhard Ritter, Eine neue Kriegsschuldthese? Zu Fritz Fischers Buch „Griff nach der Weltmacht", in: Historische Zeitschrift 196 (1962), S.646–668, hier S.668.

且将这场争论部分地导回了专业的战场。到了1963年年底，这场争论
已经从顶点回落。但是到了1964年，在准备夏天到来的一战爆发50周
年和二战爆发25周年的双周年纪念时，争论再次爆发出了一个高潮。
一方面，《明镜周刊》（Der Spiegel）主编鲁道夫·奥格施泰因在1964年
3月发文重申一战到二战之间的连续性[1]，引发了保守主义人士的激烈
反驳[2]。而费舍尔在5月下旬到6月初发表在《明镜周刊》上的连载，又
遭到了以黎特为首的历史学家们的反驳。另一方面，保守主义政治人
物的介入，又将这场刚刚重返专业阵地的争论重新变成了一场社会领
域的边界模糊的论战。1964年年初，歌德学院和外交部文化处原本要
资助费舍尔前往美国进行学术旅行，但是由于黎特写信给当时的外交
部部长格哈德·施罗德，认为政府应当阻止费舍尔前往美国宣传他"完
全不成熟的论点"[3]，因此外交部取消了这次资助。4月，《时代周报》刊
登了一封由12位美国历史学家联合署名的抗议信，认为波恩政府对此
事的处理是将"官僚主义的傲慢自大、对国家至上原则的错误理解和应
对域外反应的丧失理性"混合在一起。[4]但是，这一抗议并没有让联邦
政府改变态度，费舍尔最后接受了来自美国的私人资助，完成了这次出
行。除了保守主义史家外，保守主义政治人物，比如时任联邦议院主席
的欧根·格斯登迈亚，也公开撰文指责费舍尔。[5]1965年，基社盟主席

[1] Rudolf Augstein, Liebe Spiegel-Leser, in: Der Spiegel, 11.3.1964, S.41–48.

[2] Michael Freund, Bethmann-Hollweg, der Hitler des Jahres 1914? Zu einer Spätfrucht
des Jahres 1914 in der Geschichtsschreibung, in: Frankfurter Allgemeine Zeitung,
28.3.1964; Giselher Wirsing, ... auch am Ersten Weltkrieg schuld?, in: Christ und Welt,
8.5.1964.

[3] Gerhard Ritter, Brief an Gerhard Schröder, Freiburg, 17.1.1964, in: ders., Ein politischer
Historiker in seinen Briefen, Hrsg. von Klaus Schwabe, Boppard 1984, S.585–588.
具体分析可参见Christoph Cornelißen, Gerhard Ritter. Geschichtswissenschaft und
Politik im 20. Jahrhundert, Dösseldorf 2001, S.605–610。

[4] Ein Protestbrief, in: Die Zeit, 24.4.1964.

[5] Eugen Gerstenmaier, Die Last des Vorwurfs. Zweimal deutsche Kriegsschuld?, in:
Christ und Welt, 2.9.1964.

弗朗茨·约瑟夫·施特劳斯（Franz Josef Strauß）大力抨击费舍尔，他要求政府"强化可供其支配的一切手段和机会，互相配合，对准一个重点，那就是：从今天开始，与扭曲德国历史和德国形象的行为作斗争并将其消灭，这种行为有的是习以为常的，有的是漫不经心的，有的是有所图谋的，有的则是蓄谋已久并想要以此为瓦解西方联盟效力"。[1]

但是，无论联邦政府如何想要消解费舍尔带来的影响，他的观点和由此引发的争议还是"为反思德意志问题、为左翼自由主义之历史图景的'联邦共和国化'"打开了大门。[2]因为与政府不同，大众媒体和公共舆论站在费舍尔这一边。记者们就费舍尔的论著撰写了大量书评，刊发在德国各大日报、周报和周刊上，以此阻止费舍尔的观点被边缘化。[3]在这些书评中，占据主流的是正面评价。无论在《时代周报》和《明镜周刊》，还是在《世界报》和《南德意志报》上，记者们都认可了"德国在一战和二战中的战争目标具有连续性"的观点。[4]只有极为保守的《基督教与世界》（Christ und Welt）与费舍尔的观点展开激烈论战。大众媒体对费舍尔的支持表明，联邦德国的公共领域已经准备好迎接一种新的历史政治意识。

尤其值得注意的是，当基民盟/基社盟的政治人物在政治公共领

<hr>

[1] 引自Thomas Dalberg, Franz Josef Strauß. Porträt eines Politikers, Gütersloh 1968, S.235。

[2] Edgar Wolfrum, Die geglückte Demokratie. Geschichte der Bundesrepublik Deutschland von ihren Anfängen bis zur Gegenwart, Pantheon 2007, S.279.

[3] 这一时期详尽的书评列表，参见Ernst Graf Lynar (Hrsg.), Deutsche Kriegsziele 1914-1918, Frankfurt a. M. 1964, S. 195-198。

[4] 参见Paul Sethe, Als Deutschland nach der Weltmacht griff. Professor Fischers These von der Alleinschuld am Ersten Weltkrieg wird noch viele Diskussionen auslösen, in: Die Zeit, 17.11.1961; Wilhelm der Eroberer, in: Der Spiegel, 49 (1961), S.54-58; Bernd Nellessen, Deutschland auf dem Weg zum »Platz an der Sonne«. Das provozierende Buch eines Historikers: Fritz Fischers »Griff nach der Weltmacht«, in: Die Welt, 08.11.1961; Bernhard Knauss, Deutschlands imperialistische Ziele im Ersten Weltkrieg, in: Süddeutsche Zeitung, 28.11.1961。

域对费舍尔展开激烈斥责之时，社民党的政治人物却策略性地没有向执政党提出反驳，即便无论从观点立场还是从人员关系上来看，社民党都与费舍尔站得更近。费舍尔的得意弟子和有力支持者、社民党党员伊马努艾尔·盖斯（Imanuel Geiss），当时与亲社民党的弗里德里希-艾伯特基金会（Friedrich-Ebert-Stiftung）关系非常密切。[1]但社民党只是以一种克制的同情态度来对待费舍尔，在亲社民党的媒体上只有寥寥几篇正面书评[2]。社民党官方的这种立场受到许多因素的影响。首先，因为社民党当时正处于政治力量的积聚期，它关心的是如何向选民证明它的执政能力，而不是卷入一场涉及大多数德国人的敏感民族感情的争论，不愿因此破坏刚刚在《哥德斯堡纲领》中找到的传统与现实的平衡，所以，除了少数社民党人公开表示支持费舍尔的观点外，社民党的核心政治人物都没有对此表态。其次，社民党内部对费舍尔论点的看法并不统一。最重要的党媒《前进报》（*Vorwärts*）对费舍尔表示了

---

[1]　早在1955年，24岁的盖斯就加入了社会民主党。1959年，他在社民党党刊《新社会》（*Neue Gesellschaft*）上发表了一篇关于托克维尔和马克思的文章。1960年，在完成博士论文后的次年，他进入艾伯特基金会担任科研工作人员。1961年，他在《社会史文献》的创刊号上发表了一篇关于工业革命的文章。至此，盖斯与社民党之间的关系都非常融洽。但在这之后，他在艾伯特基金会开始受到排挤，因为他公开承认民主德国，承认以奥德河-尼斯河线作为德国边界。尽管这个观点从20世纪60年代末开始成为勃兰特所倡导之新东方政策的核心，但在60年代前半期，它还是与社民党党内当时仍占据主流地位的"再统一"态度相冲突。盖斯的立场因此被认为"有共产主义嫌疑"。双方的分歧在费舍尔争论中越发变大。社民党在争论中的谨慎立场与盖斯对费舍尔的坚定支持，不可避免地产生了碰撞。艾伯特基金会甚至一度拒绝资助出版盖斯关于一战爆发的文献汇编。盖斯因此萌发了辞职的念头，只是迫于自己的工作合同还有两年才到期而放弃。这本书最后还是在基金会的资助下出版了，但是双方的关系已经受到了严重损害，彼此最终渐行渐远。

[2]　参见Helga Grebing, Ein Tabu verletzt?, in: Neue Gesellschaft 10 (1963), S.70f.; Helmut Lindemann, Monument deutscher Maßlosigkeit. Eine notwendige Berichtigung unseres Geschichtsbildes, in: Gewerkschaftliche Monatshefte 13 (1962), S.285–290; Christian Wolf, Deutschland über alles, in: Vorwärts Nr.4, 24.1.1962, S.14; J. Bock, Die Kriegsziele der kaiserlichen Regierung, in: Geist und Tat 17, S.114–119; Imanuel Geiss, Das makabre Doppeljubiläum, in: Vorwärts, 19.7.1964; ders., Angst vor der Wahrheit. Giselher Wirsing und seine Geschichtsklitterung, in: Vorwärts, 26.8.1964。

支持，而这一时期最有影响力的社会民主主义历史学家格奥尔格·埃克特（Georg Eckert）[1]及其领导的布伦瑞克"国际中小学教科书研究所"（Internationale Schulbuchinstitut in Brauschweig）则反对费舍尔。[2]在埃克特看来，在当时西方世界谋求彼此谅解的大环境下，关于战争罪责问题的看法要保有某种相对中立性。最后，社会民主主义在费舍尔争论中声音微弱，还要归因于其尚未在学术界拥有自己的代言人。以上这些因素纠缠在一起，导致社民党虽然有就德国历史展开争论的诉

---

[1]　埃克特于1912年出生于柏林，在一个亲社民党的家庭中长大。他在大学中修读了民族学、地理学和历史学，1935年以"历史和家庭生活对密克罗尼西亚岛上民族运动的影响"（Der Einfluss des Geschichts- und Familienlebens auf die Bevölkerungsbewegung mikronesischer Inseln）为题完成了博士论文。20世纪40年代早期，他就凭借自己在经济地理学和文化人类学方面的著作获得了一定的学术声誉。1943年，他凭借关于西哥伦比亚丧葬文化和人生信仰的研究获得了高校执教资格。在政治上，埃克特在30年代初就加入了德国社民党，并在很多亲社民党的组织中任职。二战后，他参与了社民党的重建和《哥德斯堡纲领》的拟定。这时，他在布伦瑞克师范大学（Pädagogische Hochschule in Braunschweig）任教，主要研究领域已经转向了历史教育学、国际中小学教科书和以19世纪工运史为重点的社会史。埃克特被视为战后联邦德国社会史研究的"开路者"之一，主要是因为他在学科制度化上的贡献。埃克特是一个非常有组织能力的人，他是联合国教科文组织德国委员会（Deutsche UNESCO-Kommission）主席、林茨工人运动史家国际会议（Internationale Tagung der Historiker der Arbeiterbewegung in Linz）的创始人之一、布伦瑞克"国际中小学教科书研究所"（1975年后改名为"格奥尔格-埃克特国际中小学教科书研究所"[Georg-Eckert-Institut für internationale Schulbuchforschung]）所长和弗里德里希-艾伯特基金会学术委员会主任。1961年，埃克特建议基金会创办了《社会史文献》期刊。次年，他又在布伦瑞克创办了社会史研究所。他最特别的人生成就，就是"把自己作为政治人物的立场与作为受过学术训练之历史学家的身份结合在了一起"。参见Hans-Peter Harstick, Georg Eckert (1912-1974). Wegbereiter einer neuen Konzeption von Geschichte in Wissenschaft und Unterricht, in: Ursula A. J. Becher/Rainer Riemenschneider (Hrsg.), Internationale Verständigung. 25 Jahre Georg-Eckert-Institut für internationale Schulbuchforschung in Braunschweig, Hannover 2000, S.105-115; Robert Multhoff, Rede auf der Trauerfeier für Georg Eckert am 14. Januar 1974, in: In memoriam Georg Eckert (1912-1974), Braunschweig 1974, S.24f。

[2]　George F. Hallgarten, Deutsche Selbstschau nach 50 Jahren. Fritz Fischer, seine Gegner und Vorläufer, in: ders., Das Schicksal des Imperialismus im 20. Jahrhundert. Drei Abhandlungen über Kriegsursachen in Vergangenheit und Gegenwart, Frankfurt a. M. 1969, S.57-135, hier S.109.

求，但是这种诉求却有其界限，即争论必须以无损于其在联邦德国的政治地位、政治形象和政治资源为前提。

社民党对待纳粹历史的这种克制立场，首先是埃里希·奥伦豪尔的策略，他于1963年离世。次年，时任西柏林市长的维利·勃兰特接任党主席一职。从那时起，社民党领导集团开始转变他们对纳粹历史的态度，提出了德国人要与自身历史"和解"（Versöhnung）的理念。1963年3月，值《授权法案》颁布30周年之际，社民党政要阿道夫·阿尔恩特（Adolf Arndt）在柏林国会大厦发表演讲，首次系统地阐释了这一理念：

> 就像需要面包一样，我们的民族也需要和解，需要与自我的内在和解，需要请求与所有曾受我们蹂躏的民族和解。我还敢冒险说：与自身历史的和解……这不是不负责任的忘却，而是……接受历史性的责任并将其扛在肩上。[1]

阿尔恩特希望在纳粹夺权30年后，德国人可以也应该与这段历史之间拉开距离；围绕第三帝国之历史而展开的讨论不再仅仅被视为充满消极的痛苦，而是应该被认为带有积极的挑战，同时不再制造社会隔阂。1964年，维利·勃兰特宣称：没有人能够"从历史中走出来"，没有人会"摆脱历史"；德国人必须"足够强大以承担这段历史"并且"对这段历史供认不讳"；但这个民族也是时候"与自我和自身历史和解"了。[2]

---

[1] Kristina Meyer, Die SPD und die NS-Vergangenheit 1945–1990, Göttingen 2015, S.272.

[2] Ansprache des Regierenden Bürgermeisters Willy Brandt zum Volkstrauertag, 15.11.1964, AdsD, Willy-Brandt-Archive, Publikationen, öffentliche Äußerungen, 192, Bl.119ff.

　　和解话语的第一个层面是缓和冲突，减轻痛苦。和解的信念和诉求跟多种政治和社会冲突相关，包括年长者与年轻人之间的代际冲突、纳粹主义反对者与追随者之间的冲突、德意志民族与其他民族之间的冲突等等。社民党政治人物希望克服在处理纳粹历史、整合纳粹人员的过程中产生的所有矛盾与对立，在"社会启蒙"和"为过去画上句号"这两者之间进行协调。于是他们不再将纳粹罪行以类别等级进行划分并且拒绝重启非纳粹化进程，以便减轻普通民众在处理纳粹历史过程中的痛苦。正如弗里茨·厄尔勒（Fritz Erler）在探讨"二战结束对德国人而言究竟是失败还是解放"这个问题时所言，德国人在1945年5月8日既可以感到失败，也可以感到解放，不必二择其一，更不能因为这种选择而在内部制造分裂。这与个体具体的罪责无关，重要的是整个民族必须意识到个体不同命运的同时性，并且在回忆话语中不倾向一类而排挤另一类。[1]

　　和解话语的第二个层面是"从历史中受教"（Lehren aus der Geschichte），这便成了当时社民党克服过去之历史政策的核心解决之道。战后时代出生的德国人没有纳粹经历，在完全新的环境下被社会化，他们在20世纪60年代后半期要发展自己的历史政治意识，这就对历史的教授与传播提出了全新的挑战。联邦德国的政治人物和教育界人士就此达成一致：应该根据目标群体的不同代群特征而引导其以不同方式对待纳粹历史的主题。在社民党人看来，成长中的年轻一代应该通过历史政治教育来厘清纳粹主义产生的原因与条件，从而更好地走向民主。

　　和解话语的第三个层面是迎接未来。1965年5月7日，值二战结束二十周年之际，勃兰特以"二十年足够了！"（Zwanzig Jahre sind

[1] RIAS-Konferenzgespräch »Deutschland 20 Jahre nach dem Tag Null«, 4.5.1965, Mit Fritz Erler, Karl Dietrich Bracher, Ernst Majonica und Walter Hofer, Archiv der sozialen Demokratie, Nachlass Fritz Erler, 24a.

genug!）为口号发表演讲。[1]从演说中可以看出，这位社民党主席所谓的"足够"，并非指德国人应就此与历史割裂，而是指应以一种新方式与其争论：当德国人对自我进行批判审视时与过去紧贴在一起，而当德国人向未来迈进时则要与其拉开距离。正是在这个意义上，勃兰特才说："二十年足够了——分裂足够了，死心足够了，单纯回忆往事也足够了。"[2]和解话语要保护一个"改过自新的民族"不受诽谤，要促使联邦德国在世界舞台上扮演一个与自身相称的角色，也暗示着要以新立场去对待两德关系。因此，"二十年足够了！"与"战后时代之终结"（Ende der Nachkriegszeit）这两个口号也彼此区分开来。后者是基民盟政要路德维希·艾尔哈德在1965年秋天击败勃兰特并当选联邦总理后提出的。[3]虽然勃兰特在竞选中落败，但是他的口号与艾尔哈德的相比，不但在修辞上更具有抒情性，在情感上更加进取，更具有激励性和改变意愿，而且在历史意识上也要更为开阔和深厚。总体看来，20世纪60年代社民党对待纳粹历史的态度，是与其在稳定中变革、在变革中壮大的政党发展路线密切相关的。社民党是这一时期联邦德国历史政治意识转型的参与者和共鸣者，但并不是主导力量。

四、从极权主义到极权多元主义

20世纪60年代联邦德国的纳粹史研究，开始追求以"事实性"（Sachlichkeit）为主基调。这或许主要与当代史家在纳粹罪行审判中担

[1] Rede Willy Brandts anlässlich des 20. Jahrestages der Beendigung des Zweiten Weltkriegs in Wiesbaden, 7.5.1965, AdsD, Willy-Brandt-Archive, Publikationen, öffentliche Äußerungen, 208, Bl.184-199.

[2] Willy Brandt, Zwanzig Jahre sind genug, in: Frankfurter Allgemeine Zeitung, 3.5.1965.

[3] Ludwig Erhard, Wir brauchen ein klares Bewusstsein unserer Geschichte, in: Die Welt, 7.5.1965.

任了鉴定人的角色有关。[1]在这种取向下，研究者努力想要跳出极权主义理论的框架来剖析纳粹主义统治体制的特质。1963年至1965年在法兰克福举行了第一轮奥斯威辛审判。之后，慕尼黑当代史研究所的历史学家将他们为审判提供的专家意见结集成两卷本的《解剖党卫军国家》(Anatomie des SS-Staates)出版。在书中，种族灭绝之启动、执行和极端化不再被总结为出于某种意识形态动机而实施的政治行为；越是透彻地审视纳粹屠杀犹太人事件，希特勒在其中的角色就越是模糊不清。[2]这之后，很多年轻的历史学家远离了极权主义理论，不再将纳粹德国视为反对布尔什维主义苏联的前哨，不再试图通过两者的对比来反映所谓极权主义独裁的典型共性。

文集主编汉斯·布赫海姆认为纳粹主义不应该被理解为"国家权力最极端的增长和集聚"，而应该理解为一种完全不同的"领袖强权"(Führergewalt)原则之现实化。[3]纳粹体制不是一个"国家"，因为国家必须以法律秩序为基础，必须以此对政治行为进行规范和控制。而马丁·布洛查特(Martin Broszat)指出，在"党卫军国家"中并不存在法律秩序，那里有的只是纳粹主义"对法律秩序和国家秩序持续不断的溶解或吸收"。[4]汉斯·蒙森(Hans Mommen)认为纳粹

[1] Hans Buchheim u. a., Anatomie des SS-Staates. Band I: Die SS–das Herrschaftsinstrument. Befehl und Gehorsam (Gutachten des Instituts für Zeitgeschichte), Olten/Freiburg 1965, S.5–8; Nicolas Berg, Der Holocaust und die westdeutschen Historiker. Erforschung und Erinnerung, Göttingen 2003, S.298 ff.; Horst Möller, Das Institut für Zeitgeschichte und die Entwicklung der Zeitgeschichtsschreibung in Deutschland, in: ders./Udo Wengst (Hrsg.), 50 Jahre Institut für Zeitgeschichte. Eine Bilanz, München 1999, S.1–68, hier S. 3–7.

[2] Hans Buchheim u.a., Anatomie des SS-Staates, 2 Bd., Olten/Freiburg 1965.

[3] Hans Buchheim, Die Struktur der nationalsozialistischen Herrschaft, in: ebd., S.13–30, hier S.20 f.

[4] Martin Broszat, Nationalsozialistische Konzentrationslager 1933–1945, in: Hans Buchheim u. a., Anatomie des SS-Staates. Band II: Konzentrationslager, Kommissarbefehl, Judenverfolgung, Olten/Freiburg 1965, S.9–160, hier S.10.

主义也不具备"现代机构国家"（moderner Anstaltsstaat）的特质，决定纳粹体制的是"非理性"和"混乱"；正是因为纳粹主义摧毁了传统的机构并因此无法掌控社会，所以它只能放任一个"累积性的极端化"到来。[1]卡尔·迪特里希·布拉赫（Karl Dietrich Bracher）同样看到纳粹体制中的这种"纷繁杂乱"，他把其特点称为"极权多元主义"（totalitärer Pluralismus）。[2]显然，在纳粹政权统治问题上，德国学界这时的理论标尺不再是极权主义理论，而是政治学家恩斯特·弗兰克尔（Ernst Fraenkel）的《双重国家》（Doppelstaat）[3]、弗朗茨·诺依曼（Franz Neumann）的《巨兽》（Behemoth）[4]甚至马克斯·韦伯（Marx Weber）的科层制理论[5]。

在超越极权主义的大方向下，研究队伍却发生了分化。蒙森和布洛查特成了结构主义者（Strukturlisten）的代表[6]，布拉赫则与埃贝哈德·耶克（Eberhard Jäckel）、克劳斯·希尔德布兰特（Klaus Hildebrand）一起成了蓄意主义者（Intentionalisten）。双方最大的分歧在于希特勒

---

[1] Hans Mommsen, Beamtentum im Dritten Reich. Mit ausgewählten Quellen zur nationalsozialistischen Beamtenpolitik, Stuttgart 1966, S.13–31.

[2] Karl Dietrich Bracher, Die Technik der nationalsozialistischen Machtergreifung, in: ders., Deutschland zwischen Demokratie und Diktatur. Beiträge zur neueren Politik und Geschichte, Bern, München u. a. 1964, S.164–180, hier S.175 f. 类似的观点参见 Gerhard Schulz, Die Anfänge des totalitären Maßnahmenstaates, in: Karl Dietrich Bracher/Wolfgang Sauer/Gerhard Schulz, Die nationalsozialistische Machtergreifung. Studien zur Errichtung des totalitären Herrschaftssystems in Deutschland 1933/34, Köln/Opladen 1960, S.369–681。

[3] Ernst Fraenkel, The Dual State. A Contribution to the Theory of Dictatorship, New York u.a., 1941.

[4] Franz Neumann, Behemoth. The Structure and Practice of National Socialism, New York, 1942.

[5] Max Weber, Wirtschaft und Gesellschaft. Grundriß der verstehenden Soziologie, besorgt von Johannes Winckelmann. Studienausgabe, Tübingen 1980⁵, S.815 ff.

[6] "结构主义者"有时也被贴上"功能主义者"（Funktionalisten）的标签，这在某种程度上是不妥当的。因为结构主义者并不认为元首独裁在社会的力量对比中发挥着重要的功能。

在纳粹国家中的作用。蓄意主义者将犹太人大屠杀的所有罪责归因于希特勒的意识形态和政策，并在他20世纪20年代的早期言论到其最后实现之间画出了一条笔直的发展线，这就是所谓"通向奥斯威辛集中营之直路"。结构主义者则认为，种族灭绝政策的启动不能简单地归因于某个一次性的、统一的外在冲击或者希特勒的"最高指示"，相反，它是在1940年至1942年间以一种动态的过程逐渐形成的，是纳粹政权的官僚集团几乎自主运行而产生的后果，这就是所谓"通向奥斯威辛集中营之弯路"。蓄意主义当然有其片面性，它完全将犹太人大屠杀视为希特勒以一己之力推动的缜密计划，而将其他的"共犯"从这一罪名下解放了出来。然而，结构主义者也无法避免简单化。首先，这种取向导致了具象的人和事隐退，在结构和机制中罪犯变为匿名。其次，这种分析太过聚焦于执行者而忽视受害者，犹太人纯粹作为灭绝政策的对象而变得可以被随意替换。因此，在结构主义者那里，既不谈论具体的加害者，也不谈论具体的受害者。这种阐释理论虽然消解了希特勒主义的片面性，却将对犹太人大屠杀事件的解释嵌入了一种固定的模式中，这种模式可以被轻易套用到其他极权主义上。结构主义理论的这种思维模式在很多时候成了大屠杀比较研究的立足点。1969年，布拉赫的专著《德国的独裁》(*Die deutsche Diktatur*)和布洛查特的专著《希特勒的国家》(*Der Staat Hitlers*)先后出版，拉开了这两派之间十年激烈争论的序幕。[1]

不过，与蓄意主义者和结构主义者在20世纪70年代的全面对抗相比，60年代"极权多元主义"分析坐标的转向或许更具有转折意义。无论是蒙森还是布拉赫，当他们分析纳粹统治之特性时，不单是在描述纳粹主义的破坏性，更是在表达他们对一种正常且理性的国家的设

---

[1] Karl Dietrich Bracher, Die deutsche Diktatur: Entstehung, Struktur, Folgen des Nationalsozialismus, Köln 1969; Martin Broszat, Der Staat Hitlers. Grundlegung und Entwicklung seiner inneren Verfassung, München 1969.

想：这种国家必然以社会多元主义为原则。

五、伍尔夫的命运与纳粹研究话语权的争夺

约瑟夫·伍尔夫（Joseph Wulf）于1912年出生在德国东部小城开姆尼茨的一个波兰裔犹太家庭，之后在波兰克拉科夫长大，在那里，他接受了成为拉比的教育。1940年，他和家人被驱逐至克拉科夫犹太隔离区。1943年，他们被送到奥斯威辛集中营，他的父母和哥哥一家在此丧生。1945年年初，他在集中营囚犯向帝国中部迁移的"死亡行军"中逃脱出来。战争结束后，他参与创建了波兰"犹太历史总委员会"（Zentralen Jüdischen Historischen Kommission），开始了他毕生的事业——第三帝国史研究。1952年，他回到纳粹帝国曾经的心脏柏林定居，直至生命的终结。

伍尔夫的研究始终与联邦德国纳粹史研究的主流取向背道而驰。当德国学界尚对犹太人大屠杀保持沉默时，当为纳粹主义定性的两大派别——强调纳粹主义即希特勒主义的"蓄意主义者"和强调纳粹主义是一种统治体制的"结构主义者"——日益将研究的重心导向统治集团及其结构时，伍尔夫则在其关于纳粹主义的大量著作中将目光转向了具象的犯罪个体，转向了广阔的社会和行政领域中众多的接受者和参与者。[1]他将自己的作品称为"文献资料"（Dokumentation），其中最著名的是《第三帝国与犹太人》（1955年）、《第三帝国与其仆人》（1956年）、《第三帝国与其思想家》（1959年）和《第三帝国与其执行者》（1961年）。[2]

---

[1] Nicolas Berg, The Invention of »Functionalism«. Josef Wulf, Martin Broszat, and the Institute for Contemporary History (Munich) in the 1960s, Jerusalem 2003.

[2] 其中前三部都是与犹太裔法国历史学家列昂·波利亚科夫（Léon Poliakov）合作完成的。参见Léon Poliakov/Joseph Wulf, Das Dritte Reich und die Juden.（转下页）

　　面对伍尔夫的研究成果，德国同人始终态度冷淡：当时德语史学界的两大核心期刊《历史杂志》和《历史研究与教学》(*Geschichte in Wissenschaft und Unterricht*) 都没有刊登关于其著作的书评，之后也几乎没有德国历史学家在研究纳粹史时引用当中所提供的资料，这些书仅仅是义务性地在最后的参考文献中被一带而过。他们的这种冷漠和抵制，首先当然与当时联邦德国整个记忆文化的大氛围息息相关。直到20世纪70年代末，联邦德国学术和公共领域中始终弥漫着一股对犹太人的不信任感，犹太评论家、作家和历史学家的声音很难得到重视。纳粹首席建筑师、在纽伦堡审判中被判入狱20年的阿尔伯特·施佩尔 (Albert Speer) 1969年出版的《回忆录》(*Erinnerungen*) 可以成为红极一时的畅销书，而犹太裔历史学家劳尔·希尔伯格 (Raul Hilberg) 1961年在美国出版的《欧洲犹太人的毁灭》(*The Destruction of the European Jews*)却长达20年找不到一家愿意引进的德国出版社[1]。从这个意义上来说，伍尔夫的研究同样"生不逢时"。

　　更重要的是，德国历史学家对伍尔夫的否定源自对其作品的学术质疑，尤其源自双方对"文献资料"这种著作形式的认知分歧。在德国学者看来，犹太历史学家必须证明自己的作品摆脱了复仇情绪的控制，是以可信性、客观性和事实性为基础的，它们在结构、修辞和隐喻等各个方面都没有打上犹太人视角的特殊烙印。换言之，作品本身不应体现出作者的犹太人身份。但是显然，伍尔夫失败了。保守主义者阿明·莫勒批评这些书是"一派胡言"，丝毫没有学术性。他说："我们对编者的履历一无所知，但是我们很容易想象，他们从自我经历出发去认

（接上页）Dokumente und Aufsätze, Berlin 1955; dies., Das Dritte Reich und seine Diener. Dokumente, Berlin 1956; dies., Das Dritte Reich und seine Denker. Dokumente, Berlin 1959; Joseph Wulf, Das Dritte Reich und seine Vollstrecker. Die Liquidation von 500000 Juden im Ghetto Warschau, Berlin 1961。

[1]　关于该书在德国的出版过程，参见希尔伯格的回忆：Raul Hilberg, Unerbetene Erinnerung. Der Weg eines Holocaust-Forschers, Frankfurt a.M. 1994, S.147–151。

识一个极权国家。"[1]日后纳粹史研究的中流砥柱、当时在慕尼黑当代史研究所任职的年轻的马丁·布洛查特，也不相信犹太幸存者能对大屠杀作出公正的描述，他严厉地指责伍尔夫的著作是论战性质的、非学术的，因为后者作为大屠杀的幸存者无法作出"客观"的判断，"痛苦愤恨"和"冷嘲热讽"根本无助于"历史性地破译纳粹主义现象"。[2]

面对德国同人的指责，伍尔夫提出了自己对客观性的看法。首先，他认为，从认识怀疑论的视角出发，可以推断出对纳粹历史形象的理解是没有任何客观性的，主观性才拥有历史学中的"公民权"。[3]其次，他指出，当代史所处的维度与传统史学明显不同，它的研究手段和技能都还很不成熟，人们的反思和阐释尚且只能在一个非常受限的范围内展开，因此就因果关系对历史加以澄清的可能性也不大。[4]所以，当代史无法进行整体描述、宏大解释和思想史视角的编排，它仅仅是为未来的历史学研究做准备的一个阶段而已。伍尔夫的理念是："我是客观的，但我不中立。"于是，他这样总结历史学家在研究犹太人的浩劫时要完成的双重任务：

> 首要的是确定事实资料——这已经完全不是一件易事。曾经的目击证人都已经遇害。……另一个棘手的任务是，认清历史编纂的界限。当我们书写决定人民和民族生死存亡的事件时，我们不可能是中立的、置身事外的真理研究者。我的责任是，以人性的名义、为了人道的未来，站在受害者一边。我们必须找到路径和方法——我指的是精确的学术的路径和方法——它们应该帮助我

[1] Armin Mohler, ohne Titel, in: Historisches Jahrbuch 8 (1960), S.244.
[2] Martin Broszat, Probleme zeitgeschichtlicher Dokumentation, in: Neue Politische Literatur 2 (1957), S.298-304.
[3] Léon Poliakov und Joseph Wulf, Das Dritte Reich und seine Denker.Dokumente, Berlin 1959, S.355.
[4] Joseph Wulf, Die bildenden Künste im Dritten Reich, Gütersloh 1963, S.10.

们理解人们在集中营和灭绝营中的遭遇。当我们追问他们被杀害的原因和理由时，我们无法无动于衷。[1]

伍尔夫与德国同人从20世纪50年代开始的矛盾和隔阂，在60年代的"哈根风波"（Hagen-Affäre）中被激化。伍尔夫在其1961年出版的《第三帝国与其执行者》（*Das Dritte Reich und seine Vollstrecker*）一书中，把曾在第三帝国担任华沙卫生局主管、后来从联邦卫生局局长的位置上退休的威廉·哈根（Wilhelm Hagen）列为屠杀犹太人的"帮凶"。[2]有意思的是，因为哈根曾致力于改善波兰人的医疗待遇，反对德国人的暴行，甚至给希特勒写过抗议信，所以布洛查特在其同年出版的《纳粹主义的波兰政策》一书中将其视为德国人的道德榜样。[3]时任慕尼黑当代史研究所所长的赫尔穆特·克劳斯尼克（Helmut Krausnick）也认为，如果从道德责任感上来说，哈根最起码要比同时代德国人的平均水平高。[4]1963年春，哈根打算寻求法律途径为自己正名。与此同时，他还致信布洛查特寻求支持。布洛查特在回信中说：

我可以向您保证，我们自己对伍尔夫书中的错误也很震惊。

---

[1] Joseph Wulf, "Auswüchse des deutschen Kontinuitätsgedankens in der Bundesrepublik"（未刊稿，共30页，成文于1954—1955年）, in: Zentralarchiv zur Erforschung der Geschichte der Juden in Deutschland, B.2/7 (91/15), Nr.2, hier S.9ff.

[2] 伍尔夫描述哈根如何拒绝给犹太隔离区的儿童提供牛奶，如何拒绝将波兰医生路德维克·希尔斯菲尔德（Ludwik Hirszfeld）病重的女儿送出隔离区进行治疗，致其病重而死。他引用希尔斯菲尔德的回忆："哈根当时就熟悉我用德语发表的学术著作，但他断然拒绝了我的请求。我并不渴望复仇，所以我不希望哈根先生将来有一天不得不眼睁睁看着自己的孩子如何在自己眼前久病不起。"参见Joseph Wulf, Das Dritte Reich und seine Vollstrecker. Die Liquidation von 500000 Juden im Ghetto Warschau, Berlin 1961, S.334f。

[3] Martin Broszat, Nationalsozialistische Polenpolitik, Stuttgart 1961.

[4] "Helmut Krausnick an Joseph Wulf vom 29.4.1963", in: Zentralarchiv zur Erforschung der Geschichte der Juden in Deutschland, B.2/1 (92/21), Nr.31.

我们在方法论上对于这种粗糙的、缺乏关联的文献资料的指责,由此再次得到强化。……根据摆在我们面前的大量文献资料和波兰方面开具的杰出证明,甚至根据伍尔夫的文献资料,我们毫不怀疑您在纳粹时期作为华沙卫生局局长无可指责的态度。[1]

而早在20世纪50年代,布洛查特就指责伍尔夫的资料分析方法:

> 在迫害犹太人领域里,一份文件下的"署名X"证明不了任何事,可能也说明不了多少这位X先生的责任。如果不同时厘清职权范围、个人和普遍政策的推力与前提交织而成的网络,它甚至可能变得误导人。[2]

这种批判意见同样适用于"哈根风波"。在致伍尔夫的信中,布洛查特指责对方使用的档案材料毫无证明力,并且向其施压:

> 这整件事关系到当代史文献汇编和大众传播之纯洁性利益,我们对此深感遗憾。因此,如果您能够自愿采取行动向哈根教授先生赔礼道歉的话,我们欢迎之至。[3]

布洛查特的措辞令伍尔夫大为不满。伍尔夫在回信中尖锐但尚算克制地写道:

---

[1] "Martin Broszat an Wilhelm Hagen vom 8.4.1963", in: Zentralarchiv zur Erforschung der Geschichte der Juden in Deutschland, B.2/7 (91/15), Nr.3.

[2] Martin Broszat, Probleme zeitgeschichtlicher Dokumentation, in: Neue Politische Literatur 2 (1957), S.298–304, hier S.300f.

[3] "Martin Broszat an Joseph Wulf vom 10.4.1963", in: Zentralarchiv zur Erforschung der Geschichte der Juden in Deutschland, B.2/7 (91/15), Nr.3.

您可以相信我，我曾经好几年不想写关于第三帝国的只言片语，因为我自己也几乎不能接受，一个曾经的犹太隔离区居民和奥斯威辛囚犯，一个双亲被害的儿子，能够客观。我承认，我花了很大力气来克服这一切。无论如何，到现在为止，没有人指责我的思想中装满了复仇情绪。另一方面我不理解，为什么当年波兰总督府里的一名犹太人，要比这个总督府里的每个政府部门成员都更加主观。请您不要以为我说这话是为了讽刺，因为我是认真的。[1]

他同样质疑布洛查特：

让我们……在这一刻抛开反对哈根的文献资料。您真的相信，一个人，一个想要同这种非法政权抗争，但又熟悉复杂体制、最终能够且必须运用健全理智的人，您真的相信，这样一个人给希特勒写了那样一封信，就像哈根的所作所为一样？[2]

1963年4月16日，哈根正式委托律师以诽谤罪把伍尔夫及其出版社告上了法庭。之后双方进入了漫长的庭审过程。在此期间，伍尔夫跟布洛查特和克劳斯尼克多次通信，但双方不但没有彼此理解，反而愈加敌对。在几次庭外调解失败后，哈根与伍尔夫在1968年2月终于当庭达成和解：伍尔夫的著作将在之后的版本中删去关于哈根的章节。这次事件对伍尔夫的个人生活和职业生涯造成了无法忽视的不利影响与伤害，也令他感受到了奥斯威辛的幸存者与纳粹主义的亲历者之间

[1] "Joseph Wulf an Martin Broszat vom 16.4.1963", in: Zentralarchiv zur Erforschung der Geschichte der Juden in Deutschland, B.2/7 (91/15), Nr.3.
[2] "Joseph Wulf an Martin Broszat vom 19.10.1965", in: Zentralarchiv zur Erforschung der Geschichte der Juden in Deutschland, B.2/7 (91/15), Nr.7.

在方法论上的互相指责是无法调和的。

1974 年 8 月 2 日，伍尔夫在给儿子的一封信中以绝望的语气写道：

> 我在这个国家出版了 18 本关于第三帝国的书，而它们全部毫无影响。你可以向德国人殚精竭虑地提供文献证据，在波恩或许有最民主的政府——但大屠杀的凶手们来去自如，拥有他们自己的小屋，养花弄草。[1]

同年 10 月 10 日，他在柏林从自己五楼的家中跳楼自杀。

伍尔夫从未接受过成为历史学家的系统训练，他曾言"我的大学是奥斯威辛"，他在世时未曾在联邦德国享有过任何社会或者学术声望，直至 20 世纪末他都作为学界边缘人而被德国史学史所遗忘。布洛查特与伍尔夫围绕如何评价哈根在纳粹时期的所作所为展开的争论，本质上是不同世代（希特勒青年团一代与大屠杀幸存者一代之间）、不同民族（德意志人与犹太人之间）、不同处境（当代史专业化时期的青年骨干与非职业的学科边缘人之间）的历史学家，关于研究者的可信度和学术性、关于不同档案的史料价值、关于罪犯还是受害者的叙述视角、关于基于蓄意还是基于结构分析纳粹主义的争论。伍尔夫，这位在书桌上悬挂着"你要记得那 600 万人"（Erinnere dich an die sechs Millionen）这一警句的历史学家，其最大的目标就是将犹太人刚刚经历的过去、将尚且生动鲜活的记忆，转化成历史研究。[2] 在一封给布洛

---

[1] "Joseph Wulf an David Wulf vom 2.8.1974", in: Zentralarchiv zur Erforschung der Geschichte der Juden in Deutschland, B.2/7 (91/15), Nr.42.

[2] 伍尔夫的这一追求非常显著地体现在他想要将柏林万湖别墅——纳粹党"犹太人问题的最终解决办法"会议召开地——改建为一个纳粹史研究和资料中心的计划中。为此，他踌躇满志地在 1966 年组建了"纳粹主义及其后果研究国际资料中心协会"（Verein Internationales Dokumentationszentrum zur Erforschung des Nationalsozialismus und seiner Folgeerscheinungen）。他希望这一组织能够消除愤懑，与慕尼黑当代史研究所通力合作，推进纳粹史研究。但时任柏林市（转下页）

查特的信中，伍尔夫曾这样写道：

> 当我学习手边可资利用的关于波兰总督府的文献资料，并且将其与现实对照时，我有时……不得不发笑。在您听来，这又是老一套并且有点简单化——但这就是真的现实。当涉及波兰总督府的党卫军或者武装党卫军时，历史学家清楚地知道一切。但是我了解有关波兰总督府的牧师、国防军和民政机关的现实——而在我看来，这一部分历史真相在许多德国历史学家的出版物中很轻易地被淡化和缩减了。[1]

显然，伍尔夫关于第三帝国和大屠杀的研究，不单是基于文献资料，而且基于其作为时代见证者的亲身经历。而这正是他在联邦德国遭受攻击和批判的根源所在。

六、史学与政治：变革中的力量偏转

显然，纳粹史研究在20世纪60年代经历了革新。当联邦德国本身政治生活的主导价值不再是"维稳"时，陈旧的阐释方法和陈旧的政治取向就被年轻的当代史家抛在脑后。在50年代形塑联邦德国之社会基本共识的"反极权主义"话语，明显沉寂了下来。反映在纳粹史研究中，纳粹主义摆脱了妖魔化和极权主义式的简单化。虽然总体而言，纳粹史研究在60年代仍然是偏隅一方的主题，但是年轻一代历史学家的

（接上页）市长的社民党人克劳斯·许茨（Klaus Schütz）以"我不想要一座阴森的神庙"为由，拒绝在万湖别墅设立一个研究机构。该组织最后因没有活动地点而在1972年解散。参见 Nicolas Berg: Der Holocaust und die westdeutschen Historiker. Erforschung und Erinnerung, Göttingen 2003, S.451–457。

[1] "Joseph Wulf an Martin Broszat vom 19.10.1965", in: Zentralarchiv zur Erforschung der Geschichte der Juden in Deutschland, B.2/7 (91/15), Nr.7.

成长已经给它带去新气象。

与此同时，20世纪60年代的联邦德国虽然没有形成针对纳粹主义的系统历史政策，但是拓展了审视纳粹历史的话语空间，扫清了司法障碍，完成了与纳粹历史交锋的人员储备。更重要的是，由于50年代末的党派转型和维利·勃兰特在柏林危机中的出色表现，社民党在1961年的联邦议会选举中获得了不小的胜利。原本与社会民主主义保持距离的新阶层，被在《哥德斯堡纲领》指导下重新定位的社民党所吸引。越来越多的年轻史家对工人运动史和社民党党史感兴趣并且加入了社民党。[1]随着党员数量和选民数量的增加，它开始逐渐变成联邦德国人愿意信任的"另一个选项"（Alternative）。社民党在逐步走向政治权

---

[1] 海因里希·奥古斯特·温克勒曾经回忆道，在20世纪60年代早期汉斯·罗特费尔斯的不少学生加入了社民党。"我自己也是如此，"温克勒说到，"我之前还是学生时在基民盟里帮过忙。不过，1961年竞选时，维利·勃兰特作为流亡者受到了诋毁，因此我中断了与基民盟的联系并且在1962年春加入了社民党。"（Heinrich August Winkler, »Warum haben wir nicht den Mut gehabt, kritische Fragen zu stellen?«, in: Rüdiger Hohls/Konrad H. Jarausch [Hrsg.], Versäumte Fragen, a.a.O., S.369-382, hier S.373.）1963年，他在罗特费尔斯的指导下完成了博士论文《普鲁士的自由主义与德意志民族国家：1861—1866年德国进步党党史研究》（Preussischer Liberalismus und deutscher Nationalstaat. Studien zur Geschichte der Deutschen Fortschrittspartei 1861-1866）。罗特费尔斯的另一位学生汉斯·蒙森于1959年凭借论文《1867—1907年社会民主主义与哈布斯堡多民族国家的民族问题》（Die Sozialdemokratie und die Nationalitätenfrage im habsburgischen Vielvölkerstaat 1867-1907）获得了博士学位，1960年也加入了社民党。他一生最大的研究旨趣，一是1918年至1945年的德国历史尤其是纳粹历史，二是工人运动、工会运动和社会民主主义历史。其他著名的例子还包括：汉斯-乌尔里希·韦勒（Hans-Ulrich Wehler）于1960年完成了他的博士论文《1840—1914年社会民主主义与民族国家》（Sozialdemokratie und Nationalstaat 1840-1914）。格哈德·A.里特尔于1961年完成了他关于1890年至1900年间德国社民党和自由工会的高校执教资格论文（Habilitation）。汉斯-约瑟夫·施泰因贝格（Hans-Josef Steinberg）于1962年加入了社民党，并于1967年完成了博士论文《社会主义与德国社会民主主义：第一次世界大战前党的意识形态》（Sozialismus und deutsche Sozialdemokratie. Zur Ideologie der Partei vor dem Ersten Weltkrieg）。黑尔加·格雷宾（Helga Grebing）在1967年开始她高校执教资格论文的写作，主题是"1945年后保守主义对联邦德国之民主的批判"。这些人的名字，将会从20世纪70年代开始在联邦德国史学界冉冉升起，并激发联邦德国的工运和社会史研究全面翻新。

力中心,联邦德国的政治世界在酝酿革新。在获得广阔的政治上升空间的同时,社民党也增长了对历史的兴趣和应对能力。虽然在这一阶段,从总体上来看,它对党派自我历史传统的兴趣,要胜过对德意志整体历史发展的兴趣,但是作为政治力量,它必须就联邦德国的过去、现在与未来表态。

总体而言,这是一个历史政治意识转型的时代,是一个为之后克服过去积聚力量的时代,影响深远。就是在这个变革的年代,无论在政治领域还是史学领域,都出现了对纳粹历史进行不同考量的新话语。这种新变化跟联邦德国政权的左右更替和历史学内部新思潮的兴起结合在一起,在20世纪70年代带来了新的历史图景。

第三章 1969—1982：深化、突破与新对立

　　当代史学者把1967年至1968年称为联邦德国 "战后时代" 的结束。[1]此后，不但左右翼政党的力量对比发生了巨大变化，而且知识界的面貌也有了很大不同。人们有足够的理由宣称，1969年至1982年联邦德国政党与历史的关系进入了一个新时代。1968年席卷西欧的学生运动过后，社会民主主义在联邦德国迎来了政治上的繁荣期，社民党终于成了政坛上的一股决定性力量。1969年7月，古斯塔夫·W.海涅曼（Gustav W. Heinemann）就任联邦德国第三任总统，成为二战后第一位担任总统一职的社会民主党人。同年10月，时任社民党主席的维利·勃兰特当选为联邦德国第四任总理，领导社民党与自民党组成了联合政府。联邦德国由此进入了 "社会民主党的年代"（Sozialdemokratisches Jahrzehnt）[2]，直至1982年时任总理的赫尔穆特·施密特因不信任动议而下台。在此期间，联邦德国的社会民主主义无论在政治上、社会上还是文化上都成了一股中坚力量，其党员人数在70年代后半期首次突破百万。1969年的政权交替，不仅意味着社民党开始主导联邦德国的内政外交，同时也意味着它开始系统地构建自

---

[1] Anselm Doering-Manteuffel, Deutsche Zeitgeschichte nach 1945. Entwicklung und Problemlagen der historischen Forschung zur Nachkriegszeit, in: Vielteljahrshefte für Zeitgeschichte 41 (1993), S.1–29, hier S.1.

[2] Bernd Faulenbach, Die Siebzigerjahre–ein sozialdemokratisches Jahrzehnt?, in: Archiv für Sozialgeschichte 44 (2004), S.1–37; ders., Das sozialdemokratische Jahrzehnt. Von der Reformeuphorie zur neuen Unübersichtlichkeit. Die SPD 1969–1982, Bonn 2011.

己的一套历史政策。

与此同时，20世纪60至70年代，在欧美世界兴起了一股新左翼的浪潮，并且迅速在人文社会科学中得到回应。跟英、美、法、意等国家蓬勃发展的新左翼史学或者新马克思主义史学相比，联邦德国历史学受到新左翼的影响很小。与英国和法国的历史学家相比，联邦德国的历史学家对马克思主义理论没有表现出浓厚兴趣，在联邦德国从来没有出现过像艾瑞克·霍布斯鲍姆、E. P. 汤普森（E. P. Thompson）或者阿贝尔·索布尔（Albert Soboul）那样的马克思主义史家；跟美国的历史学家相比[1]，他们与系统化的社会科学——尤其是法兰克福学派的批判理论——之间保持着良好的关系[2]。所以，在联邦德国史学中诞生了一个新的流派——"历史社会科学"（Historische Sozialwissenschaft）。这个流派在马克斯·韦伯等社会学家和汉斯·罗森贝格等左翼社会史家的理论指引下，反对传统史学的历史主义权威，反对以人物和事件为核心的政治外交史，反对史学研究一味标榜客观性而回避价值评判，要求历史学家清醒意识到自己在政治与社会教育上的职责，承担起社会启蒙的政治道德职责。他们当中的主力在政治上往往倾向于左翼自由主义-社会民主主义。这两个政治和史学领域的新兴力量在70年代通力合作，大力地推进了联邦德国正视和反思历史的进程，同时也扩大了同保守主义政党和史家之间的对立。

一、历史学科的危机与分裂

20世纪60和70年代，历史学在联邦德国经历了一个"关键的突破

[1] Rainer Schnoor, Die New Left history in den USA. Studien zur historisch-politischen Konzeptionen und zum konkret-historischen Geschichtsbild, Dissertation an der Pädagogischen Hochschule »Karl Liebknecht« Potsdam, 1984.

[2] Jürgen Kocka, Theorien in der Sozial- und Gesellschaftsgeschichte. Vorschläge zur historischen Schichtungsanalyse, in: Geschichte und Gesellschaft 1 (1975), S.9–42, hier S.11.

阶段"。[1]传统的历史主义史学作为"带有保守主义和国家忠诚倾向的理解性精神科学"[2]，无论在理论还是方法上都陷入了危机，其在学科体系和现代社会框架内的地位都受到质疑。各种批评不仅针对传统史学的认识论定位和对社会角色的理解，而且针对它在历史教育政策和历史教学法方面的形象。总体来说，历史、历史学、历史课和历史知识作为一种教育价值，在联邦德国的学术和社会中似乎不再具有传统上的重要性。为了克服危机、重整学科，一种试图"超然于历史主义"[3]的新思潮蓬勃发展起来。这种局面引发了70年代前期历史学内部的大讨论，联邦德国第二代历史学家中几乎所有的中流砥柱都参与其中。讨论内容涉及历史研究和历史学科的方方面面，包括史学如何与其他学科相区分；史学究竟是人文/精神科学还是社会科学；诠释与分析、理解与解释之间的关系如何；什么是史学的价值无涉（Wertfreiheit）与价值有涉（Wertbezogenheit）；什么是史学的客观与偏见；等等。讨论的高潮是在1971—1973年，出版了一系列的专著和（会议）论文集。[4]1973年，"历史理论"（Theorie der Geschichte）工作小组成立，出版了一系列讨论文集。[5]新的历史理论教席也随之在比勒费尔德等地

[1] Wolfgang Jäger, Historische Forschung und politische Kultur in Deutschland, a.a.O., S.157.

[2] Johannes Heinssen, Die frühe Krise des Historismus 1870–1900. Das Beispiel der Kunsttheorie, in: Otto Gerhard Oexle (Hrsg.), Krise des Historismus–Krise der Wirklichkeit. Wissenschaft, Kunst und Literatur 1800–1932, Göttingen 2007, S.117-146, hier S.117.

[3] Wolfgang J. Mommsen, Die Geschichtswissenschaft jenseits des Historismus, Düsseldorf 1971.

[4] 其中影响最大的是卡尔-格奥尔格·法贝尔的《史学理论》和沃尔夫冈·J.蒙森的《超然于历史主义的历史学》。参见 Karl-Georg Faber, Theorie der Geschichtswissenschaft, München 1971；Wolfgang J. Mommsen, Die Geschichtswissenschaft jenseits des Historismus, Düsseldorf 1971。

[5] 1977年至1990年出版的讨论文集共六卷，主题分别是"客观与偏袒""历史进程""历史中的理论与叙事""历史书写的形式""历史方法"和"部分与整体"。参见 Theorie der Geschichte. Beiträge zur Historik: Reinhart Koselleck/Wolfgang（转下页）

的新兴大学建立。

在德国史学的这场自我审视中，其核心对象有两个。第一个是关于历史知识的主体性。汉斯·米歇尔·包姆嘉特纳（Hans Michael Baumgartner）和沃尔夫冈·J.蒙森等年轻一代的历史学家指出，历史知识是被建构的，它主要受这些因素影响：时代精神对历史和人性的设想，学科内部的结构和状况，历史学家所属的社会群体，历史学家作为社会成员代表所具有的视角，历史学家对理性和经验的信仰、对现实的认知、对变化的理解、对未来的期待，等等。人们如何对某段历史做出说明和解释，并不能在史料层面上被决定，史料的功能、史料考证的功能和史料解释的功能都在一定程度上被缩减了。[1]

第二个核心对象是历史知识的政治功用，即"历史（学）还有何用？"（Wozu noch Geschichte?）这一问题。[2]关于历史知识之地位和作

（接上页）J. Mommsen/Jörn Rüsen (Hrsg.), Bd.1: Objektivität und Parteilichkeit, München 1977; Karl-Georg Faber/Christian Meier (Hrsg.), Band 2: Historische Prozesse, München 1978; Jürgen Kocka/Thomas Nipperdey (Hrsg.), Band 3: Theorie und Erzählung in der Geschichte, München; Reinhart Koselleck/Heinrich Lutz/Jörn Rüsen (Hrsg.), Band 4: Formen der Geschichtsschreibung, München 1982; Christian Meier/ Jörn Rüsen (Hrsg.), Band 5: Historische Methode, München 1988; Karl Acham/ Winfried Schulze (Hrsg.), Band 6: Teil und Ganzes. Zum Verhältnis von Einzel- und Gesamtanalyse in Geschichts- und Sozialwissenschaften, München 1990。

[1] 参见 Hans Michael Baumgartner, Thesen zur Grundlegung einer transzendentalen Historik, in: ders., Jörn Rüsen (Hrsg.), Seminar: Geschichte und Theorie, Frankfurt a.M. 1976, S.274-302; Wolfgang J. Mommsen, Der perspektivische Charakter historischer Aussagen und das Problem von Parteilichkeit und Objektivität historischer Erkenntnis, in: Reinhart Koselleck/ders./Jörn Rüsen (Hrsg.), Theorie der Geschichte: Bd.1: Objektivität und Parteilichkeit, München 1977, S.441-468。

[2] Reinhart Koselleck, Wozu noch Historie?, in: Historische Zeitschrift 212 (1971), S.1- 18; Thomas Nipperdey, Wozu noch Geschichte?, in: Wolfgang Hardtwig (Hrsg.), Über das Studium der Geschichte, München 1990, S.366-388; Jürgen Kocka, Geschichte- wozu?, in: ders., Sozialgeschichte. Begriff-Entwicklung-Probleme, Göttingen 1977, S.112-131; Willi Oelmüller (Hrsg.), Wozu noch Geschichte?, München 1977; Arnold Sywottek, Geschichtswissenschaft in der Legitimationskrise. Ein Überblick über Diskussion um Theorie und Didaktik der Geschichte in der Bundesrepublik Deutschland 1969-1973, Bonn-Bad Godesberg 1974.

用的争论并不新鲜。在20世纪50年代，联邦德国的历史学——尤其是关于纳粹史研究的当代史领域——就已经讨论了学科的教育要求及其与公众的关系。但到了70年代初，情况又有所不同。这场"史学危机"不再只是对专家世界之外的学科困境的抱怨，更多还涉及学科根本的学术观念。因此，这场危机既是历史意识的危机、历史知识有效性的危机，也是历史研究的危机。所以，要回答"历史（学）还有何用？"这个问题，首先要回答"历史学是什么？"的问题。1965年，于尔根·哈贝马斯（Jürgen Habermas）在其法兰克福大学的就职演讲中把科学分为三大类：自然科学（Naturwissenschaften）之目的是能够技术性地支配外部世界，精神科学（Geisteswissenschaften）之目的是能够丰富并扩展内在沟通与理解的内容和形式，而经济学、社会学和政治学等系统行为科学（Systematische Handlungswissenschaften）之目的则是要改变既存之社会关系。[1]因此，对于历史研究而言，问题在于它实际上属于或者应该属于哪种类型的科学：它是诠释性的精神科学的组成部分，还是批判性的、解放性的社会科学的分支？哈贝马斯的想法代表着二战后高歌猛进之社会科学的雄心壮志。20世纪50和60年代，以格哈德·黎特为代表的历史学家仍然希望史学重新成为一股教化民众的力量，承担起比以往更重的政治责任。但一方面是史学在阻止"德国的浩劫"上的无能为力，另一方面是社会科学的声名鹊起，使得德国史学遭遇了严重的学科合法性危机。社会不断质疑这一学科的教化力量。二战前总体上被认为是时事政策之引导者和社会意义之创设者的历史学，在公共领域慢慢失去了阐释权，也逐渐丧失了对自我能力的信心。它不得不将其之前在政治意识教育中占据的统治地位、它长期扮演的"通人教化力量"的角色、它要担当"社会现实之师"（Lehrmeisterin der

---

[1] Jürgen Habermas, Erkenntnisse und Interesse, in: ders., Technik und Wissenschaft als »Ideologie«, Frankfurt a. M. 1969², S.146–168, hier S.155–159.

sozialen Wirklicheheit）[1]的诉求，统统对新的社会科学拱手相让，它也因此从公众兴趣的前台退居到了公众目光未及之处。面对社会科学越来越多的批评，一群年轻的历史学家承认，历史研究"离不开邻近社会科学的帮助"。[2]

　　1968年的学生运动之后，联邦德国的社会科学因为被认为是意识形态化和政治化的，在当时陷入了一片谴责之中。而历史学除了个别历史学家外，学科整体上几乎没有受到学运之意识形态的波及和打扰。[3]但是形势并没有出现令历史学家们欣喜的转机。二战后"社会之认知旨趣的结构转型"[4]在70年代初甚至达到了高潮，历史学总体上还是"处于防御状态"[5]。历史作为"社会现实之师"的地位诉求被切实转移到了以理论为基础的系统社会科学中。这种态势在社民党上台组阁，为了获得"更多民主"而推行全面改革时，变得更紧迫了。社民党虽然重视历史政策和自我历史书写，却不那么重视历史知识和历史学。它的改革路线最终是由非历史，甚至可以说反历史的社会科学技术专家所主导的。甚至于，历史作为一门中小学核心教学科目的生存状态，以及与此相关的它在大学中的学科地位，不得不在出人意料的状态下挣扎了近十年。

　　20世纪70年代前半期社会公共领域由社民党中小学历史课改革

---

[1]　Gerhard Ritter, Geschichte als Bildungsmacht, a.a.O., S.15.

[2]　Wolfgang J. Mommsen, Die Geschichtswissenschaft in der modernen Industriegesellschaft, in: Vierteljahrshefte für Zeitgeschichte 22 (1974), S.1–17, hier S.12.

[3]　参见Klaus Große Kracht, Die zankende Zunft. Historische Kontroversen in Deutschland nach 1945, Göttingen 2005, S.71–74。

[4]　Rodolf Vierhaus, Zur Lage der historischen Forschung in der Bundesrepublik Deutschland, in: Arbeitsgemeinschaft außeruniversitärer historischer Forschungseinrichtungen in der Bundesrepublik Deutschland (Hrsg.), Jahrbuch der historischen Forschung in der Bundesrepublik Deutschland 1974, Stuttgart 1974, S.17–32, hier S.17–21.

[5]　Deutsche Forschungsgemeinschaft (Hrsg.), Aufgaben und Finanzierung V. 1976–1978, Bonn-Bad Godesberg 1976, S.86.

引发的争论,是历史学生存困境的鲜明反映。当时,在一些社民党掌权
的联邦州,历史课"不再是必修课中理所当然的组成部分"[1],它必须通
过"证明自己与各个至关重要的政治-社会问题之间的联结"来获得
合法身份[2]。这种紧张局面要追溯到60年代中叶以现代化、民主化和社
会公平为目标的联邦德国中小学教育改革的兴起。由于文教联邦主
义和教育分轨制,二战后联邦德国的教育制度非常复杂。概而言之,
它主要分为初等教育阶段(小学)、中等教育第一阶段(Sekundarstufe
I,高级文理中学中低年级段、实科中学、职业预校)、中等教育第二阶
段(Sekundarstufe II,高级文理中学高年级段、各类职业培训高中)和
高等教育阶段(专科学校、大学)。这种教育体系一个最大的特点,就
是尽早对学生进行挑选和分层。战后初年,为了配合盟军"非纳粹
化"和"再教育"的主张,联邦德国的中小学教育一直保持着谨小慎
微的态度。从60年代中期开始,批判的声音日益高涨。在1965年,拉
尔夫·达伦多夫在《时代周报》上发表了连载六期的文章《教育是公
民权利:主张充满活力的教育政策》(Bildung ist Bürgerrecht. Plädoyer
für eine aktive Bildungspolitik),力陈当时德国教育的种种弊端,尤其是
教育资源和教育机会的不平等。[3]之后的学生运动也将矛头对准了僵
化的教育体制,要求推行改革。1969年,德国教育委员会(Deutscher
Bildungsrat)出台了一份《教育委员会建议》,号召各联邦州在中等教
育第一阶段引入"综合中学"(Gesamtschule)试点,在其中将高级文
理中学、实科中学、职业预校的三种学制整合在一起,避免过早地对学

---

[1] Eugen Lemberg, Zur gesellschaftlichen Funktion der historischen Bildung. Aus Anlass
der umstrittenen Rahmenrichtlinien, in: Geschichte in Wissenschaft und Unterricht 25
(1974), S.321-335, hier S.323.

[2] Der Hessische Kulturminister, Rahmenrichtlinien. Sekundarstufe I Gesellschaftslehre,
Wiesbaden 1973, S.18f.

[3] Ralf Dahrendorf, Bildung ist Bürgerrecht. Plädoyer für eine aktive Bildungspolitik,
Nennen 1965.

生进行分流，从而为学生提供更多选择机会。这份建议书还认为应该在综合中学里进行科目整合，尤其是重新界定历史课与社会政治课（Sozialkunde）之间的关系。[1]

正是在这种背景下，社民党掌权的一些联邦州推行了历史课，或者说中小学教学科目的改革政策，引发了该党与历史学家群体之间的紧张关系。二战后直到1970年，社民党都在黑森州保持着绝对优势。从60年代中期开始，该州的社民党人就开始准备和推行中小学教育改革。1969年10月，社会学家、社会民主党人路德维希·冯·弗里德伯格（Ludwig von Friedeburg）——他自1966年起与特奥多尔·阿多诺一起领导法兰克福大学社会学研究所——当选为黑森州文化部部长。在他的主导下，在1972年出台了新的《中等教育第一阶段框架性指导路线：社会常识课》(Rahmenrichtlinien Sekundarstufe I: Gesellschaftslehre，以下简称《社会常识课框架性指导路线》)，要求将传统的历史课、地理课和社会政治课等科目结合成一门全新的科目"社会常识课"(Gesellschaftslehre)。这个初版遭到激烈批评，1973年出台了修订版[2]，反而将争论推向更高潮，因为修订版除了修改和美化一些表述外，基本上没有改变核心思想。稍晚一些时候，北莱茵-威斯特法伦州——社民党在1970年的州议会选举中凭借与自民党的联盟击败了基民盟，保住了自己的执政地位——也颁布了《综合中学社会/政治课框架性教学计划》，把历史课整合进了"社会/政治课"(Gesellschaft/Politik)中。[3]

[1] Deutscher Bildungsrat, Empfehlungen der Bildungskommission. Einrichtung von Schulversuchen mit Gesamtschulen, 1969.

[2] 参见 Der Hessische Kulturminister, Rahmenrichtlinien Sekundarstufe I: Gesellschaftslehre, Wiesbaden 1972, 1973。

[3] 参见 Informations- und Dokumentationsstelle des Gesamtschulversuchs Nordrhein-Westfalen, Rahmenlehrplan für den Lernbereich Gesellschaft/Politik an den Gesamtschulen in Nordrhein-Westfalen 1973。

　　在这两份教学指导意见中，黑森州的《社会常识课框架性指导路线》更有代表性，也更富争议。其认为，"社会常识课"讨论的核心问题是"不同社会中各群体、阶层和阶级在历史发展的不同时刻所做之有意识的自决和共决"。为此，其下属的历史课有两个重要目标：第一个目标是强化历史课的"现实指涉"（Gegenwartzbezug），即阐明"现实与历史之间的相互纠缠"，最重要的是表明现实是历史性地形成的，因此也是可变的。在这个目标的指引下，"变化"（Veränderung）[1]和"结构"（Struktur）就成为历史教学的两大中心。变化的视野要求学生：区分连续性的变化和断裂性的变化，判断它是作为一种"继续发展"还是作为一种对既存之物的"替代"而出现；理解任何既存的情势都不是僵化的，而是进程中的某个时刻；追问每个境况所体现的历史发展中制约性与开放性之间的紧张关系。结构的视野则要求学生：将视角从个人身上移开，转而关注社会的、经济的和政治的各种结构，关注各种群体和整个社会；理解社会领域对个体存在及其各种历史性表现的决定性影响；以结构为基础进行历史比较。第二个目标是构建一种"反思性的历史意识"（reflektiertes Geschichtsbewusstsein）。所谓"反思性的历史意识"，就是不把历史看作"自我隔绝的过去"，不把历史叙述看作"搜集客观上确定下来的数据与事实"，不把学生束缚在"一种唯一有效的历史解释"上，而是引导学生去追问各种历史理解的形成条件及其作用，去追问历史书写的选择标准和价值尺度，去追问人与历史打交道时的立场束缚和旨趣制约（Standort- und Interessengebundenheit）。当然这不是要把学生导向相对主义，而是要让学生更严肃地体会到对历史妄下判断的危险，并且进一步认识到作为历史课之根基的各种史料并不是社会真实本身，而是社会真实的传承。总而言之，历史课的教

---

[1]　在1972年的版本中，编者使用了"变迁/变革"（Wandel）一词。在1973年的修订版中，则改用了"变化"（Veränderung）一词，主要是为了让"变"的性质更少暗示性。

学任务应该是："要具体地表明，当下的社会境况只有在与其历史前提的关联中才能得到理解。要表明，社会现实各个领域之间的关系如何能够被建立起来。要论证，对当下境况的评判包括把现实问题与相似或相异的历史结构联系在一起的能力。要证明，对历史经验的这种阐释会触及对个人和群体之行动力的评估，以及对社会现象与其未来发展的可能性的感知与评判。要理解，对历史经验的这种阐释本身在何种程度上受制于立场束缚和旨趣制约。"[1]

　　这份指导意见不但遭到了联盟党的强烈反对，而且遭到了绝大多数历史学家、历史教育学家以及"德国历史学家协会"（Verband der Historiker Deutschlands）和"德国历史教师协会"（Verband der Geschichtslehrer Deutschlands）的联合抵制。[2]其实，仔细审视《社会常识课框架性指导路线》的观点可以发现，它所提倡的"现实指涉"和

[1]　Der Hessische Kulturminister, Rahmenrichtlinien Sekundarstufe I: Gesellschaftslehre, Wiesbaden 1973, S.28–43.

[2]　参见Thomas Nipperdey/Hermann Lübbe, Gutachten zu den Rahmenrichtlinien Sekundarstufe I. Gesellschaftslehre des Hessischen Kultusministers, Bad Homburg 1973; Geschichtswissenschaft und Geschichtsunterricht. Lageanalyse–Folgerungen–Empfehlungen. Stellungnahme des Verbandes der Historiker Deutschlands im Zusammenwirken mit dem Verband der Geschichtslehrer Deutschlands, in: Geschichte in Wissenschaft und Unterricht 23 (1972), S.1–13; Karl-Ernst Jeismann/Erich Kosthorst, Geschichte und Gesellschaftslehre. Die Stellung der Geschichte in den Rahmenrichtlinien für die Sekundarstufe I in Hessen und den Rahmenlehrplänen für die Gesamtschulen in Nordrhein-Westfalen–Eine Kritik, in: Geschichte in Wissenschaft und Unterricht 24 (1973), S.261–288; Erklärung des Verbandes der Historiker Deutschlands, Gesellschaftliche Aufgaben der Geschichtswissenschaft in der Gegenwart, in: Geschichte in Wissenschaft und Unterricht 24 (1973), S.354–356; Schreiben der Verbände der Geschichtslehrer und der Historiker an die Kultusminister aller Bundesländer und die zuständigen Ministerien vom März 1973, in: Geschichte in Wissenschaft und Unterricht 25 (1974), S.50–52; Erklärung des Verbandes der Historiker Deutschlands zum Studium des Fachs Geschichte an den Hochschulen (14.10.1975), in: Geschichte in Wissenschaft und Unterricht 27 (1976), S.223–225; Teil II, S.297–304; Teil III, S.566–569; Werner Conze, Zur Lage der Geschichtswissenschaft und des Geschichtsunterrichts, in: Geschichte in Wissenschaft und Unterricht 26 (1975), S.71–78。

"反思性的历史意识"，与彼时联邦德国历史研究和历史教育中的一些新发展趋势是相吻合的。可是，尽管有一些富有启发的具体尝试，《社会常识课框架性指导路线》最终却无法在专业领域和公共领域得到认可。历史学家都不想耐心倾听，不想进行自我反思，而只想坚守自己的立场并且攻击对方。比起改革，他们更多感受到的是威胁。绝大多数历史学家从根本上拒绝社会常识课的构想，因为他们认定，在这个课程框架中历史只是扮演着"服务"的角色。

只有汉斯·蒙森等极少数亲社民党的历史学家认为《社会常识课框架性指导路线》选择的道路是可以理解的，至少其设定的历史课最高学习目标"自决和共决的能力"（Befähigung zur Selbst- und Mitbestimmung）符合当时专业史学的自我认知。[1]其他保守主义和中间立场的历史学家则纷纷对《社会常识课框架性指导路线》展开激烈批评。赫尔曼·吕伯认为这是一场"通过行政手段发起的文化革命"。[2]在黑森州家长协会的请求下，1973年当选为保守主义高校教师组织"学术自由联盟"（Bund Freiheit der Wissenschaft）主席的托马斯·尼培代（Thomas Nipperdey）撰写了一份专家批评意见书。在意见书中，尼培代反驳了《社会常识课框架性指导路线》对传统史学的指责，认为指导路线是对哈贝马斯所提出之科学分类的粗暴迎合，它会损害联邦德国"社会和文化的秩序"。[3]戈洛·曼也是新教学计划的重要

[1] Hans Mommsen, Die Hessischen Rahmenrichtlinien für das Fach »Gesellschaftslehre« in der Sicht des Fachhistorikers, in: Gerd Köhler/Ernst Reuter (Hrsg.), Was sollen Schüler lernen? Die Kontroverse um die hessischen Rahmenrichtlinien für die Unterrichtsfächer Deutsch und Gesellschaftslehre, Frankfurt a. M. 1973, S.88–91.

[2] Hermann Lübbe, Die politische Verantwortung des Gelehrten, in: Wulf Steinmann/Hans Günter Hockerts/Wolfgang Hardtwig/Sten Nadolny/ders., Im Memoriam Thomas Nipperdey. Reden gehalten am 14. Juni 1993 bei der Akademischen Gedenkfeier der Philosophischen Fakultät für Geschichts- und Kunstwissenschaften der Ludwig-Maximilians-Universität München, München 1994, S.37–43, hier S.40.

[3] Thomas Nipperdey, Konflikt–Einzige Wahrheit der Gesellschaft? Zur Kritik der hessischen Rahmenrichtlinien, Osnabrück 1974, S.75.

反对者。1973年12月6日的黑森州论坛上，他参加了由欧根·科贡主持的关于"社会常识课"框架性指导路线的讨论，他批评该指导路线是一种"违背本性的、敌视历史的、冷酷的、吹毛求疵的、素材匮乏的、阴郁的"教学大纲。[1]1974年1月19日，曼致信黑森州"社会常识课"教学大纲历史部分的起草人哈特穆特·沃尔夫（Hartmut Wolf），提出他的几点反对意见：第一，《社会常识课框架性指导路线》的理念丢失了史学经验性、具象性和独特性的特点，会让历史课变得乏味，影响历史教学的效果。第二，对历史叙述中视角和立场的极端怀疑态度，并不会"解放"历史课，反而会导致"怀疑一切，但不怀疑自我"的局面并陷入理论的漩涡。第三，无论在教学目的上还是教学内容上，框架性指导路线都造成了历史的简化和片面化。第四，将历史课并入社会常识课，会导致教学的不公平。因为在高级文理中学中，毕业班才开始上社会常识课，中低年级的学生仍然只上单独的历史课。而在综合中学中，一开始就会全面推行社会常识课。这样一来，当高级文理中学的学生仍然能够见识到历史的多面性时，综合中学的学生却被彻底剥夺了接受全面历史教育的机会。曼的观点可以被视为专业反对意见的集中呈现，也明确地体现出专业领域与政治领域无法调和的矛盾所在。[2]

　　1979年3月22日的州议会上，基民盟提交了重新设立历史课的提案，具体而言，就是从五年级开始设立连贯的历史课，并且在其中讲授政治、社会、经济和文化等各方面的历史内容。提案最终未获通过。直至1981年12月30日，黑森州最高法院（Staatsgerichtshof des Landes Hessen）才宣布，将历史课整合入社会常识课的做法是违反宪法的，并

---

[1]　Golo Mann, Sinnloser Bruch, in: Die Zeit, 14.12.1973. 讨论内容结集出版为Eugon Kogon (Hrsg.), Rahmenrichtlinien Gesellschaftslehre. Konflikt und Konsens in der Gesellschaft der Gegensätze–Protokolle der Veranstaltungen in der Reihe Hessen-Forum, Frankfurt a. M. 1974。

[2]　Tilmann Lahme/Kathrin Lüssi (Hrsg.), Golo Mann. Briefe 1932–1992, Göttingen 2006, S.215–218.

且规定直至高级中学毕业考试（Abitur）为止，都必须开设连续的、独立的、不受限制的历史课。至此为止，取消独立的历史课，将其并入"批判性的社会常识课"的改革，最终失败了。[1] 当这场中小学历史教育政策的创新几乎遭到整个专业学界的抵制时，社民党的改革者却认为自己遭到了误解。弗里德伯格指出："不是历史被取消了，而是传统的历史课……应该受到质疑，这在当时没有再三讲清楚。"[2] 而在历史学家看来，这种"废除"历史课的行为是20世纪70年代历史学与社会学之间全面竞争的一环，因而是时候全面翻新历史学的自我认知和学科定位了。

正是在上述的种种背景下，"历史社会科学"的代表们明确了要将历史学的自我定位从一门诠释学式的精神科学，转变为一门批判性的、解放性的社会科学。20世纪60年代，包括汉斯-乌尔里希·韦勒、于尔根·科卡（Jürgen Kocka）、沃尔夫冈·J.蒙森和赫尔穆特·贝尔丁（Helmut Berding）在内的一个10人左右的团体，就开始思考历史社会科学的纲领。但是当时他们都在为博士学位、高校执教资格和大学职位而奋斗，没有精力也没有资本有计划地将新学派的构想公诸世人。直至70年代初，他们大都开始在大学里执掌教席，才有能力为创立一个新的学派通力合作。1971年，韦勒赴比勒费尔德大学历史系执教。1973年，科卡受聘为该系教授，从此开始与韦勒并肩作战，以及将志同道合者组织起来。1975年，学派创办了自己的期刊《历史与社会》（*Geschichte und Gesellschaft*），开始依托编辑部形成一个紧密且富有张力的科学共同体网络。在1992年人员大规模扩充之前，编辑部

[1] Rolf Schörken, Geschichte in der Schule, in: Susanne Miller/Wilhelm van Kampen/ Horst Schmidt (Hrsg.), Geschichte in der demokratischen Gesellschaft. eine Dokumentation, Düsseldorf 1985, S.27–36, hier S.35.

[2] Ludwig von Friedeburg, Bildungsreform in Deutschland. Geschichte und gesellschaftlicher Widerspruch, Frankfurt a. M. 1989, hier S.456.

成员一般在15至17人之间，其中包括3位主管期刊日常事务的负责人。编辑们定期召开讨论会（1974年至1975年的创刊期一共召开了4次编辑讨论会；1976年至1984年，每年召开一次；之后每两年召开一次），商议期刊的主导史学理念，确定具体的编辑政策，独力或者合作承担期刊的定刊与附刊的编辑工作。伴随着这些期刊管理与编辑活动，他们的内部也形成了一个以韦勒、科卡、贝尔丁、蒙森兄弟、汉斯-于尔根·普勒（Hans-Jürgen Puhle）、吕鲁普、席德尔、施罗德、哈特穆特·凯伯乐（Hartmut Kaelble）、克劳斯·泰费尔德（Klaus Tenfelde）和赖因哈特·科泽勒克[1]等人为主的更为紧密的交往网络。

"历史社会科学"这一研究范式主张历史学与系统社会科学合作，或用从社会科学理论中推导出来的假设来发掘新史料，或在历史论证中灵活地运用社会科学的概念、范畴和模式，或效仿韦伯阐释理想类型，从而以批判的眼光研究整个社会历史的方方面面，尤其是社会的、经济的进程与结构。以此为基础，他们认为历史学家要彻底改变自己的职业定位，以便在公共领域重新唤醒历史学的威望，实现它的政治功用。该学派的核心人物汉斯-乌尔里希·韦勒首先成为这种理念的倡导者，旨在将历史学打造成为一门"批判性的整体社会科学"（kritische Gesellschaftswissenschaft）。他希望，历史学能够以批判的眼光重新回归自己的传统角色，再次承担起"政治教育的职责"。[2] "历史学家应

---

[1]　科泽勒克于1960年至1965年在海德堡"现代社会史工作组"中任职，1986年当选为该机构的负责人。自1965年起，他加入了当时正在建设中的比勒费尔德大学的学术咨询委员会。1968年，他代替康策成为该校筹建委员会的委员，并且领导历史科学学部委员会，直至1973年历史系正式创办。此后，他一直执掌该校史学理论的教席直至1988年退休。科泽勒克一直强调自己并不属于历史社会科学或者所谓的比勒费尔德学派。鉴于他独特的研究取向，的确很难将他归入任何一种流派。但是，他与韦勒和科卡等人交往密切，曾长期担任《历史与社会》的编辑，因此也有学者认为，他与历史社会科学在理论的道路上殊途同归。

[2]　Hans-Ulrich Wehler, Krisenherde des Kaiserreichs 1871-1918. Studien zur deutschen Sozial- und Verfassungsgeschichte, Göttingen 1970, S.9.

该公开发表意见,他们不仅要活跃在学术舞台上,而且要活跃在一个遵循不同规则的别样的舞台上"[1],也就是政治的舞台上:这是韦勒一生的信念。学派另一位领袖于尔根·科卡在1975年学派期刊《历史与社会》的创刊号上,呼吁历史社会科学的历史学家们要"主张一种具有实用性的,但绝对不是为政治而工具化的历史学",要比以往更加严肃认真地看待自己"在政治与社会教育上的职责"和对当下社会的自我启蒙具有重要实践意义的"道德工作"。[2]这种自我认知使得历史社会科学成了德国历史上第一个以"批判"和"解放"为关键词,代表着左翼政治文化的主流史学流派。

作为这一派的批评者和对立一方,托马斯·尼培代、安德烈亚斯·希尔格鲁伯(Andreas Hillgruber)、克劳斯·希尔德布兰特等持新保守主义政治取向的年轻一代历史学家则警告同人们要时刻对学科的政治化保持警惕。他们坚持要与历史书写之"功能化"保持距离,坚决拒绝历史学当下的"实践功能";他们认为历史学不必费力证明自己具有一种特殊的有用性,历史社会科学所倡导的政治联结会损害学科的科学性。尼培代就指出,虽然非科学的力量对历史研究的选题有重要影响,但是学术论点和成果之"有效性"(Geltung)并不依赖于它们的"源起"(Genese),实践旨趣不应该成为历史认知的准则。认知之客观性是通过主体间的可检验性,而不是通过研究者的政治立场来确证的。历史学家不应事先假定一个研究对象的政治和教育意义,只有抛弃对研究对象是否有用、是否符合道德伦理这样的判断,才能获得

---

[1]　Hans-Ulrich Wehler, „Historiker sollten auch politisch zu den Positionen stehen, die sie in der Wissenschaft vertreten.", in: Rüdiger Hohls/Konrad H. Jarausch (Hrsg.), Versäumte Fragen. Deutsche Historiker im Schatten des Nationalsozialismus, Stuttgart 2000, S.240–266, hier S.261.

[2]　Jürgen Kocka, Theorien in der Sozial- und Gesellschaftsgeschichte. Vorschläge zur historischen Sichtungsanalyse, in: Geschichte und Gesellschaft 1 (1975), S.9–42, hier S.11.

真正有助于实践的历史知识。[1]在希尔格鲁伯看来，研究成果不应该有"进步"与"反动"之分：一项支持"反动"的政治立场的研究成果，它在学术上有可能是正确的；反之，一项有"进步"政治意义的研究成果事实上有可能是错误的。因此，他认为，"如果那些假定一种绝对的学术政治化并且试图令其为自己服务的教条占据了上风，那么有可能进行自由学术研究的前提条件就不复存在了"。[2]所以，当韦勒宣称要根据认知旨趣、概念运用和政治意蕴来判断研究成果和教学工作究竟带有"反动"色彩还是"自由"色彩时[3]，希尔德布兰特则警告说这样一来会"在政治体制的内容管束前牺牲掉学术自由"[4]。在坚决捍卫政治外交史之正当性的希尔德布兰特看来，韦勒和科卡的整体"社会史"（Gesellschaftsgeschichte）模式就是在联邦德国史学中实践一种左翼倾向的新"统治诉求"。[5]

　　显然，在针对史学在政治和社会中的定位这一问题给出答案时，联邦德国史学界分裂为了两个持不同意见、有时甚至激烈地针锋相对的历史学家群体。这种理念对立导致了一个有趣的现象：曾经为推动和捍卫传统政治文化竭尽全力的保守主义历史学家们，举起了保卫学术自由的大旗，他们的目的实际上是阻止左翼自由主义的对手们利用政治公共领域、利用政治文化的新发展和新趋势来谋取学科的主导权；而左翼自由主义的历史学家们则想借着社会民主主义在各个领域都高

---

[1]　Thomas Nipperdey, Über Relevanz, in: Geschichte in Wissenschaft und Unterricht 23 (1972), S.577–596, hier S.589–593.

[2]　Andreas Hillgruber, Politische Geschichte in moderner Sicht, in: HZ 216 (1973), S.529–552, hier S.549f.

[3]　Hans-Ulrich Wehler, Moderne Politikgeschichte oder »Große Politik der Kabinette«, in: Geschichte und Gesellschaft 1 (1975), S.344–369, hier S.352.

[4]　Klaus Hildebrand, Geschichte oder »Gesellschaftsgeschichte«? Die Notwendigkeit einer politischen Geschichtsschreibung von den internationalen Beziehungen, in: HZ 223 (1976), S.328–357, hier S.351, Anm.58.

[5]　同上，S.335。

歌猛进的东风，在历史学科内部站稳脚跟并且扩张势力。因为当时联邦德国知识界有一种非常浓厚的革新氛围，尤其是对传统的批判和对改革的信任，这就为左翼自由主义历史学家们提供了更多的机会。

二、史学人事的革新与更替

正如在学科革新问题上的纷争所显示的那样，20世纪70年代，联邦德国历史学家队伍变得越来越"异质"了。[1]这不仅仅表现在历史研究的主题和方法日益多样，还表现在历史学家之政治取向的光谱越来越宽阔。保守主义一方此时的力量并不弱小，但是他们不再是历史学内部占据绝对统治地位的意见领袖。逐渐成长起来的年轻一代历史学家，不但在学科方法和方法论的基础问题上，而且在政治层面的学科自我认识上对保守主义发起了挑战。

联邦德国新一代历史学家的出现，首先与历史学在理论和方法上的新发展，更确切地说，与历史社会科学所主张之批判社会史（Kritische Sozialgeschichte）潮流的兴起和扩张密切相关。可以说，70和80年代站在政治光谱左侧的历史学家群体中，那些积极分子绝大部分是批判社会史的倡导者和代言人。20世纪50年代末至60年代末是社会史新力量的孵化期。一方面，它可以在纳粹时期的族民史研究中找到源泉，并且在组织层面上受到维尔纳·康策于1957年创建的"海德堡现代社会史工作小组"（Heidelberger Arbeitskreis für moderne Sozialgeschichte）的推动。康策及其学生在"结构史"（Strukturgeschichte）的名义下，从50年代晚期起就有组织地致力于社会史、经济史、文化史以及社会学与民俗学的跨学科综合研究。另一

---

[1] Hans-Ulrich Wehler, Geschichte als Historische Sozialwissenschaft und Geschichtsschreibung. Studien zu Aufgaben und Traditionen deutscher Geschichtswissenschaft, Göttingen 1980, S.40.

方面，它在方法论上受到左翼自由主义流亡人士汉斯·罗森贝格[1]的启发。罗森贝格的专著《大萧条与俾斯麦时代》(*Große Depression und Bismarckzeit*)是对德国传统史学的一次批判，它为如何在历史研究中运用社会科学方法，为如何对政治、经济和社会的结构与进程进行整体研究，提供了实例。康策和罗森贝格虽然不愿或者不能充当新思潮冲锋陷阵的先锋，并且无意与学界的主流话语在理论和方法层面上展开争论，但是他们为批判社会史的诞生提供了推力。

与这两种推力相对应，年轻一代社会史家的学缘也有两支：一支与社会史的保守主义先锋关系密切。沃尔夫冈·席德尔（Wolfgang

---

[1] 罗森贝格在1904年出生于汉诺威一个犹太人家庭。1927年在柏林大学获得博士学位，师从历史主义大师弗里德里希·迈内克。1932年在科隆大学获得高校执教资格，师从历史学家约翰内斯·齐库施(Johannes Ziekursch)。1933年1月，罗森贝格在科隆大学获得编外讲师的职位。1933年2月国会纵火案发生后，他即刻前往英国，1935年辗转流亡至美国。1938年起在布鲁克林学院任教，1959年起在加州大学伯克利分校担任历史教授，直至1972年退休。1949—1950年和1955年，他分别在柏林自由大学和马尔堡大学访学。罗森贝格早期的研究沿袭了其导师迈内克的路径，即通过德国的思想史来研究德国的国家社会。他的关注点在早期德国自由主义思想。不过，与迈内克相比，罗森贝格早早就对思想的经济背景表现出更大兴趣。为了探究"为什么希特勒会在德国出现"这一问题，他转向了经济史和社会史。1934年，他出版了《1857—1859年的世界经济危机》(*Die Weltwirtschaftskrise von 1857–1859*)。这本著作在研究方法上具有重要的开创性意义，他在书中借鉴了经济学的长波理论来对德国历史上的经济危机进行经验性研究。他相信，如果理解了1859—1866年的德国，就可以更好地理解1929—1933年的德国。这本书中的观点，在1967出版的《大萧条与俾斯麦时代》中得到了进一步扩充和深化。1958年，他出版了英文专著《官僚、贵族与专制：1660—1815年的普鲁士经历》(*Bureaucracy, Aristocracy and Autocracy: the Prussian Experience 1660–1815*)。在书中，他以韦伯的类型化观察方式为指导，展示了普鲁士官僚阶层的产生与演变。他认为，普鲁士官僚主义与世袭贵族混合在一起的国家秩序导致德国的自由主义比其他现代国家要薄弱，普鲁士专制国家传统在工业化时代的延续是20世纪30年代纳粹党得以在德国上台的深层次历史原因。罗森贝格的研究风格鲜明，包括：利用系统社会科学的理论对已有史学研究成果加以突破，从普遍比较的视角来分析地区性和国家性的现象，通过参考更长期的德国社会特性来进一步批判性地理解现代德国，等等。因为罗森贝格的这些取向曾遭到以格哈德·黎特为首的德国保守主义史家的批评，所以其著作在德国的出版并不顺利，《官僚、贵族与专制》一书至今没有德文版。

Schieder）和迪特尔·格罗（Dieter Groh）是康策的学生；汉斯-乌尔里希·韦勒、沃尔夫冈·J.蒙森和赫尔穆特·贝尔丁是特奥多尔·席德尔的学生；沃尔夫拉姆·费舍尔（Wolfram Fischer）是汉斯·罗特费尔斯的学生。另一支则受罗森贝格影响更大。1949年和1950年，他在柏林自由大学执教了两个学期。在此期间，他与汉斯·赫茨费尔德建立了良好的关系，并且影响了后者的一批学生，包括黑尔加·格雷宾（Helga Grebing）和格哈德·A.里特尔。在柏林附近长大，父亲是泥瓦工，母亲先在工厂做工后来在食品店售货的格雷宾，于1947年在洪堡大学开始大学学业。因为不认同当时苏占区的政治，她在1948年选择加入社会民主党，并在1949年转学至柏林自由大学。[1]1952年，她在赫茨费尔德的指导下完成论文《魏玛共和国时期的中央党与天主教工人阶级》（Das Zentrum und katholische Arbeiterschaft in der Weimarer Republik），获得博士学位。格雷宾相信历史学有责任"为民主之巩固做出贡献"。[2]她曾经回忆道：

> 汉斯·罗森贝格在方法论上的取向与其他人迥然相异，他在根本上不再以政治史、组织史和机构史为导向，而是以社会史的方式提出问题——这对当时的我来说其实并不陌生。我就是来自这样一个阶层。我了解，工人运动是什么，社会运动是什么。毫无疑问，罗森贝格当时对我激励最深。[3]

里特尔也于1952年凭借自己对威廉帝国早期工人运动的研究获得

[1] Helga Grebing, »Für mich war klar: Indoktrination–nicht mehr braun, jetzt rot–kommt nicht in Frage.«, in: Rüdiger Hohls/Konrad H. Jarausch (Hrsg.), Versäumte Fragen. Deutsche Historiker im Schatten des Nationalsozialismus, Stuttgart 2000, S.144–162, hier S.48.
[2] 同上，S.161。
[3] 同上，S.150。

了博士学位，他与罗森贝格之间建立了深厚的友谊。[1]1961年，他又在赫茨费尔德处获得了高校执教资格。次年，刚刚33岁的里特尔就受聘为柏林自由大学教授。他的教学生涯绝大部分在明斯特大学（1965—1974年）和慕尼黑大学（1974—1994年）度过，在那里他指导了53篇博士论文和12篇高校执教资格论文，作者包括于尔根·科卡、汉斯-于尔根·普勒、哈尔特穆特·凯尔伯乐和克劳斯·泰费尔德等一批日后社会史的领军人物。他的学生中，有21人在德国或其他国家获得了教授职位。[2]里特尔的角色就像是一位"中间人"，他虽然只比科卡等人年长十来岁，却成了老一代社会史家和年轻一代社会史家之间的桥梁。正是在这个意义上，科卡才说，里特尔对联邦德国社会史研究之推进的影响"至少"与维尔纳·康策的"一样重要"。[3]社会史作为一个新的研究领域在联邦德国史学中获得固定的位置，首先要感谢康策在组织层面的创举。不过，它在理论和方法上的取向则更多地受到罗森贝格和里特尔的影响。后者是联邦德国史学革新的领路人。

其次，学科组织变化带来的机遇给历史学带去了机遇。20世纪60年代后期至70年代前期，社民党的改革浪潮席卷联邦德国的各个领域。被视为社会现代化之门匙的教育业从中获益匪浅。在联邦政府的财政扶持下，高校体制经历了一场大变革，高校规模得以扩大。一系列

[1] Margit Szöllösi-Janze, Gerhard A. Ritter (1929–2015), in: Historische Zeitschrift 302 (2016), S. 277–289, hier S. 279.

[2] Hans F. Zacher, Laudatio auf Gerhard A. Ritter zu seinem 80. Geburtstag, in: Ulrich Becker/Hans Günter Hockerts/Klaus Tenfelde (Hrsg.), Sozialstaat Deutschland. Geschichte und Gegenwart, Bonn 2010, S. 343–351, hier S. 346.

[3] Jürgen Kocka, »Wir sind ein Fach, das nicht nur für sich selber schreibt und forscht, sondern zur Aufklärung und zum Selbstverständnis der eigenen Gesellschaft und Kultur beitragen sollte.«, in: Rüdiger Hohls/Konrad H. Jarausch (Hrsg.), Versäumte Fragen. Deutsche Historiker im Schatten des Nationalsozialismus, Stuttgart 2000, S.383–403, hier S.392.

"改革型大学"（Reformuniversität）的创建，和传统大学从"正教授型大学"（Ordinarienuniversität）转型为"群体型大学"（Gruppenuniversität）的高校改革[1]，对历史学的发展也产生了深远的影响。最直接的表现就是，改革给年轻的历史学博士带去了更多就业机会。历史系的规模在这一时期以前所未有的速度扩张开来。1975年注册的历史系学生数比1960年增长了近5倍[2]，包括正教授、编外教授、讲师、学术顾问和助教等在内的教职人员数则增长了近4倍[3]（参见表3-1"联邦德国大学历史系教职人数表"）。得益于增设教职、简化执教资格获得程序和重组教席结构等历史学科内部的新发展，持不同政治取向、不同学术理念的历史学家都有了更多获得教职的机会。新的学术思潮从中获益最大，赢得了广泛的机构生存空间。至1972年，已经有23个高校设立了"社会-经济史"教席[4]，而到了1975年，社会史方向的教席数已经达到了49个[5]。

[1] "改革型大学"指联邦德国于20世纪60年代后半期新建的一系列强调各学科之间交叉融合的大学，著名的有比勒费尔德大学、康斯坦茨大学、多特蒙德工业大学等。德国"教授治校"的大学传统，使得正教授长期以来几乎独揽了大学一切科研、教学、人事及财务大权，当时的大学也因此被称为"正教授型大学"。这种管理体制在大学日益发展成为一个综合性的科研教学机构时，显得越来越不合时宜。社民党-自民党联合政府在20世纪70年代推行了一系列立法改革，促使联邦德国最终确立了"群体型大学"的新型教育体制。在这种体制下，大学实行校、院两级管理，两级决策机构由教授、学生、教研助理人员和其他工作人员四个群体的代表组成，教授仍然必须有绝对多数的表决权。

[2] Peter Weingart/Wolfgang Prinz/Maria Kastner/Sabine Massen/Wolfgang Walter (Hrsg.), Die sogenannten Geisteswissenschaften: Außenansichten. Die Entwicklung der Geisteswissenschaften in der BRD 1954-1987, Frankfurt 1991, S.344-358.

[3] Hans-Ulrich Wehler, Geschichtswissenschaft heute, a.a.O., S.739.

[4] Günther Schulz, Sozialgeschichte, in: ders./Christoph Buchheim/Gerhard Fouquet/ Rainer Gömmel/Friedrich-Wilhelm Henning/Karl Heinrich Kaufhold/Hans Pohl (Hrsg.), Sozial- und Wirtschaftsgeschichte. Arbeitsgebiete-Probleme-Perspektiven, München 2005, S.283-304, hier S.290.

[5] Peter Weingart /Wolfgang Prinz/Maria Kastner/Sabine Massen/Wolfgang Walter, Die sogenannten Geisteswissenschaften, a.a.O., S.218.

表3-1：联邦德国大学历史系教职人数表

年　　份	1950	1960	1975
教席教授	50	80	210
编外教授、讲师和（1960年以来的）科研顾问	60	90	230
助　　教	50	50	380
总　　数	160	220	820

在这种规模扩张和社会史兴起的浪潮下，联邦德国历史学界的人员构成表现出了一次明显的代际更替。至20世纪60和70年代之交，联邦德国的历史学领域先后出现了四代人：

第一，1880—1899年出生的"一战前线一代"。

第二，1900—1910年出生的"一战青年一代"。

第三，1911—1925年出生的"二战前线一代"。

第四，1926—1938年出生的"清白的一代"。

在这个时间节点上，一直在联邦德国史学领域占据核心地位的"一战前线一代"和"一战青年一代"，逐渐退出了舞台，导致保守主义在历史学领域的统治权松动了。二战后保守主义历史书写的两位最杰出代表——格哈德·黎特和汉斯·罗特费尔斯，在1967年7月和1976年6月先后去世。特奥多尔·席德尔、卡尔·迪特里希·埃尔德曼、维尔纳·康策先后于1976年从科隆大学、1978年从基尔大学、1979年从海德堡大学退休。与此同时，当然也有年轻一代的保守主义历史学家在成长。恩斯特·诺尔特（Ernst Nolte）和安德烈亚斯·希尔格鲁伯都于1965年在马尔堡大学获得了教授教席。克劳斯·希尔德布兰特在1972年成了比勒费尔德大学的教授。这些历史学家继承并发扬了德国史学的保守主义传统，并且在政治上站在基督教民主主义和新保守主义一边。

总体来看，保守主义队伍中的这种新老交替比较缓慢，也比较常态化。与之相比，左翼一方的年轻人士则在一个相对较短的时间内迅速而集中地成长起来。从20世纪60年代末至70年代中期，有一批在30年代前后出生的历史学家获得了教职。1967年，艾伯哈特·耶克尔在斯图加特大学获得教授职位。1968年，汉斯·蒙森和沃尔夫冈·J.蒙森兄弟以及鲁道夫·冯·塔登分别在波鸿鲁尔大学、杜塞尔多夫大学和哥廷根大学获得教授职位。1970年，艾伯哈特·科尔布（Eberhard Kolb）、赖因哈德·吕鲁普（Reinhard Rürup）和沃尔夫冈·席德尔分别在维尔茨堡大学、柏林自由大学弗里德里希-迈内克研究所和特里尔大学受聘为教授。1971年，汉斯-乌尔里希·韦勒在经历各种波折后，在比勒费尔德大学获得了教授职位。1972年，黑尔加·格雷宾和海因里希·奥古斯特·温克勒分别在哥廷根大学和弗莱堡大学受聘为教授。1973年，于尔根·科卡来到比勒费尔德，卢茨·尼塔哈默尔（Lutz Niethammer）则在埃森获得了教授职位。1974年，迪特尔·格罗在康斯坦茨成了教授。（参见表3-2"联邦德国部分历史学家学术经历表"）。

表3-2：联邦德国部分历史学家学术经历表

编号	历史学家	出生	获博士学位	获高校执教资格	受聘为教授	退休	去世
1	弗里德里希·迈内克	1862	1886	1896	1901	1932	1954
2	格哈德·黎特	1888	1912	1921	1924	1956	1967
3	汉斯·罗特费尔斯	1891	1918	1923	1926	1969	1976

（续表）

编号	历史学家	出生	获博士学位	获高校执教资格	受聘为教授	退休	去世
4	特奥多尔·席德尔	1908	1933	1939	1942	1976	1984
5	弗里茨·费舍尔	1908	1934	1935	1942	1973	1999
6	卡尔·迪特里希·埃尔德曼	1910	1933	1947	1951	1978	1990
7	维尔纳·康策	1910	1934	1940	1943	1979	1986
8	恩斯特·诺尔特	1923	1952	1964	1965	1991	2016
9	安德烈亚斯·希尔格鲁伯	1925	1952	1964	1965	—	1989
10	托马斯·尼培代	1927	1953	1961	1963	—	1992
11	埃贝哈德·耶克	1929	1955	1961	1967	1997	2017
12	恩斯特·舒林	1929	1956	1965	1967	1995	2017
13	克里斯蒂安·迈亚	1929	1956	1963	1966	1997	在世
14	汉斯·蒙森	1930	1959	1967	1968	1996	2015
15	沃尔夫冈·J.蒙森	1930	1958	1967	1968	1996	2004

（续表）

编号	历史学家	出生	获博士学位	获高校执教资格	受聘为教授	退休	去世
16	黑尔加·格雷宾	1930	1952	1969	1971	1995	2017
17	汉斯-乌尔里希·韦勒	1931	1960	1968	1971	1996	2014
18	鲁道夫·冯·塔登	1932	1958	1967	1968	1997	2015
19	迪特尔·格罗	1932	1959	1970	1974	1997	2012
20	艾伯哈特·科尔布	1933	1960	1969	1970	1998	在世
21	赖因哈德·吕鲁普	1934	1962	1970	1970	1999	2018
22	沃尔夫冈·席德尔	1935	1962	—	1970	2000	在世
23	海因里希·奥古斯特·温克勒	1938	1963	1970	1972	2007	在世
24	卢茨·尼塔哈默尔	1939	1971	—	1973	2005	在世
25	哈特穆特·索尔	1939	1963	1974	1977	2004	在世
26	克劳斯·希尔德布兰特	1941	1967	1972	1972	2010	在世
27	于尔根·科卡	1941	1968	1972	1973	2009	在世

年轻的左翼自由主义/社会民主主义一代历史学家的职业生涯，都在这一时期标记了一个重要的攀升点。新的机构体制为他们开辟了通往主流学术圈的大道。虽然这条道路并非总是一帆风顺，但是在高等教育改革的浪潮下，他们几乎都迅速地获得了大学教席，在学界站稳了脚跟。随着他们在大学中获得固定的教职，保守主义不得不让出大片的地盘。

从历史学平均的学术生命周期来看，联邦德国史学可以说经历了一次"迟到的新老交替"。在威廉帝国成长起来的历史学家能够一直主导着联邦德国历史学的发展，这种情况除了归因于他们自身的突出能力外，还与本应成为接班人的"二战前线一代"的命运密切相关。这一代人中，1920年前出生的许多才华横溢的年轻历史学家都因战争而丧命。1929年出生的格哈德·A.里特尔曾这样叙述1945年后联邦德国史学界的人员状况：

> 首先，人员的连续性当时的确存在。不过一个新的代群也在成长起来。真正的战时一代往往在当时就陨落了，因为许多最才华横溢的历史学家没有熬过战争。战争甫一结束，在学科中占据主导地位的大人物是那些早在魏玛共和国，部分甚至早在第二帝国时期就当道的人。接着，最初的学术著作在魏玛共和国晚期没有得到认可的一些人，像施塔代尔曼（Stadelmann）等，获得了晋升。黎特、迈内克和其他人发挥着作用……由于战争，学科的接班力量损失惨重。[1]

当然，有一些历史学家从战场上回来了。瓦尔特·布斯曼（Walter

---

[1] Gerhard A. Ritter, »Neubeginn und Entwicklung der deutschen Geschichtswissenschaft in den 1950/60er Jahren«, in: Rüdiger Hohls/Konrad H.Jarausch (Hrsg.), Versäumte Fragen. Deutsche Historiker im Schatten des Nationalsozialismus, Stuttgart/München 2000, S.118–143, hier S.140.

Bußmann, 1914—1993）在1939年获得博士学位后就上了战场，不过他幸运地活了下来。海因茨·戈尔威策（Heinz Gollwitzer, 1917—1999）在1941年因为受重伤而离开军队，之后进入慕尼黑大学学习历史，1944年在纳粹史学代言人卡尔·亚历山大·冯·米勒的指导下获得博士学位。但在20世纪头十年出生的更多历史学家，成了时代的牺牲品。

20世纪20年代前半期出生的历史学家，比如伊林·费彻尔（Iring Fetscher, 1922—2014）、卡尔·迪特里希·布拉赫（1922—　 ）、卡尔·奥特马·冯·阿雷廷（Karl Otmar von Aretin, 1923—2014）、恩斯特·诺尔特（1923—2016）和安德烈亚斯·希尔格鲁伯（1925—1989）等人，是第一批在联邦德国获得博士学位的历史学家，他们普遍在1960年前后才获得高校执教资格。在他们之中，只有诺尔特因为左手残疾而免服兵役，其他人都上过二战战场。可以说，二战在一代历史学家身上留下了深刻的烙印。在这代人日后的回忆中，他们都清晰地意识到"时代的大事件与他们学习历史的决定之间的密切关系"。[1]不过，与黎特和罗特费尔斯那一代曾在一战战场上冲锋陷阵的历史学家不同，当这一代历史学家在"希特勒青年团"（Hitlerjugend）中被纳粹思想所塑造的世界观和价值观，在1945年被德意志的全面"崩溃"所彻底击碎时，并没有引发他们民族主义的复仇情绪，而是引发了对民主制度的认同，对主义——包括爱国主义和民族主义——的怀疑态度，以及一种"在历史的帮助下学着更好地理解现实"[2]的强烈兴趣。这些历史学家对纳粹主义有厌恶，却不是仇恨。

1926—1938年出生的"清白的一代"[3]，可以分为两个群体。一

---

[1] Hartmut Lehmann und Otto Gerhard Oexle, "Vorwort," in: dies. (Hrsg.), Erinnerungsstücke. Wege in die Vergangenheit, Wien u.a. 1997, S.7.

[2] 同上。

[3] 在社会学分析中，在20世纪德意志版图上广阔的代群序列中，1930年前后呈现出高密度的代群概念聚集性。其中包括"45年人"（45er）、"希特勒青年团一代"（Hitlerjugend-Generation）、"怀疑的一代"（Skeptische Generation）等。"45（转下页）

个是1926—1928年出生的群体，他们也被称为"高射炮助手一代"（Flakhelfergeneration），以马丁·布洛查特（1926—1989）和托马斯·尼培代（1927—1992）为代表。当时15至17岁、仍在读初中和高中的他们，在二战的最后两年被希特勒派上战场充当空军架设高射炮的助手。[1]作为"希特勒最后的英雄"，高射炮助手一代有着极为棘手的历

（接上页）年人"指的是在法律意义上无须承担纳粹罪责而迈入战后德国的第一代人。德国历史与政治教育学家鲁尔夫·舒尔肯（Rolf Schörken）将其出生年份界定在1922年至1933年间，而澳大利亚历史学家迪克·摩西（Dirk Moses）则以两位德国总理——1918年出生的社民党人赫尔穆特·施密特和1930年出生的基民盟人赫尔穆特·科尔——的出生年份作为划分标记。"希特勒青年团一代"是指20世纪20年代早期至30年代中期出生之人，他们在青少年时期必须依法加入希特勒青年团或者少年团进行准军事训练。"怀疑的一代"这个概念由德国社会学家赫尔穆特·舍尔斯基（Helmut Schelsky）所创，指的是1945年至1955年时处在青年阶段的一代人（1930年至1941年出生）。基本上都在20世纪20和30年代出生的这三个代群，虽然基于所强调的核心集体经验不同而各有特点，但是他们彼此之间的边界并不清晰，甚至有部分重叠。所以总体而言，他们之间有一些共性：尽管无须为纳粹夺权承担责任，可是他们在纳粹政权下长大，战争的经历和幻想的破灭让过往的生命变得无意义，于是他们怀疑任何价值观，怀疑任何政治信仰和意识形态，不相信激情、纲领和口号；他们认为自己在第三帝国经历的一切都是骗局，于是不再允许有强制性组织操控和引导自己；他们害怕再被言语所欺骗，所以重视规范对人事的约束；他们重视由自我决定的个体化发展，因为在他们面前只有一条路，那就是生存下去，重建自己的生活。参见 Helmut Schelsky, Die skeptische Generation, Düsseldorf-Köln 1957; Dirk Moses, Die 45er. Eine Generation zwischen Faschismus und Demokratie, in: Neue Sammlung, 40 (2000), S. 233–263; Rolf Schörken, Niederlage als Generationserfahrung, Weinheim-München 2004。

[1] 1942年，为了弥补莫斯科战役中的人员损失并且为接下来东线战场的夏季攻势做准备，希特勒决定将大量空军士兵抽调去支援陆军和海军。这导致德国本土出现了极大的空军人员缺口。1943年，英美军队开始对德实行大规模的战略轰炸，德国空军丧失了制空权，高射炮成为地面部队抵御空袭最有效的武器。于是，纳粹德国开始征召1926年至1928年间出生、当时在中学就读的德国青少年加入空军。自1944年起，1928年出生的工商业学徒也加入此列。官方称这些人为"空军助手"。因为他们大多被安排在各大高射炮炮兵连，所以通常亦被称为"高射炮助手"。"助手"一词往往让人以为这些青少年是战辅人员。事实上，虽然他们每周仍然定时上课，但其实已经完全接替了正规士兵的工作。他们接受了使用防空部队相关装备的一切训练。一台简单的高射炮往往只有炮长是正规士兵，其余人员都是高射炮助手，必要时他们甚至可以独当一面。总计约有20万德国青少年成为高射炮助手，许多人在战争末期的轰炸战中丧生。战争结束时，他们一度被俘，但不久就获得开释，绝大多数人重返高中校园完成学业。从50年代中期开始，他们在各个（转下页）

史基因。一方面，父辈的阵亡、负伤或者被俘，让他们快速地成长为家庭和社会的依靠，所以他们有强烈的自我责任意识，这在战后重建中发挥了重要的作用。但是他们无法将父辈作为学习的榜样。为了家庭与社会的和睦，与此同时，也是出于对父辈命运的同情，他们也避免与之冲突。另一方面，虽然在战后的"非纳粹化"过程中，这一代人普遍因年纪小而获得了赦免，不必站在被告席上，可尽管如此他们也没有资格站在原告席上。他们在第三帝国时期度过了童年和青年岁月，深受纳粹体系影响，即便他们对纳粹军事行动的参与是最低限度的，但是比起1929年出生的于尔根·哈贝马斯、拉尔夫·达伦多夫和汉斯·马格努斯·恩岑斯贝格尔（Hans Magnus Enzensberger）等人，他们仍然算不上完全清白的一代（尽管哈贝马斯曾加入希特勒青年团的经历也备受保守主义人士的诟病）。这种身份的模糊性划定了这一群历史学家的生存空间。处理过去时，他们虽然有负罪感，也坚决与之划清界限，但是过去的经历与现在的立场始终密切纠缠在一起，成了他们无法摆脱的枷锁，所以他们的目的不但指向历史阐释，而且指向自我解放。

　　"清白的一代"中的第二个群体，1929—1938年出生的历史学家，他们虽然在年少时期必须依法加入希特勒青年团或者少年团进行准军事训练，却未以任何形式参与第三帝国的战争和罪行，是第一批真正清白的、可以被视为完全无辜的历史学家。其中包括克里斯蒂安·迈亚（1929—　　）、埃贝哈德·耶克（1929—2017）、黑尔加·格雷宾（1930—

（接上页）领域开始了职业生涯的攀升。其中有不少在德国历史上刻上了自己的名字，包括：曾担任联邦德国外交部部长长达18年的汉斯-迪特里希·根舍（1927年生）、社民党前主席汉斯-约亨·福格尔（Hans-Jochen Vogel, 1926年生）、德国当代文坛两大巨头君特·格拉斯（Günter Grass, 1927年生）和马丁·瓦尔泽（Martin Walser, 1927年生）、联邦德国最著名的歌舞剧演员迪特·希尔德布兰特（Dieter Hildebrandt, 1927年生）、最权威的希特勒传记作者约阿希姆·费斯特（Joachim Fest, 1926年生）、哲学家赫尔曼·吕伯（1926年生）、政治学家库尔特·松特海默（Kurt Sontheimer, 1928年生）、社会学家尼克拉斯·卢曼（Niklas Luhmann, 1927年生）和埃尔温·绍伊希（Erwin Scheuch, 1928年生）等。

2017)、汉斯·蒙森(1930—2015)、沃尔夫冈·J.蒙森(1930—2004)、伊马努艾尔·盖斯(1931—2012)、汉斯-乌尔里希·韦勒(1931—2014)、沃尔夫冈·席德尔(1935—　)、米夏埃尔·施特姆尔(Michael Stürmer, 1938—　)、海因里希·奥古斯特·温克勒(1938—　)等人。格哈德·A.里特尔曾以亲身经历说明他与高射炮助手一代的不同命运："1962年，我在32岁时获得了我的第一个教席。如果我年纪再大一点，只要再大一岁，我就会成为士兵，或者成为战俘多年，或者有可能不在这个世界上了。"[1]这种相差几个月出生就是生与死、有罪与无罪的区别——或者用赫尔穆特·科尔的话来说，这种"晚出生的恩赐"（Gnade der späten Geburt）——让这一群体感觉到宿命般的偶然。当他们中的许多人在20世纪70年代用"德意志特殊道路"理论来解释纳粹主义的浩劫时，我们也可以从中看到这一体验的影子。这一代历史学家对魏玛共和国和希特勒的夺权道路并无太多印象，他们亲历了第三帝国整个的战争和崩溃过程，然后在联邦德国将这种体验政治性地"记忆化"。这使得他们始终将巩固新生的民主体制、捍卫共和国的平和发展视为己任。而且，更重要的是，没有承担纳粹罪责使得他们勇于在公共领域表达自我、反思自我。"怀疑"的立场促使他们将纳粹历史放在整个德国史中作全新的、批判性的分析。除了个别历史学家外，他们都致力于对纳粹主义展开公开讨论。虽然在史学之政治功用的研究伦理，政治史还是社会史的研究取向，以及"特殊道路"理论的研究效力等各种问题上，他们都难以达成共识；但是在对政治公共生活的参与、对纳粹历史的批判、对大规模争论的支持上，他们并无二致。正如赖因哈德·维特拉姆曾经指出的那样，属于同一代人的对立者之间的

[1] Gerhard A. Ritter, »Neubeginn und Entwicklung der deutschen Geschichtswissenschaft in den 1950/60er Jahren«, in: Rüdiger Hohls/Konrad H. Jarausch (Hrsg.), Versäumte Fragen. Deutsche Historiker im Schatten des Nationalsozialismus, Stuttgart/München 2000, S.118-143, hier S.140.

相似性，要比属于不同代人的志同道合者之间的相似性更多。[1]

大致上看，20世纪前25年出生的几代历史学家在很多方面的界限都较为模糊，他们之间的代际差异并不足以支撑起学科的迅猛变革。而只有完全清白的一代历史学家成长起来后，学科的自我认知和政治诉求才有可能产生深刻变化。代际更替是联邦德国史学全面革新的保障。1971年，由韦勒主编的九卷本《德国历史学家》（*Deutsche Historiker*）丛书开始出版。[2]这是新兴史学思潮为自身正名做的最重要的准备工作之一。在其中，韦勒为创设一种新的学科传统做出了努力，他为德国史学史上那些因为政治或者理论上的种种不同见解而不被主流学界所认可的"外行人"编写了一套传记。[3]在他看来，那些与德国学院派历史学内部的民族保守主义和社会保守主义传统相区别，或者说相对立的、持左翼和中间立场的历史学家，不应再继续被学界排挤、放逐、疏远和诽谤。凭此，韦勒想要为历史社会科学，或者说新社会史的理念找到自己的源头，并且为其夺取学术史上的一席之地。正是在20世纪60和70年代之交，联邦德国历史学科机构的扩张、内部的代群更替、历史社会科学的壮大和左翼政治力量的崛起结合在一起，共同标记了一个学科转型的时间节点，并且为提供新的纳粹阐释做好了准备。

三、社民党历史图景的批判与被批判

作为"另一个德国"的代表，作为一个"被解放"而非"被战胜"之

---

[1] Reinhard Wittram, Das Interesse an der Geschichte. Zwölf Vorlesungen über Fragen des zeitgenössischen Geschichtsverständnisses, Göttingen 1958, S.25f.

[2] Hans-Ulrich Wehler (Hrsg.), Deutsche Historiker, 9 Bde., Göttingen 1971–1982.

[3] 属于这个群体的不仅有阿图尔·罗森贝格（Arthur Rosenberg）这样的马克思主义者和法伊特·瓦伦丁（Veit Valentin）这样反对历史编纂之民族主义化的学人，也有古斯塔夫·迈耶尔（Gustav Mayer）、爱德华·伯恩斯坦（Eduard Bernstein）和卡尔·考茨基（Karl Kautsky）等工人运动史家，还有卡尔·马克思和马克斯·韦伯等跨学科的学者。

德国的总理[1]，勃兰特于1970年12月7日在华沙犹太区起义纪念碑前
震惊世界的一跪，在更广阔的舞台上为社会民主主义以批判和反思为
主基调的纳粹历史克服之路拉开了大幕。

　　社会民主主义历史图景的第一个核心，在于对俾斯麦及其建立的
德意志帝国持批判态度，并将其视为"德国浩劫"的根源。二战结束
后，作为唯一在1933年对授予希特勒政府合法独裁统治的《授权法案》
投出反对票的政党（德国共产党议员无法参加投票），社民党与基民
盟/基社盟在如何面对19世纪以来之德国历史的问题上，始终充满分
歧。社民党的政治人物主张不应该停留在希特勒政权时期，而要往历
史深处、往俾斯麦帝国去追问"德国的浩劫"产生的原因。当然这或许
也与帝国首相奥托·冯·俾斯麦基于其保守主义和君主制原则的立
场，将社会主义工人党视为"帝国的敌人"，并推行了一系列反对社会
民主主义和工会运动的镇压措施的历史渊源相关。早在1965年4月1
日，在基民盟/基社盟庆祝俾斯麦诞辰150年时，就没有一位重要的社
民党政治人物参与其中。[2]1971年1月，值德意志帝国建立100周年之
际，社民党人更为鲜明地举起了反对的旗帜。勃兰特认为，俾斯麦及其
帝国不应该再被视为德国历史进程中的"榜样"。[3]海涅曼在1971年1
月17日的全德广播电视讲话中指出，1871年在德国只实现了"外部的
统一而没有完整的公民内部的统一"。一方面，他承认俾斯麦的政策，
即在排除奥地利的前提下强制性地建立了小德意志的王侯联邦国家，
是正确的。但是另一方面，他认为帝国的建立不但"摧毁了民主的与

---

[1]　Willy Brandt, Erinnerungen, Frankfurt a.M./Berlin 1989, S.186.

[2]　Sebastian Schubert, Abschied vom Nationalstaat? Die deutsche Reichsgründung
　　　1871 in der Geschichtspolitik des geteilten Deutschlands von 1965 bis 1974, in:
　　　Heinrich August Winker (Hrsg.), Griff nach der Deutungsmacht. Zur Geschichte der
　　　Geschichtspolitik in Deutschland, Göttingen 2004, S.230–265, hier S.232.

[3]　Willy Brandt, Erklärung des Bundeskanzlers zum Reichsgründungstag, in: Bulletin des
　　　Presse- und Informationsamtes der Bundesregierung 5 (1971), S.35, hier S.35.

民族的意愿之间的联系"，而且"将德国人的民族意识片面地束缚在君主制保守主义的力量上"。在此基础上，海涅曼强调，应该从俾斯麦帝国的历史中去寻找纳粹主义的起因：

> 谁将第一次世界大战当成是一次纯粹的不幸，认为德国人不是共犯，谁将1919年《凡尔赛条约》的不公当成是纳粹夺权的托词，他就始终没有完全理解1918年那场崩溃的原因。百年帝国——这意味着不是一次凡尔赛，而是两次凡尔赛，1871年和1919年，这还意味着奥斯威辛、斯大林格勒以及1945年的无条件投降。[1]

在此之前，还没有联邦总统以这种方式对历史进行清算。海涅曼的讲话引发了联邦德国政治公共领域的一场激烈的争论。在野党的反对声潮尤为高涨。他们强调，俾斯麦帝国虽然不是通过民主途径建立起来的，但是它符合整个德意志民族的意愿[2]；同时指责海涅曼从德意志帝国到第三帝国的连续性命题，是一种"社会民主主义的历史捏造"，这位总统在对待历史问题时"滥用职权"，是为了给社民党的新东方政策扫清障碍[3]。虽然海涅曼的论点引发了很多争议，但是毋庸置疑的是，它标记了"联邦德国记忆史中的一次范式转型"[4]。自此，排挤纳粹历史的政治话语体系被瓦解，用批判视角阐释德意志历

---

[1] Gustav W. Heinemann, 100. Jahrestag der Reichsgründung des Deutschen Reiches. Ansprache des Bundespräsidenten zum 18. Januar 1871, in: Bulletin des Presse- und Informationsamtes der Bundesregierung 5 (1971), S.33–35, hier S.33f..

[2] 参见 Deutsche Rückblicke auf die Reichsgründung, in: Neue Zürcher Zeitung, 19.1.1971。

[3] Franz Josef Strauß, Bismarck, die Erben und Heinemann, in: Bayernkurier, 23.1.1971.

[4] Sebastian Schubert, Abschied vom Nationalstaat? Die deutsche Reichsgründung 1871 in der Geschichtspolitik des geteilten Deutschlands von 1965 bis 1974, in: Heinrich August Winker (Hrsg.), Griff nach der Deutungsmacht. Zur Geschichte der Geschichtspolitik in Deutschland, Göttingen 2004, S.230–265, hier S.248.

史进程的话语体系逐渐得到了官方的认可。它最终成了20世纪70年代"联邦德国历史政策的基础共识"。[1]因为这样一来，可以将德国20世纪上半叶的历史视为一段可以被理解与阐释的发展过程，并由此证明，只要联邦德国如勃兰特1969年的竞选口号所言，"胆敢拥有更多民主"（Mehr Demokratie wagen），它就可以从纳粹历史的重负中解放出来。

社民党希望以这种对待历史负担的方式来促进联邦德国内在的民主化。1970年5月7日，二战结束25周年前夕，当基民盟/基社盟提出诸如"我们不庆祝失败"和"耻辱和罪责不值得赞赏"等口号时，由社民党主持，在联邦议院第一次举行了围绕"德国无条件投降日"（1945年5月8日）展开的公开讨论。这是联邦议院首次就二战结束发表官方看法。自此以后，政治人物终于跳出行政和立法的框架，直接地围绕纳粹主义展开争论。在战争结束四分之一个世纪后，一个核心问题终于被明确提了出来：哪些逝者——究竟是受害的德国人还是受德国人所害的人——能够以哪种话语得到纪念？换言之，这一天究竟应该被视为"失败日"还是"解放日"？但是，这时联邦德国的政治人物虽然意识到了这个问题，却尚且无力对其做出深刻回答。

当时的社民党-自民党联合政府已经意识到，对战败投降日的讨论话语不应该只是局限在事实描述或者情绪煽动上，德国人从纳粹遗物中得到的应该是创造民主社会和民主生活的义务，他们希望通过联邦议院对这一天的公开纪念来促进联邦德国内在的民主化。勃兰特因此技巧性地将关注点转向纪念之必要性，而回避了对"纪念谁"这一问题的清晰定义，他强调这种纪念对德国人尤其是年轻一代的重要性：

---

[1] Dieter Langewiesche, Über das Umschreiben der Geschichte. Zur Rolle der Sozialgeschichte, in: ders., Zeitwende. Geschichtsdenken heute, Göttingen 2008, S.56-68, hier S.61.

一个民族必须准备好清醒地正视她的历史。因为只有忆及过去如何的人，才能够认识到今日如何，并且能够展望未来会怎样。对年轻一代而言，这尤其适用。他们未曾参与当时已临近结束之事。今天20多岁的人那时还没有出生；30多岁的人还是孩子；而即使是40多岁的人，也没有参与我们在1933年遭遇之事。尽管如此，没有人可以摆脱他所继承之历史。……所有年轻人虽然避免了他们父母的恐怖经历，但是也失去了我们能够从中得到的负责任的体验。对于德国的民主来说，倘若大多数年轻人把历史的痛苦经验当作耳旁风并且试图在极端主义中寻求幸福，是很危险的……已经开始的欧洲联合正是1945年不幸事件的最充满希望的成果。它同时也是欧洲和平秩序最重要的前提之一……只有构建欧洲的和平秩序，才能给那些对我们德国人而言与1945年联系在一起的事画上历史的句号。[1]

对于"纪念谁"的问题，勃兰特只是以含糊不清的"受害者"来作答："由希特勒发动的战争造成了数百万的受害者，其中有儿童、妇女和男子，有许多国家的俘虏和士兵。我们怀着崇敬之情纪念他们所有人。"[2]但他毕竟敢于间接提及这一天的矛盾性："25年前的那些天，除了个人困境外，无数德国人从所处的民族困境感觉到的事，对其他民族而言，是从异族统治下解放出来，从暴政和恐惧下解放出来。对于德意志民族中的绝大多数人而言，重新开始的机会、创造法治国家和民主局势的机会也增加了。"[3]通过唤醒德国人对于其他民族的纳粹受害者的同情和内疚，勃兰特成功地暗示了对1945年5月8日的积极评价。与此同时，作为二战时期的流亡者和反法西斯战士，勃兰特不仅指明这一

---

[1] Protokoll des Deutschen Bundestages, 6. Wahlperiode, 51. Sitzung, 8.5.1970, S.2565f..

[2] 同上，S.2565。

[3] 同上。

天对于德国反战者的积极意义，而且强调它对于更多背负着失败者之名的德国人而言所代表的历史机遇。

其次是基民盟议员理查德·冯·魏茨泽克（Richard von Weizsäcker），他毫不讳言，对于德国人的个人意识和公共意识而言，1945年5月8日内含冲突和对立性，但是通过将战争结束时的体验个人化，他巧妙地避免了围绕这个日子的政治意义展开的争论。他认为：

> 我们关于5月8日的体验各不相同。每个人都以各自的方式经历了它。有人返回了故土，有人则失去了家园。有人获得了开释，有人则开始了牢狱生涯。一些人痛苦地面对破碎的幻想，另一些人则感激地面对获赠的新开始。没有第二个日子像5月8日这样对我们中很多人的意识产生影响。其他人则对这一天完全没有兴趣。没有人可以把他自己的经历变成所有人的标准。[1]

在此基础上，魏茨泽克把评价的坐标从过去转向了现实。他不再把1945年5月8日的意义束缚在战争结束上，而是试图在它与现实之间架起一座桥梁。他将和平、自由、正义和团结视为规范社会生活的四大价值观，由此出发，他指出："5月8日教会我们带着对自由之坚定价值的尊重去寻求和平。"[2]

联邦议院的这次讨论，给了各方代表从不同立场出发回忆纳粹主义和战争结束的机会。随着5月8日成为联邦议院的讨论主题，对这一天的关注度也得到了大幅度提升。不过，20世纪70年代联邦德国的政治文化氛围，还无法催生对5月8日究竟是作为"解放日"还是"失败日"的这种矛盾性的公开讨论。换言之，解放话语还无法从中凸显出

---

[1] Protokoll des Deutschen Bundestages, 6. Wahlperiode, 51. Sitzung, 8.5.1970, S.2567.
[2] 同上，S.2569。

来。联邦议院在漫长的25年间始终未曾就此进行官方的纪念活动，这
一态度本身已经暗示了，人们最好将这一天作为"失败日"缄默以待。
就像时任联邦总统的古斯塔夫·W.海涅曼在1970年5月6日对各国外
交使团团长的讲话中所表现的那样，对5月8日的重视只是因为联邦德
国人要对过去的25年做"一个积极的、指向未来的总结"，而非对纳粹
主义做一批判性审视。[1] 与海涅曼在其他讲话中明确指出德国人要承
担历史责任的立场相比[2]，他对5月8日的态度与其说表明了他本人在
这一问题上的保守立场，毋宁说表明了，5月8日作为一个政治历史纪
念日，在70年代初虽然逐渐成了政治领域的话题，但是在政治历史意
识塑造的话语中仍未被赋予重要意义。

　　1975年5月8日恰好是联邦德国的法定假日耶稣升天节（Christi
Himmelfahrt）。这种情况给了政治人物现成的理由：在这一年，联邦
议院不举办任何纪念活动。不过，政治人物仍然在其他场合对这一天
进行了回忆。5月7日，时任联邦总理的社民党人赫尔穆特·施密特对
二战结束发表了看法。在他看来，5月8日是对"难以描述之不幸""永
远无法了解之毁灭""深刻强烈之痛苦"进行回忆的日子，是对"希特
勒独裁以德意志之名对其他民族施加的暴行"进行回忆的日子。施密

[1]　Gustav W. Heinemann, 25 Jahrestag der Beendigung des Zweiten Weltkrieges.
　　 Ansprache vor den in akkreditierten ausländischen Missionschefs, gehalten in der
　　 Redoute in Bonn-Bad Godesberg am 6. Mai 1970, in: ders., Reden und Interviews (I).
　　 1. Juli 1969–30. Juni 1970, Bonn 1970, S.106–110.
[2]　例如参见Gustav W. Heinemann, Zeugnis des Ringens um Menschenrecht und Menschenwürde.
　　 Rede zum 25. Jahrestag des 20. Juli 1944 in Berlin-Plötzensee am 19. Juli 1969, in:
　　 Die Forschungsgemeinschaft 20. Juli e.V. (Hrsg.), Gedanken zum 20. Juli 1944, Mainz
　　 1984, S.67–79; ders., Einen neuen Anfang setzen. Ansprache zum 30. Jahrestag des
　　 Kriegsbeginns über alle Runkfunk- und Fernsehsender der ARD und des ZDF am 1.
　　 September 1969, in: ders., Allen Bürgern verpflichtet. Reden des Bundespräsidenten
　　 1969–1974. Reden und Schriften Band 1, Frankfurt a.M. 1975, S.88–91; ders., Es darf
　　 sich nicht wiederholen. Ansprache bei einem Empfang für in- und ausländische Gäste
　　 des Volksbundes Deutsche Kriegsgräberfürsorge im Hause des Bundespräsidenten am
　　 17. November 1969, in: ebd., S.206–208。

特承认这一天把德国人"从纳粹主义的暴政下解放了出来"并且带来了"在民主制度下重新开始的机会"。但是，他认为这不是德国人"欢呼喝彩"的一天，而是德国人进行"批判性自我拷问"的一天。尽管如此，施密特却指出，德国人不需要始终穿着"忏悔服"，因为如今生活在这片土地上的绝大多数人都是在1933年后才出生，他们不必"以任何方式承担罪责"。[1]

　　与施密特相比，海涅曼的继任者自民党人瓦尔特·谢尔在如何评价5月8日的问题上要更为积极。从中，谢尔更为明确地看到了回忆和民主之间的关联。1975年5月6日，谢尔在波恩大学就二战结束30周年发表了演讲。这篇演讲是30年来对这一主题的内容最丰富同时也最与众不同的演讲。首先，谢尔明确指出了5月8日的解放意义：借助外部力量，德国人"被从可怕的桎梏中解放了出来，从战争、杀戮、奴役和残暴中解放了出来"。虽然这一天是"德国历史上充满矛盾的一天"，但是联邦德国有能力"坦然承认整个德国历史"，包括其中"黑暗的时日"。接着，谢尔强调对5月8日加以纪念是具有道德需求的：因为希特勒"不是不可避免的命运"，是德国人自己接受了对自由的亵渎、对公义的漠视和对数百万人的大屠杀。在此之前，还从未有联邦总统提及这一点。随之谢尔指出，每个德国人都必须"独力解决"罪责问题，无论他对之感到有罪还是觉得羞愧；德国人要对过去进行自我拷问，而不是在外部世界的期望和推动下才进行历史梳理。[2]毫无疑问，对解放性和道德性的强调，使得谢尔的讲话成了当时对二战结束日最

---

[1] Helmut Schmidt, Gedanken an den 8. Mai 1945. Ansprache des Bundeskanzlers zum 30. Jahrestag der Beendigung des Zweiten Weltkrieges vor dem Bundeskabinett, 7. Mai 1975, in: Bulletin des Presse–und Informationsamtes der Bundesregierung, 7.5.1975, S.554f..

[2] Walter Scheel, 30 Jahre nach dem Krieg. Rede in der Schloßkirche zu Bonn am 6. Mai 1975, in: der., Vom Recht des Anderen. Gedanken zur Freiheit, Düsseldorf/Wien 1977, S.27–40.

重要的反思。他为联邦德国的政治话语如何对待这一纪念日设置了最初同时也最为核心的标准。

在20世纪70年代的各种政治表态中，无论勃兰特、魏茨泽克还是谢尔，关注点还停留在"是否要纪念这一天"而不是"怎样纪念这一天"上。不过，值得注意的一点是：5月8日的概念本身开始独立化。曾经牢牢附着在它身上的"战争结束日"的标签被逐渐淡化了。人们开始直接用"5月8日"来指称这个日子，并且开始为如何抽象概括它的政治象征意义而彼此争论。但是，在当时，尚没有哪方势力可以给它贴上新的标签。

社会民主主义历史政策的第二个重心，在于在联邦德国塑造一种全新的民族意识，并且将其与德意志民族的内部和解联系起来。[1]从联邦德国建国开始，各个党派必须就德意志民族国家分裂和再统一的问题给出自己的解决之道。早在20世纪50年代，联邦德国的政治人物就围绕民族认同问题展开了争论。最初，从左翼到右翼的政党都不同程度地坚持以统一的德意志民族国家为最高目标。[2]1953年民主德国的"六一七"事件给联邦德国提供了一个机会，可以抛开纳粹历史，从情感上重新谈论德意志民族和民族国家。这时的社民党人以克服德国分裂为目标，将自己视为德意志民族的守护者。[3]社民党人声称，

---

[1] Willy Brandt, Der neue Stil, in: ders., Plädoyer für die Zukunft. Beiträge zur deutschen Politik, Frankfurt a. M 1972², S.17−29.

[2] 关于1949年至1955年社民党在"德国问题"上的立场，参见：Jörg Gabbe, Parteien und Nation. Zur Rolle des Nationalbewusstseins für die politischen Grundorientierung der Parteien in der Anfangsphase der Bundesrepublik, Meisenheim am Glan 1976, S.214−219; Fritz René Allemann, Bonn ist nicht Weimar, Köln 1956, S.274f。

[3] 参见Edgar Wolfrum, Geschichtspolitik und deutsche Frage. Der 17. Juni im national Gedächtnis der Bundesrepublik (1953−89), in: Geschichte und Gesellschaft 24 (1998), S.382−411; ders., Der Kult um den verlorenen Nationalstaat in der Bundesrepublik Deutschlands bis Mitte der 60er Jahre, in: Historische Anthropologie 5 (1997), S.83−114; Leo Kreuz, Das Kuratorium Unteilbares Deutschland. Aufbau, Programmatik, Wirkung, Opladen 1980。

"六一七"事件是一场双重革命，一方面它反对民主德国统一社会党的统治，另一方面它针对的是联邦德国阿登纳政府专权独行、维持分裂现状的"总理民主"。他们试图借此进一步明确积极再统一政策的优先性。不过，随着阿登纳在1953年再度高票当选联邦总理，社民党的理念难以推行。尽管在外交政策上，两德统一政策没有获得话语权，但是在历史政策领域，对德意志民族国家的渴求赢得了广泛的支持。1954年，在联邦总理的反对下，"不可分割之德国"管委会（Kuratorium Unteilbares Deutschland）宣告成立，其目标是维持对统一的德意志民族国家的记忆，反对联邦德国的西化政策，尽一切努力改变两个德国并存的现状。但是，随着东西方冲突日益激化，尤其是1961年柏林墙的修建，政治人物积极统一德国的理念遭遇了巨大的现实屏障，政治公共领域对于迅速克服分裂状况的期待日益回落了，社会需要对德意志民族意识做出新的解释。

在这一问题上，社民党内部的分歧扩大了。一派以维利·勃兰特和弗里茨·厄尔勒为代表，他们仍然将德意志民族视为一个整体，但是不再追求民族国家的统一。这个"整体"不单单指空间上分裂的东西德是一个整体，而且指时间上延续的德意志历史之方方面面是一个整体。1960年11月，勃兰特在社民党于汉诺威召开的党代会上表态：

> 那些构成今日德国之物，有许多源泉。奥托·冯·俾斯麦和奥古斯特·倍倍尔（August Bebel），弗里德里希·艾伯特（Friedrich Ebert）和古斯塔夫·斯特雷泽曼（Gustav Stresemann），尤里乌斯·莱伯（Julius Leber）和格拉夫·施陶芬贝格（Graf Stauffenberg），恩斯特·莱特（Ernst Reuter）和特奥多尔·豪斯：他们所有人都属于这个民族。但是，沉默也无法让人忘记那些与希特勒这个名字联系在一起的骇人听闻之事。所有这一切都属于

我们的历史。我们必须将它们视为一个整体（Einheit）。[1]

勃兰特的发言表明他仍然将自己视为德意志民族的守护者,但这个德意志民族的整体性来自其历史传统,而非政治组织形式。就像他于1966年在多特蒙德的党代会上所言,"即便民族国家作为组织形式某种程度上不再是政治秩序的最终目标,民族仍然是一个首要的命运共同体"。[2]不过,这个共同体不再需要一种以忠诚为核心的爱国主义作为黏合剂。1965年,时任社民党联邦议院党团主席的厄尔勒强调,德国人必须克服长久以来所假想的"民族信念者与帝国敌人"之间的分裂,从而建立起一种"健康的、心平气和的民族自我意识"。[3]

　　勃兰特和厄尔勒的观点在保守主义人士中间也找到了共鸣者。1966年,时任基社盟主席的弗朗茨·约瑟夫·施特劳斯首次公开对再统一的国家目标提出了质疑。在他的著作《欧洲构想》(*Entwurf für Europa*)中,他倡导"德国问题之欧洲化",并且坦言:"我不再相信可以重建一个德意志民族国家,哪怕是在四国分区占领的边界内……只有当德国的再统一不再以民族国家复辟的视角出现时,人们才可以让它离实现更近一些。"[4]就此而言,他认为联邦德国应该不再作为一个权宜之计,而是应该作为国家民族(Staatsnation)[5]确定下来。

　　1967年,政治评论家布格哈德·弗罗伊登费尔德(Burghard

[1] Willy Brandt, Der neue Stil, in: ders., Plädoyer für die Zukunft. Beiträge zur deutschen Politik, Frankfurt a. M. 1972², S.17-29, hier S.23f..

[2] Willy Brandt, Parteitagsrede vom 1.6.1966, in: Werner Krause/Wolfgang Gröf (Hrsg.), Willy Brand. ... auf der Zinne der Partei ... Parteitagsreden 1960 bis 1983, Berlin/Bonn 1984, S.111-138, hier S.116.

[3] Fritz Erler, Unser Platz unter den Völkern, Bonn 1965, S.4,7.

[4] Franz Josel Strauß, Entwurf für Europa, Stuttgart 1966, S.50f..

[5] "国家民族"与"文化民族"是两德分裂时期用来区分民族类型的一对概念。"国家民族"以领土的边界作为划分民族的界限,"文化民族"则把共同的文化传统视为民族的判定标准。按前者定义,联邦德国人和民主德国人是两个民族;按后者定义,双方都属于德意志民族。

Freudenfeld）在天主教杂志《高地》(*Hochland*) 撰文，指出把联邦德国视为权宜之计这种做法本身，就是"官方为了政权存续下去而编造的谎言"（öffentliche Lebenslüge）；他宣称，联邦德国应该单独被定义为一个国家民族，这才是最完美的爱国主义。[1] 弗罗伊登费尔德的文章引发了一场"《高地》争论"（Hochland-Debatte）。[2] 一方面，反对的声音来自保守主义者。时任基民盟副主席的欧根·格斯登迈亚始终维护俾斯麦建立的统一德意志民族国家，他坚持"把更大的、自由结合的一部分德国作为德意志的核心国家与德意志帝国等同起来，而把在苏联占领下的州和省看作是这样一种德意志地区，这些地区的居民在外来占领强权的统治下被阻止实现自己的公民权利"。[3] 另一方面，反对的声音也来自社会民主主义者。接替厄尔勒担任社民党联邦议院党团主席的赫尔穆特·施密特，就支持一种指向重新统一的民族意识，反对弗罗伊登费尔德所提倡的以一种联邦德国自我意识来取代德意志民族意识。他在《高地》杂志上这样写道：

> 一方面，难道有责任感的政治家应该支持这样一种舆论，由此追求把历史性形成之民族意识的所有希望和所有存在权利都夺走吗？另一方面，他们难道应该通过独一无二地强化联邦德国的国家意识，从而在今天和未来的联邦共和国公民中放任一种胡编乱造的印象蔓延，就好像德意志历史从1945年或1949年才开始，就好像人们能够以一种廉价的方式摆脱德国人与历史的纠葛以及他们对整个民族的责任吗？我认为这是很危险的。……无论

---

[1] Burghard Freudenfeld, Das perfekte Provisorium. Auf der Suche nach einem deutschen Staat, in: Hochland 59 (1967), S.421–433.

[2] 对争论的详细分析参见：Heinrich August Winkler, Der lange Weg nach Westen. Band 2, München 2001², S.243–246。

[3] Eugen Gerstenmaier, Was heißt deutsches Nationalbewußtsein heute?, in: Hochland 60 (1967/68), S. 146–150, hier 149 f.

是民主德国的德国人，还是联邦德国的德国人，都不能凭借一种
对各自之国家感情的宣传而从民族通史中溜走。我们必须始终记
得，我们在民主德国的同胞对政治命运的共同责任是强制性地由
以下事实导致的，即民主德国的德国人几乎是在单枪匹马地——
同时也替代我们——过高地为所有德国人共同输掉的战争支付代
价。……在联邦德国强化国家意识是必要和正当的；但是，想要
把民族意识也缩减到这种国家意识之有效射程内，或许是对我们
民族历史充满风险的扭曲。为此我会反对沉湎于一种联邦德国民
族的田园牧歌中。[1]

很显然，当时，在德国政策的问题上，基民盟/基社盟内部和社民党内部
均有不同声音，而在再统一的支持者和反对者之间，更是几乎连形式上
的妥协也没有达成。但是，以勃兰特为首的社民党理论家们已经在构
想"两个国家，一个民族"这种理念，虽然它在现实上的突破要到勃兰
特和瓦尔特·谢尔在1969年组阁后才出现。

1969年至1974年，新东方政策全面施行。维利·勃兰特和埃
贡·巴尔（Egon Bahr）[2]等社民党人从50年代开始逐渐发展出一种
对待东欧社会主义国家和民主德国的全新态度，即全新的东方政策
（Ostpolitik）与德国政策（Deutschlandpolitik）。东方政策是指德国针对
东欧国家尤其是俄国/苏联的外交政策，二战后则是指联邦德国在东
西方两大阵营冲突与对抗的大环境下，以平衡同苏联和东欧集团之关
系为目标的外交政策。德国政策是指联邦德国面对和处理1949年至

[1] Helmut Schmidt, Bundesdeutsches Nationalbewusstsein?, in: Hochland 60 (1967/68), S.558–562, hier S.561f.
[2] 埃贡·巴尔被视为"东方政策的策划人、创意人、决策者、激励者和建筑师"。参见 Andreas Vogtmeier, Egon Bahr und die deutsche Frage. Zur Entwicklung der sozialdemokratischen Ost- und Deutschlandpolitik vom Kriegsende bis zur Vereinigung, Bonn 1996。

1989年间德国分裂和两德共存之现实的所有构想与行动。与德国政策密切相关的是所谓的"德国问题"（Deutsche Frage/Deutschlandfrage），即自1806年神圣罗马帝国崩溃起至1990年两德重新统一止，在这近两个世纪中以各种形式反复出现的德意志统一问题。社会民主主义的东方政策和德国政策，从1969年开始随着社民党的组阁而真正进入联邦德国的政治话语体系，在70年代前期逐渐融合、转变成一种以亲近和谅解为基本立场的"新东方政策"，其目的是实现同民主德国、苏联和其他东欧国家的正常化交往。

在这种时代背景下，联邦德国人需要面对的新问题是：在承认两德分裂的前提下，应该如何理解"民族"这一概念。德意志民族何在？它究竟是1871年建立的国家民族，还是1848年建立的文化民族？保守主义相信，构成一个民族的基本条件是国家的建立和领土的确定，而非仅仅是意识和愿望。由此，他们为德意志民族画出了一幅从俾斯麦帝国至联邦德国的传承线。基民盟/基社盟的政治人物坚持捍卫一个1871年建立起来的疆域清晰的德意志国家民族。他们认为德意志民族原本轮廓清晰的形象逐渐消失在社民党所谓的"'文化民族'如波浪般飘荡的迷雾中"。[1]在他们看来，1972年《两德关系基础条约》的签署，标志着存在了101年的俾斯麦帝国的彻底破产；而海涅曼和勃兰特等社民党人对民主德国的认可是对德意志民族存续的割裂和背弃，海涅曼和勃兰特是"帝国的敌人"和"无国之人"。

与之相反，社民党人则认为民族存在的基本条件是民族归属感的形成，他们将民主德国也纳入了德意志民族的范畴，并且与联邦德国平起平坐。他们声称，"民族是一个意识和意愿的问题"[2]；"是民众意

---

[1] W. Hertz-Eichenrode, Brandt Abschied von der Staatsnation, in: Die Welt, 17.2.1973.

[2] Presse- und Informationsamt der Bundesregierung (Hrsg.), Bericht der Bundesregierung zur Lage der Nation 1971. Bundeskanzler Willy Brandt vor dem Deutschen Bundestag am 28. Januar 1971, Bonn 1971, S.13.

愿的一个产物，这些人愿意表述或宣布成为德意志民族这一感受——这也正是民主德国民众的意愿"[1]；"民族建立在一个族民的民众持续的共同归属感上，没有人能够否认，就此而言有且将有一个德意志民族"[2]。由此，社会民主主义重新解释了德意志民族的起源：早在1848年法兰克福国民议会召开之时，德意志民族就首次作为政治意愿共同体登上了历史的舞台；它是1848年形成的文化民族，而非1871年俾斯麦统一德国时建立的国家民族。在此基础上，社民党指出，东西德的分裂是德意志民族为其历史所付出的代价；导致两德分裂的不是盟军政府，更不是社民党-自民党联盟；它的根源不是在1945年的雅尔塔会议，而是在1933年希特勒的上台，甚至更往前推，是在1871年俾斯麦帝国的建立。联邦德国及其民众要承认两个德国的既存事实，从而重新找到自己的历史位置。在这个意义上，新东方政策拥有了两大历史政策支柱：其一，德国分裂是德国人咎由自取的历史判决；其二，只有与东欧交好并且承认民主德国的合法性，才是对德意志民族之历史和现状的正确感知。

于是，问题进一步指向：联邦德国自我认知的基础何在？如果它不是一个将要恢复的民族国家之核心，那么它是什么？社民党的回答是自由运动。从德国的雅各宾派到第三帝国的反抗运动，德国史上从来不缺少用自由意识武装起来的民众。联邦德国民主体制之历史根源正在于此，它不仅仅是1945年战胜国的一纸文书。这就是社会民主主义对德国历史上民主传统的"再发现"，也同样是"胆敢拥有更多民主"在历史政策领域的体现，更是社民党重新构建联邦德国民主政

---

[1]　Carlo Schmidt, Staatsrechtliche Komponenten der deutschen Frage, am 15.1.1970 vor dem Deutschen Bundestag., in: Bulletin des Presse- und Informationsamtes der Bundesregierung 8 (1970), S.77f., hier S.77.

[2]　Presse- und Informationsamt der Bundesregierung (Hrsg.), Bericht der Bundesregierung zur Lage der Nation 1971, a.a.O., S.10.

体之历史渊源的重要举措。早在1969年，勃兰特就曾言："对基民盟/基社盟而言，民主是一种国家的组织形式。对社民党而言，民主意味着一种原则，一种必须影响和渗入所有人类社会存在的原则。"[1]1970年2月13日，古斯塔夫·W.海涅曼在题为"德国的历史意识与传统"（Geschichtsbewusstsein und Tradition in Deutschland）的演讲中试图重新评价德国的自由运动。他指出，在德国缺少的不是"有自由和社会意识"之人，缺少的是关于他们的历史研究：

> 我想到所谓的硝石开采工（Salpeterer），他们于18世纪上半叶生活在黑森林南部塞京根（Säckingen）和瓦尔茨胡特（Waldshut）附近的霍岑瓦尔德（Hotzenwald）地区，在那里他们发动了数次起义，尤其是为了与圣布拉辛（St. Blasien）的采邑隐修院院长相抗争。……在我看来，我们充满缺陷的历史意识的一大特征就是，即便是黑森林南部的居民，也几乎对硝石开采工的斗争一无所知……对他们来说，如果要壮大他们自己的力量，那么这样的事件比起那些战争、皇帝和国王肯定更有价值。我认为，如果一个民主的社会时至今日仍然把农民起义者与暴乱分子等同起来——后者很快就被当权者所驯服并且不再越轨——那么这个社会看起来好不到哪里去。胜利者就是这样书写历史的。现在该是时候了，一个自由民主的德国要将自己的历史以不一样的方式写进中小学教科书里。[2]

海涅曼的这一倡议在历史学界得到了两种不同的回应。左翼历史学家

---

[1] Zitat nach Bernd Faulenbach, Die Siebzigerjahre–ein sozialdemokratisches Jahrzehnt?, in: Archiv für Sozialgeschichte 44 (2004), S.1–37, S.15.

[2] Gustav Heinemann, Geschichtsbewusstsein und Tradition in Deutschland, in: ders., Allen Bürgern verpflichtet. Reden des Bundespräsidenten 1969–1974, Frankfurt a.M. 1975, S.30–35, hier S.34.

视其为一种激励。伊马努艾尔·盖斯指出，海涅曼直接或间接地为搭建一种新的、批判性的政治和知识框架提供了助力，这为"重新检视我们在方方面面都需要改革的政治和社会结构做出了巨大贡献"。[1] 与之相反，托马斯·尼培代和特奥多尔·席德尔等保守主义历史学家则明确反对海涅曼对历史和历史学的这种政治利用，认为总统根本不了解历史学的现状，而是将历史当成自由主义者和社会主义者可以随意选购"传统"的商店。[2] 席德尔更是直言：

> 没有人否认，在与其他国家历史学的交流中，德国历史学为了接触到国际研究的重大主题，还有许多工作要做……但是，这与触动联邦总统的问题——即整个德国公共领域的历史意识是否有正确的价值导向；它是否满足了一个自由的民主国家之需求；还有是否信错了神，没有崇拜那些以惩罚的方式从我们的记忆中驱逐出去的无名英雄——甚至几乎完全没有关系。[3]

对此，海涅曼回应称：

> 联邦总统并非民族的历史老师。我所做的，是把在我们历史上为我们今日之民主做了准备的某些运动从排挤中提取出来，并将其与我们的现实联系起来……我重视的，是要意识到，我们今天

---

[1] Imanuel Geiss, Geschichte bis in die Schulbücher, in: Heinrich Böll u.a. (Hrsg.), Anstoß und Ermutigung. Gustav W. Heinemann. Bundespräsident 1969–1974, Frankfurt a.M. 1974, S.37–56, hier S.51f.

[2] Thomas Nipperdey, Über Relevanz, in: Geschichte in Wissenschaft und Unterricht 23 (1972), S.577–596; Edgar Wolfrum, Geschichtspolitik in der Bundesrepublik Deutschland. Der Weg zur bundesrepublikanischen Erinnerung 1948–1990, Darmstadt 1999, S.284f.

[3] Theodor Schieder, Hat Heinemann recht? Zu einer Rede über unser mangelhaftes Geschichtsbewusstsein, in: Christ und Welt, 27.1.1970.

的宪法凭此拥有自己的根源，它不仅仅是1945年的胜利者规定的义务。[1]

显然，社民党人与保守主义历史学家在这一问题上有着不同的视角：当保守主义历史学家们认为关键问题是，要将早期自由运动的研究意义从道德政治性的工具化中解救出来时，社民党人则相信，重要的是为德国历史画出一条从农民战争到社民党-自民党联盟的连接线。正如社民党政要约翰内斯·劳（Johannes Rau）所言，"通过古斯塔夫·W.海涅曼，我们不是问自己，我们是否想要传统；而是问自己，我们想要哪种传统并且我们想要在何种意义上与之相连"。[2]当社民党人强调德意志历史上的自由传统时，他们也为自己的社会改革找到了立足点：自由就意味着教育平等、社会公平和经济平衡。

　　毋庸置疑，在20世纪70年代初，社民党重新定义了联邦德国的历史根源和自我认识。它一方面将俾斯麦帝国和第三帝国联系起来，另一方面为联邦德国挖掘自己的奠基石，从而与纳粹主义彻底撇清关系。这种历史政策是以对德意志历史发展之主线和宏大叙事的批判为基础的，但其最终目的并不仅仅是对德意志历史做一消极陈述。它本质上承袭着60年代的"和解"理念，其核心是为社民党政府在70年代上半叶的整个执政纲领服务，即加速联邦德国社会在各个领域全面"民主化"的进程。

　　1970年，联邦德国先后与苏联和波兰签订《莫斯科条约》

---

[1]　Gustav Heinemann, Die Freiheitsbewegungen in der deutschen Geschichte. Ansprache des Bundespräsidenten aus Anlass der Eröffnung der Erinnerungsstätte in Rastatt am 26. Juni 1974, in: Bulletin des Presse- und Informationsamtes der Bundesregierung 78 (1974), S.777ff., hier S.778f.

[2]　Johannes Rau, Sozialdemokratie und Geschichte, in: Susanne Miller u.a. (Hrsg.), Geschichte in der demokratischen Gesellschaft. Eine Dokumentation, Düsseldorf 1985, S.17–26, hier S.25.

（Moskauer Vertrag）和《华沙条约》（Warschauer Vertrag），这是接下来几年一系列"东方条约"（Ostverträge）的开端。1971年，苏、美、英、法四国签署了《西柏林协定》，承认西柏林地区不归联邦德国管辖，但可以保持且发展与联邦德国的关系。到了1972年春，《莫斯科条约》和《华沙条约》进入了联邦议会批准的阶段。但这时，社民党党内外的保守主义反对浪潮也日益高涨。甚至有一些社民党党员因为反对勃兰特的新东方政策而转投基民盟。[1]曾在60年代担任联邦德国外交部部长，在1969年的联邦总统选举中以极为微弱的劣势败给海涅曼的基民盟政要格哈德·施罗德，于1972年1月4日在《时代周报》上发表了题为《向"东方条约"说"不"》的文章，认为新东方政策开启了"一场灾难性的左倾"。[2]就是在这种面临危机的形势下，1972年4月15日，在联邦议会就是否通过《莫斯科条约》和《华沙条约》进行最终表决前一个月，《法兰克福汇报》刊登了由汉斯·蒙森起草、203位联邦德国历史学家与政治学家共同签名的《关于东方政策的声明》（Erklärung zur Ostpolitik）。声明全文如下：

> 关于"东方条约"的投票，让德国联邦议会面对一个具有历史性影响的决定。只有当与康拉德·阿登纳的名字联系在一起的与西方世界的缓和，通过联邦共和国跟苏联和波兰之间关系的正常化而成功地得到扩展时，对希特勒灾难性暴政的回忆才会在这些国家的人民的意识中退却，猜疑和敌视的感情才不会继续给他们与德意志民族之间的关系加上负担。"东方条约"是这条道路上的重要一步。这条道路是由我们自身所驱动的，但也与西方盟友们步调一致。相信1945年在波茨坦确定的领土准则有可能在任

---

[1] Oliver Schmolke, Revision. Nach 1968–Vom politischen Wandel der Geschichtsbilder in der Bundesrepublik Deutschland, Dissertation (FU Berlin) 2007, S.151.

[2] Gerhard Schröder, »Nein« zu den Ostverträgen, in: Die Zeit, 04.01.1972.

意一点上得到逆转，这是一种幻想；而让这种幻想重新复苏的做法，是很危险的。魏玛的德意志民主之所以落空，首先在于这个民族当时尚未准备好接受失败的后果，在于它仍然坚持扎根在民族理想的政策中，而不是与邻国进行坦诚的沟通或是怀着与它们保持均势的意愿。德国的每项外交政策都必须以此为准则，即要坦率承认，东欧的现状无法从外在进行改动；该准则促使联邦共和国完全整合到西方民主的国家体系中去。只有认可"东方条约"才能让联邦共和国获得公信力，这种公信力能够有效地支持对分裂之德意志民族的自决权的促进。现在所处的形势，比以往任何时候都更需要证明古斯塔夫·斯特雷泽曼要求魏玛政治所具有的那种"面对事实之勇气"。历史从这一形势中教导我们，只有那些带着面对未来的意愿将自己身上过去的负担抛掉的人，才能经受住历史的考验。因此，在此签名的历史学家和政治学家呼吁，德国联邦议会的议员们对"东方条约"表示赞同。[1]

---

[1] Aufruf, in: Frankfurter Allgemeine Zeitung, 15.4.1972. 全体署名者名单如下：威廉·阿博尔（Wilhelm Abel，哥廷根），沃尔夫冈·阿本德罗特（Wolfgang Abendroth，马尔堡），威廉·阿尔夫（Wilhelm Alff，布伦瑞克），埃里希·阿格尔曼（Erich Angermann，科隆），弗朗茨·安斯普伦格（Franz Ansprenger，柏林），卡尔·奥特马·冯·阿雷廷男爵（美因茨），伊诺·阿尔恩特（Ino Arndt，慕尼黑当代史研究所），赫尔穆特·奥尔巴赫（Hellmuth Auerbach，慕尼黑当代史研究所），西格弗里德·巴讷（Siegfried Bahne，波鸿），阿努尔夫·巴林（Arnulf Baring，柏林），海因茨·贝克尔（Heinz Becker，波鸿），沃尔夫冈·本茨（Wolfgang Benz，慕尼黑当代史研究所），乌多·伯恩巴赫（Udo Bermbach，汉堡），维奥拉·贝图西-胡克伯爵夫人（Viola Gräfin v. Bethusy-Huc，明斯特），克劳斯·冯·拜伊默（Klaus v. Beyme，图宾根），君特·贝尔奇（Günter Birtsch，特里尔），海因茨·波巴拉赫（Heinz Boberach，科布伦茨），赫尔穆特·伯姆（Helmut Böhm，达姆斯达特），卡尔·伯莱特（Carl Böhret，柏林），W.A.伯伊莱克（W. A. Boelcke，斯图加特-霍恩海姆），因格玛·伯克（Ingomar Bog，马尔堡），赖因哈德·博尔姆斯（Reinhard Bollmus，特里尔），克努特·博尔夏特（Knut Borchardt，慕尼黑），卡尔·迪特里希·布拉赫（波恩），L.布雷斯（L. Bress，不来梅），马丁·布洛查特（慕尼黑当代史研究所），汉斯·迪特里希·卡尔（Hans Dietrich Cahl，吉森），卡尔·克里斯特（Karl Christ，马尔堡），恩斯特-奥托·泽皮尔（Ernst-Otto Czempiel，法兰克福），克劳斯·达曼（Klaus Dammann，柏林），弗兰克·德佩（Frank Deppe，马尔堡），君特·多克（转下页）

（接上页）(Günther Doeker, 柏林), 马丁·德拉特(Martin Drath, 卡尔斯鲁厄), 格奥尔格·埃克特(布伦瑞克), 瓦尔特·艾德(Walter Eder, 柏林), 托马斯·埃尔温(Thomas Ellwein, 慕尼黑), 海因里希·安特(Heinrich End, 特里尔), 特奥多尔·埃辛伯格(Theodor Eschenburg, 图宾根), 瓦尔特·奥西纳(Walter Euchner, 哥廷根), 卡尔-格奥尔格·法贝尔(萨尔布吕肯), 埃尔温·福尔(Erwin Faul, 波鸿), 伊林·费彻尔(法兰克福), 于尔根·费查高赫斯基(Jürgen Fijalkowski, 柏林), 亚历山大·费舍尔(Alexander Fischer, 法兰克福), 弗里茨·费舍尔(汉堡), 沃尔夫拉姆·费舍尔(柏林), 海涅·弗洛尔(Heiner Flohr, 科隆), 恩斯特·弗伦克尔(Ernst Fraenkel, 柏林), 克劳斯·弗里德兰(Klaus Friedland, 基尔), 曼弗莱德·弗里德里希(Manfred Friedrich, 吕讷堡), 瓦尔特·P.福克斯(Walther P. Fuchs, 埃尔兰根), 奥托·海因里希·冯·德·加贝伦茨(Otto Heinrich von der Gablentz, 柏林), 克劳斯·于尔根·冈策(Klaus Jürgen Gantzel, 法兰克福), 于尔根·戈贝哈特(Jürgen Gebhard, 波鸿), 伊马努艾尔·盖斯(汉堡), 迪特里希·盖耶尔(Dietrich Geyer, 图宾根), 赫尔曼·格拉姆尔(Hermann Graml, 慕尼黑当代史研究所), 鲁尔夫·格劳哈恩(Rolf Grauhahn, 不来梅), 黑尔加·格雷宾(哥廷根), 提尔曼·格林(Tilemann Grimm, 波鸿), 迪特尔·格罗(海德堡), K.D.格罗特胡森(K. D. Grothusen, 汉堡), 卢塔尔·格鲁赫曼(Lothar Gruchmann, 慕尼黑当代史研究所), 曼弗莱斯·哈恩(Manfred Hahn, 不来梅), 雷默·汉森(Reimer Hansen, 柏林), 汉斯·H.哈特维奇(Hans H. Hartwich, 柏林), K.G.豪斯曼(K. G. Hausmann, 基尔), 阿尔弗莱德·哈佛坎普(Alfred Haverkamp, 特里尔), 赫尔曼·海姆佩尔(哥廷根), 曼弗莱德·海尔曼(Manfred Hellmann, 明斯特), 奥托·赫尔丁(Otto Herding, 弗莱堡), 瓦尔特·赫尔茨(Walter Hertz, 曼海姆), 迪特尔·赫尔茨-埃辛罗德(Dieter Hertz-Eichenrode, 柏林), 迪特里希·赫尔佐格(Dietrich Herzog, 柏林), 恩斯特·兴利西斯(Ernst Hinrichs, 哥廷根马克斯-普朗克历史研究所), 沃尔夫冈·赫尔希-韦伯(Wolfgang Hirsch-Weber, 柏林), 约尔格·K.霍恩奇(Jörg K. Hoentsch, 图宾根), 伊姆加德·霍斯(Irmgard Höß, 纽伦堡), 汉斯·胡贝尔特·霍夫曼(Hans Hubert Hofmann, 维尔茨堡), 卡尔·霍尔(Karl Holl, 不来梅), 汉娜萝蕾·霍恩(Hannelore Horn, 柏林), 沃尔夫冈·雅各布迈亚(Wolfgang Jacobmeyer, 慕尼黑当代史研究所), 汉斯-阿道夫·雅各布森(Hans-Adolf Jacobsen, 波恩), 埃贝哈德·耶克(斯图加特), 哈特穆特·耶克(Hartmut Jäckel, 柏林), 戈特哈德·雅斯贝尔(Gotthard Jasper, 明斯特), 卡尔-恩斯特·耶斯曼(Karl-Ernst Jeismann, 明斯特), 维尔纳·约赫曼(Werner Jochmann, 汉堡), 库尔特·于尔根森(Kurt Jürgensen, 基尔), 哈特穆特·凯伯乐(柏林), 弗里德里希·卡伦博格(Friedrich Kahlenberg, 科布伦茨), 卡尔·凯泽(Karl Kaiser, 萨尔布吕肯), 迪特·卡普(Dieter Kappe, 哈根), 哈根·凯尔伯(Hagen Kelber, 弗莱堡), 于尔根·科卡(明斯特), 亨宁·科勒(Henning Köhler, 柏林), 欧根·科贡(法兰克福), 艾伯哈特·科尔布(维尔茨堡), 威廉·科佩(Wilhelm Koppe, 基尔), 赖因哈特·科泽勒克(海德堡), 克里斯蒂安·冯·克罗科伯爵(Christian Graf v. Krockow, 哥廷根), 克劳斯·克罗格(Klaus Kröger, 吉森), F.A.克鲁马赫(F. A. Krummacher, 美因茨), 埃里希·库辛霍夫(Erich Küchenhoff, 明斯特), 赖因哈特·科恩(Reinhard Kühnl, 马尔堡), 阿奈特·库恩(**转下页**)

(接上页)(Annette Kuhn, 波恩), 迪特里希·库尔茨(Dietrich Kurze, 柏林), 霍斯特·库斯(Horst Kuss, 哥廷根), 霍斯特·拉德马赫(Horst Lademacher, 波恩), 卡尔·朗格(Karl Lange, 布伦瑞克), 曼弗莱德·劳比什(Manfred Laubig, 比勒费尔德), 哈特穆特·雷曼(Hartmut Lehmann, 基尔), 格哈德·雷姆布鲁赫(Gerhard Lehmbruch, 海德堡), 汉斯·雷姆贝尔格(Hans Lemberg , 科隆), 库尔特·朗克(Kurt Lenk, 埃尔兰根), 约阿希姆·洛伊施讷(Joachim Leuschner, 汉诺威), 维尔讷·林克(Werner Link, 卡塞尔), 理查德·洛文塔尔(Richard Löwenthal, 柏林), 理查德·洛伦茨(Richard Lorenz, 马尔堡), 卡尔·海因茨·路德维希(Karl Heinz Ludwig, 不来梅), 沃尔夫冈·马格尔(Wolfgang Mager, 比勒费尔德), 赫拉·曼德特(Hella Mandt, 特里尔), 戈洛·曼(瑞士基尔希贝格), 埃里希·马蒂亚斯(Erich Matthias, 曼海姆), 瓦尔特·迈廷奈特(Walter Mertineit, 弗伦斯堡), 费利克斯·梅塞施密特(Felix Messerschmid, 慕尼黑), 欧根·迈耶尔(Eugen Meyer, 萨尔布吕肯), 克劳斯·迈耶尔(Klaus Meyer, 柏林), 于尔根·米特可(Jürgen Miethke, 柏林), 贝恩德·莫勒(Bernd Moeller, 哥廷根), 汉斯·蒙森(波鸿), 沃尔夫冈·J.蒙森(杜塞尔多夫), 阿纳特·默尔克(Arndt Morkel, 特里尔), 克劳斯·于尔根·米勒(Klaus Jürgen Müller, 汉堡), 沃尔夫-迪特尔·纳尔(Wolf-Dieter Narr, 柏林), 弗里德尔·纳舒尔德(Frieder Naschold, 康斯坦茨), 赫尔伯特·奈瑟考夫(Herbert Nesselkauf, 康斯坦茨), 赫尔穆特·纽鲍尔(Helmut Neubauer, 海德堡), 托马斯·尼培代(慕尼黑), 君特·范·诺尔登(Günther van Norden, 伍珀塔尔), 迪特马·佩茨纳(Dietmar Petzina, 波鸿), 维尔讷·菲利普(Werner Philipp, 柏林), 赫尔穆特·佩莱斯讷(Helmuth Plessner, 艾伦巴赫-苏黎世), 君特·普鲁姆(Günter Plum, 慕尼黑当代史研究所), 路德维希·普雷勒尔(Ludwig Preller , 罗塞特), 霍尔斯特·拉贝(Horst Rabe, 康斯坦茨), 蒂洛·拉姆(Thilo Ramm, 吉森), 格奥尔格·冯·劳赫(Georg von Rauch, 基尔), 海因里希·罗登斯泰因(Heinrich Rodenstein, 布伦瑞克), 维尔纳·吕德尔(Werner Röder, 慕尼黑当代史研究所), 卡尔·罗厄(Karl Rohe, 埃森), 汉斯·罗斯(Hans Roos, 波鸿), 迪特马·罗特蒙特(Dietmar Rothermund, 海德堡), 汉斯·罗特费尔斯(图宾根), 赖因哈德·吕鲁普(柏林), 卡尔·海因茨·鲁夫曼(Karl Heinz Ruffmann, 埃尔兰根), 霍尔斯特·沙伦贝格尔(Horst Schallenberger, 杜伊斯堡), 亚历山大·沙尔夫(Alexander Scharff, 基尔), 弗里茨·沙尔普夫(Fritz Scharpf, 康斯坦茨), 沃尔夫冈·席德尔(特里尔), 曼弗莱德·施伦克(Manfred Schlenke, 曼海姆), 马蒂亚斯·施密茨(Mathias Schmitz, 奥斯纳布吕克), 戈特弗里德·施拉姆(Gottfried Schramm, 弗莱堡), 鲁道夫·施里德(Rodolf Schridde, 哈根), 汉斯-克里斯多夫·施罗德(Hans-Christoph Schröder, 哥廷根马克斯-普朗克历史研究所), 恩斯特·舒林(Ernst Schulin, 柏林), 艾伯哈特·舒尔茨(Eberhard Schulz, 柏林德国外交政策协会), 汉斯-戈尔特·舒曼(Hans-Gerd Schumann, 达姆斯塔特), 克劳斯·施瓦布(Klaus Schwabe, 弗莱堡), 亚历山大·施万(Alexander Schwan, 柏林), C.C.施韦策(C. C. Schweitzer, 波恩), 费尔德·赛布特(Ferd. Seibt, 波鸿), 彼得·赛布特(Peter Seibt, 不来梅), 库尔特·松特海默(慕尼黑), 蒂欧·斯塔曼(Theo Stammen, 慕尼黑), 奥托·斯塔莫(Otto Stammer, 柏林), 温弗里德·斯特凡尼(Winfried Steffani, 汉堡), (转下页)

令人印象深刻的是，该声明的支持者在政治图谱上占据着一个广阔的位置：从马克思主义者、自由主义者、左翼民主主义者到右翼民主主义者。历史学科的签名人来自不同的研究领域和思想流派。其中首先是一群包括起草人汉斯·蒙森在内的左翼自由主义和社会民主主义倾向的历史学家，他们是社民党在历史学家群体中的最牢固盟友。不仅有像黑尔加·格雷宾、于尔根·科卡、海因里希·奥古斯特·温克勒、赫尔曼·韦伯和蒙森兄弟等亲社民党的历史学家，还有像汉斯-乌尔里希·韦勒、沃尔夫冈·席德尔和赖因哈德·吕鲁普等新社会史研究的代言人，他们都对《关于东方政策的声明》表示支持。这个群体还包括：迪特尔·格罗，他当时正在从事社民党党史和工人运动史研究；汉斯-约瑟夫·施泰因贝格，他在1971年成为联邦德国第一位工人运动史教席的教授；纳粹研究专家艾伯哈特·耶克尔，他在1967年加入社民党，并在1969年的大选中与君特·格拉斯、西格弗里德·伦茨（Siegfried Lenz）等人共同在"社会民主党选民倡议组"（Sozialdemokratische Wählerinitiative）中为勃兰特的上台摇旗呐喊；汉

（接上页）汉斯-约瑟夫·施泰因贝格（不来梅），多尔夫·斯特恩贝格尔（Dolf Sternberger，海德堡），君特·斯多克（Günther Stökl，科隆），米夏埃尔·施特姆尔（达姆斯塔特），汉斯·苏斯穆特（Hans Süssmuth，瑞斯），鲁道夫·冯·塔登（哥廷根），彼得·蒂伦（Peter Thielen，波恩），海因茨-约瑟夫·瓦里安（Heinz-Josef Varain，吉森），米夏埃尔·威斯特（Michael Vester，汉诺威），鲁道夫·菲尔豪斯（Rudolf Vierhaus，哥廷根马克斯-普朗克历史研究所），蒂洛·福格尔桑（Thilo Vogelsang，慕尼黑当代史研究所），赫尔曼·韦伯（Hermann Weber，曼海姆），汉斯-乌尔里希·韦勒（比勒费尔德），卡尔·魏因加特纳（Karl Weingärtner，罗伊特林根），克里斯多夫·魏茨（Christoph Weisz，慕尼黑当代史研究所），贝恩德·于尔根·温德特（Bernd Jürgen Wendt，汉堡），贝因哈德·威尔姆斯（Bernhard Willms，波鸿），汉斯-约阿希姆·温克勒（Hans-Joachim Winkler，哈根），海因里希·奥古斯特·温克勒（柏林），赖因哈特·维特拉姆（Reinhard Wittram，哥廷根），雷讷·沃尔菲尔（Rainer Wohlfeil，汉堡），格哈德·伍特（Gerhard Wuthe，多特蒙德），格尔达·策伦汀（Gerda Zellentin，科隆），克劳斯·策纳克（Klaus Zernack，法兰克福），吉尔伯特·茨布拉（Gilbert Ziebura，柏林），汉斯-君特·茨马特（Hans-Günter Zmarzlik，弗莱堡）。

堡历史学家弗里茨·费舍尔和伊马努艾尔·盖斯，他们因为"费舍尔争论"而声名大噪，虽然这时与社民党的关系已经不再亲密，却认同它对待民主德国的态度。此外还有托马斯·尼培代，这位"历史社会科学"在专业内部最著名的批评者之一，虽然在1968年加入了社民党，但在教育政策和科学政策上却越来越秉持反社民党的立场；可是他在新东方政策上还是站在了勃兰特一边。[1]

----

[1] 托马斯·尼培代于1927年出生在一个典型的德意志文化市民阶层（Bildungsbürgertum）家庭，父亲是著名的劳工律师（二战后加入社民党）。1953年，尼培代在哲学系获得了博士学位，但他接下来想要成为一名历史学家。1963年，在哥廷根马克斯-普朗克历史研究所（Max-Planck-Institut für Geschichte in Göttingen）获得高校执教资格两年后，他在卡尔斯鲁厄工业大学（Technische Hochschule Karlsruhe）得到了自己的第一个教席。但是，卡尔斯鲁厄缺少了尼培代所向往的知识分子氛围，1967年，他拒绝了新创建的波鸿鲁尔大学的邀请，来到了柏林自由大学弗里德里希-迈内克研究所（Friedrich-Meinecke-Institut der Freie Universität Berlin）。这在当时看来是个绝佳的选择：迈内克研究所是联邦德国顶尖的史学机构；柏林自由大学氛围开放，与美国交流频繁，吸引了不少流亡知识分子；社民党执政的西柏林符合他的政治期待。因为和许多同龄人一样，尼培代想要成为改革者，推动联邦德国年轻的民主制度进一步发展。对于尼培代这样持"共识自由主义"（konsensliberal）和"文化新教主义"（kulturprotestantisch）立场的年轻一代知识分子而言，基民盟的天主教色彩太浓，自民党的"民族"色彩太浓，社民党则提供了一个相对更有吸引力的选择。1968年4月，尼培代加入了社民党在柏林策伦多夫区（Bezirk Zehlendorf）的地方组织，正式成为社民党党员。赫尔曼·吕伯曾这样评价尼培代的这一举动："这绝不是为了政治生涯而迈出的第一步，也不是要用某种批判理论精神去对一个旧党进行翻新，更不是要为高校之政治化而创造一种政党政治的基础。在党基层任职的这位学者，是一个对学术世界与政治-市民世界加以协调并在个体身上统一起来的例子，这件事的必要意义不必依赖他所担任之职务的职能范围而得到实现。"但是，学生运动迅速蔓延开来，自由大学成为重要阵地。尼培代受到了猛烈攻击，抗议的学生甚至向他扔涂料和鸡蛋。随着事态的发展，当社民党对学运提出迎合的姿态时，尼培代却认为这场"伪革命"损害了学术自由，并且因此开始与社民党产生分歧。为了与这场运动对抗，他最终在1970年年末成立的保守主义高校教师组织"学术自由联盟"（Bund Freiheit der Wissenschaft）中找到了平台。1971年，尼培代带着失望离开了柏林，前往宁静的慕尼黑。虽然一直到1985年，尼培代一直是社民党党员——作为自由主义保守人士，他对勃兰特和施密特等社民党高层仍然保有不少好感——但是，社民党对待"六八"学生运动的态度，与他所坚持的"要对市民阶层之历史贡献抱有敬重之意"的基本立场相冲突，这使得他在社民党-历史学的交往网络中成为独特的"党内疏离派"。参见：Paul Nolte, Lebens Werk. Thomas Nipperdeys Deutsche Geschichte.（转下页）

　　在签名者中，刚刚写就自己经典作品《华伦斯坦传》的戈洛·曼也引人注目。他甚至因为对新东方政策的支持而被"迅速地归入左翼图谱甚至社会民主主义阵营中"。[1]但曼对新东方政策的支持其实早就有迹可循。早在20世纪50和60年代，他就在报纸和杂志上发表了一系列公开批判阿登纳政府外交政策的文章，致力于为一种以缓和为指向的东方政策做准备，主张承认奥德河-尼斯河线为德国与波兰的边境线，并且要求在东西方之间建立一种更好的交往关系。[2]在他看来，基民盟/基社盟在东方政策上的立场代表着"仍然将俾斯麦帝国视为理所当然之事的那几代人"，这些人正在逐渐退出历史舞台，而新成长起来的人只是把德意志民族国家视为"德意志历史上一个短暂的、陌生的插曲"而已。[3]1964年2月，他在罗马歌德学院发表的演讲中，将1937年德国的疆界称为"幻想"（Phantom）。[4]这次讲座引发了一场由基民盟/基社盟挑起的争论。争论的焦点是：一位德国教授是否可以被允许在国外就奥德河-尼斯河线发表与德国政府立场相异的观点？[5]由此可见，曼从一开始就支持勃兰特及其新的外交缓和政策。

（接上页）Biographie eines Buches, München 2018, S.40; Hermann Lübbe, Die politische Verantwortung des Gelehrten, a.a.O., S.38; Uwe Wesel, Die verspielte Revolution. 1968 und die Folgen, München 2002, S.203。

[1] Tilmann Lahme/Holger R. Stunz, Der Erfolg als Missverständnis? Wie Golo Mann zum Bestsellerautor wurde?, in: Wolfgang Hardtwig/Erhard Schütz (Hrsg.), Geschichte für Leser. Populäre Geschichtswissenschaft in Deutschland im 20. Jahrhundert, München 2005, S.371-398, hier S.385.

[2] 相关文章可参见 Golo Mann, Das Ende der Bonner Illusionen, in: Die Zeit, 18.8.1961; ders., Die Rechnung für den verlorenen Krieg, in: Die Zeit, 22.9.1961; ders., Die Stunde der Wahrheit ist gekommen, in: Stuttgarter Nachrichten, 30.12.1961; ders., Das Ende der Ära Adenauer. Der Staatsmann und sein Werk, in: Sonderbeilage der Zeit, 18.10.1963; ders., Mit den Polen Frieden machen, in: Stern, 12.7.1964。

[3] Golo Mann, Neue Ostpolitik, in: Neue Rundschau 81 (1970), H.1, S.1-6, hier S.2.

[4] Golo Mann, Die Ära Adenauer, in: Römische Reden. Zehn Jahre Deutsche Bibliothek Rom. Goethe-Institut 1955-1965, München 1965, S.48-67, hier S.57.

[5] 参见 Golo Mann, Das A.A. und die Wetterkarte, in: Die Zeit, 13.3.1964。

他与勃兰特之间私人关系之亲密，从他在勃兰特竞选期间时常为其演讲代笔捉刀中可见一斑。[1]1970年1月14日，维利·勃兰特在联邦议会做了《关于民族境况的报告》(Bericht zur Lage der Nation)，阐明了新政府对东方政策和德国政策的原则。[2]两周后，戈洛·曼就在《时代周报》发表了题为《民族对我们而言意味着什么？》(Was gilt uns die Nation？)的文章，来为勃兰特的观点提供智识支撑。他在文中对比了执政党和反对党的不同论点，最终得出社会民主主义-自由民主主义联盟要更胜一筹的结论。[3]在《关于东方政策的声明》发表前几日，曼就公开称赞"东方条约"是"勇气和智慧之作"。[4]然而，从1974年开始，戈洛·曼逐渐与社民党政府继续深入的新东方政策保持距离，因为他仅仅将新东方政策的目标定位在联邦德国跟东欧国家和民主德国实现正常的外交关系上，而社民党则将新东方政策视为一个多面向的、全欧洲的和平与缓和政策。尽管曼与勃兰特的友谊从1972年开始破裂[5]，

---

[1] Urs Bitterli, Golo Mann. Instanz und Außenseiter. Eine Biografie, Berlin 2004, S.304f., 347.

[2] Willy Brandt, Bericht zur Lage der Nation, 14.01.1970, in: Bulletin, Nr.6, 15.1.1970, S.49–56.

[3] Golo Mann, Was gilt uns die Nation?, in: Die Zeit, 30.1.1970.

[4] Golo Mann, Die Verträge von Moskau und Warschau sind ein Werk des Mutes und der Klugheit, in: Neue Hannoversche Presse, 12.4.1972.

[5] 戈洛·曼在1974年3月26日写给勃兰特的信中这样说道："近一年半来，我事实上在政治领域保持了缄默，通常是说些不痛不痒的废话。如今不能再这样下去了。如果我要重新表达自我的话，那么我想要尽可能地慎重，无论如何与我的禀性、与我纯粹且不受约束的观察者身份相宜。正如我于去年9月在电报和信件中，当然还有之前8月在谈话中向您表明的那样，我的担忧现在已经得到了证实，这令我万分苦恼。我坚信：原因不在于联邦政府失败之处，不在于联邦政府成功之处，不在于所谓的对'东方条约'之后果大失所望，与通货膨胀也只有极少的关系。责任不在立法者的所作所为，而在空谈。责任在慕尼黑、法兰克福和其他行政区，在黑森州南部，在黑森州的框架性指导路线、慕尼黑的社会民主党青年团团代会和法兰克福的街头冲突，还有很多很多。……请您相信我，我对您个人的喜爱，我对您毕生事业——尤其是对您赢得和贯彻'东方条约'的方式——的高度尊崇，始终如一。在任何场合我都会这么说。"(Golo Mann an Willy Brandt, 26.3.1974, in: Tilmann Lahme/Kathrin Lüssi [Hrsg.], Golo Mann. Briefe 1932–1992, Göttingen 2006, S.221 f.)

但在这个关键时期他仍然支持社民党的路线。

　　除了这群历史学家外，还有两群历史学家在该声明下签字：一群来自哥廷根马克斯–普朗克历史研究所，包括时任所长的鲁道夫·菲尔豪斯（Rudolf Vierhaus）及其成员恩斯特·兴利西斯（Ernst Hinrichs）和汉斯–克里斯多夫·施罗德（Hans-Christoph Schröder）；另一群来自慕尼黑当代史研究所，除了在这一年刚刚当选为所长的马丁·布洛查特外，还包括沃尔夫冈·本茨（Wolfgang Benz）、赫尔曼·格拉姆尔（Hermann Graml）、蒂洛·福格尔桑（Thilo Vogelsang）、卢塔尔·格鲁赫曼（Luthar Gruchmann）、伊诺·阿尔恩特（Ino Arndt）、赫尔穆特·奥尔巴赫（Hellmuth Auerbach）、沃尔夫冈·雅各布迈亚（Wolfgang Jacobmeyer）、君特·普鲁姆（Günter Plum）、维尔纳·吕德尔（Werner Röder）和克里斯多夫·魏茨（Christoph Weisz）。

　　在温和主义或者保守主义历史学家群体中，可以找到汉斯·罗特费尔斯、托马斯·尼培代和米夏埃尔·施特姆尔的名字。除此之外，支持者名单中赫然在列的还有许多当时已在联邦德国卓有声望的学科代言人，或者已经踏上其职业成功之路的中坚分子，他们包括：参与创建马克斯–普朗克历史研究所、刚刚从所长一职卸任的中世纪史家赫尔曼·海姆佩尔、东欧史家赖因哈德·维特拉姆、魏玛共和国和纳粹史研究专家卡尔·迪特里希·布拉赫、历史理论家赖因哈特·科泽勒克、历史教育学家卡尔–恩斯特·耶斯曼、经济史家沃尔夫拉姆·费舍尔、史学史家恩斯特·舒林（Ernst Schulin）和近代史家鲁道夫·冯·塔登等等。

　　显然，左翼自由主义或者社会民主主义倾向的历史学家会在这一声明上签名以支持勃兰特的东方政策，并不值得惊讶。值得注意的是，有不少支持者其实总体上对社会民主主义的政策持观望或疏远的态度，但是在东方政策的问题上，他们出于各种各样的理由站在勃兰特和社民党一边。

波恩大学（Universität Bonn）的政治学和当代史教授卡尔·迪特里希·布拉赫是纳粹研究中蓄意主义者的重要代表，与《声明》的起草者、身为结构主义者的汉斯·蒙森意见相左。但在德国问题上，他与蒙森贴得很近。1971年，值德意志统一民族国家建立100周年之际，《时代周报》邀请了三位不同年龄层次的历史学家和政治学家就"德意志帝国"发表看法。其最关切的问题是：德意志民族的统一帝国理想，是否还能为分裂状态下的东西德找到未来的方向提供指引和帮助？这三位历史学家中，除了彼得·格拉夫·基尔曼塞格（Peter Graf Kielmansegg, 1937—　　）当时刚刚在欧根·科贡处获得高校执教资格，是专业世界的新人外，特奥多尔·席德尔和卡尔·迪特里希·布拉赫都是学界的风云人物。布拉赫并不认为已经消亡的德意志民族国家可以在当下德国人的方向选择中发挥任何积极的作用。情况正相反，只要看看魏玛共和国，就知道坚持"帝国神话"会带来怎样的危险。因此，布拉赫拒绝把联邦德国的定位再与俾斯麦帝国挂钩。如果没有1871年帝国的最终覆灭，"德意志兰第二个、也是最终成功的民主体制是不可想象的，是断无可能的"。所以当前德国政策的目标不应该是"帝国和民族"，而应该是"可信的民主和跨国的合作"。在此基础上，布拉赫相信，与德意志帝国的分离不仅是对现实政治的应对，而且是构建联邦德国自我认同的基础。[1]正是因为这种对帝国和再统一理想的拒斥，布拉赫对《声明》表示了支持。但与此同时，他也并不完全认同社民党的理念。当社民党仍然珍视一个共同的德意志文化民族时，布拉赫已经准备将联邦德国视为一个后民族国家。

达姆斯塔特工业大学（TU Darmstadt）的当代史教授卡尔·奥特马·冯·阿雷廷是最早在公共领域支持波恩共和国就"德国政策"做出改变的历史学家之一。1969年，他就撰文明确指出联邦共和国的再

---

[1] Karl Dietrich Bracher, Ein zerstörter Mythos, in: Die Zeit, 15.1.1971.

统一说辞已不合时宜，一方面是因为1945年以来德意志的分裂"并不是一个建立在伤害民族自决权基础上的专横行为，而是一个进程，鉴于两个大国在全世界划分势力范围，这个进程完全无法通过只涉及德国的政策而得到解决"；另一方面是因为"德国的中间位置而导致的分裂危险是根植于我们自身历史的一个难题，它有一段漫长的前史"。[1]尽管当时阿雷廷没有直接就新东方政策表态，但在他的文章中已经可以看到亲社民党的姿态。需要注意的是，他的这种立场不单单指向联邦德国外交政策的路线变动，更指向德意志近现代史阐释模式的竞争。阿雷廷是弗朗茨·施纳贝尔的学生，他继承了其导师关于19世纪德国史的核心看法：对小德意志帝国的统一构想持批判态度，并将1815年至1866年的德意志邦联（Deutscher Bund）视为一种合适的全德意志国家组织形式。[2]阿雷廷和施纳贝尔都是天主教徒，他们对德国问题的看法，一定程度上延续了天主教的德意志国家构想与普鲁士-新教的德意志民族国家构想之间的冲突。前者的阐释模式长期处在主流德意志历史图景的阴影之下。因此，当阿雷廷在声明上签字时，他不但是在支持勃兰特政府的外交政策，而且是在支持自己的历史阐释模式。

1970年，社民党-自民党联盟刚刚上台执政不久，保守主义的当代史家汉斯·罗特费尔斯就发文公开支持重新定位与东欧国家的关系，他将之称为"对现实的克服"。[3]在罗特费尔斯的指导下撰写了博士论文的海因里希·奥古斯特·温克勒曾在回忆中特别强调了其导师的这

---

[1] Karl Otmar Freiherr von Aretin, Die deutsche Teilung-historisch gesehen, in: Merkur 23 (1969), S.1142-1156, hier S.1142.

[2] 关于施纳贝尔的历史观，参见 Historische Kommission bei der Bayerischen Akademie der Wissenschaften (Hrsg.), Franz Schnabel-zu Leben und Werk (1887-1966). Vorträge zur Feier seines 100. Geburtstages, München 1988; Thomas Hertfelder, Franz Schnabel und die deutsche Geschichtswissenschaft. Geschichtsschreibung zwischen Historismus und Kulturkritik (1910-1945), 2 Bde, Göttingen 1998。

[3] Hans Rothfels, Die Bewältigung der Gegenwart und die Geschichte, in: Saeculum 21 (1970), S.264-273.

一立场：

> 我们不应该忘记，这位保守主义的历史学家是最早赞成承认奥德河-尼斯河线的历史学家之一，并且属于为社会自由主义的东方政策进行攻击性辩护的历史学家之一。他在一个由汉斯·蒙森撰写的声明下署名，该声明针对联盟党的保守主义批评而捍卫勃兰特的外交政策。[1]

为何这些保守主义的、与基民盟走得更近的历史学家，会愿意在一份声援社民党的声明下签字？我们或许可以在哥廷根史家赖因哈德·维特拉姆给罗特费尔斯的一封信中找到答案：

> 亲爱的罗特费尔斯先生：
>
> 这几天来，人们在热烈地讨论"东方条约"的命运，我也再三问自己，您对此会持何种态度。我的思考总是得出同样的结论：如果条约不获批准的话，我会认为这首先在外交上是民族的一个巨大不幸。这主要是基于以下理由。要是联邦德国不批准条约的话，那么它——尤其是它的各届政府——在很长一段时间内都会被认为不具备政治行动能力。一个内在稳固的大国，能够允许一份文件在提交议会审核的过程中因为一些声音而被中止。而一个像我们这样虚弱且不稳定的国家，在我看来，则不能如此，因为即便是我们毫无疑义最强大的、给予我们生存支持的盟友，实际上也无法在不可避免的困境面前护卫我们周全（面对欧洲邻国的失望只能缄默不语）。

---

[1] Heinrich August Winkler, »Warum haben wir nicht den Mut gehabt, kritische Fragen zu stellen?«, in: Rüdiger Hohls/Konrad H. Jarausch (Hrsg.), Versäumte Fragen, a.a.O., S.369–382, hier S.373.

在我看来，在我们中间有两种危险的错觉：一种是乐观的看法，认为目前与苏联的缓和政策以及和约的生效，会降低苏联的世界强权给我们带来的威胁（我绝没有这种乐观主义，我也不否认在条约中有一些危险因素）。而另一种错觉认为，倘若我们拒绝条约的话，那么政治局势会迫使苏联寻求一种向我们妥协的方式，这甚至会给我们带来更有利的条件。无论如何，我不能接受这种想法，在此有两个理由。其一，我们不应该低估苏联威望的精神力量：如果拒绝条约的话，这不会给我们带来任何好处……其二是苏联的实际处境。鉴于其他东欧集团国家并且考虑到北欧的情况，局势会迫使苏联用所有可以想到的手段——这样的手段有很多——直接或间接地将联邦德国置于压力之下。无论是内政还是外交上，我们都无法承受这些压力。在我们的目光所及之处，我不期待美国的世界三分游戏未来几年会对我们有什么好处，因为这个庞大的政治运作机制并不能精确地运作，它允许各种各样的偏差。人们可以争论，条约是否必须以目前这样的形式来签署；不过在我看来，条约现在必须得到批准是毋庸置疑的。我认为，条约不获批准带来的危险，比条约获批带来的危险，要大得多。

我觉得局势非常严峻，所以我个人愿意签署一份请求获批的呼吁。关于呈现在我面前的这份文本，我可能会考虑删除两段我不能认同的话：一句是说我们被要求抛掉历史的负担（其实情况正相反才对：我们要承担历史的后果），另一段是关于魏玛共和国的片面解释。因为蒙森先生把他的草拟稿寄给了我，所以我相信您也了解这份文本。正如之前所言，在一些有异议之处，我期待文本能有所删减。因此也冒昧地问一声，您是否有可能决定在天平上把您名字的力量放在支持条约获批这一边？这会令我个人感到欢欣鼓舞和倍受支持。撇开这一点不谈，我坚信，您将会让一件好事变得更有力。[1]

从维特拉姆的表述中可以发现，保守主义史家支持声明的一个重要原因在于世界政治现实的紧迫性。他们在蒙森起草的声明下签字，并不代表他们完全赞同声明的表述；他们在支持东方政策的声明下签字，并不代表他们完全赞同"东方条约"的内容。这些社会民主主义、自由主义和保守主义的历史学家团结在一起，要支持的是一种联邦德国在外交政策和德国问题上路线方针的整体大转向，而不是条约内容和声明文本的细节。

　　在联邦德国历史学界，《关于东方政策的声明》并非没有遭遇反对意见。以特奥多尔·席德尔和维尔纳·康策为首的一些学科领导者明确拒绝该声明。一方面，他们反对该声明的形式，认为学者不应该在公共领域就政治议题以集体表态的方式来制造舆论；另一方面，他们更反对该声明的内容，不赞成通过"东方条约"。1971年，德意志统一民族国家建立100周年之际，《时代周报》的讨论专题中，特奥多尔·席德尔也是撰稿人之一。在1908年出生的席德尔看来，虽然1871年的统一把"根植于普鲁士的军国主义-官僚主义权力秩序传给了德意志民族国家"，但它也"释放了巨大的经济活力，引导德国成为世界工业革命的领头羊之一"，并且由此为"最强大的社会主义工人运动"提供了土壤。尽管这个德意志帝国对当下的联邦德国来说已没有太多的参照意义，尽管这个国家在建立之初就存在基础性的、结构性的缺失，但是它并没有就此失去"历史的影响力"。德意志帝国仍然可以发挥现实的导向作用：在分裂的时代，当人们回忆起仅仅存在了75年的德意志民族国家时，人们就会产生一种民族的归属感，并或许能够从中产生"对未来的希望"。[2]显然，席德尔未曾放弃重新统一的意愿，并因此反对

[1]　Reinhard Wittram an Hans Rothfels, 03.04.1972, in: BArch Koblenz, N 1213/133.
[2]　Theodor Schieder, Hoffnung für die Zukunft?, in: Die Zeit, 15.1.1971.

勃兰特政府和社民党的路线。在席德尔指导下获得博士学位、随后为其担任助手的汉斯-乌尔里希·韦勒,曾回忆他与席德尔之间因为政治取向不同而产生的"冷漠关系":

> 我还记得,我曾在戈洛·曼发起的一项承认奥德河-尼斯河线的号召书中签名。为此我去找席德尔并且告诉他,只有助手签名是不行的。(席德尔说)第二场全面战争失败了,当时没有任何磋商的余地,或者就像美国人所说的"你们要止损"……他说,他理智上完全认清了这一点,但是在情感上仍无法公开承认它。直至1944年11月,他与来自西普鲁士的太太一起生活在柯尼斯堡。[1]他的四个孩子都在那里出生。他无法在这份号召书上签名并且由此承认这个国家最终失败了……或者说,虽然我们都不是社民党党员,但是我们永远在争论,我们有多大可能在社民党的竞选号召书上签名。[2]

席德尔对社会民主党的历史政策、对勃兰特之新东方政策的态度,就在他拒绝签署《关于东方政策的声明》的表态中再一次表现了出来。在席德尔看来,"东方条约"虽然是明智的,但它来得为时过早;人们不应该草率地把对"东方条约"的阻止与否认德国战败的事实相提并论。汉斯·蒙森在为声明搜集签名时,也曾致信席德尔。席德尔回信拒绝了蒙森的请求,他这样写道:

> 我问自己……是否有必要在1970年夏天缔结条约,我们并不能立刻在我们国家的官方机构中为这些条约做好广泛的基础性准备。我不想断言这件事的发生是否出于内政因素。无论如何,当

---

[1] 柯尼斯堡曾是东普鲁士首府,《波茨坦协定》签订后归苏联所有。

[2] Hans-Ulrich Wehler, »Historiker sollten auch politisch zu den Positionen stehen, die sie in der Wissenschaft vertreten.«, a.a.O., S.250f.

我努力分析1970年的情势时，我看不到什么无法克服的外交必要性，非要匆匆签订条约……

让我对声明反感的，首先是它唤起了这样一种印象，就好像在一边就只有和平与缓和的意愿，而在另一边则是修正边界的意愿和不愿接受德国失败的事实。事情并不是这么简单。我不想否认，有人还幻想着对目前的德国边界加以修正，将这视为一种现实的可能；但是，对所有那些目前只能以极大的保留态度对待这些条约的人来说，如果存在这种现象，即把修正边界当作他们之怀疑态度的动机，那么这也会是灾难性的……

当然，我承认，您起草一项声明的意图并不是进行单方面的解释。我怀疑的是您是否成功地做到了这一点。我担心的是，现在的形势在公共领域唤起了一种区分好人与坏人的情绪，并且把我们的学科带到了极为不协调的氛围中。[1]

显然，席德尔的拒绝理由来自两个方面：其一是他对一种"政治型历史学家"角色的拒绝。他声称自己"原则上从未在一项集体声明上签字"，因为他觉得"一位学者不应该自己出面声援一件自认为好的事情"。[2]他更喜欢与政治人物在私人层面交往，既不喜欢参加政党组织的各类活动（他曾言"我对基民盟有好感，但我不是这个党的党员"[3]），也不喜欢在政治公共领域为其提供助力（他曾言"我更喜欢在一个小圈子里，而不是在一个很大的公共领域中进行内在思考，后者会杀死谈话而不是促进谈话"[4]）。当席德尔的大儿子、同为历史学家的沃尔夫

---

[1] Karl Dietrich Erdmann, Die falsche Alternative, in: Geschichte in Wissenschaft und Unterricht 23 (1972), S.353-363, hier S.362f.

[2] 同上，S.362。

[3] Theodor Schieder an Heiner Geißler, 19.6.1977, in: BArch Koblenz, N 1188/670.

[4] Theodor Schieder, Absage einer Podiumsdiskussion mit Außenminister Brentano über die Aussichten für eine Wiedervereinigung an der Universität Hamburg, 28.10.1959, in: BArch Koblenz, N 1188/270.

冈·席德尔在1972年加入社民党时，这位父亲曾大力劝阻。理由是历史学家不应该做某个政党的党员，这样他会失去与政治的距离，而那恰恰是学术客观性所必需的。不过沃尔夫冈·席德尔认为，父亲的这种看法不过是一种借口，他持反对意见更多的是因为他对社民党的反感，毕竟他在选票上总是选基民盟。[1]这就涉及特奥多尔·席德尔拒绝在声明上签字的第二个理由：对社民党的拒斥。在他看来，联盟党是一个"协调党"，致力于各方利益的"平衡和汇聚"，最符合传统的国家和公共福利思想，最能代表"德意志国家和德意志社会中政治-历史的连续性"。而社民党是"大众党和功能党"的化身，工人运动的历史根基让它很有可能重新唤起"反对历史性国家和既存社会的革命运动"。[2]所以二战后，在政治领域，他只与基民盟有直接的交往。他认为，联盟党与社民党联合组阁的大联盟政府是联邦德国的最佳政府，因为这样能够对社民党形成制约。正是基于这样的政治取向，特奥多尔·席德尔始终远离社民党。尤其是当勃兰特组阁后，他更是错误地假定联邦德国的公民社会会在各个领域全面倒退。因此，当儿子沃尔夫冈·席德尔在《关于东方政策的声明》下签名时，父亲特奥多尔·席德尔却对此坚定地加以拒绝，这一方面是基于后者对史学与政治交往的保守态度，另一方面也是基于他反对社会民主主义的政治立场。

如果说特奥多尔·席德尔反对声明的武器是历史学家作为专家的身份独立，那么维尔纳·康策反对声明的武器则是历史学的准确性和客观性。在《关于东方政策的声明》发表五天后，《世界报》刊登了一则由七位历史学家和政治学家——包括康策和以研究宗教改革与法国

[1] Christoph Nonn, Theodor Schieder. Ein bürgerlicher Historiker im 20. Jahrhundert, Düsseldorf 2013, S.202 f.

[2] Theodor Schieder, Die geschichtlichen Grundlagen und Epochen des deutschen Parteiwesens, in: ders., Staat und Gesellschaft im Wandel unserer Zeit. Studien zur Geschichte des 19. und 20. Jahrhunderts, München 1958, S.133-171.

大革命见长的理查德·纽伦贝格尔（Richard Nürnberger）在内[1]——共同签署的"回应声明"：

> 由数量庞大的西德历史学家和政治学家签署的《关于东方政策的声明》，在1972年4月15日以广告的形式发表。它引发了严重的忧虑，以至于我们认为自己作为相同专业的代表要作出表态。《声明》的签署人并不是作为党派成员，或者特定立场的拥趸而发表意见。他们其实唤起了一种印象，好像他们基于自己的学术资格能够给予将提交联邦议会通过的"东方条约"以历史合法性。令批判性的读者觉得诧异的是，虽然他们有专业学术的资格，但在声明中并没有对事实论点加以权衡，而是不容置疑地假定其他想法是幻想。令人忧虑的是，在这个问题上，特定学科的专业理解力要在多大程度上为政治站队和辩护，而不是纯粹表明看法或者给出意见。众所周知，外交上的决定有可能在其被执行或者被阻止后的很长一段时间内仍然在政治上充满争议；无论是历史学家还是政治学者，都不能马上从其专业出发证明它们是正确还是错误……
>
> 历史性的回忆或者类比能够在多大程度上有益于现实情势，是一个需要酌情确定的问题。即便是像德国20年代的外交政策这样过去很久的难题，在这两个专业学科中也仍然有截然不同的评价。因此，像"'德意志民族'是不喜欢与邻国沟通的民族"这样的总括性贬低，无论如何不符合历史学家普遍认可的观点；而如今，是否能够为了斯特雷泽曼的"面对事实之勇气"而恳求通过条约，谨慎地说，是令人怀疑的。[2]

---

[1]　其他五位是：汉斯·约阿希姆·阿尔恩特（Hans Joachim Arndt，海德堡）、汉斯·布赫海姆（美因茨）、汉斯–彼得·施瓦茨（Hans-Peter Schwarz，汉堡）、威廉·亨尼斯（Willhelm Hennis，弗莱堡）和迪特里希·奥伯恩德弗（Dieter Oberndörfer，弗莱堡）。

[2]　»Eine bedenkliche Legitimation«, in: Die Welt, 20.4.1972.

这则回应声明可以被视为对反对党的声援，因为其签署者都亲近基民盟；也可以被视为联邦德国历史学在政治立场和学科角色定位上逐渐两极分化的证明。只不过，批评者的论调在此反而引发了一种"双重标准"的印象。难道康策二十年来热切宣扬的、以再统一为指向的历史图景，不是在为某种合法性张目并因此跨越了史学客观性的边界吗？[1] 虽然他一再强调自己的关切并不在于"一个外交问题的利弊"，而是在于"我们学科的纯洁"[2]，但是在一封 1972 年 4 月 16 日——《关于东方政策的声明》刊登后次日——给时任联邦议员的基民盟政治人物理查德·冯·魏茨泽克的信中，康策坦言：

> 从策略上看，针对支持东方政策的声明，如果我们同样以一封类似的微不足道的声明来抗衡，或许是不明智的。但是我们希望，您在政治上能够利用我们的文本，并且主要是把它提供给其他能够这么做的人。[3]

这就是康策发表"回应声明"的真正用意。这封声明的收件人并不是蒙森一方的历史学家，甚至不是《时代周报》和《世界报》的读者，而是基民盟的政治人物。"回应声明"发表一周后，《世界报》刊登了一封卡尔·迪特里希·布拉赫和汉斯·蒙森的"读者来信"，信中这样写道：

> 当《关于东方政策的声明》的反对者毫无畏惧地在他们自己的当代史和政治论著中作出热切的政治判断时，他们关于片面拥

---

[1]　关于康策对德国问题和东方政策的具体态度，参见 Jan Eike Dunkhase, Werner Conze. Ein deutscher Historiker im 20. Jahrhundert, Göttingen 2010, S.198–209。

[2]　Werner Conze an Günther Gillessen, 16.4.1972, in: Universitätarchiv Heidelberg, Rep.101, Nr.75.

[3]　Werner Conze an Richard von Weizsäcker, 16.4.1972, in: Universitätarchiv Heidelberg, Rep.101, Nr.75.

护的指责就更令人诧异了。如果人们注意到他们现在正公开为基
民盟的选举胜利全力以赴，而不是想要就"东方条约"之核心问题
作出内容上的表态的话，这种矛盾就令人更加目瞪口呆了。[1]

对照康策给魏茨泽克的信中所言，布拉赫和蒙森的质疑无疑切中要害。

与席德尔和康策相比，基尔大学的历史学家、基民盟党员卡尔·迪
特里希·埃尔德曼——他同样拒绝签署《关于东方政策的声明》——
更为明确地批评该声明的政治意图。他在《历史研究与教学》期刊主
持汇编了关于该声明的争论文献。在评论中，他指出，该声明的对象
"其实是巴登-符腾堡州的选民，而不是德国联邦议会的议员"，因为
历史学家和政治学家不会这么不切实际，以至于会相信他们的声明能
够"影响那些犹豫不决者的动机"。也就是说，该声明其实是想获得一
种类似"选举援助"的效果，从而帮助自由主义-社会民主主义联盟在
1972年进行的巴登-符腾堡州选举中，扭转长期以来的劣势。[2]他还进
一步写道：

> 我认为，从与该呼吁之签署者的交谈中能够推断出，其主导
> 动机其实是声明自身主张的需要，而不是出于想要通过该声明产
> 生某些影响的目的。能够在该呼吁中找到这么多举足轻重的名字
> 这一事实，会在对历史感兴趣者那里引发一个合理的问题，即其他
> 人对"东方条约"持何看法。[3]

就此而言，埃尔德曼认为这一声明会让一个"复杂的外交政策问题"变

---

[1] »Politisierende Professoren«, Leserbrief von Professor Dr. Karl Dietrich Bracher
     (Bonn) und Professor Hans Mommsen (Bochum), in: Die Welt, 26.4.1972.

[2] Karl Dietrich Erdmann, Die falsche Alternative, a.a.O., S.353f..

[3] 同上，S.354。

成一个"针对历史学家之自白状况的问题"。他也同样认为,该声明会在历史学家和政治学家群体中引发不必要的好坏之分。[1]他的亲身经历就是一个典型例子,《历史研究与教学》的两个主编面对该声明态度各异:埃尔德曼持反对立场,另一主编费利克斯·梅塞施密特则是该声明的签署者。因此,在埃尔德曼看来,这种做法在联邦德国历史学家群体内部制造了裂痕,现在应强调在双方之间重建以往的"纯洁友谊关系"。[2]很可惜,他的这种希望并没有实现。整个20世纪70年代是联邦德国历史学界加倍分裂的时期。埃尔德曼在为1973年问世的《格布哈特德国历史手册》(Gebhardt. Handbuch der deutschen Geschichte)第9版撰写分册前言时指出,分裂中的德国"其历史图景更多的是取决于政治性的评价,而不是历史性的事实判断"。[3]他之所以在之后的学术生涯中逐渐放弃联邦德国史研究,或许部分要归因于他作为新东方政策的批判者在阐释权斗争中落败的经历。

新东方政策没有得到历史学家的一致赞同,是意料之中的事,就像在政治和公共领域它也同样引发了激烈的分歧一样。值得注意的是,与赞成的声浪相比,历史学界的反对意见要克制得多,也微弱得多。很明显,他们在这场争论中处于劣势,失去了话语权。而且这些反对者也并非完全同质。康策等人的表态更具攻击性,而席德尔和埃尔德曼的立场则更多是防御性的。这也再一次证明了,在这样的政治事件中,历史学家的言行是如何不仅与他们的具体观点,而且与他们的行事风格密切联系在一起的。正如汉斯·蒙森在一封致罗特费尔斯的信中所言:

---

[1]　Karl Dietrich Erdmann, Die falsche Alternative, a.a.O., S.354.

[2]　同上。

[3]　Karl Dietrich Erdmann, Vorbemerkung, in: ders., Die Zeit der Weltkriege. Der erste Weltkrieg. Die Weimarer Republik (Gebhardt. Handbuch der deutschen Geschichte, 9. Auflage, Bd. 4, Teilbd. 1), Stuttgart 1973, S.V.

整个结果让我大吃一惊。相较而言，政治学家们的立场是一致的，只有一小群人坚定地站在基民盟一边。我已经料到，历史学家们的情况会有所不同。对我来说，值得注意的是，在研究东欧史的历史学家队伍中有这么多的支持者，只有少数几位我们原本对其有所期待的人例外。在研究近现代史的历史学家队伍中，那些与我同一代的人，几乎都持赞同的态度。这与该群体看起来要比年长者来说更积极地投身于政治有关。在中世纪史家和古代史家中，一切又完全不同了。在他们那里，赞成的态度反而属于例外。这一定程度上也与该专业方向的历史-政治传统反对投身于公共领域有关。[1]

不过，《关于东方政策的声明》事件不仅反映出历史学界内部就学术与政治关系问题的对立看法，而且为历史学家在政治公共领域的角色扮演提供了新启示。支持社民党政府的历史学家们在这个舞台上并不是以客观中立的专家顾问角色出现的，而是以联邦德国的公民身份在行事。在此，专业能力与政治信念相分离了。这在左翼历史学家身上表现得更为明显，以至于在鲁道夫·里尔（Rudolf Lill）这样的保守主义者看来，"比起这些新的政治型历史学家，特赖奇克和聚贝尔跟其政治偶像之间的批判性距离还要远得多"[2]。

这场关于新东方政策的公开表态，对联邦德国史学与政治之间的交往产生了重要影响。首先，它是双方之间对话的显著证明。无论参与者立场选择中的个人经历、党派政治、专业认知等因素的比重各有多少，无论是出于主动还是被动，他们都参与了这种话语性、商谈性的交往关系。其次，它反映出这类交往的效力和边界。虽然联邦议会最后

---

[1]　Hans Mommsen an Hans Rothfels, 25.2.1972, in: BArch Koblenz, N 1213/172.

[2]　Rudolf Lill an Theodor Schieder, 1.8.1973, in: BArch Koblenz, N 1188/23.

通过了"东方条约"，但《关于东方政策的声明》在其中发挥了多大作用，或者说是否发挥了作用，我们却只能给出猜测性的否定答案。因为条约的通过实质上是自由主义-社会民主主义与保守主义政治力量博弈的结果。该声明的真正作用场域在政治公共领域，社民党用新东方政策证明了其执政能力已得到了学术精英们的认可，证明了它已经有能力吸引并组织一批历史学家与自己协同作战。因为在新东方政策等各方面的巨大分歧，联盟党于1972年4月对勃兰特提出了不信任动议案。虽然反对党的动议最终以两票之差未获通过，但执政党的优势地位已岌岌可危。因此，同年9月，勃兰特故意输掉信任投票，使得联邦总统古斯塔夫·W.海涅曼得以随即宣布解散议会，提前进行第7届联邦议会的选举。这是联邦德国建立后第一次提前举行大选。社民党打出了"选择维利"（Willy wählen）的竞选口号，最终以45.8%的历史最高得票率战胜了联盟党，继续为联邦德国掌舵。这当中，新东方政策在社会公共领域中引发的热潮功不可没。

四、学术与政治中的德意志特殊道路命题

"特殊道路"（Sonderweg）命题是对德国近现代的历史发展进行阐释的一种理论模式。在19世纪中期关于如何建立德意志民族国家的讨论中，普鲁士的民族自由主义历史学家提出了"德意志道路"（deutscher Weg）的概念。之后，这一命题发展出了两个不同的甚至在一定程度上相反的解释路线。一种路线将德国与英法等其他西欧国家做积极的区分，认为德意志强有力的君主政体、它的军事力量和官僚制度、它的教育事业和工业化成就要胜过西方的议会民主制国家。这种观点持续至20世纪中期，长期在德国知识分子中间占据主导地位。另一种则对德国经验作消极的评价，认为德国历史的独特性是产生纳粹主义的根源。

把联邦德国的前史视为一段远离现代民主的历史，很早就是社会民主主义历史理念的支撑点。[1]社会民主主义史家早在德意志帝国晚期和魏玛共和国时期，就提出这种批判性的特殊道路观点，其焦点在于：普鲁士-威廉德国中旧精英的强势和市民力量尤其是左翼市民力量的软弱，是如何让社会民主主义的政治参与化为泡影并令其边缘化的。威廉帝国和魏玛共和国时期的社民党政治人物威廉·凯尔（Wilhelm Keil）在1919年的魏玛国民议会上描述了他的社会民主主义历史观，将第一次世界大战爆发与失败的原因回溯至1848年革命。[2]这样一条"历史直线"的勾勒，对社民党人在1945年后大力发展"特殊道路"叙事开辟了道路。[3]

不过，在专业学界内部，这样的说法长期以来并没有得到认可。直到20世纪70年代，"特殊道路命题的转调"[4]才到来，批判性的特殊道路话语才为专业学界和政治公共领域所接受。对历史学而言，这首先与"历史社会科学"学派的发展壮大密切相关，也可以被视为历史学对1965年至1973年间伴随着改革和现代化浪潮而一再被提出的"历史（学）还有何用？"这个问题给出的一个回答。[5]左翼自由主义的社会学家拉尔夫·达伦多夫在1965年出版了影响深远的《德国的社会与

[1] Dieter Langewiesche, Die Geschichtsschreibung und ihr Publikum. Zum Verhältnis von Geschichtswissenschaft und Geschichtsmarkt, in: ders., Zeitwende. Geschichtsdenken heute, Göttingen 2008, S.85–100, hier S.88f.

[2] 关于凯尔这次讲话的详细讨论，参见Dieter Langewiesche, 1848 und 1918–zwei deutsche Revolutionen, Bonn 1998。

[3] Dieter Langewiesche, Der »deutsche Sonderewg«. Defizitgeschichte als geschichtspolitische Zukunftskonstruktion nach dem Ersten und Zweiten Weltkrieg, in: ders. Zeitwende. Geschichtsdenken heute, Göttingen 2008, S.164–171, insbes. S.167ff.

[4] Helga Grebing, Der »Deutsche Sonderweg« in Europa 1806–1945. Eine Kritik, Stuttgart 1986, S.12.

[5] Thomas Welskopp, Identität ex negativo. Der »deutsche Sonderweg« als Metaerzählung in der bundesdeutschen Geschichtswissenschaft der siebziger und achtziger Jahre, in: Konrad H. Jarausch/Martin Sabrow (Hrsg.), Die historische Meistererzählung, a.a.O., S.109–139, hier S.115.

民主》(*Gesellschaft und Demokratie in Deutschland*) 一书。在该书中，他解释希特勒之所以能够夺权，根源在于德意志现代化之"反常性"（Unnormalität）。[1] 因为 17 和 18 世纪德意志文化同西方人文主义和启蒙主义文化的隔膜，因为在拿破仑时代逐渐被神化的德意志文化民族和民族精神理念，因为 1848 年革命失败后德国没有机会在技术、经济、政治、社会等各个领域全面地、均衡地实现现代化，因为 19 世纪自由主义资产阶级的软弱与容克地主阶级的强大导致威廉帝国在政治上的停滞甚至倒退：所有这一切最终导致了纳粹主义。在达伦多夫之后，社会史家们对特殊道路这个命题展开了多层次的讨论。

于尔根·科卡、汉斯-乌尔里希·韦勒和海因里希·奥古斯特·温克勒这些"历史社会科学"学派的历史学家，从 20 世纪 60 年代末开始研究特殊道路命题，其首要目的就是在一个更长的时段解释纳粹主义。在韦勒看来，纳粹政权是 1848 年革命后德意志长期发展的结果。[2] 在温克勒看来，1933 年纳粹主义之所以能够上台，是因为"1918 年前的德意志不是议会统治的，而是权威统治的"。[3] 在科卡看来，把德国与美国相比较，就会发现德国现代化的道路偏离美国的"样板"很远。[4]

特殊道路命题的这些支持者不但认为该历史叙事有一种批判性的学术功能，而且相信它有一种强有力的政治功能。它与社民党"社会之全面民主化"的执政目标相匹配。维利·勃兰特当选为联邦德国的总理，从根本上改变了联邦德国的政治文化。希特勒的一位反对者站在了德意志政治的中心，这无疑标志着联邦德国对待那段刚刚过去之历史的态度发生了大转向。在走过一段充满痛苦的道路之后，社会

[1] Ralf Dahrendorf, Gesellschaft und Demokratie in Deutschland, München 1965.
[2] Hans-Ulrich Wehler, Das deutsche Kaiserreich 1871–1918, Göttingen 1973.
[3] Heinrich-August Winkler, Der deutsche Sonderweg. Eine Nachlese, in: Merkur 35 (1981), S.793–804, hier S.802; auch ders., Mittelstand, Demokratie und Nationalsozialismus, Köln 1972.
[4] Jürgen Kocka, Angestellte zwischen Faschismus und Demokratie, Göttingen 1977.

民主主义与自由民主主义历史性地联合在了一起。因此，对德意志历史的批判，对保守主义在这段历史中要承担的责任，很多时候会变成政治论据。1970年9月23日联邦议会关于财政预算的辩论就是一个典型的例子。时任财政部部长的社民党人亚历克斯·穆勒（Alex Möller）在讲话中多次被反对党的嘘声所打断，并且被指责想要施行一种通胀政策。穆勒反击道："那些要为世界大战和之后的通货膨胀负责任的人，在精神上与你们，而不是与社民党贴得更近。"基民盟议员们因此愤而离席，声称穆勒的言辞侮辱了1 500万德意志人。[1]显然，这里的1 500万是指历史上的基督教民主主义者。引人注目的是，包括伊马努艾尔·盖斯、弗里茨·费舍尔、卡尔·迪特里希·布拉赫等在内的一批历史学家和政治学家们立刻声援穆勒，出版了名为《1 500万受侮辱的德国人，或者说，基民盟从何而来？》的论文集，探讨联邦德国政党的历史连续性——或者更确切地说，探讨基民盟的历史包袱。[2]在这种背景下，近现代史领域关于"德意志特殊道路"的热烈讨论得到了社会民主主义的大力支持。

当社民党以批判德国历史发展中的"歧路"为基本立足点，把纳粹主义视为德国灾祸和德国问题之起因，并将根本原因追溯至俾斯麦建立的德意志帝国存在的结构性问题，从而为德国历史画出了一条从俾斯麦帝国到希特勒政权、再到两德分裂的连续线时[3]，它就在20世纪

---

[1]　Alex Möller, Genosse Generaldirektor, München 1978, S.471-476.

[2]　Imanuel Geiss/Volker Ulrich (Hrsg.), Fünfzehn Millionen beleidigte Deutschen oder Woher kommt die CDU? Beiträge zur Kontinuität der bürgerlichen Parteien, Hamburg 1970.

[3]　Willy Brandt, Regierungserklärung vom 28.10.1969, in: Bulletin des Presse- und Informationsamtes der Bundesregierung 132 (1969), S.1121-1128, hier S.1122; ders., Erklärung des Bundeskanzlers zum Reichsgründungstag, in: Bulletin des Presse- und Informationsamtes der Bundesregierung 5 (1971), S.35; Gustav W. Heinemann, 100. Jahrestag der Reichsgründung des Deutschen Reiches. Ansprache des Bundespräsidenten zum 18. Januar 1871, in: ebd., S.33-35.

70年代成功地改写了联邦德国的政治历史意识。温克勒直言："谁要是不承认德意志特殊道路，他就会再度走上歧途。"[1]而在政治学家库尔特·松特海默看来，特殊道路命题的传播对二战后德国人的政治自我理解有毋庸置疑的导向作用。对特殊道路命题的否认，会折断德意志人政治意识的"脊梁"。只有承认这个命题，才会带给德国人"翻转和翻新"的勇气。[2]与此同时，对社民党而言，支持特殊道路命题也是为自身历史正名的机会。正如黑尔加·格雷宾在对特殊道路命题的大讨论加以总结时提出的，在德意志民族国家发展史中还有一条"白线"（weiße Linie），自由运动、工人运动等都在这条线上，它是对特殊道路的偏离。[3]从自我认同的视角出发，这是社民党比联盟党更容易接受特殊道路命题的原因。

无论反对党如何辩驳和拒斥，都无法阻止左翼批判性历史图景取代右翼保守主义历史图景的趋势。伴随着这一时期"德意志特殊道路"命题在专业史学领域内的迅速传播，这种阐释路径成了"学术上卓有声望的联邦共和国历史政策的基础共识"[4]，因为它首次以一种人类理智可以理解的方式解释了德国现状的历史根源，并凭此将联邦德国从历史的无所适从中解放出来。社民党在20世纪70年代初迈出的"德国回忆史中范式转化"[5]这关键一步，为之后社会民主主义历史话语在政治公共领域取得明显优势奠定了坚实基础。它成功地展示了，

[1] Heinrich August Winkler, Der deutsche Sonderweg, a.a.O., S.804.
[2] Kurt Sontheimer, Referat, in: Institut für Zeitgeschichte (Hrsg.), Deutscher Sonderweg–Mythos oder Realität, München 1982, S.27–33, hier S.31.f.
[3] Helga Grebing, Der »deutsche Sonderweg« in Europa 1806–1945, a.a.O.
[4] Dieter Langewiesche, Über das Umschreiben der Geschichte. Zur Rolle der Sozialgeschichte, in: ders. Zeitwende. Geschichtsdenken heute, Göttingen 2008, S.56–68, hier S.61.
[5] Sebastian Schubert, Abschied vom Nationalstaat? Die deutsche Reichsgründung 1871 in der Geschichtspolitik des geteilten Deutschlands von 1965 bis 1974, in: Heinrich August Winker (Hrsg.), Griff nach der Deutungsmacht. Zur Geschichte der Geschichtspolitik in Deutschland, Göttingen 2004, 230–265, hier S.248.

一种历史图景如何重新被发现，并且成为政治文化的主流：19世纪末在社会民主主义历史编纂中就提出的、作为反对派的历史观而不被社会大众所接受的、消极德意志特殊道路命题，到了20世纪60和70年代，在社民党和亲社民党的历史学家的共同努力下，成了公共领域关于德国史认知的中心议题，并且找到了自己的支持者。而这种在威廉时期和魏玛共和国时期处于边缘的认知视角，能够成功变成联邦德国历史政策领域的基本共识，主要原因在于，这一命题将20世纪上半叶德国的灾难视为一个从历史角度来看可以理解的发展结果，而联邦德国基于它的民主性，可以从这种历史的桎梏中解放出来。与此同时，这一论点中暗含的面向西方之取向，与联邦德国二战后向西方靠拢的基本路线相一致。温克勒曾言："1945年或许是德国史最深刻的转折点。那条被一些历史学家称作'德意志特殊发展'，而被另一些历史学家称作'德意志偏离西方'的道路，当时走到了终点。"[1] 正是因为"特殊道路"命题除了一个面向过去的解释维度外，还有一个面向未来的定向维度，它才在史学和政治领域都有了话语权。

在"历史社会科学"和社会民主主义两大力量的共同推动下，"德意志特殊道路"成为所有德国近现代史研究者最为基础的知识点和德国史的"主叙事"。而这一命题最大的争议之处有两点：首先，比较视野下要如何界定历史发展的"特殊道路""正常道路"或者"一般道路"；其次，德意志历史的这种内在关系是否如此紧张，以至于非纳粹主义的介入无法终止。20世纪80年代初，特殊道路命题在学界遭到越来越多的批评，甚至最初提出这一论点的历史学家们也对其进行了修正。身为社民党党员、以研究德国史学史和社会民主主义史见长的历史学家贝尔恩德·法伦巴赫（Bernd Faulenbach）列举了该命题的四个

[1] Heinrich August Winkler, »Vorbemerkung«, in: ders. (Hrsg.), Politische Weichenstellungen im Nachkriegsdeutschland 1945–1953, Göttingen 1979, S. 8.

缺陷：第一，会把德国史孤立起来，刻意强调德国历史进程的独特性；第二，会把丰富多元且时而自相矛盾的历史进程，收缩为一条过分简化的直线；第三，会以一种充满问题的方式把对过去的解释、对当下的定位和对未来的期待杂糅在一起；第四，会过分强调历史书写中民族与国家作为研究对象的压倒性优势地位。[1]法伦巴赫的观点集中概括了对特殊道路命题的反对意见。与学术领域中的批判性反思相应，因为公共领域和各个党派已经坦然承认德国历史中民主精神的缺失，所以这一命题也逐渐失去了它的政治地位。但是这一命题已经实现了它的价值，它一定程度上改变了联邦德国的政治文化，使得它形成了一个新的共识，那就是：德国近代史的进程跟英国、美国和法国不同；迟来的民族国家的建立、国家的特殊地位和法西斯主义的胜利是最与众不同之处；任何想要将纳粹历史从德国历史中排挤出去、想要回避普鲁士传统中最成问题的那些部分的企图，在这一命题面前都站不住脚。而对于社民党来说，接受、支持并且传播这样一种历史叙事，标志着对这个党而言，历史不再只是社会阶级、社会技术经济发展过程的历史，而且是国家及其内部秩序的历史、国家与党派关系的历史。

需要注意的是，在这个"社会民主党的年代"，如果说专业历史学家的重要关注点在社会民主主义和德意志历史的长时段进程上，那么普通民众则开始从自身出发处理与纳粹历史的关系。这种自我历史化意识的觉醒，受到了20世纪70和80年代之交时代氛围的大力触动。1979年1月，美国电视迷你剧《大屠杀》（Holocaust）由德国公共广播联盟（ARD）在下属地方台的第三套节目中播出。有超过2 000万人次观看了该剧（当时联邦德国人口约为6 000万），并引发了全社会的大讨论。电视台收到约3万条评论，联邦政治教育中心（Bundeszentrale für

[1] Bernd Faulenbach, »Deutsche Sonderweg«. Zur Geschichte und Problematik einer zentralen Kategorie des deutschen geschichtlichen Bewusstseins, in: APuZ 39 (1981), S.3–21, hier S.20f.

politische bildung）收到约45万封索要该剧相关资料的来信。[1]由此开始，犹太人作为纳粹受害者最重要的代表，进入了德国社会的话语中心。虽然有媒体批评该剧试图将受害者分级化，过分抬高犹太人的受害者地位，但毋庸置疑的是，这部剧成功地将历史叙述情绪化了。当对犹太人的迫害和屠杀通过家庭悲剧的形式，场景化地展现出来时，德国观众对受害者的同情和认同达到了历史的最高点。当原本无名、抽象、数字化的犹太民族的悲惨命运变成生动的历史故事时，它就变得可以被个体所理解，变得格外"真实"了。这不是一场受害者话语的争夺战，因为德国人由始至终未曾以自身的受害者形象去对抗犹太人的受害者形象。经历了从辩护性向批判性的纳粹历史认知的转变后，二战后一直充当对抗外部仇视之"安慰剂"的、德国人自身的受害者意识，在20世纪70年代末暂时沉寂了下来。

《大屠杀》不但在联邦德国公共领域引发了对犹太受害者的关注，而且在一定程度上改变了社民党对待纳粹历史的方式方法。在整个受害者话语中，社民党中的纳粹主义受害者被重新"发现"了。遭受过纳粹主义迫害的老一代普通社民党人，开始突显自己作为时代见证者的身份。[2]他们的自我审视被认为是普通社民党人"历史意识的复兴"。[3]这种全新的历史意识，开始将社民党导向了批判性的自我历史化。在党内逐渐出现了一种声音，认为二战后社民党在对待纳粹历史的问题上有很大的疏忽；尤其是当党的领导者和知识精英们将视角聚焦在特殊道路命题和纳粹历史的前因时，他们忽略了纳粹主义本身的

[1] Jürgen Wilke, Die Fernsehserie »Holocaust« als Medienereignis, in: Zeitgeschichte online, März 2004, 网址：https://zeitgeschichte-online.de/themen/die-fernsehserie-holocaust-als-medienereignis。

[2] Kristina Meyer, Die SPD und die NS-Vergangenheit 1945–1990, Göttingen 2016², S.392–411.

[3] Hans-Jochen Vogel, Renaissance des Geschichtsbewusstseins? Parteigeschichte ist nicht nur ein Thema für Fachhistoriker, in: Sozialdemokratischer Pressedienst, 10.11.1980, S.1f.

历史及其后果，忽略了集体与个体之间的区别。纳粹主义抵抗者、社民党政治人物路德维希·林塞特（Ludwig Linsert）甚至宣称，与基民盟的竞争局面和对统治权的渴望令社民党"不清不楚地对待过去的阴影"；党的领导层没有看到，在希特勒的时代不仅有帮凶，还有战斗者。[1]

五、保守主义倾向转折与身份认同话语

维利·勃兰特没有顺利地度过自己的第二个任期。1974年5月，他因民主德国间谍事件引咎辞职，社民党人赫尔穆特·施密特取代他成为联邦总理。同年7月，古斯塔夫·W.海涅曼的总统任期结束。出于年龄和身体健康的原因，他放弃了继续参选。自民党人瓦尔特·谢尔成为新的联邦总统。社民党－自民党联盟进入了发展的第二阶段。这场权力的交接与当时的世界局势——尤其是1973年秋第一次石油危机带来的世界性经济危机——结合在一起，预示着联邦德国一个转折时期的到来。这首先表现在社民党执政风格的变化上。如果说勃兰特是一位梦想家，在1969年至1972年把联邦德国带入改革的热潮中，那么施密特就是一位实用主义者，让联邦德国冷静下来。施密特的焦点不在民主化和社会政策上，也不在时代精神的塑造和公共领域话语权的争夺上，他最为关心的是切实解决经济难题，确保社会的稳定。在勃兰特的任期内，社民党确立了自身历史政策的核心理念：以批判德国历史发展中的"歧路"为基本立足点，由此出发解释联邦德国当下的政治现状，并且通过发掘联邦德国民主政治精神的历史根源来证明社会民主主义历史图景胜过保守主义之处。在施密特的任期内，社民党推行的这一历史政策遭到了保守主义的大力冲击。随着黑森州历史课

---

[1]　Stichworte für Ludwig Linsert, Tagung 12.-14.10.1980 in Bad Reichenhall, AdsD, Nachlass Linsert, 3.

改革争论而爆发的关于联邦德国社会"无历史性"（Geschichtslosigkeit）的控诉愈演愈烈，认为可能出现一个"转折"（Wende）的论调开始在公共领域出现。基民盟抓住了这一契机，提出了"倾向转折"（Tendenzwende）的口号，呼吁通过历史塑造"身份认同"（Identität），以此与社会民主主义的历史意识和历史话语对抗。

　　1974年11月，巴伐利亚艺术科学院（Bayrische Akademie der schönen Künste）举办了以"倾向转折"为主题的会议。会议的幕后策划者是巴登-符腾堡州的文化部部长、基民盟政治人物威廉·哈恩（Wilhelm Hahn），其目的是要调动从马克思主义者到保守主义者的一切思想力量，为联邦德国社会精神面貌的彻底改变铺平道路。在与会者中，除了赫尔曼·吕伯和戈洛·曼这样一些逐渐疏离和批判社民党的知识分子外，还有拉尔夫·达伦多夫这样的自民党人，后者甚至成功邀请了时任联邦总统的瓦尔特·谢尔参会。这次会议标志着"保守主义倾向转折"的理念正式在政治和社会话语中传播开来。它是联盟党针对执政党的改革政策提出的反对纲领，并且对公共领域的历史传播和历史意识产生了深远影响。当时虽然还未退出社民党但实质上已与社民党分道扬镳的赫尔曼·吕伯在会议上提出，史学有"身份认同展示功能"（Identitätspräsentationsfunktion）："我们'一再重新'书写我们自己和别人的历史，因为展示自我和他者的认同是我们历史的功能，凭借这种变化着的展示，我们拥有了我们自己的身份认同。"[1] 社民党强调德意志历史中的阴暗面，要求以批判和否定的态度来对待过去，从而将联邦德国从保守主义的桎梏中"解放"出来；此时，联盟党则强调德意志历史中"好"的传统，希望以此来帮助联邦德国社会重新建立一种积极的、自信的历史意识，从而更好地走向未来。自此，"身份认同"逐

---

[1]　Hermann Lübbe, Identitätspräsentationsfunktion von Historie, in: Odo Marquard/
　　Karlheinz Stierle (Hrsg.), Identität, München 1979, S.277–292, hier S.291.

渐取代 "解放" (Befreiung)，成了历史政策的流行语。

保守主义的身份认同概念主要包括两个面向。一方面，它要求一种建立在民族历史整体上的身份认同，认为 "反对大众社会中的身份认同缺失，是我们这个时代最重要的任务" [1]；另一方面，它反对左翼颠覆性地审视纳粹历史的做法，认为人们不能 "像克服一道数学难题一样简单地 '克服' 自己的历史" [2]，这将会阻碍对过去的最终清理和认同的形成。尤其是在 1977 年，当极端组织红军旅（RAF）在联邦德国境内制造了一系列恐怖袭击活动，从而带来一个 "德意志之秋" (Deutscher Herbst) 时，社民党所追求的 "更多民主" 则变得比之前任何时候都要更加脆弱。在同年 10 月联邦议会的一场辩论中，极端保守的基民盟政治人物阿尔弗雷德·德莱格尔（Alfred Dregger）将社民党的历史政策话语称为 "一种错误的克服过去"。他声称德国人必须摆脱 "希特勒的阴影"，因为导致所谓 "左翼极端主义" 恐怖活动出现的根源，并不在于对纳粹历史的不彻底清理，而恰恰在于对第三帝国无休无止的自我批判；联邦德国由此错过了重建被希特勒摧毁之德意志 "基本价值" 的机会。[3] 尽管勃兰特反驳道，联邦德国的 "批判精神" 不为恐怖活动负责，把 "胆敢拥有更多民主" 视为恐怖活动的推力是荒诞的 [4]；但是 20 世纪 70 年代后半期各方面的社会现实，确实对社会民主主义的历史政策和历史话语提出了巨大的挑战，令其逐渐由攻转守。从中可见，社会民主主义越来越在公共知识论战中陷入防御态势，原因首先固然在于社民党本身的立场和作为，但也与时代氛围逐渐朝不利于社民党的方向变化密切相关。

---

[1] 转引自 Gerhard Beier, Arbeiterbewegung in Hessen. Zur Geschichte der hessischen Arbeiterbewegung durch 150 Jahre (1834–1984), Frankfurt a. M. 1984, S.10。

[2] Franz Josef Strauß, Zur Lage, Stuttgart 1979, S.38.

[3] Plenarprotokoll des Deutschen Bundestages, 8. Wahlperiode, 53. Sitzung, 28.10.1977, S.4098, 4013f.

[4] 同上，S.4105–4113。

在批评现有历史政策的基础上，基民盟/基社盟进一步要求历史教学发挥更多认同创设的功能。对此，社民党反驳，一种有所担当并且能够在冲突和危机中仍然保持稳固的认同，不是通过历史课上"对一幅统一的历史图景的传授"而产生的；对自我群体和自我民族的身份认同，"不是凭借对一种假想的'完好'过去的共识而获得成功"；只有当人们对迄今为止尚有争议之处的历史毫不隐瞒时，才能形成良性的民族认同。[1]然而，虽然遭到社民党政治人物和亲社民党的历史学家们的反对，联邦德国文化部长会议仍然在1978年秋天通过决议，将在中小学的历史课中更多地讨论德国问题、民族团结和重新统一。[2]

1979年7月3日纳粹罪行追诉时效的彻底废除，使得德国人和德国社会围绕纳粹罪行的讨论在80年代重新迎来一个高潮。正是在这个意义上，我们可以把20世纪70年代末开始在政治公共领域日益激烈的历史争论，视为联邦德国之"文化霸权"（kulturelle Hegemonie）的争夺战。文化霸权也可以被称为文化领导权。意大利马克思主义理论家安东尼奥·葛兰西（Antonio Gramsci）认为，国家可以分为政治社会和市民社会两个领域，在后一个领域中，需要统治者通过对社会文化的掌控来维持秩序、实现治理，这就是"文化霸权"。1980年12月，当时在西柏林市政府负责科学事务的彼得·格罗兹（Peter Glotz）接替埃贡·巴尔成了社民党联邦干事长。他接受了葛兰西的文化霸权思

---

[1] Geschichtsunterricht im demokratischen Staat. Beschlussempfehlung und Bericht des Ausschusses für Schule und Kultur des Landtags von Nordrhein-Westfalen vom 26.3.1980 (Landtagsdrucksache 8/5730), in: Susanne Miller u.a. (Hrsg.), Geschichte in der demokratischen Gesellschaft, a.a.O., S.159–166, hier S.160f.

[2] Die Deutsche Frage im Unterricht. Beschluss der Kultusministerkonferenz vom 23. November 1978, in: Geschichte in Wissenschaft und Unterricht 30 (1978), S.343–356. 相关批评参见Karl-Heinz Janßen, Chauvinismus in der Schule. Die deutsche Frage im Unterricht. Schablonen aus Bonn, in: Die Zeit, 8.12.1978; Hans Mommsen, Geschichtsunterricht und Identitätsstiftung der Bundesrepublik, in: Geschichtsdidaktik 3 (1978), S. 291–312。

想[1]，试图在各个领域为社民党建构有力的交往结构和交往网络，提升社民党对社会文化的塑造力，从而令社民党能够得到社会各群体的最大认同。为此，新闻学出身的格罗兹尤其把注意力放在了社民党的思想定位及其历史政策的行动能力上。他希望能够克服联邦德国社会的"无历史性"，强化社民党的历史意识，因为他相信历史对文化和认同而言至关重要。

1981年10月15日，格罗兹向社民党主席团提议要建立党的历史委员会。[2]这个委员会将不但能够在历史问题的处理上为主席团提供专业意见，而且能够强化社民党人的历史意识，激励社民党更积极地应对历史，并且更有能力参与历史政策领域的争端。格罗兹的愿望就是"不要丢掉我们的历史"。[3]主席团被格罗兹说服了。新的历史委员会（Historische Kommission）由12名固定成员和9至16名顾问组成，每两年选举一次。委员会的工作计划一部分由委员会自主决定，一部分则根据主席团的建议而行。成员和顾问大部分是在高校和科研机构任职的历史学家，也有几位是社民党内部的代表。1982年2月5日，历史委员会第一次成员会议召开，苏珊娜·米勒（Susanne Miller）[4]出任主任。

---

[1] Peter Glotz, Kampagne in Deutschland. Politische Tagebücher 1981–83, Hamburg 1986, S.231–240, S.242–249.

[2] 同上，S.101。

[3] Rede von Peter Glotz auf der organisationspolitischen Tagung am 3.10.1981, in: AdsD, Bestand Parteivorstand/Vorstandssekretariat, Mappe 364.

[4] 苏珊娜·米勒在1915年出生于保加利亚，年轻时就参加了社会民主主义工人运动，1946年加入社民党。50年代，米勒参与了《哥德斯堡纲领》的准备和构想工作，这是她日后由政治实践转向党史研究的重要推力。1963年，米勒在波恩取得博士学位后，前往格奥尔格·埃克特的布伦瑞克"国际中小学教科书研究所"工作；1964年开始在"议会制度与政治党派史委员会"（Kommission für Geschichte des Parlamentarismus und der politischen Parteien）任职，直至1978年。从70年代初到90年代末，米勒一直是艾伯特基金会的高校联络员（Vertrauensdozent）和奖学金委员会委员，并且在基金会的很多研讨活动中担任组织者。当选"历史委员会"主席后，米勒成为社民党与历史学家之间联络和协调的重要角色，在"学术与政治之间架起了一座桥梁"。1985年米勒70岁生日之时，维利·勃兰特赞扬她是（转下页）

维利·勃兰特在会上表达了对委员会的三个希望：

> 我的第一个请求：请你们批判且警醒地审视社民党与历史——包括与历史研究、历史关怀、历史意识和政治性的历史讨论——之间的关系。请你们给党提供意见、建议和帮助。如果情况允许的话，也请你们在各自的工作场所——高校、机构、档案馆、政治教育和成人教育领域——承担起党的意愿和诉求。……

> 第二个请求：请你们唤醒和维护党的历史意识。请你们审查，社民党应该在何处、以何种形式掌握哪些历史主题或者历史理由。社民党联邦干事长将会把你们的建议付诸实施，或者向党组织传达。在此我也同样请求弗里德里希-艾伯特基金会、《前进报》和其他所有可能涉及的机构施以援手。

> 第三个请求：请你们对党的历史活动加以协调。委员会或者说其秘书处也会成为外部工作的一个联络与协调点。请你们就此提供普遍的助力。[1]

（接上页）党内不可多得的力量，因为她"用理智和理解将学术与政治结合在一起；在政治上，她不但了解大人物，而且熟悉所谓的小人物；在学术上，她不但旨在获得特定的知识，而且旨在面向通识教育并激发有兴趣的外行人"。总而言之，米勒并不将对党派的忠诚和对学术的热爱视为一对矛盾物。曾是社民党领导人威利·艾希勒之生活伴侣的米勒，把自己作为社民党人和作为历史学家的双重身份很好地统一在一起，并且以自己独有的方式促进了社会民主主义历史意识的蓬勃发展。她和海因里希·波特霍夫（Heinrich Potthoff）在1974年合作撰写了《德国社会民主党简史》(*Kleine Geschichte der SPD*)。1991年，该书重印至第7版；2002年，大修后的第8版问世。它已是关于德国社会民主主义发展历史的权威著作。参见 Bernd Faulenbach, Susanne Miller als Vorsitzende der Historischen Kommission beim Parteivorstand der SPD, in: Dieter Dowe (Hrsg.), Begegnungen. Susi Miller zum 90. Geburtstag, Bonn 2006, S.35-41; Willy Brandt, Die Vorsitzende der Historischen Kommission beim Parteivorstand der SPD, Susanne Miller ist gestern 70 Jahre alt geworden, in: Service der SPD für Presse, Funk, TV vom 15.5.1985。

[1]　Protokoll der 1. Sitzung der Historischen Kommission in Bonn, am 5.2.1982, in: AdsD, Bestand Historische Kommission, 2/PVAE0000006.

显然，该委员会的成立，是社民党对20世纪70年代后期以来联邦德国社会日益增长之历史兴趣的回应。先后在历史委员会任职的历史学家大致包括几个群体：第一是主要从事工人运动和工会史以及社会民主主义和社民党史研究的历史学家[1]，第二是致力于社会史和经济史研究的历史学家们[2]，第三是研究范围更为广泛的一群人，他们的领域涵盖了从魏玛共和国到联邦德国和民主德国的许多方面[3]。历史委员会最重要的成果之一，就是组织了众多超越党派界限的史学活动，大大加强了社民党跟历史和历史学之间的联系。[4]在80年代的历史政策之争中，历史委员会将成为社民党重要的支持力量。

---

[1] 包括苏珊娜·米勒、黑尔加·格雷宾、哈特穆特·索尔（Hartmut Soell）、库尔特·克罗茨巴赫（Kurt Klotzbach）、迪特尔·多韦（Dieter Dowe）、海因里希·波特霍夫和贝尔恩德·法伦巴赫等。

[2] 包括克劳斯·泰费尔德和克劳斯·舍恩霍文（Klaus Schönhoven）等。

[3] 包括汉斯·蒙森、海因里希·奥古斯坦·温克勒、赖因哈德·吕鲁普和赫尔曼·韦伯等。

[4] 1984—1989年，历史委员会每年举办一次大型的史学论坛，历年的主题分别是"社民党与1944年7月20日""民主社会中的历史""寻找日常生活中的痕迹——政治实践中的历史""德国历史遗产——联邦德国与民主德国""社会转变-社民民主主义：社民党125周年"和"议会民主的社会基础——联邦共和国40周年"。在1985年的"民主社会中的历史"会议上，有近400位学者参加，除了委员会的成员和顾问外，还包括当时德国历史学家协会主席克里斯蒂安·迈亚、著名的历史教学家卡尔-恩斯特·耶斯曼、历史学家迪特尔·格罗等。大会主要讨论了社会民主党应该如何对待历史和中小学中的历史教学等问题。正如一位历史学家在会后给苏珊娜·米勒的信中所言：这场大会表明"社民党不但增加了对本党历史的兴趣，而且展现了对历史和历史学科总的兴趣"。1987年3月，历史委员会在波恩召开了"德国历史遗产——联邦德国与民主德国"大会，9位来自联邦德国的著名历史学家和8位来自民主德国的同人一起，就东西德的历史阐释和历史意识、俾斯麦帝国以及魏玛共和国等问题展开了讨论。这是两国的历史学家第一次在公开场合展开对话。这次大约有600人参加的"历史性的历史学家会晤"在联邦德国的政治公共领域和历史学界内部引起了巨大的反响。1988年3月召开的题为"社会转变-社民民主主义：社民党125周年"大会上，讨论了工人运动、社会福利国家、工人与大众文化等问题，除了联邦德国的相关专家到场外，著名的左翼历史学家艾瑞克·霍布斯鲍姆也从英国赶来参加会议。

六、史学与政治：分化下的优势聚合

社民党领导联邦德国的这十三年，在很多方面可以被视为对"德意志特殊道路"的克服，也可以被视为"迈向西方之漫长道路"（海因里希·奥古斯特·温克勒语）中的重要一步。20世纪80年代，拉尔夫·达伦多夫认为"社会民主主义时代的终结"已经来临——当然他并不单单指德国。[1] 从这个意义上说，70年代是两德分裂时期社民党在政治舞台上的最闪亮时刻。统而观之，在整个"社会民主党的年代"，社会民主主义把控着联邦德国前进的方向，左翼对待历史的立场和方式成为政治公共领域最具阐释力的模式。在"新东方政策"的导向下，人们开始接受把东普鲁地区领土的丧失视为对纳粹罪行的公正惩罚。[2] 越来越多的德国人意识到，关于东部地区被驱逐者的回忆可能暗含着复仇的心态，这会严重阻碍与东欧国家的和解。在这种历史政策的引导下，德国人自身的受害者意识不再强调"谁"受害，而是追问"为什么"受害，并由此推进对德国历史的批判性阐释。只是与此同时，执政党和在野党也由于历史政治意识的分歧而急剧两极分化，为80年代左右翼在历史政策领域的大规模冲突埋下了种子。

20世纪70年代的复杂之处在于：一方面，社民党以民主求认同的策略，符合20世纪20和30年代出生的那几代人的价值观。从60年代开始，当他们逐渐成为德国社会的生力军后，就对社民党的历史政策提供了极为有力的支持。但另一方面，在社会民主主义要将联邦德国社

[1] Ralf Dahrendorf, Das Elend der Sozialdemokratie, in: Merkur. Deutsche Zeitschrift für europäisches Denken, 41(1987), S.1021–1028.

[2] Edgar Wolfrum, Die beiden Deutschland, in: Volkhard Knigge/Norbert Frei (Hrsg.), Verbrechen erinnern. Die Auseinandersetzung mit Holocaust und Völkermord, München 2002, S.133–149, hier S.139.

会更加"民主化"，要将其外交重心向"东"偏转的政策导向下，"克服过去"的主题失去了爆炸力和吸引力。"克服纳粹历史"的主题其实是在为整个社会的"正常化"提供支持：通过对德意志历史的批判，把联邦德国从历史重负中解放出来，使联邦德国的自我认知正常化、与曾经战争对手之间的关系正常化；这种"正常化"的前提是将国家认同与民族认同区隔开来，并将前者作为集体身份认同的框架。而当社民党人要到历史中去寻找这种以民主为基础之国家认同的传统，并以此为自身的执政优越性张目时，它的做法就招致了许多反对之声。与此同时，在纳粹史研究或者说当代史领域，出现了前所未有的两极分化。当然，1986年爆发的"历史学家之争"所引发之冲突和对抗的激烈程度，尚没有其他史学争论可以超越，但80年代学科分裂的种子是在70年代种下的。

第四章　1983—1989：争论、反复与新趋势

　　在社会领域，20世纪80年代联邦德国的时代精神首先与"六八"学运后成为主流的反法西斯主义紧密相连，并包含对自我民主体系的疏离、对崇美主义的抗议、对反共产主义的反对和对民主德国之统治的冷静同情。在这一时期，学界出现将纳粹研究"历史化"的新呼声。在政治和公共领域，80年代的联邦德国再次处于随着政治权力交接而出现的历史政策与历史政治文化的转折中。1982年，赫尔穆特·科尔在赫尔穆特·施密特下台后当选为总理。1983年，社民党在大选中落败，基民盟/基社盟与自民党组建联合政府，赫尔穆特·科尔留任总理，开始推行与社会民主主义完全不同的历史政策，试图将德意志民族从纳粹主义的阴影中"解放"出来，并引发了双方之间持久而激烈的斗争。到了80年代中期，通过对"安全""祖国""根""认同"的呼唤，一种"罗马化的新历史主义"再次在联邦德国赢得了生存空间。[1]围绕纳粹历史所展开的争论，无论是频率还是程度都日益增强。不同阵营的历史学家和政治人物各自加强了同盟，史学界与政治界的对话达到了空前频繁的程度。

一、时代精神的转折

　　与社民党人勃兰特和施密特相比，作为"一个新德国的代表"，作

---

[1]　Hans-Ulrich Wehler, Geschichte-von untern gesehen. Wie bei der Suche nach dem Authentischen Engagement mit Methodik verwechselt wird, in: Die Zeit, 3.5.1985.

为"第一位战后一代的联邦总理"，作为"一个由于拥有上帝令其晚出生的恩赐和特殊家世的幸运，而在纳粹时期没有背负罪责的人"[1]，出生于1930年的科尔开始全力推行不同的历史政策，试图将失于社民党人之手的集体历史意识塑造权重新夺回来。早在1977年时，科尔就曾严厉地批判左翼"克服"纳粹历史的做法。他承认德国人不能忘记奥斯威辛，但是他更主张，在一个二战后出生人口超过半数的国度，人们"有权昂首挺胸地走向未来"[2]。在1982年10月13日的第一次《施政报告》中，科尔指出在年轻一代中存在着迷失方向的"精神与政治危机"。[3] 在1983年5月4日的《施政报告》中，他又指出联邦德国正处在"历史的转折点"上，因此需要"精神的翻新"。[4] 由此开始，这位获得历史学博士学位的总理全力推行以"精神与道德转折"（geistig-moralische Wende）为纲领的历史政策，一方面旨在摆脱对纳粹时期的过分聚焦，推动纳粹历史的"正常化"[5]；另一方面则试图在联邦德国塑造一种全新的历史意识和历史认同，重新发现德国历史的闪光之处，修复被左翼"破坏"的德国人的自我意识并且进一步创设民族认同。

科尔政府的这一新保守主义历史政策受到了基民盟/基社盟全党上下的支持。以阿尔弗雷德·德莱格尔和弗朗茨·约瑟夫·施特劳斯等为代表的基民盟/基社盟政治人物长期以来支持纳粹罪行在一定程度上的所谓"相对化"，以重新唤起德国人的自我认同并促进德意志民

---

[1] 赫尔穆特·科尔：《联邦总统于1984年1月24日至29日访问伊朗》(Helmut Kohl, Der Besuch des Bundeskanzlers im Staate Israel vom 24. bis 29. Januar 1984)，载《联邦政府新闻与信息署公报》1984年第13期，第109—120页，此处第109、113页。

[2] Protokoll des Deutschen Bundestages, 8. Wahlperiode, 47. Sitzung, 06.10.1977, S.3615.

[3] Helmut Kohl, Regierungserklärung des Bundeskanzlers vor dem Deutschen Bundestag vom 13.10.1983, in: Bulletin des Presse-und Informationsamts der Bundesregierung 93 (1982), S.853-868, hier S.855.

[4] 同上，S.397, 412。

[5] "正常化"这一概念本身包含两种相对的含义：在史学研究上，它是指围绕既有的纳粹历史研究展开严肃的、学术性的、批判性的争论；在历史政策上，它是指摆脱纳粹历史的阴影。

族的"正常化"。[1]德莱格尔在80年代初时就呼吁：

> 让我们对我们的年轻人说，我们民族的历史总共不是12年，而是1 200年：其他的1 188年至少与其他民族的历史一样好；在纳粹的12年中，少数人的罪行并不是所有人的意愿。[2]

1986年9月，当联邦议院就财政预算进行议会辩论时，德莱格尔又指出：

> 面对自己的民族，无历史性和粗暴冷酷令我们担忧。若是没有最基本的、对于其他民族来说完全理所当然的爱国主义，我们的民族也不可能继续生存下去。从某种意义上说，清理过去是十分必要的。但对于那些滥用这种必要性从而危及我们民族的未来的人，我们必须坚决反对。[3]

1987年1月4日，弗朗茨·约瑟夫·施特劳斯在多特蒙德举行的基民盟/基社盟备选大会上发表演说，要求联邦德国有"更多挺立的步态"，从而促使德意志"从第三帝国的阴影和希特勒的影响范围中走出来，重新成为一个正常的民族"。他认为，"人们不能把德国历史描绘成一条没有终点的过错和罪行的链条"，只有这样，年轻一代的德国人才能

---

[1]　参见Edgar Wolfrum, Geschichte als Waffe. Vom Kaiserreich bis zur Wiedervereinigung, Göttingen 2001, S.114; Protokoll des Deutschen Bundestages, 10. Wahlperiode, 228. Sitzung, 10.9.1986, S.17660; Franz-Josef Stauß, Mehr aufrechten Gang, in: Frankfurter Rundschau, 14.1.1987。

[2]　Edgar Wolfrum, Geschichte als Waffe. Vom Kaiserreich bis zur Wiedervereinigung, Göttingen 2001, S.114.

[3]　Jürgen Danyel (Hrsg.), Die geteilte Vergangenheit zum Umgang mit Nationalsozialismus und Widerstand in beiden deutschen Staaten, S. 57.

保有这个民族内部"真正的脊梁"。[1]

除了本党的政治人物外，在科尔政府周围还聚集了一批保守主义历史学家和政治评论家，尤其以科尔的历史顾问米夏埃尔·施特姆尔和著名新闻人卢多尔夫·赫尔曼（Ludolf Herrmann）为代表。[2]他们不但要求遗忘或者淡化纳粹历史，要求通过找寻德国历史中失落的其他篇章来构建一个全新的民族历史认同，而且以此为基点对左翼的历史阐释模式发起猛烈进攻。在"正常化"目标的指引下，在政治界、史学界和新闻界保守主义精英的通力合作下，科尔政府开始大力推行自己的一套历史政策。

很显然，所谓"以民族求认同"的历史政策，也是与代群更替下德国人集体经验和身份认同诉求的改变相应和的。新的时代精神提出了新的问题，包括：究竟要如何理智地纪念想要回避的历史，究竟要如何严肃地界定加害者和受害者的身份及权利，究竟要如何恰当地区分"民族意识"与"民族主义"。所有这些问题在20世纪80年代都悬而未决，并在政治公共领域引发了大量激烈的争议。

二、回忆策略中的受害者话语

20世纪80年代，大约有三分之一的德国人在1933年前出生，他们亲历了纳粹政权12年的统治和最后的无条件投降。1985年3月，德国阿伦斯巴赫民意调查研究所（Das Institut für Demoskopie Allensbach）针对战时一代德国人如何看待战争结束这一主题，对近2 000位受访者进行了问卷调查。其问题是："1945年5月8日或者获悉战败的那一

---

[1] Franz-Josef Stauß, Mehr aufrechten Gang, in: Frankfurter Rundschau, 14.1.1987.

[2] 参见Thomas Schnabel, Geschichte und Wende. Vom heutigen Gebrauch der Vergangenheit bei konservativen Politikern und Publizisten, in: Gernot Erler u.a., Geschichtswende? Entsorgungsversuche zur deutschen Geschichte, Freiburg 1987, S.9–34。

日，您究竟是什么感受？您还能回忆起来吗？更多是失败的感觉呢，还是解放的感觉占了上风？"只有1/3的男性受访者和1/5的女性受访者认为自己主要感觉到了"失败"。58%的受访者（男性中比例为47%，女性中比例为65%）认为这一天是"解放日"。[1]正是在这一背景下，在联邦德国，首次围绕这个日子展开了广泛而激烈的公开争论。

科尔对于5月8日最大的表态不是演讲，而是仪式。1985年是德国二战投降四十周年，当时一种对犹太人的抵触情绪在联邦德国又有升温。有德国民众抱怨，几十年过去了，犹太民族在国际上不但不愿与德国人真诚和解，反而鼓动对德国的"憎恨与复仇"。《法兰克福汇报》更是控诉，在美国有一个"强有力的新闻机构"对德国人穷追不舍，抓住一切机会"重新挖掘出面目可憎的德国人的讽刺画并且撕开陈年伤疤"。[2]莱茵兰-普法尔茨州州长伯恩哈德·福格尔（Bernhard Vogel）和比特堡市市长特奥·哈勒特（Theo Hallet）则力邀科尔前往比特堡的阵亡将士公墓悼念，其中安葬有2 000多名二战中牺牲的德国国防军士兵。因为这两名基民盟的政治人物反对一种对"阵亡者的挑选"，他们认为这些士兵在四十年前成了战争生死选择中的牺牲品，如今不应该在纪念文化中再一次成为"犹太人/德国人"这一选择中的牺牲品。[3]恰好美国总统罗纳德·里根在5月初赴波恩参加七国峰会，科尔因此邀请里根同赴比特堡。科尔政府将此举视为1984年德法两国首脑在凡尔登共同拜谒一战阵亡军人墓之后，德国与西方再次展现和解姿态的机会。但是，不久之后就披露在墓地中还葬有49名武装党卫军成

[1] Hartmut Hentschel, Der 8. Mai und die Deutschen, in: Politische Meinung, Nr.220, Mai/Juni 1985, S.24–33.

[2] Fritz Ullrich Fack, "Ein Scherbenhaufen," in Frankfurter Allgemeine Zeitung, 29.4.1985.

[3] "'Wir sind Freunde der Amerikaner, nicht ihre Vasallen.' Der rheinland-pfälzische Ministerpräsident und der Bitburger Bürgermeister appellieren an Kohl," in Frankfurter Allgemeine Zeitung, 30.4.1985.

员[1]，使得该造访计划遭到了各方势力的强烈反对。

尤其是在联邦德国国内，左翼和右翼在政治与公共领域就此爆发了大规模争论。作为从党卫军中分离出来的相对独立的作战单位，武装党卫军后期不断扩招改编，吸纳了许多年轻成员，这一批人与属于纳粹顽固分子的普通党卫军成员不同。于是，双方先是争论武装党卫军是否有权得到纪念。[2]随之，左翼警告人们要警惕保守主义将纳粹历史"正常化"的策略；右翼则指责左翼的罪责情结让德国人丧失了行动力。然而，比特堡之行不仅仅是一场单纯的纪念仪式，更是一场德美关系的政治秀。因此，考虑到与科尔之间的关系[3]，里根最后还是不顾反对，在5月5日前往比特堡公墓。双方只在公墓中停留了四分钟，献上花圈，仪式性地握手后就匆匆离去。

比特堡事件的真正关键之处并不在于两国首脑最后有否成行，而在于科尔政府的辩解之词：纳粹政权的执行者同样应该被视为纳粹主义的受害者，所有的阵亡士兵都应该有权得到同样的悼念。在这里，德国人受害者身份统摄的对象达到了最大范围。时任基民盟/基社盟议会党团主席的阿尔弗雷德·德莱格尔的态度，是对科尔政府这种纪念话语的最好脚注。在一封致53名试图阻止里根比特堡之行的美国参议员的公开信中，他这样写道：

> 战争的最后那天，1945年5月8日，当时24岁的我与大部队一起在西里西亚的马克里撒（Marklissa）抵御苏联红军的进攻。我唯一的兄弟沃尔夫冈，1944年在库尔兰保卫战的东线战场上遇难，具

---

[1]　现在被纠正为59名。

[2]　无论是左翼还是右翼，都认为应该在"罪恶"的党卫军和"英勇"的国防军之间做一区分。对德国士兵的纪念是合法的，这一点各方人士都毫无异议。

[3]　作为美国欧洲政策特别是对苏政策的中坚力量，作为里根政府的亲密盟友，科尔先是抵挡住了反对党的压力，做出了在联邦德国本土部署美国中程导弹的决定，接着又率先支持里根的"星球大战"计划。

体情形我并不知晓。他是一位正直的年轻人，我绝大多数的同伴
亦是如此。当你们敦促你们的总统放弃其计划的在比特堡阵亡将
士公墓中的高贵表态时，我不得不将这视为对我兄弟和我的阵亡
同伴们的侮辱。我想问问你们，人们是否应该拒绝给予死去的战
士们——他们的躯体已经腐烂——最后的尊敬？我问你们，这样
一种态度是否符合我们关于礼节、人类尊严以及对死者的敬重的
共同愿景？我问你们，你们是否把虽曾在纳粹政权下屈服十二年
之久，但四十年来站在西方世界一边的德意志民族看作盟友？[1]

在德莱格尔的表述里，可以看到一个纳粹主义参与者的受害者诉求。
他强调德意志民众遭受的苦难，强调德国士兵不是为了支持希特勒而
战，而是所谓为了抵抗苏联人而战。而其中隐含的价值判断是：即便
在错误的、犯罪的观念中也存在宝贵的爱国主义精神。所以，大多数普
通德国士兵是"正直"的，应该被给予"尊敬"。在这种受害者话语体
系里，它的要求已经不满足于帮助德国人摆脱"集体罪责"的束缚，它
被注入了建构性的新因素——德意志的民族性中也有其值得称道之
处。即便科尔政府仍然对德国人的"历史罪责"供认不讳，但它更深层
的诉求是"我们德国人又回来了（Wir sind wieder wer），而这必须得到
承认"[2]。

　　一些大众媒体指出，以德莱格尔为代表的这种霸道态度背后，暴露
出来的是德国人尚未克服的历史重负。大多数德国人想要忘却历史的
创伤，"甚至连伤疤也不看一眼"[3]。但是当时，科尔在政界得到了不少

---

[1] Alfred Dregger, Ein Brief an 53 amerikanische Senatoren, die Reagan vom Besuch des
　　Soldatenfriedhofs in Bitburg abhalten wollten, in: Frankfurter Rundschau, 23.4.1985.

[2] Klaus Naumann, Versöhnung, in: Blätter für deutsche und internationale Politik, 30
　　(1985), S.517–524, hier S.520f.

[3] Nürnberger Zeitung, 26.4.1985.

支持并且在公共领域获得了许多理解。他还期望得到民众的赞同。在接受《时代周刊》的采访时，他坦言，德国人不仅拥有"理智"，他们也拥有"心灵和情感"。大多数德国人都在战后出生，要继续让他们接受对纳粹罪行的负罪感，无疑困难重重。1984年4月的一次民意调查显示，68%的受访者认为拜访比特堡是"和解的一个好信号"，只有12%的受访者认为这"不合时宜"。[1]接下来，在5月初的快速民意投票中，将近70%的受访者赞同"战争结束四十年时，一位美国总统造访一个德国阵亡将士公墓，是和解的良好征兆"。[2]比例几乎没有发生变化。虽然在历史政策的战场上，科尔政府并没有通过比特堡事件成功夺取文化阐释上的主导权，但是它唤起了普通民众心中不同的历史图景，而德国各大媒体上的唇枪舌剑显然没有动摇他们的立场。

由于比特堡事件已经将科尔推到了联邦德国政治公共舆论的风口浪尖上，他没有再在5月8日当天发表任何讲话。但是，从他于4月21日在贝尔根-贝尔森（Bergen-Belsen）集中营解放四十周年的讲话中，还是可以看出他对这一天的看法。科尔并不否认5月8日的解放性。他明确指出，虽然1945年5月8日纳粹独裁的崩溃并没有给所有人都带去"全新的自由"，但是这一天对于德国人而言仍然是一个"解放日"；德国人对于自己的"历史责任"供认不讳。[3]科尔纪念5月8日的核心话语是，在同为受害者的话语体系中，德国人可以摆脱"集体罪责"的束缚而要求一种"集体宽恕"。这种诉求迎合了德国人的情感需求。只不过，争论的双方都认为历史记忆必须意味着对被回忆之个

[1]　Elisabeth Noelle-Neumann/Renate Köcher (Hrsg.), Allensbacher Jahrbuch der Domoskopie, Bd.9: 1984–1992, München: De Gruyter Saur, 1993, S.976.
[2]　Bitburg-Besuch positiv gewertet, in: Frankfurter Allgemeine Zeitung, 22.5.1985.
[3]　Helmut Kohl, Das Geheimnis der Erlösung heißt Erinnerung. Ansprache zum 40. Jahrestag der Befreiung der Gefangenen aus den Konzentrationslagern, gehalten am 21. April 1985 in Bergen-Belsen, in: ders., Die unentrinnbare Gegenwart der Geschichte, Bonn 1988, S.5–18.

体的认同。科尔一方强调德国士兵主观上的无罪，批判者则指责他们与纳粹罪犯同声同气。其实，纪念也可以是一种批判性的距离化。历史回忆可以不是为了认同个体的所作所为，而是为了反思其所处的历史境况。尤其是，双方都没有将作为受害者的痛苦和作为加害者的罪责放在一起考量。20世纪70年代晚期以来，兴盛的回忆文化带来了片面的指向：人们虽然纪念犹太人和其他受害者群体，却没有将其与德国人的行为联系在一起。所以，应该拒绝的，是一种无论是在政治上还是认知上都疑问重重的纪念仪式。

在5月8日当天发表讲话的是时任联邦总统的理查德·冯·魏茨泽克。这场演讲是1985年围绕二战结束纪念日的内容、形式和意义而在各个领域展开之激烈争论的最高潮。魏茨泽克的基调是要以更为"积极"的态度对待战争的结束："1945年5月8日是一个在欧洲具有决定性历史意义的日子。我们德国人在以自己的方式对待这一天，而这是必要的。我们必须独力找到评判尺度。……我们需要并且有力量尽可能不加粉饰、不带偏见地正视真相……我们越是真诚地审视这一天，就越能够坦然地对它带来的后果负责。"在此基础上，魏茨泽克指出，虽然不同的德国人对于这一天有着截然不同的个人经历和感受，但是，即便如此，从政治意义上赋予这一天"解放性"是合宜的："5月8日是解放之日。它将我们所有人从纳粹暴力统治下鄙弃人性的制度中解放出来。……我们的确没有理由在今天加入对胜利的庆祝。但是我们完全有理由，将1945年5月8日视为德国历史之歧途的终结，它保护了指向一个更好未来之希望的萌芽。"虽然"没有人会为着这种解放而想要忘记对许多人而言自5月8日才开始、之后如影随形的那些沉重痛苦"，但是德国人经历的逃亡、被驱逐和失去自由，其根源并不在于战争之终结，而在于"战争之肇始和发动战争的那个极权统治的发端"，德国人"不应该把1945年5月8日与1933年1月30日割裂开来"。对于罪责问题，魏茨泽克则指出，并不存在集体性的有罪和无罪，在第三帝国时期仍是孩童或者尚未出生的德国人不必为纳粹背上罪名，但是，"我们所有人，无论有罪还是无罪，无论年长还是年轻，都必须接受过去。我们所有人都受其后果的影响并且为其承担责任"。[1]

与科尔的个体化策略不同，魏茨泽克一直强调政治纪念日要超越个人体验而具备某种普遍的政治意义。在围绕德国人如何面对5月8日而展开的争论中，魏茨泽克的这篇讲话提出了新的充满争议的价值取向。虽然他并不是首位将这一天视为"解放日"之人，但是在他的这次演讲之后，解放性才成了战争纪念日之政治公共争论中的主要议题。这是因为，魏茨泽克所谓的解放并不单纯指政治体系概念上的解放，它更是一种通过对德国历史中充满罪责的那一段真诚以待而获得的内在解放。所以，在指出了5月8日的解放性之后，他立刻从心智和伦理道德出发，提出了回忆内化的更高要求，把5月8日视为一个"回忆日"，而回忆则意味着"要如此真诚和纯粹地对发生之事进行回想，以至于将它变成自我内在的一部分"；对德国人而言，关键的是在其自我内在竖起"一块思考和感觉的纪念碑"。[2]这就将无法涵盖不同个人体验的具象的"解放"，转化为可以也应该被所有德国人接受的抽象的"解放"。因此，并不是使用了解放的概念，而是从另一个角度来理解"解放性"，这才是魏茨泽克对于5月8日之解读的特别和全新之处。正是这种超越就事论事之内容评判的概念解读，才赋予了解放话语更强的竞争力。

统观联邦德国四十年间回忆与纪念1945年5月8日的过程，可以发现一些政治纪念日的内在特征。第一，民族内在的纪念往往与外

---

[1] Richard von Weizsäcker, 40. Jahrestag der Beendigung des Zweiten Weltkrieges. Ansprache des Bundespräsidenten am 8. Mai 1985, in: Bulletin des Presse- und Informationsamtes der Bundesregierung 52 (1985), S.441–446.

[2] 同上。

在的国际形势相碰撞。一个民族对于过去的认知总是由两方面所决定——民族的内部情况和与其他民族的外部关系。随着联邦德国人在对 5 月 8 日的认知上日益用"解放感"来取代"屈辱感"，他们在外部世界得到的认可也逐渐增强。第二，政治纪念日的一个重要社会基础是要尽可能将更多的回忆群体纳入纪念话语中，让个人命运之多样性在社会整体的纪念中得到反映。在关于 1945 年 5 月 8 日的体验中，"解放"原本并不比"投降""崩溃""浩劫"和"失败"等概念更具有普遍性。但用后面的概念来定义 1945 年 5 月 8 日，就无法给它赋予联邦德国政治新起点的积极意义，就无法把它与联邦德国之后的民主精神联系在一起。因此，一旦度过战后初年的重建，这些在早期联邦德国曾流行一时的概念就失去了生存土壤。"解放"话语则得益于与联邦德国民主标准框架的契合性而获得了更多的话语权，为了让"解放"在更多的回忆主体处得到共鸣，一个策略是将所有的德国人都视为纳粹政权的受害者。第三，政治纪念日的文化象征意义会逐渐覆盖对其的个人体验。这一方面归因于社会人口结构的代群更替，另一方面则归因于政治文化和历史意识的转变。在国家对纪念的核心主旨加以统一并对其进行规范性约束的过程中，普通人的多元体验往往无法在单一的客观评价中留存下来。这与其说是一种"服从"，毋宁说是一种"同化"，个体会无意识地向社会的主流价值观靠拢。

值得注意的是，人们已经习惯于用一种"失败和解放之间的矛盾关联"来解读 1945 年 5 月 8 日。但是，这种"既-又模式"或者说"二分法"是否真的具有说服力？正如一些德国人所意识到的那样，只有被强迫的人才能被解放，肇事者无法被解放。对于盟军而言，他们不是"解放"而是"战胜"了德国，德国人必须"无条件投降"。从这个意义上而言，二战后联邦德国对于 1945 年 5 月 8 日的回忆和纪念彻底反转了对这一天的审视视角。在"失败"和"解放"之间或许根本无须区分高下，因为这种讨论话语本身，才是对联邦德国政治文化和历史意识之塑造的最有力武器。

三、博物馆计划中的左右对抗

较之比特堡事件发酵更久的，是博物馆计划之争。这指的是围绕着建立波恩"联邦德国历史馆"（Haus der Geschichte der Bundesrepublik）和柏林"德意志历史博物馆"（Deutsches Historisches Museum）展开的争论，其中心议题是为何并且如何在一个中央博物馆内呈现德意志的历史。[1] 博物馆计划的诞生，一方面可以归因于20世纪70年代以来政治和社会话语中"回归历史"的要求，另一方面也是出于与当时的民主德国争夺德意志历史阐释权的需要。民主德国早在1952年就在东柏林建立了"德意志历史博物馆"（Museum für deutsche Geschichte），并且规模日益扩大。科尔在1982年10月13日的《施政报告》中提出，要以1945年以来的联邦德国史为主题，尽快在波恩建立一个博物馆，以"献给我们国家的历史和这个分裂的民族"。[2] 而早在1978年5月，时任西柏林市长的迪特里希·施托贝（Dietrich Stobbe）就有了在柏林建立一个德意志历史展览馆的想法。1981年，在西柏林举办的以普鲁士历史为主题的展览在公众中获得了巨大成功，促使以理查德·冯·魏茨泽克为首的西柏林市议会真正开始着手"德意志历史博物馆"计划。科尔在1983年5月4日的《施政报告》中介入了这一计划，表明联邦政府将对此施以援手，并希望这个博物馆能够在1987年

---

[1]　参见 Rupert Seuthe, „Geistig-moralische Wende"? Der politische Umgang mit der NS-Vergangenheit in der Ära Kohl am Beispiel von Gedenktagen, Museums- und Denkmalprojekten, Frankfurt a.M. 2001, S.147–230。

[2]　Helmut Kohl, Regierungserklärung des Bundeskanzlers vor dem Deutschen Bundestag vom 13.10.1983, in: Bulletin des Press- und Informationsamtes der Bundesregierung 93 (1982), S.853–868, hier S.866.

柏林建城750周年之际落成[1]，从而将其从一场柏林市内部的政治争论转变为了整个联邦德国的历史政策之争。一方面，基民盟/基社盟-自民党联合政府试图通过这两个博物馆计划来创设自我认知和自我反省之地，让联邦德国人从中觉察到，他们从何来，是何人，在何处，去何处。另一方面，更重要的是，保守主义人士试图凭借在博物馆计划中的大权独揽，将联邦德国历史图景的塑造和阐释权重新纳入囊中。

在这场执政党和反对党的对抗中，社民党人认为，他们的保守主义对手试图通过这两个博物馆创建计划来有目的地创设一种历史共识，并且为了恢复19世纪的民族国家传统而在联邦德国的历史话语中抑制社会民主主义的要素。他们的反对意见主要集中在两个方面。

一方面，社民党强烈抗议基民盟/基社盟-自民党联合政府把社民党和亲社会民主主义的历史学家排斥在这两个计划之外。1983年春，包括4名成员的波恩"联邦德国历史馆"专家委员会成立，其中没有一位左翼历史学家。同年12月，委员会提交了计划草案的第一稿。时任社民党联邦议院党团"艺术与文化"工作组负责人的弗赖穆特·杜维（Freimut Duve）在1984年2月22日写给基民盟政要、时任联邦内务部部长的弗里德里希·齐默尔曼（Friedrich Zimmermann）的信中指出，与历史博物馆之创建相伴相随的必须是"公开的讨论还有争论性的立场"，然而事实是，"围绕我们最年轻的当代史展开的、所有的政治与社会势力都必须参与其中的、必要的大型公开讨论"，仍然不见踪影。[2]

---

[1] Helmut Kohl, Regierungserklärung des Bundeskanzlers vor dem Deutschen Bundestag vom 4.5.1984, in: Bulletin des Press- und Informationsamtes der Bundesregierung 43 (1983), S.397–412, hier S.412.

[2] Brief von Freimut Duve MdB an Minister Zimmermann, in: Freimut Duve (Hrsg.), „Soll es dem Volk dienlich sein, muss das Volk in ihm vorkommen": Anhörung der SPD-Bundestagsfraktion zum Haus der Geschichte der Bundesrepublik Deutschland. Protokoll vom 9. Mai 1984, Bonn 1984, S.194–196, hier S.195f.

但是，反对党的呼声收效甚微。1984年初夏，在几乎没有听取任何修改和反对意见的情况下，科尔政府就确定了历史馆的建造地点并出版了正式的专家意见书。1984年年底，社民党要求议会介入历史馆计划，并建议联邦总统直接参与筹备委员会的人员任命，以促成各党派之间达成共识。执政党对此仍然充耳不闻。1985年7月，联邦内阁批准了"联邦德国历史馆"的基础方案，直接将其推上了执行的轨道。1986年2月，杜维在社民党递交联邦议院的提案中，再次呼吁，为促进历史理解而建立的机构"必须在议会民主中通过公开讨论，以一种广泛共识为基础而产生"，这种机构的设置必须同样"通过其形成模式反映我们共和国的民主特性"，它们无论何时都不应该使自己被怀疑是"政府规定某种历史图景"的产物。[1]1986年年底，社民党人的持续努力终于有了些许成效，联邦议院首次围绕博物馆计划展开了讨论，但此时距离联邦德国历史馆首场展览开幕已仅有5个月的时间。鉴于执政党的独断专行，杜维认为保守主义政府以民族国家为导向的历史政策是为了获得更多的选民支持，他坚定地指出："我们社会民主党人决不屈从于联邦政府，当它操心由政府兴办的历史机构时，就是想要从中牟取政治利益。"[2]时任社民党联邦干事长的彼得·格罗兹同样指责科尔这几年来凭借历史政策"故意降低了禁忌的限度"，以便"通过政治讲话更好地亲近外围的右翼选民"。[3]

另一方面，社民党反对这两个博物馆计划的具体理念与执行规划，并成功地团结起了对政府新保守主义历史政策持批判态度的历史学家。1984年5月9日，社民党联邦议院党团在波恩召开了"联

[1] Moritz Mälzer, Ausstellungsstück Nation. Die Debatte um die Gründung des Deutschen Historischen Museums in Berlin, Bonn 2005, S.113.
[2] Freimut Duve, Tapfer im Sattel des Karussellgauls. Gelegentliche Gedanken zum Vorwurf unserer Geschichtslosigkeit, in: Das Parlament, 20–21 (1986).
[3] Plenarprotokoll des Deutschen Bundestages, 10. Wahlperiode, 253. Sitzung, 4.12.1986, S.19662.

邦德国历史馆"计划草案听证会。在会上，黑尔加·格雷宾、哈特穆特·索尔（Hartmut Soell）、艾伯哈特·科尔布、贝尔恩德·法伦巴赫等亲社民党的历史学家对这一计划展开了激烈的批评。[1]1985年10月7日，16人组成的"德意志历史博物馆"专家委员会在波恩成立。在其中，除了保守主义史家外，鲁道夫·菲尔豪斯和于尔根·科卡作为自由主义和社会民主主义的代表，也在其中各自占据了一席之地。但是，科卡的参与并无法安抚社会民主主义人士的情绪。甚至连科卡本人也就专家委员会对政府的影响力表示怀疑。[2]1986年7月2日，社民党在波恩组织召开听证会，左翼历史学家再次集结在一起，对德意志历史博物馆计划展开了讨论。[3]就是在这次会议上，著名的左翼哲学家和社会学家于尔根·哈贝马斯严厉地批判了新保守主义的历史理解和纠正主义的历史书写。[4]一周后，这篇演讲改名为《一种处理损失的方式——德国当代史书写中的辩护趋势》（Eine Art Schadensabwicklung. Die apologetischen Tendenzen in der deutschen Zeitgeschichtsschreibung）发表在《时代周报》上[5]，引发了著名的"历史学家之争"（Historikerstreit）。虽然社民党人在两个博物馆计划之中

---

[1] Freimut Duve (Hrsg.), „Soll es dem Volk dienlich sein, muss das Volk in ihm vorkommen": Anhörung der SPD-Bundestagsfraktion zum Haus der Geschichte der Bundesrepublik Deutschland. Protokoll vom 9. Mai 1984, Bonn 1984.

[2] Jürgen Kocka, Ein Jahrhundertunternehmen zum 750. Geburtstag. Berlin bekommt 1987 ein Deutsches Historisches Museum, in: Das Parlament, 20–21 (1986).

[3] Freimut Duve (Hrsg.), »Kernpunkt des Streits ist der Umgang mit Geschichte in der und durch die Demokratie«: Anhörung der SPD-Bundestagsfraktion zum Deutschen Historischen Museum Berlin. Protokoll vom 2. Juli 1986, Bonn 1986.

[4] Jürgen Habermas, Zum neokonservativen Geschichtsverständnis und zur Rolle der revisionistischen Geschichtsschreibung in der politischen Öffentlichkeit (bei der Anhörung zum Deutschen Historischen Museum, veranstaltet von der SPD-Bundestagfraktion in Bonn am 2. Juli 1986), in: Christoph Stölzl (Hrsg.), Deutsches Historisches Museum. Ideen-Kontroversen–Perspektiven, Frankfurt a.M./Berlin 1988, S.336–339.

[5] Jürgen Habermas, Eine Art Schadensabwicklung. Die apologetischen Tendenzen in der deutschen Zeitgeschichtsschreibung, in: Die Zeit, 11.7.1986.

没有占据主导地位，但是，凭借着持续不断的介入诉求、批判审视以及组织动员，他们在政治公共领域成功地集结起左翼的力量，为新保守主义历史意识的扩张设置了巨大屏障。

四、历史学家之争中的历史政治文化

1986年注定是一个不平静的年份。二战战败投降四十周年的日子刚刚过去，"联邦德国历史馆"在3月1日成立了基金会，"德意志历史博物馆"则在4月21日公布了专家意见书，左翼和右翼之间围绕博物馆计划的分歧迅速激化。6月份将在法兰克福举行"罗马山年度会谈"（Römerberggespräche），这一年的主题是"今日的政治文化？"。右翼保守主义的法西斯主义研究专家恩斯特·诺尔特本该在座谈会上围绕"不愿过去的过去"这一主题做报告，但是在会议前夕，他收到主办方的电话，通知他该主题的报告人改为左翼自由主义的历史学家沃尔夫冈·J.蒙森[1]，他则被邀请做另一个主题的报告。诺尔特对这一变动先是感到吃惊，随后就是愤怒，他断然拒绝了主办方做另一个报告的建议。6月6日，"罗马山年度会谈"举行的这一天，诺尔特将撰写的报告文章取名为《不愿过去的过去——一篇写了却不能说的演讲》（Vergangenheit, die nicht vergehen will. Eine Rede, die geschrieben, aber nicht gehalten werden konnte）在同日出版的《法兰克福汇报》上发表。

在这篇文章中，诺尔特提出要重新审视纳粹主义的历史，以"反抗这段历史的滞留并且渴望画上'最后一笔'，从而使德国历史与其

---

[1] Wolfgang Mommsen, Vergangenheit, die nicht vergehen will, in: Hilmar Hoffmann (Hrsg.), Gegen den Versuch, Vergangenheit zu verbiegen, Frankfurt a.M. 1987, S. 83-93.

他领域的历史不再有本质上的区别"[1]。一方面，诺尔特认为对纳粹主义的研究已经陷入了集体思维的暴政，所谓"德国人罪责"的思维方法本质上与"犹太人罪责"无异，这种立论基础阻碍与扼杀了就纳粹主义展开争论的渴望。另一方面，他提出要从一种"一视同仁"的视角出发，在更为广阔的背景下，将纳粹主义的罪行跟20世纪其他的恐怖事件和暴行加以比较。由此，诺尔特提出了两个观点：一是犹太人大屠杀在某种意义上并不是一种独一无二的罪行；二是纳粹主义实施的犹太人大清洗有可能是一种对布尔什维克发动的资产阶级大清洗的回应。

与诺尔特一样，历史学家安德烈亚斯·希尔格鲁伯也试图从一种更为广阔的欧洲视角出发，对纳粹主义的历史图景加以修正。不过，他的着眼点不是战争和犹太人大屠杀的起源，而是战争的结果。在1986年初夏出版的一本名为《两种毁灭》(Zweierlei Untergang)的小册子中，希尔格鲁伯把纳粹主义对欧洲犹太人的灭绝视为一场犹太人的浩劫，而把二战结束时驱逐中欧东部的日耳曼人与分割德意志帝国视为一场日耳曼人的浩劫。他反对仅仅从纳粹主义政权在战争初期制定的目标、政策和策略出发，把日耳曼人的浩劫解释为"希特勒扩张政策与种族主义意识形态的疯狂目标所导致的现实后果"[2]。通过论证苏联红军在东部的所谓疯狂报复、大肆镇压、恣意屠杀以及盲目驱逐，希尔格鲁伯认为，东线德军在绝望处境下的顽抗为当地居民撑起了一把保护伞，并且进一步声称，除了对集中营中生还的受难者，"'解放'一词并无法简明扼要地说明1945年年初的事实

---

[1] Ernst Nolte, Vergangenheit, die nicht vergehen will. Eine Rede, die geschrieben, aber nicht gehalten werden konnte, in: Ernst Reinhard Piper (Hrsg.), »Historikerstreit«. Die Dokumentation der Kontroverse um die Einzigartigkeit der nationalsozialistischen Judenvernichtung, München 1987, S.39–47, hier S.40.

[2] Andreas Hillgruber, Zweierlei Untergang. Die Zerschlagung des Deutschen Reiches und das Ende des europäischen Judentums, Berlin 1986, S.17.

真相"[1]。与此同时,他还认为,当时在欧洲普遍爆发的强制迁移与消灭集体性人口的大规模实践,是这两场浩劫产生的共同的历史语境。换言之,它们都是这种历史因素的产物。正是在这个意义上,他才认为在这两场浩劫之间存在某种相似性,并说它们是"休戚相关的"[2]。

如果说,诺尔特和希尔格鲁伯都试图求助于历史事实,从而要求对纳粹主义的历史做出一种新的理解与评价,那么米夏埃尔·施特姆尔则试图从历史功用的角度出发来实现这一目的。他在1986年4月25日的《法兰克福汇报》上发表了《无史之国的历史》(Geschichte in geschichtslosem Land)一文,为联邦德国呼唤一种全新的历史意识。他认为,由于民众薄弱的自我意识、巨大的代际鸿沟和彻底的价值转变,联邦德国已经变成了一个无史之国,因此有必要找回那些失落的历史,也就是除了第三帝国史以外的德国史。施特姆尔不但相信"德意志的历史在宪法的制定、价值的定位以及过去与未来的意象上,耗费了巨大的心力"[3],因此历史研究可以也应该对第三帝国史外的历史给予更多的关注;而且更为重要的是,他认为联邦德国80年代的历史文化无法跟它在世界政治和经济领域所承担的责任相匹配:

目前生活在德国的每一代人,他们所怀有的过去与未来的意象都是互不相同甚至截然相反的。事实也证明,右翼对历史带有技术统治色彩的轻视与左翼对历史步步紧逼的扼杀,严重地损害了国家的政治文化。对失落的历史的追寻并非抽象的教育希求:它在道德伦理上是合法的,在政治上是必需的。因为这涉及德意

[1] Andreas Hillgruber, Zweierlei Untergang. Die Zerschlagung des Deutschen Reiches und das Ende des europäischen Judentums, Berlin 1986, S.24, 64.
[2] 同上,S.9。
[3] Michael Stürmer, Geschichte in geschichtslosem Land, in: Ernst Reinhard Piper (Hrsg.), »Historikerstreit«. Die Dokumentation der Kontroverse um die Einzigartigkeit der nationalsozialistischen Judenvernichtung, München 1987, S.36–38, hier S.37.

志联邦共和国内在的连续性与外交政策的可预见性。在一个无史之国里，一切皆有可能。[1]

所以，为了翻新历史意识、回归文化传承、保证正常化，同时也是为了从过去找到未来立足的方向，并且弄清楚应该走向何方，施特姆尔为一种全新的认同感之形成而辩护。

从这三位历史学家的言论出发，于尔根·哈贝马斯认为在联邦德国的当代史编纂中出现了一种"辩护趋势"。7月11日，他批判这种趋势的文章《一种处理损失的方式》发表在《时代周报》上。在该文中，哈贝马斯首先反对施特姆尔对历史意识之功用性的偏爱。他赞同施特姆尔对于一种身份认同的重视，但是，他认为联邦德国的历史意识不应基于政治的合法化，而应该基于道德的合法化。继之，他又批判了希尔格鲁伯的《两种毁灭》一书。他认为，希尔格鲁伯没有像其所宣称的那样，在东部的崩溃与犹太人大屠杀之间建立起紧密的联系，而且希氏在重视东部地区受害者的视角的同时，忽视了希特勒等大屠杀参与者的视角。最后，哈贝马斯大力地批判了诺尔特。他坚决反对克劳斯·希尔德布兰特认为诺尔特的研究方法"具有指导意义"[2]的看法，在他看来：

> 意识形态的策划者想要创造一种就民族意识之复苏达成一致的意见，同时他们不得不把民族国家的敌对意象从北约方面排除出去。对于这种手腕而言，诺尔特的理论展现出了巨大的优点。他

---

[1]　Michael Stürmer, Geschichte in geschichtslosem Land, in: Ernst Reinhard Piper (Hrsg.), »Historikerstreit«. Die Dokumentation der Kontroverse um die Einzigartigkeit der nationalsozialistischen Judenvernichtung, München 1987, S.38.

[2]　参见 Klaus Hildebrand, Rezension zu H. W. Koch, Aspects of the Third Reich, in: Historische Zeitschrift, Bd.242, 1986, S.465f。

一箭双雕：纳粹罪行由于被视为对（至今仍在继续的）布尔什维克“灭绝威胁”的回应而变得至少可以理解了，凭此它失去了其唯一性。奥斯威辛的特殊地位被降低为一次技术革新，并且通过来自一个始终站在我们门口的敌人的"亚细亚式"威胁得到了解释。[1]

哈贝马斯坚持，纳粹主义的历史化不会"受由希尔德布兰特和施特姆尔所推崇的，诸如希尔格鲁伯或者诺尔特那样的纠正主义所支配"。[2]

与社会政治领域围绕历史政治意识展开的纷扰争执相比，20世纪80年代前期联邦德国历史学界的氛围原本要略显缓和。围绕"德意志特殊道路"展开的大讨论告一段落之后，虽然社会史与日常生活史之间产生了新争执，但不同学派和阵营的历史学家之间的对立并没有到剑拔弩张的地步。直到哈贝马斯这篇针对纠正主义的"战斗檄文"[3]发表，在学术公共领域才掀起巨浪。虽然在这之前，时任弗莱堡大学近现代史教授的海因里希·奥古斯特·温克勒就致信《法兰克福汇报》，表示坚决反对诺尔特的"荒谬观点"[4]；在《一种处理损失的方式》发表的第二天，米夏·布鲁姆列克（Micha Brumlik）也在《日报》（Die Tageszeitung）上撰文反对希尔格鲁伯，指责《两种毁灭》一书的出版"标志着德国保守主义者转向进攻性的民族主义"[5]。但是他们的文章

---

[1] Jürgen Habermas, Eine Art Schadensabwicklung. Die apologetischen Tendenzen in der deutschen Zeitgeschichtsschreibung, in: Ernst Reinhard Piper (Hrsg.), »Historikerstreit«. Die Dokumentation der Kontroverse um die Einzigartigkeit der nationalsozialistischen Judenvernichtung, München 1987,, S.62–76, hier S.71.

[2] 同上，S.73。

[3] 参见 Karl-Heinz Janßen, Kampfansage, in: Die Zeit, 11.7.1986。

[4] 参见 Heinrich August Winkler, Nationalapologetisches Bedürfnis (Leserbrief), in: Frankfurter Allgemeine Zeitung, 26.06.1986。

[5] Micha. Brumlik, Neuer Staatsmythos Ostfront. Die neueste Entwicklung der Geschichtswissenschaft der BRD, in: Ernst Reinhard Piper (Hrsg.), »Historikerstreit«. Die Dokumentation der Kontroverse um die Einzigartigkeit der nationalsozialistischen Judenvernichtung, München 1987, S.77–83, hier S.77.

都没有像哈贝马斯的这篇文章这样，如此明确地"画出战线并且将认知结构化"[1]，其他的争鸣文章无出其右，在本文中被反对的四位历史学家——诺尔特、希尔格鲁伯、施特姆尔和希尔德布兰特——甚至因此被称为"四人集团"[2]，以至于有人称这是一场"哈贝马斯争论"[3]。随着这篇"战斗檄文"的发表，争论双方的旗帜性人物都闪亮登场了，在接下来的日子里，他们在各自支持者的呼应下不断地把这场争论向纵深推进着。

总体看来，历史学家之争针对的是纳粹主义及其罪行的归类和评价问题，尤其是其对于联邦德国自我认知的现实意义。具体而言，参与者们争论的基本问题大致有四个：第一，纳粹罪行尤其是大屠杀罪行的唯一性及其与布尔什维主义所谓"罪行"的可比性、希特勒德国与斯大林时期的苏联的相关性问题；第二，对于1944年至1945年德国东部战场情况的评价标准，以及能否从今天的视角出发对当时的行为者进行身份认同的问题；第三，纳粹历史之"历史化"问题，即如何在整部德国史中定位纳粹历史，以及如何处理纳粹历史之学术研究和道德评价之间的关系；第四，通过对德国历史的重新把握来进行民族认同创设的可能性、必要性及其后果问题。从这些问题出发，还进一步引出了关于爱国主义、学术自由和争论中的行事方法等问题的争论。

历史学家之争之所以以一种极为激烈的形式爆发开来，一方面与当时德国学界尚未就犹太人大屠杀形成规范描述有关。事实上，纳粹对犹太人的大规模屠杀作为专门的学术研究对象，在二战后并没有在第一时间得到德国历史学家们的关注。[4]在很长一段时间内，它都只

---

[1] Klaus Große Kracht, Die zankende Zunft. Historische Kontroversen in Deutschland nach 1945, Göttingen 2005, S.104.

[2] 参见 Elie Wiesel, in: Frankfurter Rundschau, 14.11.1986。

[3] 参见 Imanuel Geiss, Die Habermas-Kontroverse. Ein deutscher Streit, Berlin 1988。

[4] 参见 Ulrich Herbert, Der Holocaust in der Geschichtsschreibung der Bundesrepublik Deutschland, in: ders./Olaf Groehler, Zweierlei Bewältigung. Vier Beiträge （转下页）

是作为一个微小的部件被整合到纳粹历史的整体叙述中。直到20世纪70年代中期，联邦德国的主流历史学界尚没有就纳粹对犹太人的大规模屠杀展开集中研究。虽然存在围绕大屠杀展开的争论，但是无论蓄意主义的解释路径，还是结构主义的解释路径，在当时都缺乏以史料为基础的经验性研究的支持。如前文所言，虽然约瑟夫·伍尔夫从50年代起就对大屠杀展开了研究，但是他一直被联邦德国的主流历史学界边缘化，因为作为大屠杀的幸存者，他被认为无法以一种"不怒不苦"的原则去对待研究对象。虽然格哈德·舍恩贝尔纳（Gerhard Schoenberner）在1960年出版的纳粹迫害犹太人的照片集引起了巨大的社会反响，但并没有任何专业历史学家就其内容展开严肃的学术讨论。[1]虽然美国历史学家劳尔·希尔伯格早在1961年就在其博士论文中对大屠杀进行了系统论述，但是他的这本被英美学界视为经典之作的专著一直没有引起德国学者的重视，直到1982年才被柏林一个名不见经传的出版社翻译和出版，并且直到1990年才由著名的费舍尔出版社再版。[2]这一切导致在很长一段时间内，联邦德国关于种族灭绝政策的认知是十分单薄无力的。越是谈论奥斯威辛，越是强调大屠杀的工业化，它就越会成为一个抽象的、人类理智和经验无法触及的事件。与其他研究领域为数众多的论著相比，关于犹太人的研究成果实在太少了。可以说，在1986年前后，在联邦德国还没有出现一部由本国历

（接上页）über den Umgang mit der NS-Vergangenheit in den beiden deutschen Staaten, Hamburg 1992, S.7–27; Nicolas Berg, Der Holocaust in der Geschichtswissenschaft. Kontroversen und Fragestellungen seit dem „Historikerstreit", in: Nobert Frei/Sybille Steinbacher (Hrsg.), Beschweigen und Bekennen. Die deutsche Nachkriegsgesellschaft und der Holocaust, Göttingen 2001, S.103–126。

[1] Gerhard Schoenberner, Der gelbe Stern. Die Judenverfolgung in Europa 1933–1945, Hamburg 1960.

[2] Raul Hilberg, The Destruction of the European Jews, Chicago 1961 (Detusche Ausgabe: Die Vernichtung der europäischen Juden. Die gesamtgeschichte des Holocaust, Berlin 1982).

史学家撰写的、对犹太人大屠杀进行全面描述的、史料翔实的专著。联邦德国的历史学家们既无法凭借对大屠杀之启动、执行、范围和参与的详细认识来构建可靠的解释基础，也无法由此定义严肃的阐释框架。当时关于种族灭绝的公开讨论，尚局限于将纳粹主义的这一罪行视为一个抽象的、惯有的理智和经验无法理解的事件。这就使得犹太人屠杀总是作为政治性的，而非经验性的历史论据被援引。而这种引用又在政治争论中获得了一种越来越重要的、象征性的、与价值判断相关的意义。这直接导致在之后的历史学家之争中，争论双方无法在纯学术的层面上就大屠杀之唯一性的论点和论据进行深入考证和批判性讨论，而是更多地围绕其政治教育意义进行拉锯战。

另一方面，诺尔特的观点在1986年遭到如此激烈的反对，很重要的一个原因是他的假设质疑了既有的道德权威，与当时的道德共识发生了激烈的碰撞。[1]事实上，诺尔特这个备受哈贝马斯指责的历史学家，并没有在这场争论中提出什么新的学术见解。[2]在争论高歌猛进

---

[1] Cf. Robert Braun, The Holocaust and Problems of Historical Representation, in: History and Theory, Vol.33, No.2. (1994), pp.172–192, here p.193.

[2] 早在1963年，诺尔特就出版了《生逢其时的法西斯主义》一书，致力于对欧洲和其他地区的"法西斯主义"的表现形式进行比较研究，他反对那种把纳粹德国和苏维埃俄国看作一枚硬币的两面的"极权主义"概念，要求人们把"法西斯主义"视为一种独立的思维方式、一种意识形态，而不是它的社会、经济或者政治的历史。在很多该领域的历史学家看来，诺尔特提供了一种法西斯主义的"现象学"，即法西斯主义观念的一种分级描述，而他们并不接受他的这种观点。1974年，诺尔特出版了他的第二部著作《德国和冷战》，同样招致了学界的批评，代表性的观点认为，诺尔特关于德国纳粹主义跟其他国家的"罪行"之间的联想和推测是毫无根据、混淆概念的。1983年诺尔特出版了第三部著作《马克思主义和工业革命》，在该书中，他没有纯粹声称法西斯主义是对共产主义的反应，而是更进一步妄言，共产主义甚至马克思主义不仅为法西斯主义的反应提供了方法，而且提供了动力。1980年时，诺尔特还在慕尼黑做了一次题为《介于历史传奇与修正主义之间？》的演讲，指出"奥斯威辛集中营首先不是来源于传统的反犹主义，从根本上来说也不仅仅是'种族灭绝'，而是一种出自对俄国革命'灭绝'事件的焦虑的反应"，所以，不管奥斯威辛在方法与结果上有多少独特性或者说超越性，它本质上是一种反应或复制，而非首创。诺尔特还进一步提出，第三帝国史研究要去孤立化、去工具化、去妖魔化，从而在僵硬的历史神话与狭义的修正主义之间，找到一条（转下页）

的那一年,希尔格鲁伯、希尔德布兰特和托马斯·尼培代所代表的新历
史主义学派,因为既反对社会和区域史的研究趋势,也反对日常生活史
的研究,而重新倾向于传统的政治和观念史,被认为迎合了专业内部一
股由政治因素推动的纠正主义浪潮[1],而受到来自左翼自由主义的社
会史家的猛烈抨击。但双方争论最终的指向,并不是关于历史事实和
历史判断的问题,而是对于联邦德国历史政治文化主导权的争夺。

1983年时,《时代周报》曾这样描述联邦德国的历史政治文化:

> 对少数德国人而言,纳粹主义曾意味着他们不再有认可当下
> 这个德国的可能性,而对大多数德国人而言,它则曾意味着战争
> 的灾难和"战胜国"的强制,这导致了"我是一个德国人"这一感
> 情的完全消失。世上没有任何痛苦的爱国主义,只有骄傲的爱国
> 主义。然而事实上,爱国主义在我们这里比在其他任何国家都少
> 见。……我们还几乎不能谈论"祖国"这个词。对我们中的大多
> 数人来说,"为波恩而牺牲"或许是可笑的。[2]

然而,随着科尔政府不断推进"精神与道德的转折",对一种与民族主
义相异的爱国主义的追求,以及围绕德国人的自我历史意象和民族认

（接上页）通过修正使得对第三帝国历史的研究超越单一视角而成为科学实体的
方法。这些观点与他在《不愿过去的过去》一文中的观点相比,就所谓的"辩护
趋势"而言,有过之而无不及。参见 Ernst Nolte, Der Faschismus in seiner Epoche.
Action francaise-Italienischer Faschismus–Nationalsozialismus, München 1963/2000[10];
ders., Deutschland und der Kalte Krieg, München 1974/1985[2]; ders., Marxismus
und Industrielle Revolution, Stuttgart 1983; ders., Zwischen Geschichtslegende
und Revisionismus? Das Dritte Reich im Blickwinkel des Jahres 1980, in:
Frankfurter Allgemeine Zeitung, 24.07.1980, auch in: Ernst Reinhard Piper (Hrsg.),
»Historikerstreit«. Die Dokumentation der Kontroverse um die Einzigartigkeit der
nationalsozialistischen Judenvernichtung, München 1987, S.13–35。

[1] Hans Mommsen, Suche nach der „verlorenen Geschichte"?, a.a.O., S.168.
[2] Rudolf Walter Leonhardt, Von der Last, Deutscher zu sein, in: Die Zeit, 2.9.1983.

同展开的争论，逐渐成了公共领域的中心话题。历史学家之争爆发后，参与者在就纳粹屠杀犹太人之唯一性展开争论的同时，战火也蔓延到了联邦德国的认同问题上。在这一层面上，他们争论的是宪法爱国主义和民族爱国主义之间的紧张关系。

"宪法爱国主义"（Verfassungspatriotismus）这一概念来源于政治学家多尔夫·施特恩贝格尔（Dolf Sternberger）。1959年，他首次试图从另一个视角来定义爱国主义："祖国是我们为自己创立的'共和国'。祖国是我们令其生机勃勃的宪法。"[1]1979年，值《德意志联邦共和国基本法》生效30周年之际，他第一次明确提出了"宪法爱国主义"的说法。[2]在《一种处理损失的方式》一文中，哈贝马斯使用了宪法爱国主义这个概念，并赋予了它不同的内涵。如果说在施特恩贝格尔那里，宪法爱国主义是联邦德国特有认同形式的基本补充，而不是民族爱国主义的全盘替代品的话，那么在哈贝马斯那里，宪法爱国主义就是超越"天真"的民族爱国主义的更高一级认同形式。在这一层面上，他指向的并非德国人如何回忆纳粹历史，而是德国人如何对待整个自身传统。他认为，联邦德国需要的是通过过滤得到的"后传统认同"。这种"过滤器"由两部分组成，消极的纳粹历史和积极的"普遍主义价值取向"，后者就是宪法爱国主义：

> 唯一使我们不与西方疏远的爱国主义是宪法爱国主义。遗憾的是，在德意志文化民族中，一种根植于信念中的、与普遍宪法原则之间的联系，只能在奥斯威辛之后——并且通过它——得以

---

[1]   Zit. nach Thorsten Eitz/Georg Stötzel, Wörterbuch der „Vergangenheitsbewältigung".
      Die NS-Vergangenheit im öffentlichen Sprachgebrauch, Bd. 2, Hildesheim u.a. 2009,
      S.331.

[2]   Dolf Sternberger, Verfassungspatriotismus, in: ders., Schriften X, Frankfurt a.M. 1990,
      S.13-16; ders., Verfassungspatriotismus. Rede bei der 25-Jahre-Feier der „Akademie
      für Politische Bildung", in: ebd., S.17-31.

形成。谁若想用诸如"罪责迷恋"（施特姆尔和奥本海默语）这种
空洞的辞藻来驱除对这一事实的赧颜，谁若想要使德意志人招回
他们民族认同的传统形式，谁就摧毁了我们与西方相连的唯一可
靠的基础。[1]

哈贝马斯认为，构成新的爱国主义基础的，是对西方民主之法律和自由
的热爱与忠诚，是政治共同体中的政治权利和民主程序——宪法。这
里所谓的"宪法"不是静止的法律条文，而是从公共领域动态的交往过
程中产生的规范。因此，宪法爱国主义首先是与民主而不是与民族联
系在一起。以此为基础的国家认同，跟以领土、语言和文化为对象的传
统爱国主义截然不同。由此，哈贝马斯创造了"后民族"（postnational）
和"后传统"（postkonventionell）的概念。

　　在关于联邦德国认同的问题上，各方对哈贝马斯的观点反应不一。
首先，他得到了大多数左翼和少数中间立场历史学家的支持，因为他们
都对民族认同持警惕和怀疑态度。于尔根·科卡担心，对民族传统的
强调所强化的不是对联邦德国的认同，而是对整个德意志的共同意识，
这会使得联邦德国成为一个"有缺陷的不完整国家"。[2]温克勒认为，
德国人无法再成为一个民族，这是对其纳粹历史的责罚，是合理的。[3]
沃尔夫冈·J.蒙森把德国人对历史重负的认知，视为"对联邦共和国
自由主义的国家秩序加以坦率认可的根基之一和我们社会秩序的基

[1] Dolf Sternberger, Verfassungspatriotismus, in: ders., Schriften X, Frankfurt a.M. 1990, S.13-16; ders., Verfassungspatriotismus. Rede bei der 25-Jahre-Feier der „Akademie für Politische Bildung", in: ebd., S.75f.

[2] Jürgen Kocka, Nation und Gesellschaft. Historische Überlegungen zur „Deutschen Frage", in: Politik und Kultur 8 (1981), S.3-25, hier S.25.

[3] Heinrich August Winkler, Auf ewig in Hitlers Schatten? Zum Streit über das Geschichtsbild der Deutschen, in: Ernst Reinhard Piper (Hrsg.), »Historikerstreit«. Die Dokumentation der Kontroverse um die Einzigartigkeit der nationalsozialistischen Judenvernichtung, München 1987, S.256-263, hier S.263.

础"。[1]在黑尔加·格雷宾看来，所谓"德国人的民族认同"更是多余之物。[2]马丁·布洛查特也认为，二战后，至少在欧洲，民族国家的历史阶段就已经结束了，对于民族历史的援引要持必要的批判立场。[3]

但是，除了赢得支持者外，哈贝马斯的观点也遭到了很多质疑。这种质疑的程度和出发点又各有不同。伊马努艾尔·盖斯认为宪法爱国主义的理念本身是正确且重要的，但是它还需要包括对民主和多元主义的基本认知以及对持异见者的宽容，而这正是哈贝马斯在历史学家之争中的行事方法所缺少的。[4]卡尔-恩斯特·耶斯曼则认为，哈贝马斯将纳粹历史作为检验德意志历史传统的过滤器，从中提取历史评判标准的想法，是不现实的，这种做法仍然是为德意志民族国家的历史画出了一条从路德、弗里德里希二世、俾斯麦到希特勒的连续线，是"低级的思维模式"。[5]卡尔·迪特里希·布拉赫则从中看到，哈贝马斯从一名"西方和西德民主'合法性危机'的鼓吹者"突然摇身一变成了"宪法爱国主义、西方取向和后民族民主的新的开路先锋"。[6]克里斯蒂安·迈亚则质疑宪法爱国主义是否能够，或者说是否足够成为"民族认同的唯一形式"，他认为德国人无疑仍然生活在民族中，哈贝马斯

[1] Wolfgang Mommsen, Weder Leugnen noch Vergessen befreit von der Vergangenheit. Die Harmonisierung des Geschichtsbildes gefährdet die Freiheit, in: „Historikerstreit", S.300–321, hier S.319.

[2] Helga Grebing, Die nationale Frage im Urteil westdeutscher Historiker seit dem Zusammenbruch der nationalsozialistischen Herrschaft, in: Niedersächsische Landeszentrale für Politik (Hrsg.), Von der Verdrängung zur Bagatellisierung? Aspekte des sogenannten Historikerstreits, Hannover 1988, S.37–48, hier S.46.

[3] Martin Broszat, Was kann das heißen: Konservative Wende?, in: ders., Nach Hitler. Der schwierige Umgang mit unserer Geschichte, München 1988, S.297–307, hier S.302.

[4] Imanuel Geiss, Die Habermas-Kontroverse. Ein deutscher Streit, Berlin 1988, S.138.

[5] Karl-Ernst Jeismann, Die deutsche Geschichte als Instrument im politischen Streit, in: Neue Gesellschaft 34 (1987), S. 362–369, hier S.367.

[6] Karl Dietrich Bracher, Wertorientierung als Problem deutscher Demokratie, in: Wilhelm Bleek/Hanns Maull (Hrsg.), Ein ganz normaler Staat? Perspektiven nach 40 Jahren Bundesrepublik, München 1989, S. 21–36, hier S.36.

的观点"鲜有实现的前景"。[1]

显然，与在纳粹屠杀犹太人之唯一性问题上的截然对立不同，在民族认同创设问题上，争论双方存在着一定的共识。随着联邦德国人日益接受两德分裂的事实，其国家认同的出发点也逐渐从德意志民族转变为联邦德国国家。只是右翼想要从德意志历史的积极面出发进行意义创设，而左翼则要将德国人的认同固定在消极的奥斯威辛上。但是，无论如何，联邦德国的左翼和右翼都承认宪法认同的重要性，都对民族主义的认同构想持拒绝态度，他们的分歧主要在于对"民族"这一观念的态度不同，对"民族"是否应该成为爱国主义中的构成要素所持立场不同。大部分左翼认为"民族"是个陈旧和危险的语词，而大部分右翼则认为"民族"有着重要的价值。在历史学家之争中，大多数参与者都把联邦德国基本的民主秩序放在第一位，在这一点上他们已经达成了一致。存在异议的是：当右翼知识分子强调"民族意识"和"民族主义"之间的区分时，左翼知识分子却倾向于将两者等同起来。

历史学家之争的一个重要影响就是，"爱国主义、祖国和民族符号等概念重新不言而喻地被用来自我定位"。[2]虽然在这场争论中，对民族和爱国主义的讨论无论在广度还是深度上都没有达到引人注目的规模，但是，它是一场至今尚无定论的大讨论的第一步。正是凭借这场争论，哈贝马斯在公共领域传播了他的宪法爱国主义概念，并使之成了接下来的十几年里政治话语中的流行词。

如果说，在博物馆计划之争中，左翼历史学家向社民党伸出了援手；那么，在围绕纳粹屠杀犹太人之唯一性和当代史编纂之政治功能

[1] Christian Meier, Eröffnungsrede zur 36. Versammlung deutscher Historiker in Trier, 8. Oktober 1986, in: Ernst Reinhard Piper (Hrsg.), »Historikerstreit«. Die Dokumentation der Kontroverse um die Einzigartigkeit der nationalsozialistischen Judenvernichtung, München 1987, S.204-214, hier S.212.

[2] Wäre ich Deutscher, würde ich schreien, in: Der Spiegel, 5.1.1987, S.22-30, hier S.29.

展开的历史学家之争中，社民党人则为他们的历史学家摇旗呐喊。社民党联邦议院议员蕾娜特·莱普修斯（Renate Lepsius）在1986年12月4日联邦议院关于文化政策的争论中，对联邦德国所处的新形势提出了警告。她指责政府领导者和右翼知识分子的所作所为破坏了"通过反法西斯主义而建立起来的民主性的战后共识"，这些人关于"必须将德国历史重新导入正轨"和"必须提供一种人为设计的甚至是挑选出来的、将纳粹罪行与欧洲犹太人灭绝相对化的历史，以便凭此给予联邦共和国一种新的民族认同"的构想，是"不负责任的"。[1]在这次会议上，弗赖穆特·杜维也控诉：在历史学家之争中可以看到一种试图终止"克服过去"的倾向。他认为保守主义史家和政论家在争论中的动机是一种"对其他民族所谓民族性的令人可怜的羡慕"，而这来自他们"历史性自我肯定的缺失"。[2]

1986年10月8日，社民党在波恩召开了题为"教育-启蒙-复辟"（Erziehung–Aufklärung–Restauration）的论坛。众多社民党人在此与提出犹太人大屠杀之可比性观点的右翼历史学家恩斯特·诺尔特展开了辩论。[3]但是，社民党人认为他们做得还不够。在1987年3月于波恩召开的"德国历史遗产"论坛上，维利·勃兰特明确重申了社民党在克服过去问题上的路线，他指出："德国的悲剧"不是体现在二战的失败上，而是体现在二战的系统准备和不顾一切的爆发上，这一点不能被混淆；德国人不应在提及一种反动的连续性时谈论民族认同；减轻或模

---

[1] Plenarprotokoll des Deutschen Bundestages, 10. Wahlperiode, 253. Sitzung, 4.12.1986, S.19670.

[2] 同上，S.19651。

[3] 社民党方面并没有关于这次论坛的出版物面世。恩斯特·诺尔特在会议上的总结发言，参见Ernst Nolte, SPD-Forum „Erziehung–Aufklärung–Restauration" am 8. Oktober 1986, in: ders., Das Vergehen der Vergangenheit. Antwort an meine Kritiker im sogenannten Historikerstreit, Berlin 1987, S.68–78. 关于媒体对此次会议的报道，参见Martin Süskind, Zwischen Empörung und Resignation. Auf einem SPD-Forum ist der Historiker Ernst Nolte erneut in das Kreuzfeuer der Kritik geraten, in: Süddeutsche Zeitung, 12.10.1986。

糊杀害数百万犹太裔平民的历史责任，是完全反理性和反道德的；比较无法抹杀纳粹主义罪行的特殊唯一性。[1]

1987年夏，历史学家之争的高涨势头开始消退，左翼学者阵线利用政治伦理上的制高点和公共领域中的力量优势，在讨论中压倒了右翼一方。但是，对社民党人而言，这场争论却还未结束，因为他们与保守党人之间的历史政策斗争还在继续。同年12月份，社民党文化论坛组织了一场名为"启蒙运动之未来"（Die Zukunft der Aufklärung）的讨论会，邀请了包括哈贝马斯在内的30余位学者在会上发言，近400位社会民主主义或者左翼自由主义的知识分子参加了会议。[2]时任社民党联邦干事长的安可·福克斯（Anke Fuchs）将这次会议视为一个信号，认为这意味着"联邦共和国的左翼知识分子聚集起来，向正在碎裂的新保守主义民意领导集团发起进攻"，她保证，社会民主党"作为巨大的政治力量将会为其所需的资本提供支持"，凭此，联邦德国进入了一个左翼克服其"失语"的新阶段。[3]

与20世纪60年代"费舍尔争论"爆发时的回避与沉默相比，社民党在"历史学家之争"中展现出了浓厚的兴趣与参与热情。社民党与左翼知识分子在这场争论中的并肩作战，让保守主义历史学家深感不满，安德烈亚斯·希尔格鲁伯甚至明确指出，哈贝马斯挑起这场争论，是"想要为社民党的竞选牟利"。[4]毫无疑问，社民党从这场争论中赢

[1] Willy Brandt, Die SPD in der deutschen Geschichte, in: Susanne Miller/Malte Ristau (Hrsg.), Erben deutscher Geschichte. DDR-BRD: Protokolle einer historischen Begegnung, Hamburg 1988, S.13–24, hier S.23.

[2] Jörn Rüsen u.a. (Hrsg.), Die Zukunft der Aufklärung, Frankfurt a.M. 1988.

[3] Anke Fuchs, Die SPD begrüßt den neuen Schwung der linken Intelligenz, in: Service der SPD für Presse, Funk, TV, 14.12.1987.

[4] Andreas Hillgruber, Jürgen Habermas, Karl-Heinz Janßen und die Aufklärung Anno 1986, in: Rudolf Augstein (Hrsg.), „Historikerstreit". Die Dokumentation der Kontroverse um die Einzigartigkeit der nationalsozialistischen Judenvernichtung, München 1987, S.331–351, hier S.345.

得了政治资本，它比对手更加成功地调动了其在历史学界，或者更广泛地说，在知识界的盟友。

　　80年代社会民主主义和新保守主义之间围绕历史展开的各种争论，其本质也是关于特定历史图景之统治权的争论，是关于集体历史认同塑造权的争论。1985年春，社民党执委会下属的历史委员会组织召开了题为"民主社会中的历史"（Geschichte in der demokratischen Gesellschaft）的会议。时任社民党主席的维利·勃兰特在会议文集的前言中这样写道：

> 　　只有在德国，在这个背负着格外沉重的过去的国家里，我们依赖着一种对自我历史的批判性阐释，这种阐释不摈弃任何事物，不美化任何事物，也不温和化任何事物。把个体生活史和集体经验联系在一起，并且将两者与社会背景相整合的回忆工作，构成了一个民族的民主文化的重要组成部分，即便在这当中不可避免地存在着令人难受和痛苦的审视。社会民主主义不放弃这种回忆工作。[1]

这是社民党在80年代应对科尔政府历史政策的基本立场的宣言。在这种"批判性"的导向下，社会民主主义针对新保守主义的历史政策展开了不懈的斗争。其相信，将德国历史导回"常态"的企图是为了削减德国人的二战罪责，并且将对纳粹政权的评价相对化。因此，一方面，社民党人在各种场合与基民盟/基社盟的政治人物展开了争论，"工具化""糟蹋""滥用历史"和"消毒德国历史"等成了评价科尔政府历史政策的常用语；另一方面，社民党号召并组织左翼民主主义和自由主

---

[1] Willy Brandt, Zum Geleit, in: Susanne Miller u.a. (Hrg.), Geschichte in der demokratischen Gesellschaft. Eine Dokumentation, Düsseldorf 1985, S.7f., hier S.7.

义的历史学家们对这种新保守主义的历史政策加以批判，对由此导致的右翼民族主义传统之复苏加以抵御。正是凭借这种通力合作，社民党才有了抵御新保守主义强大攻势的利器，并最终在这场斗争中站稳了脚跟，没有将在70年代从保守主义那里夺来的历史政治意识话语权再一次向对手拱手相让。社民党与联盟党在历史政治意识领域争夺主导权力和优势地位的剧烈碰撞，也进一步说明了，集体历史意识塑造的话语权在何种程度上能够不受制于党派的执政地位。

1989—1990年突如其来的两德统一，终止了历史学家之争引发的各种后续讨论。这场争论由20世纪80年代的时代精神所催生，它也由于90年代全新时代精神的来临而失去了生存的土壤。只是，这种外力所致的被迫终结为日后的继续讨论留下了空间。在很长一段时间内，虽然这场争论本身已经成了历史，但是它也像那段"不愿过去的过去"一样，迟迟不肯画上句号，成了一场不愿过去的争论。虽然在争论过后的很长一段时间内，认为纳粹主义之种族灭绝具有不可比性的观点，一直占据了主导地位；但是如今，也有不少历史学家相信，"不同的大规模平民屠杀之间是允许互相比较的" [1]。于尔根·科卡也承认：

> 正如我们必须反对对法西斯主义概念的习以为常的贬抑，把……历史性比较列为禁忌，或许也是错误的。每种比较都可以抽象出来，只是它必须在某些视角下进行。[2]

而希尔格鲁伯尝试将个人经验投射至历史编纂的这种历史书写方式，也在学科内部引发了一种新的潮流并且日益为学界所接受，以至于格茨·阿里（Götz Aly）认为，希尔格鲁伯的著述"对于研究纳粹主义的

---

[1] Sven Felix Kellerhoff, Klassenmord versus Rassenmord, in: Die Welt, 22.05.2006.

[2] Jürgen Kocka, Arbeiten an der Geschichte. Gesellschaftlicher Wandel im 19. und 20. Jahrhundert, Göttingen 2011, S.333, Anm.10.

政治与希特勒的策略之间的关系所做的贡献，基本上比埃贝哈德·耶克的要大"，虽然"后者在历史学家之争中站在'正确'的一方"[1]。

五、纳粹历史之历史化

回顾重新统一之前的联邦德国纳粹史研究的历程，大体上看，经历了从追问纳粹主义"为什么"到"怎么样"的转变。战后初年，迈内克和黎特就对纳粹主义的历史根源进行了探讨。慕尼黑当代史研究所早期的工作主要是对纳粹时期的史料的编纂。随着冷战中两极格局的形成，关注纳粹政权的极权特点问题成为学界主流。从60年代起，随着档案资料的开放和研究内容的深入，关注的焦点逐渐从希特勒政权的政治政策和世界观，转向其内在的结构与动力、追随者的动机。到了80年代，相关研究已经涉及第三帝国的经济和社会状况、文学、艺术、娱乐、民意以及日常生活的方方面面。虽然研究无论在广度还是深度上都不断拓展，但是研究话语权的主导问题却始终困扰着德国历史学家。事实上，建构纳粹史研究话语权的努力从战争一结束就开始了。但直到1987年，时任慕尼黑当代史研究所所长的马丁·布洛查特给在美国和以色列任教的犹太历史学家索尔·弗里德兰德尔（Saul Friedländer）的信中仍然抱怨，"德国历史学家长久以来无法独力决定纳粹时期的历史"。[2]话语权问题的产生，及其迟迟无法达成一致，本质上与如何通过记忆将刚刚经历的过去历史化的理论问题紧密相关。

体验、记忆与历史书写的问题，在20世纪60年代布洛查特与犹太

---

[1] Götz Aly, Wider das Bewältigungs-Kleinklein, in: H. Loewy (Hrsg.), Holocaust. Die Grenzen des Verstehens. Eine Debatte über die Besetzung der Geschichte, Reinbek 1992, S.42–51, hier S.47f..

[2] Martin Broszat/Saul Friedländer, Um die »Historisierung des Nationalsozialismus«. Ein Briefwechsel, Vierteljährshefte für Zeitgeschichte, Jg.36, H.2 (1988), S.339–372, hier S.342.

史学家伍尔夫的争论中就已经是焦点问题。但是这场争论在很长一段时间里都隐匿在双方的私人档案中，不为人知。[1]直到二十多年后，围绕相同主题展开的争论才以更激烈、更公开的形式在布洛查特与弗里德兰德尔之间再现。布洛查特于1926年出生，1955年进入慕尼黑当代史研究所，从1972年起至1989年去世一直担任该所所长，因对纳粹史研究的杰出贡献而获得联邦一等十字勋章。他试图将记忆和悲痛从第三帝国史书写中排除出去。1985年，时值德国二战投降四十周年，布洛查特在《信使》(Merkur)杂志上发表了《支持将纳粹主义历史化》(Plädoyer für eine Historisierung des Nationalsozialismus)一文，提出要以如对待其他历史时期一样的认知旨趣和思考方式去对待纳粹主义时期，以促进历史意识的正常化。[2]毋庸置疑，"历史化"是历史学家的日常工作。一旦研究对象以"完成态"出现并且被置于发生、发展和构成的情景逻辑中时，它就被历史化了。但这不是布洛查特所谓"历史化"的全部内涵。他将"历史化"(Historisierung)作为"道德化"(Moralisierung)的对立概念来使用。当历史学家带着愤怒和憎恶去看待纳粹主义及其罪行，当他们将其置于人类道德准则的标杆之下时，历史事件就被道德化了。与之相对，"历史化"则意味着不带前置感情的、克制的冷静审视。

　　布洛查特认为，在联邦德国，威廉帝国和魏玛共和国是纳粹主义的前史，第三帝国是1945年灾难性后果的前史。每当写到第三帝国

---

[1] 伍尔夫跟布洛查特和克劳斯尼克关于此事的书信往来资料，保存于海德堡德国犹太人历史研究总档案馆(Zentralarchiv zur Erforschung der Geschichte der Juden in Deutschland)，档案编号为B 2/7 (91/11)和B2/1 (92/21)。尼古拉斯·贝格(Nicolas Berg)是首位发现这些档案资料的历史学家。参见Nicolas Berg, Der Holocaust und die westdeutschen Historiker. Erforschung und Erinnerung, Göttingen 2003。

[2] Martin Broszat, Plädoyer für eine Historisierung des Nationalsozialismus, in ders., Nach Hitler. Der schwierige Umgang mit unserer Geschichte, München: Deutscher Taschenbuch Verlag, 1988, S.266-281.该文最初刊载于Merkur, 39 (1985), S.373-385。

时，历史学家就将自己抽离。对历史语境的移情中断了，一同中断的还有对历史叙述的兴趣。纳粹史不再受到排挤，却逐渐萎缩成一节"义务课"（Pflichtlektion）。战争结束四十年了，希特勒仍然堵在对纳粹时期之真实认知的入口处，元首的世界观和给其定罪是评价这一时期的核心。但是，并非所有发生在纳粹时期的具有历史意义的事件，都是为统治集团独裁而罪恶的目标服务的。将纳粹时期的一切变化尤其是现代化进程都解释为对纳粹政权的固化，只能将这十二年与其前后时期割裂开来。出于道德原因而与纳粹历史"全盘划清界限"（Pauschaldistanzierung），其实是另一种"禁忌化的排挤"。总而言之，"纳粹极权史还未变成纳粹时代史"，而"纳粹主义之历史化"的目的就是改变这种状况；要创造一种围绕历史全景的"新客观性"（neue Sachlichkeit）和"事实化"（Versachlichung），将关于纳粹时期的历史意识同样"正常化"；并且要推动比较研究，要把纳粹主义视为其他工业社会和民主国家在一定危机条件下原则上同样有可能发生的"可效仿的案例"，从而创造条件，把德国历史中极难辨认的这个篇章重新作为自我历史的一段整合进整个德国史。[1]

　　1986年的"历史学家之争"中，"纳粹主义之历史化"这一概念被某些右翼人士利用，成为历史修正主义的工具，这使得弗里德兰德尔敏锐地意识到，布洛查特的文章将会对联邦德国的纳粹史研究产生巨大影响，从而对其展开批评。弗里德兰德尔并不否认历史化的普遍意义，但他指责布洛查特的历史化概念因其模糊的定义而有着危险的指向。他认为，历史学家自60年代以来对纳粹主义之全景的研究，已经证明了这一时期的独特个性依赖于希特勒夺权所带来的新元素。消融纳粹时期的历史边界，只会遮蔽纳粹主义之意识形态与实践的特殊犯

---

[1]　Martin Broszat, Plädoyer für eine Historisierung des Nationalsozialismus, in ders., Nach Hitler. Der schwierige Umgang mit unserer Geschichte, München: Deutscher Taschenbuch Verlag, 1988, S.266–281. 该文最初刊载于 Merkur, 39 (1985), S.373–385。

罪维度。历史化的界限正在于，它无法对纳粹主义作出"为何如此"的解释。与此同时，为了书写一种新的德意志民族史而取消"全盘划清界限"的做法，会导致纳粹罪行的相对化，因为该做法暗示了应该从一种"中立"的、"客观"的立场出发来书写历史，并且为"划清界限"的程度指派了清晰的标准。但在弗里德兰德尔看来，"划清界限"意味着践行一种主观的价值判断，这种价值判断无法轻易地与他人共享，也无法轻易地被否定。纳粹史无法"正常化"，因为对纳粹主义而言，"常态与犯罪的交织"才是典型的。[1]

作为回应，布洛查特不但重申了自己的观点[2]，而且在 1987 年 9 月至 12 月期间与弗里德兰德尔的几度书信往来中就此展开争论[3]。这几次通信明确了双方分歧的三条主线——"历史化"背后的意图、对纳粹时期展开日常生活史研究的可能性、对受害者视角之大屠杀研究的反思——同时也证明了双方矛盾的不可调和性。重要的不是双方如何进一步阐述各自的观点，而是这场"德国人与犹太人的对话"以前所未有的清晰和透彻展现了双方的个人经历如何与其研究对象纠缠在一起，无法抽离。布洛查特在第一封信的结尾处这样写道：

> 对这段过去进行学术探查的特殊性包括，要知道这段过去还与各种各样悲伤且控诉性的记忆纪念碑一起被占有，还被许多人尤其是犹太人痛苦的感受所占有，这些人坚持该回忆的一种神话式的形式。德国历史学家和历史系学生……必须理解，当一种只

---

[1] Saul Friedländer, Überlegungen zur Historisierung des Nationalsozialismus, in: Dan Diner (Hrsg.), Ist der Nationalsozialismus Geschichte? Zu Historisierung und Historikerstreit, Frankfurt a.M.: Fischer Verlag, 1987, S.34-50.

[2] Martin Broszat, Was heißt Historisierung?, in: Historische Zeitschrift, Bd.247, H.1 (1988), S.1-14.

[3] Martin Broszat/Saul Friedländer, Um die »Historisierung des Nationalsozialismus«, a.a.O.

是以科学方式进行的当代史研究带着学术的傲慢要求垄断纳粹时期的问题和概念时，纳粹迫害的受害者及死难者家属甚至会觉得他们失去了以何种形式回忆的权利。对纳粹罪行之受害者的尊重，要求为这种神话式的记忆提供空间。双方在此也都不具有优先权。……从更理性之理解出发的年轻一代德国历史学家的问题当然也包括，他们把这样的理解，跟这种存在于纳粹政权之牺牲品和受迫害者及其后人中的逆向的、将历史粗糙化的记忆关联在一起。[1]

很显然，在布洛查特这里，德国人和犹太人是两个彼此区隔的群体。对于纳粹史，德国人的视角是学术性的，犹太人的视角则是带着受害者"神话式的回忆"的烙印。他的"历史化"要求只是针对德国历史学家。对此，弗里德兰德尔反驳：

您将德国史学的理性话语与受害者的神话式记忆加以对比。您把年轻的德国历史学家作为这种理性话语的天然承载者提出来。但这群年轻历史学家中的一些人，却正属于那些对第三帝国史提出的道德问题反应格外敏感的人。……引领了最近的争论的大多数历史学家，就德国方面来说至少属于希特勒青年团一代，有时也出身于被证明在当时有罪的家庭。请您不要误解：我能够对这种艰难处境感同身受，但是您不同意我的看法吗，在对纳粹时期的描述中，这种德国背景引发了许多问题，跟受害者背景以另一种方式引发的一样多？……为什么在您看来，属于迫害者队伍的历史学家有能力疏远地对待这段历史，而属于受害者队伍的历史学

---

[1] Martin Broszat/Saul Friedländer, Um die »Historisierung des Nationalsozialismus«, a.a.O., S.342f.

家则不能如此？[1]

学术与神话式记忆的对抗成了贯穿这些通信的主线。一方面，布洛查特认为，纳粹史研究处在奥斯威辛的阴影之下，面目模糊，但"奥斯威辛在最初的历史情节语境中的意义，是一种与其在事后历史视野中的重要性极为不同的意义"。他认为，正是因为犹太历史学家始终将其视为纳粹史的"中心事件"，因为他们的那种冲动而情绪化的、非学术的"神话式的非黑即白记忆"（mythische Schwarz-Weiß-Erinnerung），所以他们错失了历史真相。这种记忆导致了面对纳粹史时一种道德上绝对的二分法判断思维，一种脱离复杂历史语境的、对个人罪责的穷追不舍。而且虽然许多德国人以这样或那样的方式卷入过纳粹犯罪，但对他们进行道德清算是非常困难的，其中有很大的灰色地带。[2]另一方面，面对弗里德兰德尔犀利的拷问，布洛查特认为他不应该对德国历史学家有诸多猜忌，更不应该将其在纳粹史研究中的立场和态度同其在纳粹时期的个人经历联系在一起。[3]

　　由此可以勾勒出布洛查特观点的逻辑：为了获得纳粹历史的"真实可信的图景"，历史学家需要在一种由理性所保障的认知过程中将"记忆"转化为"历史"，并且让"回忆"活动静止下来。犹太人的受害经历往往导致他们对纳粹历史进行情绪化的主观回忆。而曾经参加希特勒青年团的年轻一代德国历史学家，其经历却保证了他们可以对纳粹史进行批判性的客观研究，因为对他们而言，与任何情绪性的狂热保持距离，做实事求是而冷静自持的学者，是至高的职业准则。与之相反，弗里德兰德尔相信，无论对犹太人还是德国人而言，纳粹历史都未

[1]　Martin Broszat/Saul Friedländer, Um die »Historisierung des Nationalsozialismus«, a.a.O., S.347.
[2]　同上，S.353。
[3]　同上，S.360。

曾真正过去，不存在一个认识历史真相的普遍视角，大屠杀受害者个体鲜活的记忆对历史阐释具有修正作用。

在布洛查特与伍尔夫的争论中突显出来的是：在联邦德国当代史专业化初期，一位德意志青年骨干与一位非职业的犹太学科边缘人之间的冲突；其重心更多的是围绕研究者的可信度和学术性，围绕不同档案的史料价值，围绕罪犯还是受害者的叙述视角，围绕基于蓄意还是基于结构来分析纳粹主义；双方关于历史客观性的争论，尚且停留在观察视角、史料批判等方法论的层面。这也是为何进入21世纪以来，伍尔夫被德国史学史重新发现、重新认可的重要原因。因为历史方法论层面的分歧，往往会随着学科的发展而缓和、消弭或者失去意义。相比之下，在布洛查特与弗里德兰德尔的争论中突显出来的则是：在联邦德国历史政策和记忆文化的转型期，当历史从当下社会的破坏性因素转变为建构性因素时，犹太人的"记忆"与德国人的"研究"之间的紧张关系。双方关于历史客观性的争论，已经触及认识论层面，其焦点是，历史学家关于纳粹主义之历史真相的追寻，在多大程度上受各自身份与经历的影响和限制？德国人和犹太人各有其敏感性，当德国人想要抬高第三帝国之日常生活的研究地位，而犹太人又无法从纳粹主义意识形态及其实践的罪行上移开目光时，他们如何形成一种共同的、被视为"正确"的纳粹史研究视角？不同的甚至截然相反的记忆，是否能够且如何能够成为人类认知成果的"历史"？布洛查特与弗里德兰德尔的争论在上述所有问题上都无法简单地达成一致，因为认识论的分歧和道德判断的差异，从来都不能——也不应该——被草率地消除。尤其需要注意的是，"纳粹主义之历史化"最初并不是作为德国人与犹太人争夺研究话语权的武器而被提出的，它是随着争论的发展而逐渐演变成双方对峙的阵地。就此而言，这不单是一场德国人建构自身话语权的斗争，也是一场犹太人解构德国人话语权的斗争。

这场争论的胜负并不重要，重要的是在这场争论中突显出来的核心问题。布洛查特认为历史学家应该是"实事求是而冷静自持的学者"，这是他所信奉的职业准则。但他所秉持的立场——德国人可以对纳粹史进行学术性的客观研究，犹太人却往往对纳粹史进行情绪化的主观回忆——被尼古拉斯·贝格（Nicolas Berg）认为隐藏着一种"未宣之于口的免罪渴求"（unausgesprochene Entlastungssehnsucht），因为他本人就曾是一名纳粹党员。[1]不过，与其说布洛查特通过区分研究与回忆来宣称学术客观性，是为了在历史研究中实现对随大流者的免责；毋宁说这是他作为"高射炮助手一代"被社会化后，对记忆与历史问题的独特看法。就像他曾经所言：

> 要是我未曾属于希特勒青年团一代，未曾有这代人独特的经历，对我来说，在1945年后或许就不会有这样一种如此批判性的，并且……带着"神圣的冷静"与纳粹历史争论的需求。[2]

这一代人亲历了第三帝国战争和崩溃的整个过程，然后在联邦德国将这种体验政治性地"记忆化"。首先，这使得他们始终将巩固新生的民主体制、捍卫共和国的和平发展视为己任。其次，更为重要的是，他们因此对经验和记忆缺乏信任感，他们相信记忆是可以被塑造的。与记忆相比，他们更信赖客观和冷静的分析，所以他们拒绝让记忆进入纳粹史的书写当中——不单是拒绝犹太人的记忆，其实也拒绝自己的记忆。最后，在这一代人身上，有一种对道德拘禁的恐惧和被内化了的羞耻感。因此布洛查特拒绝让记忆和情感成为历史书写的领路者。而弗里德兰德尔则不断强调大屠杀受害者个体鲜活的记忆对历史阐释的修正

---

[1] Nicolas Berg, Der Holocaust und die westdeutschen Historiker. Erforschung und Erinnerung, Göttingen 2003, S.614.

[2] Martin Broszat/Saul Friedländer, Um die »Historisierung des Nationalsozialismus«, a.a.O., S.361.

作用。所以，这场争论实质上反映了"研究"与"回忆"之间的紧张关系，反映了纳粹史研究的罪犯视角与受害者视角之间的紧张关系。

异域的历史学家其实很难对纳粹史研究在联邦德国走过的曲折路程感同身受。时至今日，历史学家们在思考纳粹史研究之认知旨趣背后的时代和个人生活影响力时，仍然困难重重。但是，倘若我们相信不同经历、不同信仰、不同学术派别的严肃历史学家在面对纳粹历史时大多没有违背起码的道德底线，倘若我们将至少多数德国历史学家的辩护、防御和进攻都视为他们为了构建德国史的意义而做出的努力，那么关于受害者与罪犯、主观与客观的争论，关于谁有权书写纳粹历史的争论，是否就可以跳出政治伦理道德的范围，更多地被视为记忆与历史之争，视为记忆如何融入历史或者说与历史共存的理论问题？而对这一问题的回答，显然与历史学家的个人体验密切相关，甚至可以说在某种程度上由其决定。因此，可以说，最终恰恰是那些非理论的要素——历史学家个人的经验、判断力和趣味等等——决定了理论思考的深度及其对历史编纂的影响。

六、史学与政治：边界的消匿与加固

基民盟政要海纳尔·盖斯勒（Heiner Geißler）曾言，战争结束四十年后不应该再掀起"第二次人为的非纳粹化浪潮"，而是应该"将目光朝前"。[1]对于20世纪80年代的联邦德国政府来说，面向未来要比回忆纳粹历史重要得多，纳粹历史成了战后时代的反面衬托。因此，这种语境下需要建构新的历史图景和历史意识，它指向德国人一种新的自我认同，一种通过消解纳粹记忆的特殊性而重建德国人身份的尝试。

---

[1] Jan-Holger Kirsch, »Wir haben aus der Geschichte gelernt«. Der 8. Mai als politischer Gedenktag in Deutschland, Köln: Böhlau, 1999, S.83.

这种建构当然充满着争议，遗憾的是，相关争论被两德统一打断了。德国的重新统一从某种意义上阻碍了对纳粹记忆的深入讨论，因为人们的目光转向新的民族国家、转向民主德国的历史，而暂时从纳粹历史上移走了。

从20世纪50年代末开始的关于政治与历史之间关系的讨论，先是在70年代传统史学同新"历史社会科学"学派之间关于理论和方法论的激烈讨论中达到了第一个高潮，然后在80年代的历史学家之争中达到了第二个高潮。对于历史学之政治和社会角色的不同认定，在联邦德国历史学家群体中分出了鲜明的派别，并且成为他们围绕"克服过去"之行事方法而展开争论时的重要理据。一派历史学家强调学术自由，警惕历史研究的政治化，因此拒绝对历史科学预设道德或者政治指向。与此相反，有一群历史学家则坚信历史的教化功能、历史对公共领域的重要性，以及史学中必不可少的道德与政治责任心。韦勒曾在一次采访中这样说道：

> 历史学家应该公开发表意见，他们不仅要活跃在学术舞台上，而且要活跃在一个遵循不同规则的别样的舞台上。年轻时我经常听美国人说：要是你们的父辈和祖父辈早点站出来说话，"纳粹的灾祸"可能就不会落到你们头上。因此我对自己说：宁可说得太多，不要说得太少。这是一种在其他很多人身上也可以找到的一代人的体验……历史学家也应该在政治上与其所代表的学术立场一致。[1]

出于这一理由，这一史家群体在政治公共领域关于纳粹主义的讨论中

---

[1] Hans-Ulrich Wehler, „Historiker sollten auch politisch zu den Positionen stehen, die sie in der Wissenschaft vertreten.", in: Rüdiger Hohls/Konrad H. Jarausch (Hrsg.), Versäumte Fragen, a.a.O., hier S.261.

格外活跃。也是因此，可以说，这一时期史学与政治两个"场域"之间的边界模糊了，部分重叠了。

如果说历史学从20世纪80年代浓烈的争论氛围中学到了些什么，或许就是对学科之开放与独立有了更深层次的认知。在对纳粹主义的审视中，各种因素在其中相互交织、彼此作用的鲜明特点，从另一个侧面彰显了史学和历史知识的巨大包容性。将历史与政治在追求客观性和价值中立的基础上区分开来，无法也不应该隔绝这两个领域之间的交流。历史研究是一项比我们所认识到的，或者说所愿意承认的，更加社会政治化的活动；而没有历史意识的政治和政治文化也无法生存。政治和社会越是围绕纳粹历史的方方面面展开争论，它们就越能够与史学展开持续的对话，学科的边界开放了，同时也就促使史学越发向着一种多元思维开放。自80年代以来，历史学与公共领域，特别是政治公共领域之间的相互关系和交互作用力，已经是历史学家们不得不面对的重要课题。相伴而来的是，历史学家们也开始被要求具备一种更为全面，同时也更为深入的职业性和专业性，以便在科学与公众交织而成的新网络中更好地进行自我定位和自我革新。

但与此同时，不同立场之间的壁垒加固了。史学与政治当然是两个异质的领域，拥有各自的行事方法与价值体系。某个人在一个领域内激进或者保守，无法推导出他在其他领域也必然是激进或者保守的。一名左翼自由主义的历史学家可以与社民党保持距离，一名右翼保守主义的历史学家也有可能站在社民党一边。但是，当学术与政治上的共性被突显和放大时，同一个阵营的政治人物和史学家就会集结在一起。围绕"克服过去"的路线之争，就这样让20世纪80年代的联邦德国政治公共领域团结与分裂并存。

余 论

一、统一后的变化和趋势

联邦德国走过的四十年克服过去之路,在政治层面,可以简括为:在分区占领时期,德国人在模糊不清的道德和宗教范畴下审视纳粹主义,十二年的纳粹历史被置于历史政治意识无法触及的世界。到了20世纪50年代,在联邦德国官方的自我认知中,伴随着人员整合同步发生的是跟纳粹政权在意识形态和政治实践上的全面决裂。从60年代起,对纳粹主义的回忆,成了联邦德国政治意识的中心主题,并由此引发了激烈的代际冲突。70年代,社会民主主义主导历史阐释,使得克服过去之路发生了从"用排挤来克服"到"用解释来克服"的结构性变化。80年代,新保守主义势头强劲,试图通过纳粹历史正常化的政策来将其克服,遭到了社会民主主义和左翼自由主义的强烈抵制。

在史学层面,可以简括为:二战刚结束时,历史学家们带着复杂情绪对纳粹主义进行了反思,因为其中包含着创伤后的天然抗拒,所以这种反思带有辩护意味。随着联邦德国建立,为了维护新生政权并且与民主德国竞争,对纳粹史的研究变成了一门"维稳"的学科。从20世纪50年代末开始,学科内部不断受到挑战,对纳粹相关问题的讨论进入变革期。到了70年代,伴随着代群更替,在专业上倾向于批判社会史、在政治上倾向于社会民主主义和左翼自由主义的新一代历史学家逐渐获得话语权,这就产生了联邦德国史学的持久分裂。不但在纳粹统治结构、犹太人大屠杀等具体问题上，更重要的是在由此引发的史学与政治的关系、历史研究跟历史文化和历史意识的关系等问题上，学科都分化了。这种态势在80年代中期到达了顶峰。之后，激烈的对抗回落了，纳粹史研究越来越多元化。

在政治和公共领域，值得注意的是，1989年至1990年的变革从根本上改变了德国历史政策的局面。[1]德意志民族国家的重建，首先需要对民族认同和爱国主义等概念进行新的阐释；其次，需要建构一个可以将民主德国史纳入其中的框架来对德国人20世纪的历史经验进行整体叙述；再次，需要在公共领域应对围绕克服纳粹历史展开的新任务和新挑战。纳粹历史的纪念文化在各方面都呈现出了多元化的特点。在主体上和表现形式上，越来越多的知识分子参与其中，讨论空间从上层的政治领域大面积地转移到以大众媒体为代表的中层公共领域和地方性平台上。在主题内容上，除了二战之终结外，集中营的解放、战俘问题、难民问题、分区占领、非纳粹化、盟军对德国的轰炸、德国东部居民遭到的驱逐等等都被吸纳了进来，成为当时讨论的主题。除此之外，对于回忆和纪念本身的反思开始了。德国人开始总结性地思考，50年来发展而成的正式的、公开的纪念形式是否正在陷入仪式性僵化的危险境地，是否无法再提供回忆历史的合适途径。

在1994年5月进行的一次民调中，69%的受访者（样本包括原东德和原西德居民）认为二战的结束及其给德国带来的后果是解放性的，只有13%的受访者认为这是一场失败，14%的受访者则认为两者皆有。与此同时，对于已经得到明确承认与合适评价的纳粹罪行问题，在90年代已经不再具有现实意义。针对"1945年还是儿童或者之后出生

---

[1] 参见Bernd Faulenbach, Zeitenwende 1989/90–Paradigmenwechsel in der Geschichtspolitik?, in: Beatrix Bouvier u.a. (Hrsg.), Geschichtspolitik und demokratische Kultur. Bilanz und Perspektiven, Bonn 2008, S.85–95。

的德国人还要为纳粹罪行承担责任吗?"这一问题,76%的受访者做了否定回答。53%的受访者赞同为纳粹历史画上句号。[1]概而言之,这一时期德国人的主流心态是,已经供认不讳的那段犯罪历史对于德国的当下现实已经不再有影响。于是他们要开始以一种控诉者的基调来诉说自身在被轰炸、被驱逐中的受害伤痛。

从20世纪90年代尤其是从21世纪初开始,伴随着"历史热"的到来,德国人对纳粹历史有了新的诉求。早在1992年,《时代周报》就观察到在德国有一种"推翻历史、改写历史"的"新的肆意作为","德国人重新开始以一种受害者的风格来表述自我",这是"德国人自我形象悄悄改变的征兆"。[2]从20世纪90年代中期开始,德国人似乎已经变成了一个"受害者民族",他们只是争论自己是谁的受害者。大量的出版物涌现出来,它们从德国人的受害者视角出发,探讨二战末期被轰炸、逃亡、被驱逐的个人体验。

在这种新的受害者话语中,德国电视二台(ZDF)发挥了不可忽视的作用。它在1984年成立了由古多·克诺普(Guido Knopp)领导的专门的"当代史部"。从1995年起,当代史部制作了一系列以纳粹为主题的历史纪录片。[3]克诺普一改以往历史纪录片在22点后播出的惯例,将这些影片在20:15的黄金时段投放,获得了巨大的成功。单集的平均观看人数达400万,最高达680万。这些影片的主旨是将德国人的罪责固定在一个以希特勒为中心的罪大恶极而又蛊惑人心的领导集团身上,并由此减轻德国人的集体负罪感。克诺普的艺术手法,尤其是影

---

[1] Forsa-Institut im Auftrag der Woche, Die Deutschen und die NS-Vergangenheit, in: Die Woche, 1.6.1994.

[2] Volker Ulrich, "Die neue Dreistigkeit," in Die Zeit, 30.10.1992.

[3] 包括《希特勒的帮手》(Hitlers Helfer, 1997, 1998)、《希特勒的战争》(Hitlers Krieg, 1998)、《希特勒的儿童》(Hitlers Kinder, 2000)、《大屠杀》(Holokaust, 2000)、《希特勒的妇女》(Hitlers Frauen, 2000)、《大逃亡》(Die grosse Flucht, 2001)、《斯大林格勒战》(Stalingrad, 2002)、《轰炸战》(Der Bombenkrieg, 2003)等等。

片中普遍存在的亲历者采访环节，深刻地影响了德国观众特别是年轻一代的历史观。克诺普不是仅让亲历者提供历史展现的补充视角，而是赋予他们叙述的权威，因为他认为，只有这些亲眼所见之人才知道历史的真相到底如何。于是，这些证人摇身一变成了"纳粹史专家"，他们的叙述往往不是反思自身的作为，而是展现自身的受害。他们的言辞又得到一些影像资料的支持。因此，观众们欣然接受了这种证言证据，并且当它们与影片中展现的历史学学术观点相冲突时，选择认同前者。这种将纳粹记忆个人化、将个人体验权威化的策略，成功地强化了普通德国民众纳粹记忆中的受害者意识。

2002年，关于德国人受害者形象的自我阐释出现了一个高潮。这一整年，德国的公共舆论都笼罩在一种"为德国哀悼"的氛围中。先是君特·格拉斯围绕"古斯特洛夫号"海难展开的小说《蟹行》出版。[1]这本书首次叙述了二战末期满载着德国士兵、难民和儿童的古斯特洛夫号被苏联潜艇击沉，造成了近万人丧生的惨剧，掀起了一场对在战争中受害的德国人的回忆热潮。《明镜周刊》随之在2002年3月至2003年1月推出了关于"东部地区德国人的逃亡和被逐"和"轰炸德国人"的系列文章。2002年年底，耶尔格·弗里德里希（Jörg Friedrich）出版了《大火：1940—1945年德国本土的轰炸战》（*Der Brand. Deutschland im Bombenkrieg 1940—1945*）。[2]在书中，作者将轰炸战的历史描述为手无寸铁的德国平民与摧毁一切的炸弹之间的斗争，轰炸亦是一种无人生还的灭绝。他的潜台词是：因白磷弹窒息而死的德国人与集中营里被毒气杀害的犹太人，有何区别？

由此开始，德国人的受害者意识越来越具有攻击性，它试图在纳粹政权的受迫害者与战争的受害者这两种话语之间营造一种竞争。它

---

[1]　[德] 君特·格拉斯著，蔡鸿君译：《蟹行》，上海：上海译文出版社2008年版。

[2]　Jörg Friedrich, Der Brand. Deutschland im Bombenkrieg 1940-1945, München 2002.

一方面不断加固着许多德国人既是加害者又是受害者的双重身份特征，另一方面越发凸显盟军的加害者身份。为此，德国人开始试图揭露苏美英法等国的军人对德国平民的"施暴"。[1]2015年5月，二战结束七十周年纪念周里，德国电视二台播放了题为《解放者的罪行》（Die Verbrechen der Befreier）的纪录片。由此可见，德国人正在试图利用自身的受害者身份，部分地消解盟军战争行为的正义性，从而为德国人的历史阐释争夺更多的话语权。

在新世纪日益高涨的受害者情绪中，虽然从内容上来看，德国人又开始热衷于谈论轰炸、驱逐和逃亡，与战后初期相比，一切似乎都是熟悉的主题；但是从目的上来看，这种受害者意识已经完全脱离战后初期的辩护性目的，德国人正以一种控诉者的基调来诉说受害的伤痛。在他们的纳粹记忆中，德国人的罪责看起来几乎已经"偿清"了，现在更需要被感知的是德国人的创伤。但是，一个国家最根本的认同无法建立在一种复杂的"加害者-受害者"双重身份之上，因此这一方案并没有成功塑造德国人的民族性。2006年主办世界杯让德国人看到了一种"健康"的爱国主义的表达形式，但是这种爱国主义是即时性、激情性的，它所创设的一致性与共识不具有延展性。可以说，在目前的德国公共领域——无论是专业公共领域，还是政治公共领域——尚无法就"德意志民族国家认同问题"达成共识：普鲁士精神不可以，抵抗纳粹运动不可以，对民主之普遍价值的热爱也不可以。"我们是一个民族吗？"或许只有当德国人对这个问题的回答不需要论证时，它才能摘掉自己头上那顶"特殊"的帽子。

---

[1]　关于苏军所谓"施暴"的研究可参见Ingo von Münch, „Frau Komm!" Die Massenvergewaltigungen deutscher Frauen und Mädchen 1944/45, Graz: ARES, 2009。关于美英法军所谓"施暴"的研究可参见Miriam Gebhardt, Als die Soldaten kammen: Die Vergewaltigung deutscher Frauen am Ende des Zweiten Weltkriegs, München: Pantheon, 2015。

在专业史学领域，当代史研究在"代群的节奏"[1]中向前推进时，随之而来的是，纳粹历史在"向同时代人告别"[2]的趋势下不可避免地丧失了在当代史领域的核心地位，魏玛共和国和纳粹时期从当代史变成了当代的"前史"。"怀疑的一代"之后，历史学家对待纳粹历史的方式方法就有了明显的变化。1939—1943年出生的"二战战争儿童一代"历史学家，例如卢茨·尼塔哈默尔（1939—　）、温弗里德·舒尔策（Winfried Schulze, 1942—　）、迪特尔·朗格维舍（Dieter Langewiesche, 1943—　）、阿尔夫·吕迪克（Alf Lüdtke, 1943—　）、霍斯特·莫勒（1943—　）和汉斯·梅迪克（Hans Medick, 1943—　）等人，先是在童年经历了生活的困苦、家庭的动荡、父亲的亡故或远离，此外还有撤离、流亡和被驱逐，轰炸、大火和城毁人亡，然后在议会民主制度和多元化社会下成长起来。童年的经历使得他们十分渴求知识并且力求上进。他们试图以此来摆脱狭隘的生活环境。但是，很难断言究竟是什么促使他们决定学习历史。从20世纪50年代中期开始，纳粹主义就不再是学校和家庭中的禁忌话题。60年代联邦德国关于反犹主义和纳粹历史的公开争论，更加强了年轻人对历史尤其是当代史的兴趣。可是，凭此就认为这激发了他们的职业选择，只能是一种揣测。因为他们的选择与60年代联邦德国的趋势并不完全相符。当时最受欢迎的专业是日耳曼文学和社会学，而非历史学。这一代历史学家在工作中有一些共性：实用主义、谨慎、工作积极性高等。虽然他们也都支持对各种政治、社会和历史问题展开批判性讨论，但是，战争儿童的经

[1] Karl Dietrich Bracher, „Doppelte Zeitgeschichte im Spannungsfeld politischer Generationen-Einheit trotz Vielfalt historisch-politischer Erfahrungen", in: Bernd Hey/Peter Steinbach (Hrsg.), *Zeitgeschichte und politisches Bewußtsein*, Köln: Verlag Wissenschaft und Politik, 1986, S.53-71, hier S.67.

[2] Norbert Frei, „Abschied von der Zeitgenossenschaft. Der Nationalsozialismus und seine Erforschung auf dem Weg in die Geschichte", in: ders., *1945 und wir. Das Dritte Reich im Bewußtsein der Deutschen*, München: Deutscher Taschenbuch Verlag, 2005, S.56-77, Erstdruck in: *WerkstattGeschichte*, Vol.7, Nr.20, 1998, S.69-83.

历、在进入大学前就获得的向纳粹历史发问的机会、从联邦德国的教育改革中享受的益处，以及出于经济原因想要尽快完成学业的更为实用主义的考量，所有这些因素使得他们大多与学生运动保持距离。更值得注意的是，这一代历史学家始终与学界前辈的学派构建和"主叙事"保持距离。正如1940出生的历史学家于尔根·罗伊勒克（Jürgen Reulecke）所言，他们这一代人"生命的主题既非不加批判的接受和保护，亦非激进的变化和改进意愿"。[1]他们结束学业进入主流学术圈之时，正是批判社会史或者说历史社会科学高歌猛进之时，他们见证了这一学派的崛起，却只有一小部分人投身社会史。他们中有人转向了日常生活史，有人转向了口述史。他们并不追求历史研究中的"霸权"或"王道"，而是奉行多元化。与此同时，他们既不认可"德意志特殊道路""走向西方的漫长道路"等一系列曾在专业和公共领域获得极强阐释力的理论观点，也不曾全力投身对纳粹历史的克服。对历史学而言，他们的"中间性"则表现在进一步摆脱单一领域和单一研究方法的束缚，追求史学研究的多元化。

　　近年来，为战后德国史学的重生做出巨大贡献的一代历史学家，正在迅速地退出历史舞台。这份逝者名单中包括韦勒、汉斯·蒙森、冯·塔登、格雷宾等人。随着他们的逝去，其所信奉的德国人自我批判史观和聚焦于俾斯麦帝国的历史视野也越发失去阐释权。与之相应，年轻一代新的历史观和研究旨趣则日益占据核心地位。在传统的民族国家史领域，最突出的变化是，对多样性的追求使得单数的德国史变为复数的德国史。在新的民族史叙事中，韦勒等老一辈德国历史学家那种泾渭分明而具有挑衅性的阐释消失了，取而代之的是对离散性的政治-文化经验和传统更泰然自若、更冷静自制的讨论。在复数的德国史

[1]　Jürgen Reulecke, Waren wir so? Zwanzigjährige um 1960: ein Beitrag zur »Ich-Archäologie«, in: ders., »Ich möchte einer werden so wie die ...«. Männerbünde im 20.Jahrhundert, Frankfurt a.M./New York 2001, S.265.

中，既有独裁专制亦有民主共和，既有宽容亦有镇压，既有屈从亦有反抗。与此同时，在纳粹史研究中出现了两种不同的现象：一方面，对纳粹主义的兴趣大幅度地回落了，尤其是伴随着20世纪80和90年代激烈的纳粹史争论成长起来的年轻一代历史学家，很少选择其作为自己的研究对象。但另一方面，纳粹主义研究的新主题仍然在不断地被开辟，比如希腊、保加利亚、罗马尼亚等纳粹占领国与希特勒政权的合作关系，德国军队的撤退过程，战争中的族民共同体（Volksgemeinschaft）等问题，都在近几年才逐渐得到研究。两德统一到来时，人们也曾认为不会有谁再对纳粹主义感兴趣了，但随后的戈德哈根争论和国防军展览之争再度掀起了讨论的热潮。因此，今天的德国学者相信，每一代德国人都有直面纳粹历史的需求，这一点不会改变。

不过，尽管如此，越来越多的德国历史学家还是承认，纳粹历史经验的决定性阐释力逐渐减弱甚至消失了。在经济化、数据化和全球化面前，1914年至1970年之间的历史不再是德国和欧洲现代史的核心事件，一战前的时代和1970年后的发展在对当下现实的解释中越来越有深刻意义。"特殊"的德意志道路不再影响世界了，犹太人大屠杀不再是历史书写的中心。正如埃德加·沃尔夫鲁姆（Edgar Wolfrum）所言，鉴于最近几十年世界局势的变化，"德国史正在变得越来越不重要"。在其447页的新著《分裂的世界：不同的20世纪史》（*Welt im Zwiespalt. Eine andere Geschichte des 20. Jahrhundert*）中，两次世界大战的历史被浓缩在24页的简短篇幅里。[1]

在多极化和全球化的世界体系影响下，欧洲和世界成了德国历史学家认知的坐标与框架。无论对一战罪责的研究，还是对犹太人大屠杀的研究，都被置于广阔的欧洲背景下。比如，一战被置于多因果、多

---

[1]　Edgar Wolfrum, Welt im Zwiespalt. Eine andere Geschichte des 20. Jahrhundert, Stuttgart 2017.

维度的视野下,长时段、中时段和短时段的因素都被纳入考量,对德国作用的过分强调被否定,欧洲内部和外部被越来越紧密地联系在一起。多面向的一战"前史"不再被目的论地视为必然导向1914年战争的爆发。又比如,新的大屠杀研究者们在承认德国人罪责的同时,也强调这是欧洲其他国家共同参与的行动,它们可谓希特勒自愿的帮凶。在两次世界大战和纳粹历史的研究中,从欧洲和全球出发的叙事逻辑无疑拓展了历史思考的空间,这同时也代表着方法论上对主叙事的摒弃。然而,无法忽视的是,它以"怎么样"的问题部分取代了"为什么"的问题,并且也隐含着淡化德国罪责的取向。因此有部分德国历史学家始终对此保持警惕。

二、"克服过去":从德国经验中受教

我们必须一再提醒自己,不要把德国对待纳粹历史的态度和作为硬套上一两个发展模型。从联邦德国面对纳粹历史的经验中,有以下几点值得思考。

第一,联邦德国会因为克服过去而失去未来——这种保守主义一方时常强调的担忧,是错误的。任何领域对过去的清理,都不会导致对当下的忽视或者对未来的茫然。相反,对本民族历史污点的主动出击,拓展了联邦德国思考与生存的空间。联邦德国克服纳粹主义的历史已经经验性地证明了,否认历史与丧失自主权之间,或者反观之,承担罪责与获得民族自信之间,具有毋庸置疑的关系。联邦德国通过与纳粹历史的正面交锋,获得了道德上的独立与主权。它让我们看到,对自身历史的认知决定着当下的现状和未来的诉求。联邦德国已经可以说是对本民族历史污点清理得最彻底的国家之一,但在社会变革和价值转化的动荡年代,纳粹主义仍是它无法抹去的阴影。倘若联邦德国对纳粹历史的认知没有达到今天的深度,我们无法想象保守主义和极端右

翼主义的全球浪潮会给它带去怎样的冲击。从另一个角度看，"克服历史"绝不是德国特有的现象。不少国家都有自己需要克服的历史。愈是对不光彩的历史遮遮掩掩、听之任之，它就愈发不堪回首，愈发动摇国家的自我认知。政府唯有在全社会的认同塑造和政治自洽中预先提供包容性的话语框架，才能避免话语禁忌所带来的激烈反弹。

第二，关于纳粹问题的历史政策是各种政治力量进行博弈与较量的舞台。怎样看待纳粹主义，是联邦德国各种政治势力都无法回避的一个问题。它还涉及了如何理解"民族""民主""爱国主义"等概念。一方面，它当然是政治人物对历史责任、历史意识与历史文化的思考。以德国基民盟/基社盟、社民党和自民党为代表的不同政治势力，奉行不同的历史理念，在这一问题上具有不同的立场和态度。因此，联邦德国执政党的更替，往往意味着新的历史政策的出台，也代表着政府在纳粹问题上的立场变动和转换。但是另一方面，它也是策略性的，它有时更多的是对各自党派发展的支持，是对联邦德国国内社会需求的迎合，是对国际政治形势的应对。

第三，联邦德国的历史已经多次证明，历史政治意识的缺失与对待纳粹历史的方式密切相关。50年代的双重策略，一方面使得纳粹主义的思想余孽失去了生存空间，另一方面却也扼杀了围绕纳粹历史展开大规模严肃公开讨论的可能性。而这种讨论，才恰恰是真正深刻认识历史、构建全新政治道德标准的唯一途径。从60年代起，正是得益于联邦德国政治（公共）生活中逐渐建立起来并日益根深蒂固的公开争论原则，对纳粹历史的认知和阐释才步步深入。国家的掌权者当然在很多时候有权决定记忆什么、如何记忆——虽然他们的这种权力本身处于复杂的权力网中——而普通民众往往会顺应国家权力的这种导向。但是，当历史的亲历者一代代逝去，各种媒体或者机构成为记忆的承载者和表述者时，多多允许和鼓励在公共领域中对创伤记忆展开深入的讨论和交流，才能突破单一权力主体表述的主观局限，并且进一步认清这种记忆活动所谋求的现实利益和未来指向。从中既可以看到国家在引领社会成员共同澄清和回忆历史事件时的引导力，也可以看到不同的个人经历如何被挑选出来用于全社会的认同塑造和政治自洽。只有这样，不同的政治势力及其代言人之间无论怎样互相竞争，"克服过去"都不会完全沦为政治斗争的工具。正是凭借各种原发性的公开争论和多主体的共决，联邦德国才没有在与纳粹历史的政治交锋中败下阵来。

第四，任何时候，对自我创伤的回忆无论如何都是重要且合法的。根据某种"政治正确"的原则来压制德国人自认为受害者的意识是无意义的，而且极有可能产生相反的效果。德国社会本身就面临被一种面对纳粹历史时的低阈值所控制的局面。[1]受害者主题的禁忌化，无益于解决社会道德拘禁的难题。如果保证纳粹记忆的基本框架——德国人的罪责和战争肇始者身份——不被改变，德国人应可以言说本民族因为战争所遭受的伤痛，即便这是一场由其发动的非正义之战。德国人的受害者意识长期以来受到质疑的最核心理由是，这是一种用

---

[1] 比如，高射炮助手中的许多人在第三帝国晚期加入了纳粹党。但是战争结束后，几乎所有人都以沉默、遗忘或者否认的态度对待这段经历。从瓦尔泽、希尔德布兰特到布洛查特，每当某位社会精英的纳粹党员身份被披露时，总会在德国公共领域掀起激烈的讨论与争论。这些人通常宣称对自己年少时期加入纳粹党一事并不知情。关于究竟是否存在"不需要本人知晓和参与而进行的集体入党"，德国学界至今未有定论。支持者认为，在未经个人同意的情况下，整个希特勒青年团小组以集体申请的形式一次性全部入党的情况是存在的。反对者则认为这种辩护之词不足采信，因为没有个人签名为证的申请和系统的接纳流程，根本无法成功地加入纳粹党。1985年，布洛查特因为倡导纳粹主义之历史化和纳粹历史书写之正常化而被认为是历史修正主义者。1998年，瓦尔泽因为公开反对犹太人大屠杀之工具化而被认为是在大搞"精神纵火"。2012年，格拉斯因为撰写了反对以色列持有核武器的诗歌《必须要说的话》而遭到多方批判，甚至被有些媒体称为"永远的反犹分子"。在所有这些争论背后，一方面可以看到，这一代人中的领军人物在岁月老去时试图用新的方式来实现自我"解放"，既非对过去供认不讳，亦非矢口否认，而是赋予个人以超越体验的历史理性判断能力。另一方面却可以看到，过去的经历与现在的立场始终密切纠缠在一起，成为他们无法摆脱的枷锁。第三帝国在这一代人身上贴上了永远不能撕去的标签。

（德国人的）痛苦清算（犹太人的）痛苦，用（盟军的）罪责清算（纳粹的）罪责的做法。这无疑是令人警醒的。其中潜藏着一种将两者"等量齐观"的危险，以及为了达到这种效果而对对象的大肆渲染。为了避免由此导致的对纳粹罪行的淡化，需要德国和其他国家的政治人物、历史学家、评论家、文学家等始终保持批判和反思的态度。与其将之丑化甚至妖魔化，重要的是如何批判而又不僵化地看待这一问题，并且从中看到记忆形塑的巨大力量。

第五，德国人的创伤记忆需要跳出民族国家的框架，实现欧洲化。阿莱达·阿斯曼曾提出"面对创伤记忆的四种模式"，其中之一是通过对话而回忆（Dialogisches Erinnern）。[1]国家记忆形成的常规不是对话，而是自说自话，这就很容易导致过分强调自身的受害经历。而只有通过不同参与者之间的对话，才有可能形成共识性的、制约性的、彼此谅解的创伤记忆。因此，在面对德国人的受害经历时，需要将其置于欧洲的大背景下。尤其是当德意志民族的被驱逐经历与欧洲其他民族的被驱逐经历有着无法割裂的关系时，建立一个全欧洲的"记忆之场"，是值得预期的目标。[2]创伤记忆的去民族化当然需要时间，但人们只有不再仅仅继续蜷缩在各自的民族国家史里，才能去创建一种能够将更多面向的创伤记忆纳入其中的、更包容的记忆话语。

第六，联邦德国的纳粹史研究中，存在着两个显著的特点：首先，纳粹史的书写无法避免地与其书写者本人在1933年至1945年间——即使当时他们大多只是孩童——亲历的一切紧密联系在一起。他们

---

[1] Aleida Assmann, Das neue Unbehagen an der Erinnerungskultur. Eine Intervention, München: C.H.Beck, 2013, S.195-203.另外三种模式是：通过对话而忘却（Dialogisches Vergessen），回忆以便永不忘却（Erinnern, um niemals zu vergessen），和回忆以便忘却（Erinnern, um zu überwinden）。

[2] Ute Frevert, "Geschichtsvergessenheit und Geschichtsversessenheit revisited. Der jüngste Erinnerungsboom in der Kritik," in Aus Politik und Zeitgeschichte, B 40-41 (2003), S.6-13, hier S.13.

的后继者——战后出生的那一代——也无法摆脱一种独特的德国式
的集体责任带来的后果,并由此在专业争论中展现出与他们的国际同
人们不同的行为方式和价值取向。其次,对于纳粹史书写而言,其与
伦理道德、历史哲学和政治意识形态等层面的交互融合持续发挥着影
响。虽然,对其他历史时期和历史事件的考察也或多或少地受到上述
因素的限制,但是没有一个像纳粹史研究这般界限明晰且无法逾越,历
史学家们永远也无法仅用学科的史料批判法来对大屠杀加以描述和分
析。所以,纳粹史研究从其诞生之日起,就不是一个以尽可能接近真相
为目标的中立学科,它首先是德国史学面对政治挑战给出的回答,它不
单是反对纳粹主义的,而且是反对民族主义的,并且信奉西方意义上
的自由和民主。其首要和核心问题,并非史料搜集和简单的事实叙述
问题,而是谁有权以何种方法对其加以阐释,从而在跟政治和道德伦
理的交织中建构其学术话语权以赢得未来的问题。[1]越到晚近,历史
学家们越是认识到,史料本身无法建构任何有效的历史知识。绝对的
客观性并不存在,没有"研究者的建构功能"(Konstitutionsleistung des
Forschers)[2],就无法形成历史知识。何兆武先生在对弗里德里希·迈
内克的学术成就加以评述时,曾言:

> 历史之所以可能成为人们的知识,乃是由于历史学家的思想

---

[1] 对二战后联邦德国纳粹史研究的回顾,从21世纪初开始出现了新取向。值得
    注意的著述包括: Nicolas Berg, Der Holocaust und die westdeutschen Historiker.
    Erforschung und Erinnerung, Göttingen: Wallstein, 2003; ders., "Zwischen
    individuellem und historiographischem Gedächtnis. Der Nationalsozialismus in
    Autobiographien deutscher Historiker," in BIOS. Zeitschrift für Biographieforschung,
    Oral History und Lebensverlaufsanalysen, Jg.12, H.2 (2000), S.1181–1207; Johannes
    Hürter und Hans Woller (Hrsg.), Hans Rothfels und die deutsche Zeitgeschichte,
    München: R. Oldenbourg Verlag, 2005; Norbert Frei (Hrsg.), Martin Broszat, der »Staat
    Hitlers« und die Historisierung des Nationalsozialismus, Göttingen: Wallstein, 2007。
[2] Wolfgang Hardtwig, „Geschichtsreligion–Wissenschaft als Arbeit–Objektivität. Der
    Historismus in neuer Sicht", Historische Zeitschrift, Vol.252, Nr.1, 1991, S.1–32, hier S.23.

之创造性的劳动的成果；历史学家本人思想的高度和深度要比其他任何条件都更积极而有效地在形成着人类知识中的历史构图。清理史料只不过是机械性的工作，只有历史学家的思想才能向一大堆断烂朝报注入活的生命。[1]

就此而言，历史学家在克服过去以形塑自我身份认同的事业中，扮演着更重要的角色。尽管历史文化总是被权力斗争所触动，但是历史学把历史认识之实践理性诉求带入这些权力斗争中。它由此迫使围绕历史解释权的斗争必须具有思维合法性。用德国史学理论家约恩·吕森（Jörn Rüsen）的话来总结，就是：

> 历史性的身份认同塑造是一项卓越的政治事务。它充斥着权力诉求和冲突；在人类生活的文化视域中，它意味着持续的导火索。身份认同不是简单形成的。它需要人们花费大量努力，以便在个人和社会的关系以及一个社会与另一个社会的关系中变得可行和有效……历史学既不创设意义，也不创设身份认同。但它是意义和身份认同塑造之心智和文化过程中的一个重要因素。因为作为学术，它专门针对依据一定方法进行研究，和用论据来说明理由，由此它把文化的理性可能性带入了文化的取向功能中。它对文化的贡献在于，让对学术思考具有决定意义的知识形式和论证性地处理知识的形式变得实用。鉴于人类主观性的形成过程，这种实用化可以被认为是人类之人性化（Humanisierung des Menschen），它也是这样进行的。[2]

---

[1] 何兆武：《译序——评梅尼克及其〈德国的浩劫〉》，见梅尼克著，何兆武译：《德国的浩劫》，生活·读书·新知三联书店2002年版，第20页。

[2] Jörn Rüsen, Historik. Theorie der Geschichtswissenschaft, Köln/Weimar/Wien 2013, S.271f.

第七，德国因为纳粹历史所陷入的集体身份认同缺失问题，至今仍没有找到答案。在经历了20世纪70和80年代重塑历史意识和历史认同的不同尝试后，德国人仍在追问自身之民族性。与此同时，现实的新变化更给问题增添了复杂性。首先，人们越来越意识到，民族仍然是集体身份认同的核心要素之一，对自我文化的漠不关心正在转变为要捍卫它的防御之姿。这种态度更加贴近"文化爱国主义"而非"宪法爱国主义"，它必须以对本民族文化和历史的接受与肯定为依托。其次，近年来，德国社会东西部之间、上下层之间的结构性分裂日益突显。一方面，德国人对重新统一的仓促应对，并没有带来统一的民族历史和政治认同，反而制造了东西部地区深层次的矛盾；另一方面，1945年以来受到压抑的德意志民族意识爆发出了攻击性，它尤其反对二战后德国政治-历史话语中对自我表达的压抑，而要求抚慰德国人的心理和情感，对其做出所谓记忆和情绪上的补偿。在这种情况下，德国的历史政策如何为一种新的集体身份认同做出正向的贡献，尤其是如何弥合国家政治认同、民族身份诉求与个人历史意识和情感之间的鸿沟，已经是当务之急。

如果人类心灵最高的渴望就是与内心的对立、与自己生活状况中的矛盾和解，那么德国的经验已经告诉我们，应对历史——如果有需要，就克服它——这是人类生活永远无法放弃的任务。

人名译名对照表

（按外文名字的字母顺序排列）

A

Adolf Arndt 　阿道夫·阿尔恩特

Albert Soboul 　阿贝尔·索布尔

Albert Speer 　阿尔伯特·施佩尔

Aleida Assmann 　阿莱达·阿斯曼

Alex Möller 　亚历克斯·穆勒

Alexander Demandt 　亚历山大·德曼特

Alexander Mitscherlich 　亚历山大·米切利希

Alf Lüdtke 　阿尔夫·吕迪克

Alfred Dregger 　阿尔弗雷德·德莱格尔

Andreas Hillgruber 　安德烈亚斯·希尔格鲁伯

Anke Fuchs 　安可·福克斯

Antonio Gramsci 　安东尼奥·葛兰西

Armin Mohler 　阿明·莫勒

Arthur Rosenberg 　阿图尔·罗森贝格

August Bebel 　奥古斯特·倍倍尔

B

Bernd Faulenbach 　贝尔恩德·法伦巴赫

Bodo von Borries 　博多·冯·伯里斯

Burghard Freudenfeld 　布格哈德·弗罗伊登费
尔德

C

Carlo Schmid 　卡洛·施密特

Christian Meier 　克里斯蒂安·迈亚

Christoph Cornelißen 　克里斯多夫·科内利森

Christoph Weisz 　克里斯多夫·魏茨

D

Dieter Dowe 　迪特尔·多韦

Dieter Groh 　迪特尔·格罗

Dieter Hildebrandt 　迪特·希尔德布兰特

Dieter Langewiesche 　迪特尔·朗格维舍

Dieter Wellershoff 　迪特尔·韦勒斯霍夫

Dietrich Gerhard 　迪特里希·格哈德

Dietrich Stobbe 　迪特里希·施托贝

Dolf Sternberger 　多尔夫·施特恩贝格尔

E

E. P. Thompson 　E. P.汤普森

Eberhard Jäckel 　埃贝哈德·耶克

Eberhard Kolb 　艾伯哈特·科尔布

Eckhard Jesse 　埃克哈德·耶瑟

Edgar Wolfrum 　埃德加·沃尔夫鲁姆

Eduard Bernstein 　爱德华·伯恩斯坦

Egmont Zechlin 　埃格蒙特·策希林

Egon Bahr 　埃贡·巴尔

Eike Hennig 　艾克·亨尼希

Eric Hobsbawm 　艾瑞克·霍布斯鲍姆

Erich Marcks 　埃里希·马尔克斯

Erich Mende 　埃里希·门德

Erich Müller-Gangloff 　埃里希·米勒-冈格洛夫

Erich Ollenhauer 　埃里希·奥伦豪尔

Ernst Fraenkel 　恩斯特·弗兰克尔

Ernst Hinrichs 　恩斯特·兴利西斯

Ernst Nolte 　恩斯特·诺尔特

Ernst Reuter 　恩斯特·莱特

Ernst Schulin 　恩斯特·舒林

Ernst Thälmann 　恩斯特·台尔曼

Erwin Chargaff　埃尔温·查加夫
Erwin Scheuch　埃尔温·绍伊希
Eugen Gerstenmaier　欧根·格斯登迈亚
Eugen Kogen　欧根·科贡

F

Felix Gilbert　费利克斯·吉尔伯特
Felix Messerschmid　费利克斯·梅塞施密特
Felix Rachfahl　费利克斯·拉赫法尔
Franz Josef Strauß　弗朗茨·约瑟夫·施特劳斯
Franz Neumann　弗朗茨·诺依曼
Franz Schnabel　弗朗茨·施纳贝尔
Freimut Duve　弗赖穆特·杜维
Friedrich Christoph Dahlmann　弗里德里希·克里斯多夫·达尔曼
Friedrich Ebert　弗里德里希·艾伯特
Friedrich Meinecke　弗里德里希·迈内克
Friedrich Zimmermann　弗里德里希·齐默尔曼
Fritz Bauer　弗里茨·鲍尔
Fritz Erler　弗里茨·厄尔勒
Fritz Ernst　弗里茨·恩斯特
Fritz Fischer　弗里茨·费舍尔
Fritz Hartung　弗里茨·哈通
Fritz Heine　弗里茨·海涅
Fritz Rörig　弗里茨·勒里希
Fritz Stern　弗里茨·斯特恩
Fritz Wagner　弗里茨·瓦格纳

G

Georg Eckert　格奥尔格·埃克特
Georg Gottfried Gervinus　格奥尔格·哥特弗里德·盖维努斯
Georg Waitz　格奥尔格·魏茨
Georg Winter　格奥尔格·温特
Gerhard A. Ritter　格哈德·A.里特尔
Gerhard Jahn　格哈德·雅恩
Gerhard Kroll　格哈德·克罗尔
Gerhard Ritter　格哈德·黎特
Gerhard Schoenberner　格哈德·舍恩贝尔纳
Gerhard Schröder　格哈德·施罗德

Golo Mann　戈洛·曼
Götz Aly　格茨·阿里
Graf Stauffenberg　格拉夫·施陶芬贝格
Guido Knopp　古多·克诺普
Gustav Mayer　古斯塔夫·迈耶尔
Gustav Stresemann　古斯塔夫·斯特雷泽曼
Gustav W. Heinemann　古斯塔夫·W.海涅曼
Günter Grass　君特·格拉斯
Günter Plum　君特·普鲁姆
Günther Anders　金特·安德斯

H

Hajo Holborn　哈约·霍尔博恩
Hannah Arendt　汉娜·阿伦特
Hans Buchheim　汉斯·布赫海姆
Hans Delbrück　汉斯·德尔布吕克
Hans Eisele　汉斯·艾泽勒
Hans Globke　汉斯·格罗布克
Hans Herzfeld　汉斯·赫茨费尔德
Hans Magnus Enzensberger　汉斯·马格努斯·恩岑斯贝格尔
Hans Medick　汉斯·梅迪克
Hans Michael Baumgartner　汉斯·米歇尔·包姆嘉特纳
Hans Mommen　汉斯·蒙森
Hans Rosenberg　汉斯·罗森贝格
Hans Rothfels　汉斯·罗特费尔斯
Hans Wenke　汉斯·温克
Hans-Christoph Schröder　汉斯-克里斯多夫·施罗德
Hans-Dietrich Genscher　汉斯-迪特里希·根舍
Hans-Günther Seraphim　汉斯-君特·塞拉菲姆
Hans-Jochen Vogel　汉斯-约亨·福格尔
Hans-Josef Steinberg　汉斯-约瑟夫·施泰因贝格
Hans-Jürgen Puhle　汉斯-于尔根·普勒
Hans-Ulrich Wehler　汉斯-乌尔里希·韦勒
Hartmut Kaelble　哈特穆特·凯伯乐
Hartmut Soell　哈特穆特·索尔
Hartmut Wolf　哈特穆特·沃尔夫
Heiner Geißler　海纳尔·盖斯勒
Heinrich Albertz　海因里希·阿尔贝茨

Heinrich August Winkler　海因里希·奥古斯特·温克勒

Heinrich Lübke　海因里希·吕贝克

Heinrich Potthoff　海因里希·波特霍夫

Heinrich von Sybel　海因里希·冯·聚贝尔

Heinrich von Treitschke　海因里希·冯·特赖奇克

Heinz Gollwitzer　海因茨·戈尔威策

Helga Grebing　黑尔加·格雷宾

Hellmuth Auerbach　赫尔穆特·奥尔巴赫

Helmut Berding　赫尔穆特·贝尔丁

Helmut Donat　赫尔穆特·多纳特

Helmut Dubiel　赫尔穆特·杜比尔

Helmut Kohl　赫尔穆特·科尔

Helmut König　赫尔穆特·柯尼希

Helmut Krausnick　赫尔穆特·克劳斯尼克

Helmut Schmidt　赫尔穆特·施密特

Hermann Aubin　赫尔曼·奥宾

Hermann Baumgarten　赫尔曼·鲍姆加藤

Hermann Graml　赫尔曼·格拉姆尔

Hermann Heimpel　赫尔曼·海姆佩尔

Hermann Lübbe　赫尔曼·吕伯

Hermann Mau　赫尔曼·马奥

Hermann Oncken　赫尔曼·翁肯

Horst Möller　霍斯特·莫勒

I

Imanuel Geiss　伊马努艾尔·盖斯

Ino Arndt　伊诺·阿尔恩特

Iring Fetscher　伊林·费彻尔

J

Jan Eckel　扬·埃克尔

Jens Nordalm　延斯·努达尔姆

Joachim Fest　约阿希姆·费斯特

Johann Gustav Droysen　约翰·古斯塔夫·德罗伊森

Johannes Rau　约翰内斯·劳

Johannes Ziekursch　约翰内斯·齐库施

Jörg Friedrich　耶尔格·弗里德里希

Jörn Rüsen　约恩·吕森

Joseph Geobbels　约瑟夫·戈培尔

Joseph Wulf　约瑟夫·伍尔夫

Julius Ficker　尤利乌斯·菲克尔

Julius Leber　尤里乌斯·莱伯

Jutta Giersch　尤塔·吉尔施

Jürgen Habermas　于尔根·哈贝马斯

Jürgen Kocka　于尔根·科卡

Jürgen Reulecke　于尔根·罗伊勒克

K

Karl Alexander von Müller　卡尔·亚历山大·冯·米勒

Karl Brandi　卡尔·勃兰迪

Karl Dietrich Bracher　卡尔·迪特里希·布拉赫

Karl Dietrich Erdmann　卡尔·迪特里希·埃尔德曼

Karl Hampe　卡尔·汉普

Karl Kautsky　卡尔·考茨基

Karl Mannheim　卡尔·曼海姆

Karl Otmar von Aretin　卡尔·奥特马·冯·阿雷廷

Karl-Ernst Jeismann　卡尔-恩斯特·耶斯曼

Karl-Georg Faber　卡尔-格奥尔格·法贝尔

Karl-Hermann Flach　卡尔-赫尔曼·弗拉赫

Klaus Hildebrand　克劳斯·希尔德布兰特

Klaus Schönhoven　克劳斯·舍恩霍文

Klaus Schütz　克劳斯·许茨

Klaus Tenfelde　克劳斯·泰费尔德

Konrad Adenauer　康拉德·阿登纳

Konrad Heiden　康拉德·海登

Kurt Georg Kiesinger　库尔特·格奥尔格·基辛格

Kurt Klotzbach　库尔特·克罗茨巴赫

Kurt Schumacher　库尔特·舒马赫

Kurt Sontheimer　库尔特·松特海默

Kurt Tucholsky　库尔特·图霍夫斯基

L

Leopold von Ranke　利奥波德·冯·兰克

Ludolf Herrmann　卢多尔夫·赫尔曼
Ludwig Dehio　路德维希·德约
Ludwig Erhard　路德维希·艾尔哈德
Ludwig Häusser　路德维希·霍伊瑟尔
Ludwig Linsert　路德维希·林塞特
Ludwig von Friedeburg　路德维希·冯·弗里德伯格
Ludwig Zind　路德维希·辛德
Luthar Gruchmann　卢塔尔·格鲁赫曼
Lutz Niethammer　卢茨·尼塔哈默尔

M

Margarete Mitscherlich　玛格丽特·米切利希
Martin Broszat　马丁·布洛查特
Martin Walser　马丁·瓦尔泽
Marx Weber　马克斯·韦伯
Matthias N. Lorenz　马蒂亚斯·洛伦茨
Max Duncker　马克斯·敦克尔
Max Horkheimer　马克斯·霍克海默
Max Lehmann　马克斯·莱曼
Max Lenz　马克斯·伦茨
Micha Brumlik　米夏·布鲁姆列克
Michael Stürmer　米夏埃尔·施特姆尔
Michael Wolffsohn　米夏埃尔·沃尔夫索恩

N

Nicolas Berg　尼古拉斯·贝格
Niklas Luhmann　尼克拉斯·卢曼
Norbert Frei　诺贝特·弗赖

O

Otto Brunner　奥托·布鲁讷
Otto Ernst Remer　奥托·恩斯特·雷默
Otto Klepper　奥托·克勒佩尔
Otto Lenz　奥托·伦茨
Otto von Bismarck　奥托·冯·俾斯麦
Otto Westphal　奥托·韦斯特法尔

P

Paul Löbe　保罗·罗贝
Peter Glotz　彼得·格罗兹
Peter R. Hofstätter　彼得·R.霍夫施泰特尔
Peter Rassow　彼得·拉索
Peter Reichel　彼得·赖歇尔
Peter Steinbach　彼得·施泰因巴赫
Pierre Bourdieu　皮埃尔·布尔迪厄

R

Ralf Dahrendorf　拉尔夫·达伦多夫
Raul Hilberg　劳尔·希尔伯格
Reinhard Rürup　赖因哈德·吕鲁普
Reinhard Wittram　赖因哈德·维特拉姆
Reinhart Koselleck　赖因哈特·科泽勒克
Reinhold Maier　赖因霍尔德·迈亚
Renate Lepsius　蕾娜特·莱普修斯
Richard Nürnberger　理查德·纽伦贝格尔
Richard von Weizsäcker　理查德·冯·魏茨泽克
Robert H. Jackson　罗伯特·H.杰克逊
Ronald Reagan　罗纳德·里根
Rudolf Augstein　鲁道夫·奥格斯坦
Rudolf Breitscheid　鲁道夫·布莱特夏德
Rudolf Lill　鲁道夫·里尔
Rudolf Pechel　鲁道夫·佩歇尔
Rudolf Vierhaus　鲁道夫·菲尔豪斯
Rudolf von Thadden　鲁道夫·冯·塔登

S

Saul Friedländer　索尔·弗里德兰德尔
Siegfried A. Kaehler　西格弗里德·A.凯勒尔
Siegfried Lenz　西格弗里德·伦茨
Simon Wiesenthal　西蒙·维森塔尔
Susanne Miller　苏珊娜·米勒

T

Theodor Adorno　特奥多尔·阿多诺
Theodor Eschenburg　特奥多尔·埃申堡

参考文献

一、档案资料

Bonn, Archiv der Sozialen Demokratie (AdsD), Bestand Historische Kommission
Bonn, Archiv der Sozialen Demokratie (AdsD), Bestand SPD-Parteivorstand
Bonn, Archiv der Sozialen Demokratie (AdsD), Bestand Pressemitteilungen
Bonn, Archiv der Sozialen Demokratie (AdsD), Willy-Brandt-Archive
Bonn, Archiv der Sozialen Demokratie (AdsD), Nachlass Fritz Erler
Bonn, Archiv der Sozialen Demokratie (AdsD), Nachlass Ludwig Linsert
Heidelberg, Zentralarchiv zur Erforschung der Geschichte der Juden in Deutschland,
    Nachlass Joseph Wulf
Heidelberg, Universitätarchiv Heidelberg, Nachlass Werner Conze
Koblenz, Bundesarchiv Koblenz (BArch Koblenz), Nachlass Theodor Schieder
Koblenz, Bundesarchiv Koblenz (BArch Koblenz), Nachlass Hans Rothfels

二、中文文献

[美] 汉娜·阿伦特著，王凌云译：《黑暗时代的人们》，江苏教育出版社 2006 年版。
[英] 卡尔·波普尔著，郑一明等译：《开放社会及其敌人·第二卷——预言的高潮：黑格尔、马克思及余波》，中国社会科学出版社 1999 年版。
[法] 皮埃尔·布尔迪厄著，陈圣生、涂释文、梁亚红等译：《科学之科学与反观性——法兰西学院专题讲座（2000—2001 学年）》，广西师范大学出版社 2006 年版。
[法] 皮埃尔·布尔迪厄著，高振华、李思宇译：《实践理论大纲》，中国人民大学出版社 2017 年版。
陈启能主编：《二战后欧美史学的新发展》，山东大学出版社 2005 年版。
景德祥：《关于联邦德国第一代史学家的争论》，《史学理论研究》2004 年第 1 期。
景德祥：《二十世纪末联邦德国史学流派争议》，《世界历史》2005 年第 1 期。
景德祥：《联邦德国社会史学派与文化史学派的争议》，《史学理论研究》2005 年第 3 期。
景德祥：《二战后联邦德国反思纳粹历史的曲折过程》，《学习月刊》2005 年第 7 期。
景德祥：《二战后德国史学的发展脉络与特点》，《史学理论研究》2007 年第 3 期。
景德祥：《纳粹时期的德国史学》，《山东社会科学》2008 年第 8 期。
[德] 于尔根·科卡著，景德祥译：《社会史：理论与实践》，上海人民出版社 2006 年版。
刘新利：《二战后德国历史研究中的民族主义》，《世界历史》2002 年第 2 期。
[德] 约恩·吕森著，綦甲福、来炯译：《历史思考的新途径》，上海人民出版社 2005 年版。
[德] 约恩·吕森、弗里德利希·耶格尔文，孙立新译：《德国历史中的回忆文化》，《史学前沿第一辑·书写历史》，上海三联书店 2003 年版。
[德] 梅尼克著，何兆武译：《德国的浩劫》，生活·读书·新知三联书店 2002 年版。
[美] 戴维·斯沃茨著，陶东风译：《文化与权力——布尔迪厄的社会学》，上海译文出版

社2006年版。

孙立新、孟钟捷、范丁梁：《联邦德国史学研究：以关于纳粹问题的史学争论为中心》，社会科学文献出版社2018年版。

[德]哈拉尔德·韦尔策编，季斌、王立君、白锡堃译：《社会记忆：历史、回忆、传承》，北京大学出版社2007年版。

[德]沃尔夫冈·席德尔文，孟钟捷、唐晓婷摘译：《德国史学界关于民族社会主义研究的回顾》，《德国研究》2002年第4期。

徐建：《纳粹史叙事与民族认同——战后七十年联邦德国史学界对纳粹历史的思考》，《史学集刊》2015年第4期。

三、外文文献

7½ Millionen Deutsche als Opfer des Krieges, in: Süddeutsche Zeitung, 16.10.1945.

8.Mai–Rückschau und Ausblick, in: Bulletin des Presse–und Informationsamtes der Bundesregierung, 7.5.1965.

Abusch, Alexander: Der Irrweg einer Nation. Ein Beitrag zum Verständnis deutscher Geschichte, Mexiko 1945.

Adenauer, Konrad: Geleitwort zu „Deutschland Heute", in: Bulletin des Presse- und Informationsamtes der Bundesregierung, 5.5.1955.

Anders, Günther: Besuch im Hades. Auschwitz und Breslau 1966. Nach „Holocaust", München 1979.

Arendt, Hannah: Bei Hitler zu Tisch, in: Der Monat, 4 (1951/52), Nr.37, S.85-90.

Arendt, Hannah: Von der Menschlichkeit in finsteren Zeiten. Rede über Lessing, München 1960.

Assmann, Aleida: Der lange Schatten der Vergangenheit. Erinnerungskultur und Geschichtspolitik, München 2006.

Assmann, Aleida /Ute Frevert: Geschichtsvergessenheit–Geschichtsversessenheit. Vom Umgang mit deutschen Vergangenheiten nach 1945, Stuttgart 1999.

Assmann, Jan: Das kulturelle Gedächtnis, München 1992.

Auerbach, Hellmuth: Die Gründung des Instituts für Zeitgeschichte, in: Vierteljahrshefte für Zeitgeschichte, Vol.18, H.4, 1970, S.529-554.

Augstein, Rudolf: Liebe Spiegel-Leser, in: Der Spiegel, 11.3.1964, S.41-48.

Bach, Wolfgang: Geschichte als politisches Argument. Eine Untersuchung an ausgewählten Debatten des Deutschen Bundestages, Stuttgart 1977.

Berg, Nicolas: Der Holocaust und die westdeutschen Historiker. Erforschung und Erinnerung, Göttingen 2003.

Berg, Nicolas: The Invention of »Functionalism«. Josef Wulf, Martin Broszat, and the Institute for Contemporary History (Munich) in the 1960s, Jerusalem, 2003.

Berthold, Werner/Gerhard Lozek/Helmut Meier: Entwicklungstendenzen im historisch-politischen Denken in Westdeutschland, in: Zeitschrift für Geschichtswissenschaft 12 (1964), S.585-602.

Blachke, Olaf /Lutz Raphael: Im Kampf um Position. Änderungen im Feld der französischen und deutschen Geschichtswissenschaft nach 1945, in: Jan Eckel/Thomas Etzemüller (Hrsg.), Neue Zugänge zur Geschichte der Geschichtswissenschaft, Göttingen 2007, S.69-109.

Bracher, Karl Dietrich: Die Auflösung der Weimarer Republik. Eine Studie zum

Problem des Machtverfalls in der Demokratie, Düsseldorf 1955.

Bracher, Karl Dietrich/Wolfgang Sauer/Gerhard Schulz: Die nationalsozialistische Machtergreifung. Studien zur Errichtung des totalitären Herrschaftssystems in Deutschland 1933/34, Köln, Opladen 1960.

Bracher, Karl Dietrich: Deutschland zwischen Demokratie und Diktatur. Beiträge zur neueren Politik und Geschichte, Bern 1964.

Bracher, Karl Dietrich: Zeitgeschichtliche Kontroversen um Faschismus, Totalitarismus, Demokratie, München 1976.

Bracher, Karl Dietrich: Zeitgeschichte im Wandel der Interpretationen, in: Historische Zeitschrift 225 (1977), S. 635–655.

Bracher, Karl Dietrich/Hans-Peter Schwarz: Zur Einführung, in: Vierteljahrshefte für Zeitgeschichte, Vol.26, H.1, 1978, S.1–8.

Bracher, Karl Dietrich: Der demokratische Parteienstaat zwischen Bewährung und Anfechtung, in: Walter Scheel (Hrsg.), Nach dreißig Jahren. Die Bundesrepublik Deutschland–Vergangenheit, Gegenwart, Zukunft, Stuttgart 1979, S. 29–46.

Bracher, Karl Dietrich: Demokratie und Ideologie im Zeitalter der Machtergreifungen, in: Vierteljahrshefte für Zeitgeschichte 31 (1983), S. 1–24.

Bracher, Karl Dietrich: Politische Institutionen in Krisenzeiten, in: Vierteljahrshefte für Zeitgeschichte 33 (1985), S. 1–27.

Brandt, Willy: Zwanzig Jahre sind genug, in: Frankfurter Allgemeine Zeitung, 3.5.1965.

Brandt, Willy: Regierungserklärung vom 28.10.1969, in: Bulletin des Press- und Informationsamtes der Bundesregierung 132 (1969), S.1121–1128.

Brandt, Willy: Verpflichtung zum Frieden und Wahrung von Freiheit und Recht, in: Bulletin des Press- und Informationsamtes der Bundesregierung 63 (1970), S.591f.

Brandt, Willy: Erklärung des Bundeskanzlers zum Reichsgründungstag, in: Bulletin des Press- und Informationsamtes der Bundesregierung 5 (1971), S.35.

Brandt, Willy: Bericht der Bundesregierung zur Lage der Nation 1971. Bundeskanzler Willy Brandt vor dem Deutschen Bundestag am 28. Januar 1971.

Brandt, Willy: Der neue Stil, in: ders., Plädoyer für die Zukunft. Beiträge zur deutschen Politik, Frankfurt a. M 1972², S.17–29.

Brandt, Willy: Zum Geleit, in: Susanne Miller (Hrsg.), Geschichte in der demokratischen Gesellschaft. eine Dokumentation, Düsseldorf 1985, S.7f.

Brandt, Willy: Die SPD in der deutschen Geschichte, in: Susanne Miller/Malte Ristau (Hrsg.), Erben deutscher Geschichte. DDR-BRD: Protokolle einer historischen Begegnung, Hamburg 1988, S.13–24.

Brandt, Willy: Erinnerungen, Frankfurt a. M. 1989.

Brandt, Willy: Ansprache anlässlich der Grundsteinlegung des Archivs der sozialen Demokratie, 12. Dezember 1967, in: Auf dem Weg zum digitalen Dienstleistungszentrum. 30 Jahre Archiv der Sozialen Demokratie und Bibliothek der Friedrich-Ebert-Stiftung, Bonn 1999, S.27–31.

Brandt, Willy: Festrede zur Eröffnung des Archivs der sozialen Demokratie, 6. Juni 1969, in: Auf dem Weg zum digitalen Dienstleistungszentrum. 30 Jahre Archiv der Sozialen Demokratie und Bibliothek der Friedrich-Ebert-Stiftung, Bonn 1999, S.32–36.

Brechenmacher, Thomas: Wieviel Gegenwart verträgt historisches Urteilen? Die Kontroverse zwischen Heinrich von Sybel und Julius Ficker über die Bewertung der Kaiserpolitik des Mittelalters (1859–1862), in: Ulrich Muhlack (Hrsg.), Historisierung und gesellschaftlicher Wandel in Deutschland im 19. Jahrhundert, Berlin 2003, S.87–112.

Broszat, Martin: Probleme zeitgeschichtlicher Dokumentation, in: Neue Politische Literatur 2 (1957), S.298–304.

Broszat, Martin: Der Nationalsozialismus. Weltanschauung, Programmatik und Wirklichkeit, Hannover 1960.

Broszat, Martin: Der Staat Hitlers. Grundlegung und Entwicklung seiner inneren Verfassung, München 1969.

Broszat, Martin/ Hartmut, Mehringer (Hrsg.): Bayern in der NS-Zeit, 6 Bde., München 1977–1983.

Broszat, Martin: Referat, in: Alltagsgeschichte der NS-Zeit. Neue Perspektive oder Trivialisierung?, München 1984, S. 11–20.

Broszat, Martin: Plädoyer für eine Historisierung des Nationalsozialismus, in: Merkur 39 (1985), S. 373–385.

Broszat, Martin: Nach Hitler. Der schwierige Umgang mit unserer Geschichte, München 1986.

Broszat, Martin/Saul, Friedländer: Um die »Historisierung des Nationalsozialismus«. Ein Briefwechsel, in: Vierteljahrshefte für Zeitgeschichte 36 (1988), S.339–372.

Brochhagen, Ulrich: Nach Nürnberg. Vergangenheitsbewältigung und Westintegration in der Ära Adenauer, Hamburg 1994.

Buchheim, Hans: Die nationalsozialistische Zeit im Geschichtsbewußtsein der Gegenwart, in: Karl Forster (Hrsg.), Gibt es ein deutsches Geschichtsbild?, Würzburg 1961, S.37–63.

Buchheim, Hans u. a.:, Anatomie des SS-Staates. 2 Bde, Olten/Freiburg 1965.

Calließ, Jörg: Geschichte als Argument, in: Klaus Bergmann u.a. (Hrsg.), Handbuch der Geschichtsdidaktik, Düsseldorf 1985³, S.55–59.

Chargaff, Erwin: Abscheu vor der Weltgeschichte. Fragmente vom Menschen, Hamburg 1991.

Conrad, Sebastian: Auf der Suche nach der verlorenen Nation. Geschichtsschreibung in Westdeutland und Japan 1949–1960, Göttingen 1999.

Conze, Eckart/Thomas Nicklas (Hrsg.): Tage deutscher Geschichte. Von der Reformation bis zur Wiedervereinigung, Darmstadt 2004.

Conze, Werner: Die deutsche Nation. Ergebnis der Geschichte, Göttingen 1963.

Conze, Werner: Sozialgeschichte in der Erweiterung, in: Neue Politische Literatur 19 (1974), S.501–508.

Conze, Werner: Zur Lage der Geschichtswissenschaft und des Geschichtsunterrichts, in: Geschichte in Wissenschaft und Unterricht 26 (1975), S.71–78.

Conze, Werner: Das Kaiserreich von 1871 als gegenwärtige Vergangenheit im Generationswechsel der deutschen Geschichtsschreibung, in: Werner Pöls/ Walter Bussmann (Hrsg.), Staat und Gesellschaft im politischen Wandel. Beiträge zur Geschichte der modernen Welt, Stuttgart 1979, S.385–405.

Coppi, Hans/Nicole Warmhold (Hrsg.): Der zweite Sonntag im September. Zur Geschichte des OdF-Tages, Berlin 2006.

Cornelißen, Christoph: Gerhard Ritter. Geschichtswissenschaft und Politik im 20. Jahrhundert, Düsseldorf 2001.

Cornelißen, Christoph: Die Frontgeneration deutscher Historiker und der Erste Weltkrieg, in: Jost Dülffer und Gerd Krumeich (Hrsg.), Der verlorene Frieden. Politik und Kriegskultur nach 1918, Essen 2002.

Cornelißen, Christoph: Erforschung und Erinnerung–Historiker und die zweite Geschichte, in: Peter Reichel/Harald Schmid/Peter Steinbach (Hrsg.), Der Nationalsozialismus–Die zweite Geschichte. Überwindung–Deutung–Erinnerung, Bonn 2009, S.217–242.

Dalberg, Thomas: Franz Josef Strauß. Porträt eines Politikers, Gütersloh 1968.

Daniel, Ute: Kompendium Kulturgeschichte. Theorien, Praxis, Schlüsselwörter, Frankfurt a.m. 2001.

Danyel, Jürgen: (Hrsg.), Die geteilte Vergangenheit. Zum Umgang mit Nationalsozialismus und Widerstand in beiden deutschen Staaten, Berlin 1995.

Demandt, Alexander: Geschichte als Argument. Drei Fromen politischen Zukunftsdenkens im Altertum, Konstanz 1972.

Denazifizierung, in: Die Zeit, 09.5.1946.

Der Hessische Kulturminister: Rahmenrichtlinien. Sekundarstufe I Gesellschaftslehre, Wiesbaden 1973.

Deutscher Bildungsrat: Empfehlungen der Bildungskommission. Einrichtung von Schulversuchen mit Gesamtschulen, 1969.

Deutschland: unbeliebtes Volk Nr. 1, in: Die Zeit, 13.1.1949.

Dombrowski, Erich: 8. Mai 1945, in: Frankfurter Allgemeine Zeitung, 7.5.1955.

Donat, Helmut: Vorbemerkung. Die Indienstnahme der Geschichte, in: derS./Lothar Wieland (Hrsg.), „Auschwitz erst möglich gemacht?" Überlegungen zur jüngsten konservativen Geschichtsbewältigung, Bremen 1991, S.7–15.

Doering-Manteuffel, Anselm: Deutsche Zeitgeschichte nach 1945. Entwicklung und Problemlagen der historischen Forschung zur Nachkriegszeit, in: Vielteljahrshefte für Zeitgeschichte 41 (1993), S.1–29.

Dowe, Dieter: Geschichtspolitik als wesentliche Aufgabe in der demokratischen Gesellschaft–einige Schlussbemerkungen, in: Beatrix Bouvier/Michael Schneider (Hrsg.), Geschichtspolitik und demokratische Kultur. Bilanz und Perspektiven, Bonn 2008, S.185–187.

Droysen, Johann Gustav: Historik. Historische-kritische Ausgabe von Peter Leyh. Bd.1, Stuttgart-Bad Cannstatt 1977.

Dubiel, Helmut: Niemand ist frei von der Geschichte. Die nationalsozialistische Herrschaft in den Debatten des Deutschen Bundestages, München/Wien 1999.

Dudek, Peter: »Vergangenheitsbewältigung«. Zur Problematik eines umstrittenen Begriffs, in: Aus Politik und Zeitgeschichte, B1-2/1992, S.44–53.

Eckel, Jan: Intellektuelle Transformationen im Spiegel der Widerstandsdeutungen, in: Ulrich Herbert (Hrsg.), Wandlungsprozesse in Westdeutschland. Belastung, Integration, Liberalisierung 1945–1980, Göttingen 2002, S.140–176.

Eckel, Jan: Hans Rothfels. Eine intellektuelle Biographie im 20. Jahrhundert, Göttingen 2005.

Eckert, Astrid M.: Kampf um die Akten. Die Westalliierten und die Rückgabe von deutschem Archivgut nach dem Zeiten Weltkrieg, Stuttgart 2004.

Engel, Josef: Die deutschen Universitäten und die Geschichtswissenschaft, in: Theodor Schieder (Hrsg.), Hundert Jahre Historische Zeitschrift 1859–1959. Beiträge zur Geschichte der Historiographie in den deutschsprachigen Ländern (=Historische Zeitschrift, 189), München, 1959, S.223–378.

Erdmann, Karl Dietrich: Die Geschichte der Weimarer Republik als Problem der Wissenschaft, in: Vierteljahrshefte für Zeitgeschichte, Vol.3, H.1 (1955), S.1–19.

Erhard, Ludwig: Wir brauchen ein klares Bewusstsein unserer Geschichte, in: Die Welt, 7.5.1965.

Erhard, Ludwig: Ein fester Wille zur Versöhnung. Erklärung des Bundeskanzlers über Rundfunk und Fernsehen zum 20. Jahrestag des Kriegsendes vom 7. Mai 1965, in: Bulletin des Presse–und Informationsamtes der Bundesregierung,11.5.1965.

Ernst, Fritz: Die Deutschen und ihre jüngste Vergangenheit. Beobachtungen und Bemerkungen zum deutschen Schicksal der letzten fünfzig Jahre (1911–1961), Stuttgart 1963.

Ernst, Fritz: Im Schatten des Diktators. Rückblick eines Heidelberger Historikers auf die NS-Zeit, Heidelberg 1996.

Etzemüller, Thomas: Sozialgeschichte als politische Geschichte. Werner Conze und die Neuorientierung der westdeutschen Geschichtswissenschaft nach 1945, München 2001.

Faber, Karl-Georg: Zum Einsatz historischer Aussagen als politisches Argument, in: Historische Zeitschrift 221 (1975), S.265–303.

Faber, Karl-Georg: Theorie der Geschichtswissenschaft, München 1971.

Faber, Karl-Georg: Zur Instrumentalisierung historischen Wissens in der politischen Diskussion, in: Reinhart Koselleck/Wolfgang J. Mommsen/Jörn Rüssen (Hrsg.), Objektivität und Parteilichkeit in der Geschichtswissenschaft, München 1977, S.270–317.

Faulenbach, Bernd: Deutsche Geschichtswissenschaft zwischen Kaiserreich und NS-Diktatur, in: ders. (Hrsg.), Geschichtswissenschaft in Deutschland. Traditionelle Positionen und gegenwärtige Aufgaben, München 1974, S. 66–85.

Faulenbach, Bernd: Ideologie des deutschen Weges. Die deutsche Geschichte in der Historiographie zwischen Kaiserreich und Nationalsozialismus, München 1980.

Faulenbach, Bernd: Die Bedeutung der NS-Vergangenheit für die Bundesrepublik–Zur politischen Dimensionen des »Historikerstreits«, in: derS./Rainer Bölling, Geschichtsbewusstsein und historisch-politische Bildung in der Bundesrepublik Deutschland. Beiträge zum »Historikerstreits«, Düsseldorf 1988, S.9–38.

Faulenbach, Bernd: Die Siebzigerjahre–ein sozialdemokratisches Jahrzehnt?, in: Archiv für Sozialgeschichte 44 (2004), S.1–37.

Faulenbach, Bernd: Die deutsche Sozialdemokratie in den geschichtspolitischen Auseinandersetzungen der 1970er und 1980er Jahre, in: Jürgen Mittag/ Berthold Unfried (Hrsg.), Arbeiter- und soziale Bewegungen in der öffentlichen Erinnerung. Eine globale Perspektive, Leipzig 2011, S.95–110.

Faulenbach, Bernd: Das sozialdemokratische Jahrzehnt. Von der Reformeuphorie zur neuen Unübersichtlichkeit. Die SPD 1969–1982, Bonn 2011.

Fernis, Hans Georg: Die neueste Zeit im Geschichtsunterricht (1918–1945), in: Geschichte in Wissenschaft und Unterricht, Vol.2, H.3 (1951), S.590–601.

Filmer, Werner/Heribert Schwan (Hrsg.): Menschen, der Krieg ist aus! Zeitzeugen erinnern sich an den 8. Mai 1945, Düsseldorf 1985.

Filmer, Werner/Heribert Schwan (Hrsg.): Besiegt, befreit ... Zeitzeugen erinnern sich an das Kriegsende 1945, München 1995.

Fischer, Fritz: Deutsche Kriegsziele. Revolutionierung und Separatfrieden im Osten 1914–1918, in: Historische Zeitschrift 188 (1959), S.249–310.

Fischer, Fritz: Griff nach der Weltmacht. Die Kriegszielpolitik des kaiserlichen Deutschland 1914/1918, Düsseldorf 1961.

Fischer, Torben /Matthias N. Lorenz (Hrsg.), Lexikon der „Vergangenheitsbewältigung" in Deutschland. Debatten- und Diskursgeschichte des Nationalsozialismus nach 1945, Bielefeld 2009².

Frei, Norbert: 1945 und wir. Das Dritte Reich im Bewußtsein der Deutschen, München 2005.

Frei, Nobert: Vergangenheitspolitik. Die Anfänge der Bundesrepublik und die NS-Vergangenheit, München 1996.

Freund, Michael: Bethmann-Hollweg, der Hitler des Jahres 1914? Zu einer Spätfrucht des Jahres 1914 in der Geschichtsschreibung, in: Frankfurter Allgemeine Zeitung, 28.3.1964.

Friedlaender, Ernst: Zum 20. Juli: Herden und Dulder, in: Die Zeit, 17.7.1949.

Gall, Lothar: »Aber das sehen Sie mir als Individuum nach, wenn ich die Rolle des Historikers und die des Staatsanwalts auch heute noch als die am stärksten auseinander liegenden ansehe.«, in: Rüdiger Hohls/Konrad H. Jarausch (Hg), Versäumte Fragen. Deutsche Historiker im Schatten des Nationalsozialismus, Stuttgart 2000, S.300–318.

Gebhardt, Miriam: Als die Soldaten kammen: Die Vergewaltigung deutscher Frauen am Ende des Zweiten Weltkriegs, München 2015.

Geiss, Imanuel: Das makabre Doppeljubiläum, in: Vorwärts, 19.7.1964.

Geiss, Imanuel: Angst vor der Wahrheit. Giselher Wirsing und seine Geschichtsklitterung, in: Vorwärts, 26.8.1964.

Geiss, Imanuel: »Unsere ›Neue Orthodoxie‹ ist heute viel illiberaler als ihre akademischen Väter nach 1945.«, in: Rüdiger Hohls/Konrad H. Jarausch (Hrsg.), Versäumte Fragen. Deutsche Historiker im Schatten des Nationalsozialismus, Stuttgart 2000, S.218–239.

Gimbel, John: The Origins of the Institut für Zeitgeschichte: Scholarship, Politics, and the American Occupation, 1945–1949, in: American Historical Review Vol.70, 1965, S. 714–731.

Giordano, Ralph: Die zweite Schuld oder von der Last Deutscher zu sein, Hamburg 1987.

Goebbels, Joseph: „Der Nazi-Sozi"–Fragen und Antworten für den Nationalsozialisten, Elberfeld 1927.

Görtemaker, Manfred: Geschichte der Bundesrepublik Deutschland. Von der Gründung bis zur Gegenwart, München 1999.

Goschler, Constantin: Schuld und Schulden. Die Politik der Wiedergutmachung für NS-Verfolgte seit 1945, Göttingen 2005, S.63.

Grebing, Helga: Die vom Jahrgang 1929/30 oder „Die Last der späten Geburt", in: Text & Kritik. Zeitschrift für Literatur 46 (1994), S.3–8.

Grebing, Helga: »Für mich war klar: Indoktrination–nicht mehr braun, jetzt rot–

kommt nicht in Frage.«, in: Rüdiger Hohls/Konrad H. Jarausch (Hrsg.), Versäumte Fragen. Deutsche Historiker im Schatten des Nationalsozialismus, Stuttgart 2000, S.144–162.

Grosser, Alfred: Ermordung der Menschheit. Der Genozid im Gedächtnis der Völker, München, 1990⁴.

Gründel, Ernst Günther: Die Sendung der jungen Generation. Versuch einer umfassenden revolutionären Sinndeutung der Krise, München 1932.

Haar, Ingo: Historiker im Nationalsozialismus. Deutsche Geschichtswissenschaft und der »Volkstumskampf« im Osten, Göttingen 2000.

Habermas, Jürgen: Erkenntnisse und Interesse, in: ders., Technik und Wissenschaft als »Ideologie«, Frankfurt a. M. 1969², S.146–168.

Häusser, Ludwig: Die historische Literatur und das deutsche Publicum, in: ders., Gesammelte Schriften, Bd.1, Berlin 1869.

Hallgarten, George F.: Deutsche Selbstschau nach 50 Jahren. Fritz Fischer, seine Gegner und Vorläufer, in: ders., Das Schicksal des Imperialismus im 20. Jahrhundert. Drei Abhandlungen über Kriegsursachen in Vergangenheit und Gegenwart, Frankfurt a. M. 1969, S.57–135.

Hattenhauer, Hans: Deutsche Nationalsymbole. Geschichte und Bedeutung, München 2006⁴.

Heinemann, Gustav W.: 100. Jahrestag der Reichsgründung des Deutschen Reiches. Ansprache des Bundespräsidenten zum 18. Januar 1871, in: Bulletin des Press- und Informationsamtes der Bundesregierung 5 (1971), S.33–35.

Heinemann, Gustav W.: Die Freiheitsbewegungen in der deutschen Geschichte. Ansprache des Bundespräsidenten aus Anlass der Eröffnung der Erinnerungsstätte in Rastatt am 26. Juni 1974, in: Bulletin des Press- und Informationsamtes der Bundesregierung 78 (1974), S.777–779.

Heinemann, Gustav W.: Geschichtsbewusstsein und Tradition in Deutschland, in: ders., Allen Bürgern verpflichtet. Reden des Bundespräsidenten 1969–1974, Frankfurt a. M. 1975, S.30–35.

Heinemann, Gustav W.: Zeugnis des Ringens um Menschenrecht und Menschenwürde. Rede zum 25. Jahrestag des 20. Juli 1944 in Berlin-Plötzensee am 19. Juli 1969, in: Die Forschungsgemeinschaft 20. Juli e.V. (Hrsg.), Gedanken zum 20. Juli 1944, Mainz 1984, S.67–79.

Heimpel, Hermann: Kapitulation vor der Geschichte?, Göttingen 1960³.

Helling, Fritz: Der Katastrophenweg deutscher Geschichte, Frankfurt a. M. 1947.

Henke, Josef: Das Schicksal deutscher zeitgeschichtlicher Quellen in Kriegs- und Nachkriegszeit. Beschlagnahme-Rückrührung-Verbleib, in: Vielteljahrshefte für Zeitgeschichte, Vol.30, H.4, 1982, S.557–620.

Hennig, Eike: Raus „aus der politischen Kraft der Mitte"!–Bemerkungen zur Kritik der neokonservativen Geschichtspolitik, in: Gewerkschaftliche Monatshefte 38 (1987), S.160–170.

Hennig, Eike: Die „nationale Identität" einer „Versöhnungsgesellschaft". Gedankensplitter zu einem Aspekt neokonservativer Geschichtspolitik, in: Neue Gesellschaft 7 (1988), S.682–686.

Herbert, Ulrich: »Generation der Sachlichkeit«. Die völkische Studentenbewegung der frühen 20er Jahre in Deutschland, in: Frank Bajohr u. a. (Hrsg.): Zivilisation und Barbarei. Die widersprüchlichen Potentiale der Moderne, Hamburg 1991, S. 115–144.

Herbert, Ulrich: Zweierlei Bewältigung, in: ders., Olaf Groehler, Zweierlei Bewältigung. Vier Beiträge über den Umgang mit der NS-Vergangenheit in den beiden deutschen Staaten, Hamburg 1992, S. 7–27.

Hettling, Manfred /Bernd Ulrich: Formen der Bürgerlichkeit. Ein Gespräch mit Reinhart Koselleck, in: dies. (Hrsg.), Bürgertum nach 1945, Hamburg 2005, S. 40-60.

Herzfeld, Hans: Grundfragen der neueren deutschen Geschichte, in: Schola 1 (1946), S. 147–156.

Herzfeld, Hans: Deutschland und Europa im Zeitalter beider Weltkriege, Stuttgart 1959.

Heuss, Theodor: Kieler Woche, in: Bulletin des Presse- und Informationsamtes der Bundesregierung 118 (1959), S.1198–1200.

Hilberg, Raul: Unerbetene Erinnerung. Der Weg eines Holocaust-Forschers, Frankfurt a.M. 1994.

Hillgruber, Andreas: Deutsche Großmacht- und Weltpolitik im 19. und 20. Jahrhundert, Düsseldorf 1977.

Hillgruber, Andreas: Politische Geschichte in moderner Sicht, in: Historische Zeitschrift 216 (1973), S.529–552.

Hillgruber, Andreas: Deutsche Geschichte 1945–1972, Berlin 1974.

Hillgruber, Andreas: Zweierlei Untergang. Die Zerschlagung des Deutschen Reiches und das Ende des europäischen Judentums, Berlin 1986.

»Historikerstreit«. Die Dokumentation der Kontroverse um die Einzigartigkeit der nationalsozialistischen Judenvernichtung, München 1987.

Hofstätter,Peter R.: Bewältigte Vergangenheit?, in: Die Zeit, 14.6.1963.

Hohls, Rüdiger /Konrad H. Jarausch (Hrsg.): Versäumte Fragen. Deutsche Historiker im Schatten des Nationalsozialismus, Stuttgart/München 2000.

Horkheimer, Max: Die Juden in Europa, in: Zeitschrift für Sozialforschung 8 (1939), S.115–137.

Huber, Florian: Kind, versprich mir, dass du dich erschießt: Der Untergang der kleinen Leute 1945, Berlin 2015.

Hürter, Johannes/Hans Woller (Hrsg.): Hans Rothfels und die deutsche Zeitgeschichte, München 2005.

Informations- und Dokumentationsstelle des Gesamtschulversuchs Nordrhein-Westfalen: Rahmenlehrplan für den Lernbereich Gesellschaft/Politik an den Gesamtschulen in Nordrhein-Westfalen 1973.

Institut für Zeitgeschichte (Hrsg.): 25 Jahre Institut für Zeitgeschichte. Statt einer Festschrift, München 1975.

Jaeger, Friedrich/Jörn Rüsen: Geschichte des Historismus. Eine Einführung, München 1992.

Jaeger, Hans: Generation in der Geschichte. Überlegung zu einer umstritten Konzeption, in: Geschichte und Gesellschaft 3 (1977), S.429–452.

Jäger, Wolfgang: Historische Forschung und politische Kultur in Deutschland. Die Debatte 1914–1980 über den Ausbruch des Ersten Weltkrieges, Göttingen 1984.

Jarausch, Konrad H./Martin Sabrow (Hrsg.), Verletztes Gedächtnis.

Erinnerungskultur und Zeitgeschichte im Konflikt, Frankfurt a.M. 2002.

Jeismann, Karl-Ernst: Geschichte als Horizont der Gegenwart, hg. von Wolfgang Jacobmeyer/Erich Kosthorst, Paderborn 1985.

Jesse, Eckhard: Umgang mit Vergangenheit, in: Werner Weidenfeld/Karl-Rudolf Korte (Hrsg.), Handbuch zur deutschen Einheit, Frankfurt a. M. 1993, S.648–655.

Jesse, Eckhard/Konrad Löw (Hrsg.): Vergangenheitsbewältigung, Berlin 1997.

Jeismann, Karl-Ernst/Erich Kosthorst, Geschichte und Gesellschaftslehre. Die Stellung der Geschichte in den Rahmenrichtlinien für die Sekundarstufe I in Hessen und den Rahmenlehrplänen für die Gesamtschulen in Nordrhein-Westfalen–Eine Kritik, in: Geschichte in Wissenschaft und Unterricht 24 (1973), S.261–288.

Jeismann, Karl-Ernst: Die deutsche Geschichte als Instrument im politischen Streit, in: Neue Gesellschaft 34 (1987), S.362–369.

Jeismann, Karl-Ernst: »Identität« statt »Emanzipation«? Zum Geschichtsbewusstsein in der Bundesrepublik, in: der., Geschichte und Bildung. Beiträge zur Geschichtsdidaktik und zur Historischen Bildungsforschung, München u.a. 2000, S.122–146.

Junker, Detlef: Art. Geschichte und Politik, in: Dieter Nohlen (Hrsg.), Wörterbuch Staat und Politik, Bonn 1995[3], S.200–202.

Kadelbach, Gerd (Hrsg.): Erziehung zur Mündigkeit. Vorträge und Gespräche mit Hellmut Becker 1959–1969, Frankfurt a. M. 1979.

Kaehler, Siegfried A.: Briefe 1900–1963, hg. von Walter Bußmann, Boppard am Rhein 1993.

Kaelble, Hartmut: Die zeitgenössische Erfahrung des 8. Mai 1945, in: Rainer Schröder (Hrsg.), 8. Mai 1945: Befreiung oder Kapitulation?, Berlin/Baden-Baden 1997, S.115–136.

Kampen. Wilhelm van/Hans-Georg Kirchhoff (Hrsg.): Geschichte in der Öffentlichkeit, Stuttgart 1979.

Klepper, Otto: Der Geist der Furcht, in: Frankfurter Allgemeine Zeitung, 8.5.1950.

Klingenstein, Grete: Über Herkunft und Verwendung des Wortes »Vergangenheitsbewältigung«, in: Geschichte und Gegenwart. Vierteljahreshefte für Zeitgeschichte, Gesellschaftsanalyse und politische Bildung, Jg.1988, H.4, S. 301–312.

Knauss, Bernhard: Deutschlands imperialistische Ziele im Ersten Weltkrieg, in: Süddeutsche Zeitung, 28.11.1961.

Kocka, Jürgen: Zu einigen sozialen Funktionen der Geschichtswissenschaft, in: Hellmut Becker/Wolfgang Edelstein/Jürgen Gidion/Hermann Giesecke/Hartmut von Hentig (Hrsg.), Geschichte und Sozialwissenschaften. Ihr Verhältnis im Lehrangebot der Universität und der Schule, Göttingen 1972, S.12–17.

Kocka, Jürgen: Theorien in der Sozial- und Gesellschaftsgeschichte. Vorschläge zur historischen Schichtungsanalyse, in: Geschichte und Gesellschaft 1 (1975), S.9–42.

Kocka, Jürgen: Geschichte–wozu?, in: ders., Sozialgeschichte. Begriff–Entwicklung–Probleme, Göttingen 1977, S.112–131.

Kocka, Jürgen: Angestellte zwischen Faschismus und Demokratie, Göttingen 1977.

Kocka, Jürgen: Klassen oder Kultur? Durchbrüche und Sackgassen in der Arbeitergeschichte, in: Merkur 36 (1982), S.955–65.

Kocka, Jürgen: Lohnarbeit und Klassenbildung. Arbeiter und Arbeiterbewegung in Deutschland 1800–1875, Berlin/Bonn 1983.

Kocka, Jürgen: Ein Jahrhundertunternehmen zum 750. Geburtstag. Berlin bekommt 1987 ein Deutsches Historisches Museum, in: Das Parlament, 20–21 vom 17./24.5.1986.

Kocka, Jürgen: Geschichte als Aufklärung?, in: Jörn Rüsen/Eberhard Lämmert/ Peter Glotz (Hrsg.), Die Zukunft der Aufklärung, Frankfurt a. M. 1988, S.91–98.

Kocka, Jürgen: »Wir sind ein Fach, das nicht nur für sich selber schreibt und forscht, sondern zur Aufklärung und zum Selbstverständnis der eigenen Gesellschaft und Kultur beitragen sollte.«, in: Rüdiger Hohls/Konrad H. Jarausch (Hrsg.), Versäumte Fragen. Deutsche Historiker im Schatten des Nationalsozialismus, Stuttgart 2000, S.383–403.

König, Helmut/Michael Kohlstruck/Andreas Wöll (Hrsg.), Vergangenheitsbewältigung am Ende des zwanzigsten Jahrhunderts, Opladen/Wiesbaden 1998.

Kogon, Eugon (Hrsg.): Rahmenrichtlinien Gesellschaftslehre. Konflikt und Konsens in der Gesellschaft der Gegensätze–Protokolle der Veranstaltungen in der Reihe Hessen-Forum, Frankfurt a. M. 1974.

Kohl, Helmut: Regierungserklärung des Bundeskanzlers vor dem Deutschen Bundestag am 13.Oktober 1982, in: Bulletin des Press- und Informationsamtes der Bundesregierung 93 (1982), S.853–868.

Kohl, Helmut: Regierungserklärung des Bundeskanzlers vor dem Deutschen Bundestag am 4.Mai 1983, in: Bulletin des Press- und Informationsamtes der Bundesregierung 43 (1983), S.397–412.

Kohl, Helmut: Der Besuch des Bundeskanzlers im Staate Israel vom 24. bis 29. Januar 1984, in: Bulletin des Press- und Informationsamtes der Bundesregierung 13 (1984), S.109–120.

Kohl, Helmut: Bericht der Bundesregierung zur Lage der Nation im geteilten Deutschland, in: Bulletin des Press- und Informationsamtes der Bundesregierung 24 (1985), S.197–204.

König, Helmut: Die Zukunft der Vergangenheit. Der Nationalsozialismus im politischen Bewusstsein der Bundesrepublik, Frankfurt a. M. 2003.

Koselleck, Reinhart: „Erfahrungsraum" und „Erwartungshorizont"–zwei historische Kategorien, in: ders., Vergangene Zukunft. Zur Semantik geschichtlicher Zeiten, S.349–375.

Kracht, Klaus Große: Die zankende Zunft. Historische Kontroversen in Deutschland nach 1945, Göttingen 2005.

Langewiesche, Dieter: Meine Universität und die Universität der Zukunft, in: Martin Huber/Gerhard Lauer (Hrsg.), Wissenschaft und Universität. Selbstportrait einer Generation. Wolfgang Frühwald zum 70. Geburtstag, Köln 2005, S.429–444.

Lemberg, Eugen: Zur gesellschaftlichen Funktion der historischen Bildung. Aus Anlass der umstrittenen Rahmenrichtlinien, in: Geschichte in Wissenschaft und Unterricht 25 (1974), S.321–335.

Lenz, Max: Die großen Mächte: Ein Rückblick auf unser Jahrhundert, Berlin 1900.

Lindemann, Helmut: Monument deutscher Maßlosigkeit. Eine notwendige Berichtigung unseres Geschichtsbildes, in: Gewerkschaftliche Monatshefte 13 (1962), S.285–290.

Loth, Wilfried/Bernd-A. Rusinek: Verwandlungspolitik. NS-Eliten in der westdeutschen Nachkriegsgesellschaft, Frankfurt a.m./New York 1998.

Lübbe, Hermann: Identitätspräsentationsfunktion von Historie, in: Odo Marquard/ Karlheinz Stierle (Hrsg.), Identität, München 1979, S.277–292.

Lübbe, Hermann: Der Nationalsozialismus im deutschen Nachkriegsbewußtsein, in: Historische Zeitschrift 236 (1983), S. 579–599.

Lübbe, Hermann: Der Nationalsozialismus im politischen Bewusstsein der Gegenwart, in: Martin Broszat u.a. (Hg), Deutschlands Weg in die Diktatur. Internationale Konferenz zur nationalsozialistischen Machtübernahme. Referate und Diskussionen. Ein Protokoll, Berlin 1983, S.329–349.

Lübbe, Hermann: Die politische Verantwortung des Gelehrten, in: Wulf Steinmann/Hans Günter Hockerts/Wolfgang Hardtwig/Sten Nadolny/ders., Im Memoriam Thomas Nipperdey. Reden gehalten am 14. Juni 1993 bei der Akademischen Gedenkfeier der Philosophischen Fakultät für Geschichts- und Kunstwissenschaften der Ludwig-Maximilians-Universität München, München 1994, S.37–43.

Lynar, Ernst Graf (Hrsg.): Deutsche Kriegsziele 1914–1918, Frankfurt a. M. 1964.

Marchal, Guy P.: Schweizer Gebrauchsgeschichte. Geschichtsbilder, Mythenbildung und nationale Identität, Basel 2006.

Meier, Christian: Gesucht: Ein modus vivendi mit uns selbst. Wie „singulär“ waren die Untaten der Nazis? Ein notwendiger Beitrag zu einer notwendigen Debatte, in: Rheinischer Merkur/Christ und Welt, 10.10.1986.

Meinecke, Friedrich: Die deutsche Katastrophe. Betrachtung und Erinnerung, Wiesbaden 1946.

Meinecke, Friedrich: Ausgewählter Briefwechsel, Hrsg. und eingel. von Ludwig Dehio und Peter Classen, Stuttgart 1962.

Metzler, Gabriele: Der Staat der Historiker. Staatsvorstellungen deutscher Historiker seit 1945, Berlin 2018.

Meyer, Kristina: Die SPD und die NS-Vergangenheit 1945–1990, Göttingen 2015.

Mitscherlich, Alexander und Margarete: Die Unfähigkeit zu Trauern. Grundlagen kollektiven Verhaltens, München 1967.

Möller, Horst: Das Institut für Zeitgeschichte und die Entwicklung der Zeitgeschichtsschreibung in Deutschland, in: derS./Udo Wengst (Hrsg.), 50 Jahre Institut für Zeitgeschichte. Eine Bilanz, München 1999, S.1–68.

Mohler, Armin: Der Nasenring. Die Vergangenheitsbewältigung vor und nach dem Fall der Mauer, München 1996.

Moller, Sabine: Die Entkonkretisierung der NS-Herrschaft in der Ära Kohl, Hannover 1998.

Mommsen, Hans: Zum Verhältnis von politischer Wissenschaft und Geschichtswissenschaft in Deutschland, in: Vierteljahrshefte für Zeitgeschichte 10 (1962), S.341–372.

Mommsen, Hans: Beamtentum im Dritten Reich. Mit ausgewählten Quellen zur nationalsozialistischen Beamtenpolitik, Stuttgart 1966.

Mommsen, Hans: Die Hessischen Rahmenrichtlinien für das Fach »Gesellschaftslehre«

in der Sicht des Fachhistorikers, in: Gerd Köhler/Ernst Reuter (Hrsg.), Was sollen Schüler lernen? Die Kontroverse um die hessischen Rahmenrichtlinien für die Unterrichtsfächer Deutsch und Gesellschaftslehre, Frankfurt a. M. 1973, S.88–91.

Mommsen, Hans: Vorwort des Herausgebers, in: ders. (Hrsg.), Sozialdemokratie zwischen Klassenbewegung und Volkspartei. Verhandlungen der Sektion »Geschichte der Arbeiterbewegung« des Deutschen Historikertages in Regensburg, Oktober 1972, Frankfurt a. M. 1974, S.7–9.

Mommsen, Hans: Geschichtsunterricht und Identitätsstiftung der Bundesrepublik, in: Geschichtsdidaktik 3 (1978), S. 291–312.

Mommsen, Hans: Sozialdemokratie und Geschichte, in: Neue Gesellschaft 29 (1982), S.578–582.

Mommsen, Hans: Verordnete Geschichtsbilder. Historische Museumspläne der Bundesregierung, in: Gewerkschaftliche Monatshefte 37 (1986), S.13–24.

Mommsen, Hans: Neues Geschichtsbewusstsein und Relativierung des Nationalsozialismus, in: Die Zeit, 3.10.1986.

Mommsen, Hans: Zum Projekt eines »Deutschen Historischen Museums« in West-Berlin, in: Christoph Stölzl (Hrsg.), Deutsches Historisches Museum. Ideen-Kontroversen-Perspektiven, Frankfurt a. M./Berlin 1988, S.296–310.

Mommsen, Wolfgang J.: Die Deutschen und ihre jüngste Vergangenheit, in: Neue Politische Literatur, 11 (1966), S.94f.

Mommsen, Wolfgang J.: Die Geschichtswissenschaft jenseits des Historismus, Düsseldorf 1971.

Mommsen, Wolfgang J.: Die Geschichtswissenschaft in der modernen Industriegesellschaft, in: Vierteljahrshefte für Zeitgeschichte 22 (1974), S.1–17.

Mommsen, Wolfgang J.: »Wandlungen der nationalen Identität«, in: Weidenfeld, Werner (Hrsg.), Die Identität der Deutschen, Bonn 1983, S.170–192.

Mommsen, Wolfgang J.: Weder Leugnen noch Vergessen befreit von der Vergangenheit. Die Harmonisierung des Geschichtsbildes gefährdet die Freiheit, in: Frankfurter Rundschau, 1.12.1986.

Monteath, Peter: A Day to Remember: East Germany's Day of Remembrance for the Victims of Fascism, in: German History, Vol.26 (2008), S.195–218.

Moses, Dirk: Die 45er. Eine Generation zwischen Faschismus und Demokratie, in: Neue Sammlung, 40 (2000), S. 233–263.

Nagel, Anne Christine: Im Schatten des Dritten Reichs. Mittelalterforschung in der Bundesrepublik Deutschland 1945–1970, Göttingen 2005.

Nellessen, Bernd: Deutschland auf dem Weg zum »Platz an der Sonne«. Das provozierende Buch eines Historikers: Fritz Fischers »Griff nach der Weltmacht«, in: Die Welt, 08.11.1961.

Nipperdey, Thomas: Über Relevanz, in: Geschichte in Wissenschaft und Unterricht 23 (1972), S.577–596.

Nipperdey, Thomas: /Hermann Lübbe: Gutachten zu den Rahmenrichtlinien Sekundarstufe I. Gesellschaftslehre des Hessischen Kultusministers, Bad Homburg 1973.

Nipperdey, Thomas: Konflikt–Einzige Wahrheit der Gesellschaft? Zur Kritik der hessischen Rahmenrichtlinien, Osnabrück 1974.

Nipperdey, Thomas: Sozialdemokratie und Geschichte, in: Hannelore Horn/ Alexander Schwan/Thomas Weingärtner (Hrsg.), Sozialismus in Theorie und Praxis. Festschrift für Richard Läwenthal zum 70. Geburtstag am 15. April 1978, Berlin/New York 1978, S.493–517.

Nipperdey, Thomas: Unter der Herrschaft des Verdachts. Wissenschaftliche Aussagen dürfen nicht an ihrer politischen Funktion gemessen werden, in: »Historikerstreit«. Die Dokumentation der Kontroverse um die Einzigartigkeit der nationalsozialistischen Judenvernichtung, München 1987, S.215–219.

Nipperdey, Thomas: Wozu noch Geschichte?, in: Wolfgang Hardtwig (Hrsg.), Über das Studium der Geschichte, München 1990, S.366–388.

Niekisch, Ernst: Deutsche Daseinsverfehlung, Berlin 1946.

Niethammer, Lutz: Ego-Histoire? Und andere Erinnerungsversuche, Wien/Köln/ Weimar 2002.

Niethammer, Lutz: Sind Generationen identisch?, in: Jürgen Reulecke/Elisabeth Müller-Luckner (Hrsg.), Generationalität und Lebensgeschichte im 20. Jahrhundert, München 2003, S.1–16.

Nordalm, Jens: „Generationen" der Historiographiegeschichte im 19. und 20. Jahrhundert? Einige Zweifel am Methodendiskurs in den Geschichtswissenschaften, in: Jan Eckel/Thomas Erzemüller (Hrsg.), Neue Zugänge zur Geschichte der Geschichtswissenschaft, Göttingen 2007, S.284–309.

Nürnberger Prozeß. Der Prozeß gegen die Hauptkriegsverbrecher vor dem Internationalen Gerichtshof Nürnberg 14. November 1945–1. Oktober 1946. Amtlicher Wortlaut in deutscher Sprache, Nürnberg 1947.

Oexle, Otto Gerhard (Hrsg.): Krise des Historismus–Krise der Wirklichkeit. Wissenschaft, Kunst und Literatur 1800–1932, Göttingen 2007.

Paletschek, Sylvia: Die deutsche Universität in und nach dem Krieg. Die Wiederentdeckung des Abendlandes, in: Bernd Martin (Hrsg.), Der Zweite Weltkrieg und seine Folgen. Ereignisse–Auswirkungen–Reflexionen, Freiburg 2006, S. 231–249.

Parlamentarischer Politischer Pressedienst Bonn, 13.4.1955.

Pechel, Rudolf: Deutscher Widerstand, Zürich 1947.

Picker, Henry: Hitlers Tischgespräche im Führerhauptquartier 1941–1942, Bonn 1951.

Plenarprotokoll des Deutschen Bundestages, Nr. 01/230 vom 17.9.1952.

Plenarprotokoll des Deutschen Bundestages, Nr. 03/103 vom 18.2.1960.

Poliakov, Léon /Joseph Wulf: Das Dritte Reich und die Juden. Dokumente und Aufsätze, Berlin 1955.

Poliakov, Léon /Joseph Wulf: Das Dritte Reich und seine Diener. Dokumente, Berlin 1956.

Poliakov, Léon /Joseph Wulf: Das Dritte Reich und seine Denker. Dokumente, Berlin 1959.

Politik der Erinnerung. Rudolf Augstein über Kriegsende und Nachkriegszeit, in: Der Spiegel, 19/1995, S.40–57.

Protokoll des Deutschen Bundestages, 7.9.1949.

Protokoll des Deutschen Bundestages, 20.9.1949.

Protokoll des Deutschen Bundestages, 21.9.1949.

Protokoll des Deutschen Bundestages, 16.3.1950.

Protokoll des Deutschen Bundestages, 8.5.1970.

Protokoll des Deutschen Bundestages, 6.10.1977.

Protokoll des Deutschen Bundestages, 10.9.1986.

Rassow, Peter: Schlieffen und Holstein, in: Historische Zeitschrift, Vol.173, H.2 (1952), S.297–313.

Rexroth, Frank: Geschichte erforschen oder Geschichte schreiben. Die deutschen Historiker und ihr Spätmittelalter 1859–2009, in: Historische Zeitschrift 289 (2009), S.109–147.

Reichel, Peter: Politik mit der Erinnerung. Gedächtnisorte im Streit um die nationalsozialistische Vergangenheit, München/Wien 1995.

Reichel, Peter: Schwarz-Rot-Gold. Kleine Geschichte deutscher Nationalsymbole nach 1945, München 2005.

Reichel, Peter: Vergangenheitsbewältigung in Deutschland. Die Auseinandersetzung mit der NS-Diktatur in Politik und Justiz, München 2007².

Reulecke, Jürgen: Jahrgang 1943–männlich. Ein Einleitungsessay–Christof Dipper gewidmet, in: Lutz Raphael/Ute Schneider (Hrsg.), Dimensionen der Moderne. Festschrift für Christof Dipper, Frankfurt a.M. 2008, S.13–30.

Reuter, Elke/Detlef Hansel: Das kurze Leben der VVN von 1947 bis 1953. Die Geschichte der Vereinigung der Verfolgten des Naziregimes in der sowjetischen Besatzungszone und in der DDR, Berlin 1997.

Ritter, Gerhard: Geschichte als Bildungsmacht. Ein Beitrag zur historisch-politischen Neubesinnung, Stuttgart 1946.

Ritter, Gerhard: Europa und die deutsche Frage. Betrachtungen über die geschichtliche Eigenart des deutschen Staatsdenkens, München 1948.

Ritter, Gerhard: Deutsche Geschichtswissenschaft im 20. Jahrhundert (Teil IV–V), in: Geschichte in Wissenschaft und Unterricht 1 (1950), S.129–137.

Ritter, Gerhard: Gegenwärtige Lage und Zukunftsaufgaben deutscher Geschichtswissenschaft. Eröffnungsvortrag des 20. Deutschen Historikertages in München am 12. September 1949, in: Historische Zeitschrift 170 (1950), S.1–22.

Ritter, Gerhard: Carl Goerdeler und die deutsche Widerstandsbewegung, Stuttgart 1954.

Ritter, Gerhard: Eine neue Kriegschuldthese? Zu Fritz Fischers Buch „Griff nach der Weltmacht", in: Historische Zeitschrift 196 (1962), S.646–668.

Ritter, Gerhard: Der Erste Weltkrieg. Studien zum deutschen Geschichtsbild, Bonn 1964.

Ritter, Gerhard: Das deutsche Problem. Grundfragen deutschen Staatslebens gestern und heute, München 1966².

Ritter, Gerhard: Ein politischer Historiker in seinen Briefen, hg. von Klaus Schwabe, Boppard 1984.

Roseman, Mark (ed.): Generations in Conflict: Youth Revolt and Generation Formation in Germany 1770–1968, Cambridge, 1995.

Rothfels, Hans: Die deutsche Opposition gegen Hitler. Eine Würdigung, Krefeld 1949.

Scheel, Walter: 30 Jahre nach dem Krieg. Rede in der Schloßkirche zu Bonn am 6. Mai 1975, in: der., Vom Recht des Anderen. Gedanken zur Freiheit, Düsseldorf/

Wien 1977, S.27–40.

Schelsky, Helmut: Die skeptische Generation, Düsseldorf-Köln 1957.

Schieder, Theodor: Zum Problem der historischen Wurzeln des Nationalsozialismus, in: Aus Politik und Geschichte, 30.Januar 1963.

Schieder, Theodor: Politisches Handeln aus historischen Bewusstsein, in: Historische Zeitschrift 200 (1975), S.4–25.

Schildt, Axel/Detlef Siegfried/Karl Christian Lammers (Hrsg.): Dynamische Zeiten. Die 60er Jahre in den beiden deutschen Gesellschaften, Hamburg 2000.

Schmid, Harald: Vom publizistischen Kampfbegriff zum Forschungskonzept. Zur Historisierung der Kategorie „Geschichtspolitik", in: ders. (Hrsg.), Geschichtspolitik und kollektives Gedächtnis. Erinnerungskulturen in Theorie und Praxis, Göttingen 2009, S.53–75.

Schmid, Harald: Erinnern an den »Tag der Schuld«. Das Novemberprogram von 1938 in der deutschen Geschichtspolitik, Hamburg 2001.

Schmid, Harald: Deutungsmacht und kalendarisches Gedächtnis–die politischen Gedenktage, in: Peter Reichel/derS./Peter Steinbach (Hrsg.), Der Nationalsozialismus–Die zweite Geschichte. Überwindung–Deutung–Erinnerung, Bonn 2009, S.175–216.

Schmidt, Manfred G.: Art. Vergangenheitspolitik, in: ders., Wörterbuch zur Politik, Stuttgart 2004², S.744.

Schörken, Rolf: Geschichte in der Schule, in: Susanne Miller/Wilhelm van Kampen/ Horst Schmidt (Hrsg.), Geschichte in der demokratischen Gesellschaft. eine Dokumentation, Düsseldorf 1985, S.27–36.

Schubert, Sebastian: Abschied vom Nationalstaat? Die deutsche Reichsgründung 1871 in der Geschichtspolitik des geteilten Deutschlands von 1965 bis 1974, in: Heinrich August Winker (Hrsg.), Griff nach der Deutungsmacht. Zur Geschichte der Geschichtspolitik in Deutschland, Göttingen 2004, S.230–265.

Schulin, Ernst: Weltkriegserfahrung und Historikerreaktion, in: Wolfgang Küttler u.a. (Hrsg.), Geschichtsdiskurs. Band 4, Frankfurt a. M. 1997, S.165–199.

Schulz, Andreas/Gundula Grebner, Generation und Geschichte. Zur Renaissance eines umstritten Forschungskonzepts, in: dies. (Hrsg.), Generationswechsel und historischer Wandel, München 2003, S.1–23.

Schulze, Winfried: Deutsche Geschichtswissenschaft nach 1945, München 1993.

Sethe, Paul: Als Deutschland nach der Weltmacht griff. Professor Fischers These von der Alleinschuld am Ersten Weltkrieg wird noch viele Diskussionen auslösen, in: Die Zeit, 17.11.1961.

Stambolis, Barbara: Leben mit und in der Geschichte. Deutsche Historiker Jahrgang 1943, Essen 2010.

Steinbach, Peter: Zeitgeschichte und Politikwissenschaft, in: Stephan von Bandemer/Göttrik Wewer (Hrsg.), Regierungssystem und Regierungslehre. Fragestellungen, Analysekonzepte und Forschungsstand eines Kernbereichs der Politikwissenschaft, Opladen 1989, S. 25–32.

Stern, Fritz: Fünf Deutschland und ein Leben. Erinnerungen, München 2007.

Strauß, Franz Josel: Entwurf für Europa, Stuttgart 1966.

Strauß, Franz Josel: Bismarck, die Erben und Heinemann, in: Bayernkurier, 23.1.1971.

Strauß, Franz Josel: Zur Lage, Stuttgart 1979.

Stürmer, Michael: Koalition und Opposition in der Weimarer Republik 1924–1928, Düsseldorf 1967.

Stürmer, Michael: Regierung und Reichstag im Bismarckstaat 1871–1880, Düsseldorf 1974.

Stürmer, Michael: Weder verdrängen noch bewältigen. Geschichte und Gegenwartsbewusstsein der Deutschen, in: Schweizer Monatshefte (1986), S.689–694.

Stürmer, Michael: Geschichte in geschichtslosem Land, in: »Historikerstreit«. Die Dokumentation der Kontroverse um die Einzigartigkeit der nationalsozialistischen Judenvernichtung, München 1987, S.36–38.

Stürmer, Michael: Was Geschichte wiegt, in: »Historikerstreit«. Die Dokumentation der Kontroverse um die Einzigartigkeit der nationalsozialistischen Judenvernichtung, München 1987, S.293–295.

Stürmer, Michael: Die Grenzen der Macht. Begegnung der Deutschen mit der Geschichte, Berlin 1992.

Trampe, Gustav (Hrsg.): Die Stunde Null. Erinnerungen an Kriegsende und Neuanfange, Stuttgart 1995.

Tucholsky, Kurt: Die „Nazis", in: Die Weltbühne, 8. Juni 1922, S.586–588.

Vierhaus, Rodolf: Zur Lage der historischen Forschung in der Bundesrepublik Deutschland, in: Arbeitergemeinschaft außeruniversitärer historischer Forschungseinrichtungen in der Bundesrepublik Deutschland (Hrsg.), Jahrbuch der historischen Forschung in der Bundesrepublik Deutschland 1974, Stuttgart 1974, S.17–32.

von Münch, Ingo: „Frau Komm!" Die Massenvergewaltigungen deutscher Frauen und Mädchen 1944/45, Graz 2009.

von Sybel, Heinrich: Über den Stand der neueren deutschen Geschichtsschreibung, Marburg 1856.

von Weizsäcker, Richard: 40. Jahrestag der Beendigung des Zweiten Weltkrieges. Ansprache des Bundespräsidenten am 8. Mai 1985, in: Bulletin des Press- und Informationsamtes der Bundesregierung 52 (1985), S.441–446.

von Weizsäcker, Richard: Geschichte, Politik und Nation. Anspräche des Bundespräsidenten zur Eröffnung (des 16. Internationalen Kongresses der Geschichtswissenschaften), in: Geschichte in Wissenschaft und Unterricht 37 (1986), S.67–70.

Wagner, Fritz: Geschichte und Zeitgeschichte. Pearl Harbor im Kreuzfeuer der Forschung, in: Historische Zeitschrift, Vol.183, H.2 (1957), S.303–326.

Weber, Wolfgang: Prester der Klio. Historisch-sozialwissenschaftliche Studien zur Herkunft und Karriere deutscher Historiker und zur Geschichte der Geschichtswissenschaft 1800–1970, Frankfurt a.M. 1984.

Wehler, Hans-Ulrich: Krisenherde des Kaiserreichs 1871–1918. Studien zur deutschen Sozial- und Verfassungsgeschichte, Göttingen 1970.

Wehler, Hans-Ulrich: Das deutsche Kaiserreich 1871–1918, Göttingen 1973.

Wehler, Hans-Ulrich: Moderne Politikgeschichte oder »Große Politik der Kabinette«, in: Geschichte und Gesellschaft 1 (1975), S.344–369.

Wehler, Hans-Ulrich: Geschichtswissenschaft heute, in: Jürgen Habermas (Hrsg.),

Stichworte zur »Geistigen Situation der Zeit«, 2 Bde., Frankfurt a. M. 1979, Bd.2, S.709–753.

Wehler, Hans-Ulrich (Hrsg.): Klassen in der europäischen Sozialgeschichte, Göttingen 1979.

Wehler, Hans-Ulrich: Geschichte als Historische Sozialwissenschaft und Geschichtsschreibung. Studien zu Aufgaben und Traditionen deutscher Geschichtswissenschaft, Göttingen 1980.

Wehler, Hans-Ulrich: Der Bauernbandit als neuer Heros, in: Die Zeit, 18.9.1981.

Wehler, Hans-Ulrich: Das neue Interesse an der Geschichte, in: ders., Aus der Geschichte lernen?, München 1988, S.26–33.

Wehler, Hans-Ulrich: Den rationalen Argumenten standhalten. Geschichtsbewusstsein in Deutschland: Entstehung, Funktion, Ideologisierung, in: Das Parlament, 20–21 vom 17./24.5.1986.

Wehler, Hans-Ulrich: Entsorgung der Vergangenheit? Ein polemischer Essay zum »Historikerstreit«, München 1988.

Wehler, Hans-Ulrich: »Historiker sollten auch politisch zu den Positionen stehen, die sie in der Wissenschaft vertreten.«, in: Rüdiger Hohls/Konrad H. Jarausch (Hrsg.), Versäumte Fragen. Deutsche Historiker im Schatten des Nationalsozialismus, Stuttgart 2000, S.240–266.

Wehler, Hans-Ulrich: Deutsche Gesellschaftsgeschichte, Bd.5: Bundesrepublik und DDR 1949–1990, München 2008.

Weigel, Sigrid: Generation, Genealogie, Geschlecht. Zur Geschichte des Generationskonzepts und seiner wissenschaftlichen Konzeptionalisierung seit Ende des 18. Jahrhunderts, in: Lutz Musner/Gotthart Wunberg (Hrsg.), Kulturwissenschaften. Forschung–Praxis–Positionen, Wien 2002, S. 161–190.

Weingart, Peter/Wolfgang Prinz/Maria Kastner/Sabine Massen/Wolfgang Walter: Die sogenannten Geisteswissenschaften: Außenansichten. Die Entwicklung der Geisteswissenschaften in der BRD 1954–1987, Frankfurt a. M. 1991.

Weisbrod, Bernd: Der 8. Mai in der deutschen Erinnerung, in: WerktstattGeschichte, 13 (1996), S.73.

Welskopp, Thomas: Identität ex negativo. Der »deutsche Sonderweg« als Metaerzählung in der bundesdeutschen Geschichtswissenschaft der siebziger und achtziger Jahre, in: Konrad H. Jarausch/Martin Sabrow (Hrsg.), Die historische Meistererzählung. Deutungslinien der deutschen Nationalgeschichte nach 1945, Göttingen 2002, S.109–139.

Wende, Peter: Der politische Professor, in: Ulrich Muhlack (Hrsg.), Historisierung und gesellschaftlicher Wandel in Deutschland im 19. Jahrhundert, Berlin 2003, S.21–29.

Wenger, Paul Wilhelm: Souveränität–wozu?, in: Rheinischer Merkur, 13.5.1955.

Wenke, Hans: „Bewältige Vergangenheit" und „Aufgearbeitete Geschichte". Zwei Schlagworte, kritisch beleuchtet, in: Geschichte in Wissenschaft und Unterricht 2 (1960), S.65–70.

Werner, Karl Ferdinand: Ein Historiker der „Generation 1945" zwischen „deutscher Historie", „Fach" und Geschichte, in: Hartmut Lehmann/Otto G. Oexle (Hrsg.), Erinnerungsstücke. Weg in die Vergangenheit. Rudolf Vierhaus zum 75. Geburtstag gewidmet, Wien/Köln/Weimar 1997, S.237–248.

Wiesenthal, Simon: Jeder Tag ein Gedenktag. Chronik jüdischen Leidens, Gerlingen 1988.

Winkler, Heinrich-August: Mittelstand, Demokratie und Nationalsozialismus, Köln 1972.

Winkler, Heinrich-August: Der deutsche Sonderweg. Eine Nachlese, in: Merkur 35 (1981), S.793–804.

Winkler, Heinrich-August: Von der Revolution zur Stabilisierung. Arbeiter und Arbeiterbewegung in der Weimarer Republik 1918–1924, Berlin 1984.

Winkler, Heinrich-August: Der Schein der Normalität. Arbeiter und Arbeiterbewegung in der Weimarer Republik 1924 bis 1930, Berlin 1985.

Winkler, Heinrich August: Auf ewig in Hitlers Schatten? Zum Streit über das Geschichtsbild der Deutschen, in: Ernst Reinhard Piper (Hrsg.), »Historikerstreit«. Die Dokumentation der Kontroverse um die Einzigartigkeit der nationalsozialistischen Judenvernichtung, München 1987, S.256–263.

Winkler, Heinrich-August: Der Weg in die Katastrophe. Arbeiter und Arbeiterbewegung in der Weimarer Republik 1930 bis 1933, Berlin 1987.

Winkler, Heinrich August: »Warum haben wir nicht den Mut gehabt, kritische Fragen zu stellen?«, in: Rüdiger Hohls/Konrad H. Jarausch (Hrsg.), Versäumte Fragen. Deutsche Historiker im Schatten des Nationalsozialismus, Stuttgart 2000, S.369–382.

Winkler, Heinrich August: Der lange Weg nach Westen. Band 2, München 2001[2].

Winkler, Heinrich August (hg.): Weimar im Widerstreit. Deutungen der ersten deutschen Republik im geteilten Deutschland, München 2002.

Winkler, Heinrich August (hrsg.): Griff nach der Deutungsmacht. Zur Geschichte der Geschichtspolitik in Deutschland, Göttingen 2004.

Wirsching, Andreas: Abschied vom Provisorium. Die Geschichte der Bundesrepublik Deutschland 1982–1990, München 2006.

Wirsing, Giselher: ... auch am Ersten Weltkrieg schuld?, in: Christ und Welt, 8.5.1964.

Wirsing, Sibylle: Die unerlöste Nation. Deutsche Geschichte im Museum. Nachtrag zu einer Berliner Tagung im Reichstagsgebäude, in: Frankfurter Allgemeine Zeitung, 14.10.1986.

Wittram, Reinhard: Das Interesse an der Geschichte. Zwölf Vorlesungen über Fragen des zeitgenössischen Geschichtsverständnisses, Göttingen 1958.

Wolffsohn, Michael: Deutscher Patriotismus nach Auschwitz? Die Frage nach dem Lebenswerten bietet den richtigen Ansatz, in: Beiträge zur Konfliktforschung 4 (1987), S.21–36.

Wolffsohn, Michael: Ewige Schuld? 40 Jahre deutsch-jüdisch-israelische Beziehungen, München 1988.

Wolfrum, Edgar: Der Kult um den verlorenen Nationalstaat in der Bundesrepublik Deutschlands bis Mitte der 60er Jahre, in: Historische Anthropologie 5 (1997), S.83–114.

Wolfrum, Edgar: Geschichtspolitik und deutsche Frage. Der 17. Juni im national Gedächtnis der Bundesrepublik (1953–89), in: Geschichte und Gesellschaft 24 (1998), S.382–411.

Wolfrum, Edgar: Geschichtspolitik in der Bundesrepublik Deutschland. Der Weg zur bundesrepublikanischen Erinnerung 1948–1990, Darmstadt 1999.

Wolfrum, Edgar: Geschichtspolitik in der Bundesrepublik Deutschland 1949–1989. Phasen und Kontroversen, in: Petra Bock/ders. (Hrsg.), Umkämpfte Vergangenheit. Geschichtsbilder, Erinnerung und Vergangenheitspolitik im internationalen Vergleich, Göttingen 1999, S.55–81.

Wolfrum, Edgar: Geschichte als Waffe. Vom Kaiserreich bis zur Wiedervereinigung, Göttingen 2002.

Wolfrum, Edgar: Das westdeutsche »Geschichtsbild« entsteht. Auseinandersetzung mit dem Nationalsozialismus und neues bundesrepublikanisches Staatsbewusstsein, in: Matthias Frese/Julia Paulus/Karl Teppe (Hrsg.), Demokratisierung und gesellschaftlicher Aufbruch. Die sechziger Jahre als Wendezeit der Bundesrepublik, Paderborn 2003, S.227–246.

Wolfrum, Edgar: Die geglückte Demokratie. Geschichte der Bundesrepublik Deutschland von ihren Anfängen bis zur Gegenwart, Stuttgart 2006.

Wulf, Joseph: Das Dritte Reich und seine Vollstrecker. Die Liquidation von 500000 Juden im Ghetto Warschau, Berlin 1961.

Zum 20. Juli: Helden und Dulder, in: Die Zeit, 17.7.1947.

后　记

　　想要了解人类究竟如何与自己的过去打交道,是我选择以历史学为业的首要原因。"德国人如何应对那段他们竭力想要回避的历史"这个话题已吸引我十几年。为此,我在德国史学理论、史学史和现当代政治文化史中寻找答案。但本书能够付梓,绝不仅仅受我个人研究旨趣的驱动。本书的核心内容基于2014年国家社会科学基金青年项目"二战后联邦德国关于纳粹问题的历史研究与历史政策"(批准号:14CSS019)的最终成果,其问世首先要感谢所有在项目的申请、执行和结项过程中对我提供批评、鼓励、指点、建议和帮助的各位师友。感谢项目的匿名评审专家给予我宝贵的评审意见。

　　在求学和执业的道路上,我幸运地得到了众多助力。吕一民教授引领我进入史学史的殿堂。景德祥研究员为我打开了德国史学的房门。卢茨·拉斐尔(Lutz Raphael)教授训练了我的史学思维。孟钟捷教授敦促着我的学术成长。本书的构想起源于我受国家留学基金委"建设高水平大学公派研究生项目"资助在德国特里尔大学攻读博士学位期间,对德国社会民主党历史政策的研究。在浙江大学从事博士后研究时,这一构想得到了系统化的发展。来到华东师范大学后,我完成了书稿的撰写。其间,我受国家留学基金委"青年骨干教师出国研究项目"资助,赴德国法兰克福大学访学。感谢合作教授克里斯多夫·科内利森(Christoph Cornelißen)为我研究联邦德国历史学家代群史提供了指导与协助。倘若把这本书自我"历史化"的话,可以看到,它亦是我作为一个德国史研究者成长轨迹的体现，其中离不开时代和前辈为我提供的养分。

书稿的出版幸得东方出版中心刘鑫老师的支持，亦仰赖华东师范大学历史学系世界史学科的鼎力相助。在此一并致以衷心的谢意。

德国人如何"克服过去"是一个复杂的主题。学界同人现在对其的探讨正在越来越细致和深刻。受专业素养和各方面能力所限，本书难免有错漏与欠缺之处。恳请专家和读者不吝赐教（邮箱dlfan@simian.ecnu.edu.cn）。希望各位从阅读中得到的收获比失望多。

范丁梁
2021年9月28日于上海